叢書・ウニベルシタス　1176

イスラームにおける女性とジェンダー［増補版］

近代論争の歴史的根源

ライラ・アハメド
林 正雄／岡 真理／本合 陽／
熊谷滋子／森野和弥／竹村和朗 訳
後藤絵美 解説

法政大学出版局

Leila Ahmed
WOMEN AND GENDER IN ISLAM
Historical roots of a modern debate

Originally published by Yale University Press

Japanese translation rights arranged with
YALE UNIVERSITY PRESS
through Japan UNI Agency, Inc., Tokyo

増補版に寄せて

キーシャ・アリー[*1]

本はその著者の名を背負う。著者が歩んできた知の経路と人生行路によって、本は深く、分かちがたく形づくられている。あなたがいま手にしているこの本も例外ではない。一方、あらゆる書籍はその時代の申し子でもある。一九九二年に初めて出版されたライラ・アハメドの『イスラームにおける女性とジェンダー――近代論争の歴史的根源』は、中東のムスリム女性とイスラームの伝統におけるジェンダーについて書かれた数々の本のうねりの一部であった。多くの歴史家と文学研究者は、現代的事象を分析する人類学者や社会学者とともに、アラブ・イスラームの過去に取り組み、そのテクストを新たな方法で読み込もうとしてきた。中には家父長的啓典解釈に抗い、公正を意識した独自の読解を行うムスリム女性も現れている[1]。本書は、それが書かれた時代にたしかに根づいたものであり、かつ、こんにち膨大な量に達し、いまなお拡大しつづける、ムスリム女性とイスラームの伝統におけるジェンダーとセクシュアリティに関する学際的研究の基礎を築く一助をなしている。私は女性とジェンダーとイスラームに関する一週一冊《ブック・ア・ウィーク》セミナーを企画するたびに、シラバス作りが難しくなってきたと感じる。「新しく出たあのすばらしい本を入れられないなんて！」「あの大好きな古い本を外さないといけないのかな？」それでもアハメドの本はいつも欠かせない。私たちはいつだって彼女の本を最初に読むのだ。私が持っているぼろぼろのペーパーバックは、一九九三年に新品で買ったものだが、たいていの学生より年を重ねている。

ライラ・アハメドはケンブリッジ大学から英文学の博士号を得た一方で、東洋学《オリエンタル・スタディーズ》も学んだ。彼女が著した最初の本は、英国人オリエンタリストのエドワード・レインに関するものである。アハメドはこの時身につけた学識を後に大胆不敵で数世紀にわたる女性とイスラームの研究に持ち込んだ。この問題意識は、彼女がエジプトで生まれ育ち、ヨーロッパで教育を受け、アメリカに移住したこととも関わっていた。(2) 一九八〇年、米国に来てまもなく、マサチューセッツ大学アマースト校の専任教員職*2に就く前に、アハメドは全米女性学協会（NWSA）の第二回大会に参加した。(3) プログラムによれば、その年の中東・ムスリムに関する唯一のパネル発表は、「イスラームの正しい姿を伝え、イスラームにおける女性の地位をコルアン《ママ》（聖典）と慣行にもとづき評価」し、「フェミニスト的観点を取り入れる」ことを目的とするものだった。*3 アハメドはその発表に「異様さ」を感じた。「全体的な趣旨がイスラームは女性に優しい《フェミニスト》宗教だというわけのわからない主張であることにただただ困惑した」という。(4)

中東の女性をめぐる問題に関する洗練された議論を期待していたところに、痛ましいほど幼稚な弁明をするアラブ・ムスリム女性の姿を見出した困惑は、彼女がアメリカの（白人）フェミニストと何度も会ううちに薄れていった。「西洋の自民族中心主義とハーレムの観念」と題する論文で、アハメドは、アラブ・ムスリムが西洋人にイスラームを説明する際に受ける数々の圧力を描き出した。そこでは中東・イスラーム・ムスリム女性について、しつこいほど単純で「悪意をもってでっちあげられた説明」が幅をきかせていた。彼女自身、明らかな誤りを正すだけでなく、根本的な考え方について問題提起するために「大変な時間と労力を費や」さざるを得なかった。彼女は「私たちに対してここまで悪いイメージができあがっている環境の中で」「私たち自身の社会を……自由気ままに批判することは」、世の中にはびこる人種差別《レイシズム》と「結託する行為」にほかならないと喝破した。(5) その上で、中東のムスリムの家父長制を、アメリカのキリスト教徒の家父長制と同様、粉々に打ち砕く必要があった。

冷戦が終結し、アメリカの中東介入が激化する時代に出された本書は、前述のNWSAの大会に参加した一人の研究者が、ムスリムに対するアメリカの敵意に満ちた無知を痛感し、長い一九八〇年代に生じた宗教復興運動によってアラブ・フェミニストが被る災厄を案じながら書いた、長文の応答として読むことができるだろう。本書は、野心的に広い視野と折衷的な方法を備えながら、現実のあり方よりも観念の形を描き出そうとしたものであり、「中東アラブ史の諸時代を生きた女性たちの具体的な状況」よりも「女性とジェンダーに関する諸言説」に焦点を当てている。本書は三部構成になっている。第一部では、古代世界における女性・セクシュアリティ・家父長制を簡潔に整理する。第二部では、イスラームの勃興からオスマン朝期までのムスリム史を扱い、とくに七世紀から一〇世紀までを「イスラームの中核的言説の形成期」と捉える。これら二部でアハメドはおもに、豊富とは言えないが存在する二次資料に依拠する。第三部では、本書のもっとも長く独創的な調査研究として、エジプトに焦点を当て、女性をめぐる近代の諸言説——植民地的、フェミニスト的、イスラーム主義的——を分析する。

アハメドは、一九八〇年代半ばに代表的フェミニスト誌 *Signs* に掲載された論文で、「イスラームは女性に他の文化や宗教で与えられたことのない高い地位を与え、その当時女性の境遇は間違いなく改善した」という安易な主張に反論した。初期ムスリム史の主要な展開を時系列的に論じながら——後に中東史における女性に関する記念碑的論集に寄稿した一章でこの点をさらに精緻化したが——、アハメドは女性の自立的領域が縮んでいくさまを詳しく論じた。しかもそれは結婚とセクシュアリティの領域に限られた話ではなかった。アハメドは、預言者ムハンマドの妻たち、とりわけアーイシャとハディージャの逸話を用いながら、女性に制限を加える歴史的展開は、イスラームの平等主義的メッセージを家父長制が悪用したから生じたのではなく、むしろ預言者の模範的行為から導き出される論理的帰結だと考えた。「女性の生活が制限され、ますます厳しく従属が求められたのは、……［イスラームの］初期の基盤的諸制度、とりわけイスラーム的婚姻制と関係していた。植物は種から育つのだ」(6)。

本書でもアハメドはこの厳しい評価を撤回していない。しかし、同じく初期の著作にある二つの要素を強調することで論調を少し和らげている。その一つは比較であり、もう一つは、主流派の思想とこれに対抗する思想の両方に繰り返し現れる平等主義的要素である。

比較は、イスラームは本来的に女性を抑圧するものではない、というアハメドの主張の中核に位置づけられる。ムスリム文明のみが女性嫌悪的あるいは家父長的であるわけではない。むしろ、イスラームに結びつけられた理念や慣行は、メソポタミア・地中海地域の過去および同時代の諸文明に広く見出される。一神教は――イスラームに限らず――しばしば女性を不利に扱う傾向がある。本書の中でアハメドは、エジプトが家父長制に向かった最初の契機を、ギリシアとローマによる、つまりヨーロッパによる北アフリカ侵攻に見出している。アラビア半島では、ムハンマドと彼に従った者たちは、社会に劇的な変化を引き起こすよりも、家父長的な傾向を固めることを選んだ。そしてアラブの支配が広まるにつれ、ムスリムは各地の地方エリートから、ヴェールの着用や男女隔離などの習俗を取り入れていったのだという。

アハメドは一般的な歴史悲観主義を証明した。曰く、権力者は、規則を定めるとき、自身の利益のために行う。女性に二つの選択肢が用意された場合、より大きな制限を課すものが残ることが多い。数世紀かけて発達した「中核的規範言説」は、男性に執行可能な権力を与えた一方で、女性の大半の要求をたんなる倫理的勧告として扱うにとどめた。同時に、そうした展開が歴史的必然ではなかったことをアハメドは繰り返し強調する。クルアーンと預言者の言行録《ハディース》の中にも平等主義的内容はある。実際、いくつかの対抗勢力――分離主義のハワーリジュ派や抵抗するカルマト派――は、支配者側の多数派が受け入れた階層的構造を拒否した。アハメドは、宗教ではなく文化がムスリム女性を抑圧するのだという弁解じみた論理によることなく、イスラームの家父長的「公式」言説のかたわらに「頑として平等主義的」な思想と実践の流れがあると主張した。教義、法学、テクストに関わる「男性のイスラーム」と、生活、関係性、倫理に関わる「女性のイスラーム」とのあいだには絶えず緊張関係があるという(7)。しかし、法学者や啓典解釈者たちは、男性の優位性という従来的思考に縛られつつも、宗教的規範を定める規範的テクストの中にさえ女性にとっての公正を見出そうとしていた。文化全体に男性中心主義と女性嫌悪がこれほどまで深く刻み込まれていなければ、こうした平等主義的要素が、いまとはまったく異なる支配的規範を生み出していたことだろう。

　この点においてアハメドの議論は時宜を得ていた。モロッコ人社会学者ファーティマ・メルニーシーの『ヴェールと男性エリート』は一九八〇年代末にフランス語で出版され、九一年に英語に翻訳された。この本はムスリムの伝統を、一方において権力を掌握し保持する家父長的要素と、他方においてそれに抵抗する女性とのあいだの連綿と続く争いとしてとらえた。メルニーシーはムスリムの伝統が有する家父長的鋭さをやわらげ、その中にある解放へ向かう可能性を開花させようと試みた(8)。

　同様の考えから、アフリカ系アメリカ人研究者のアミーナ・ワドゥード*4によって『クルアーンと女性』が生み出された。この本は、アハメドの『イスラームにおける女性とジェンダー』と同じ年に、マレーシアの無名の出版社から刊行された。見た目の薄さと裏腹に重厚な内容を持つ同書は、一九九九年にオックスフォードから再版され、何世紀にもわたる啓典の家父長的解釈を乗り越えようとした。ワドゥードはそれから十数年後に、アハメドが指摘した女性の啓典理解と主流派の解釈伝統のあいだの断絶を念頭に置きつつ、こう述べた。「男たちの解釈を読めば読むほど、私の姿は見えなくなっていった」。そうして彼女は「女性の視点から」テクストを読むことを考えるようになった。[(9)]

ムスリム女性の視点は、皮肉なことに、女性をめぐる問題が完全に中心的地位を得た後も歴史的に周縁的なものであり続けている。アハメドは本書のもっとも独創的で影響力のある議論として、「ヴェール言説」が一九世紀末から二〇世紀初頭にどのように登場したかを解説している。それは、コロニアル・フェミニズムの形成と、「女性の地位こそがイスラームを物語る」という政治的言説の登場を描き出した。いまとなってみれば、クローマー卿がイギリスの植民地的介入を正当化するためにムスリム女性の抑圧を取り上げたのは、彼が本国では女性参政権に強く反対していたことからも、まごうことなき偽善《ヒポクラシー》であった。同様に、一九世紀から二〇世紀を生きた作家カースィム・アミーンをエジプト女性解放の先導者と手放しで褒め称えることはできず、せいぜいエジプト女性を父権温情主義的に扱った人物と呼べるにすぎない。ヨーロッパのフェミニストたちは「西洋社会の内部では白人男性の支配」に抵抗したが、それ以外の地域では「その従順な召使い」となり、「不幸にも忌まわしい文化と宗教にとらわれた女性を救い出す」[*5]ことに熱心だったと理解される。こうしてアハメドがエジプトの初期フェミニスト運動の形成と、アラブ・ナショナリズムとイスラーム復興主義から受けたその苦難のあらましを記してくれたおかげで、私たちは基盤的宗教言説の遺産が存続するさまと、近代におけるその具体例を知ることができる。

本書出版から三〇年にわたる研究蓄積が、アハメドの議論に肉付けし、足りない部分を埋め、彼女が扱わなかった地域の理解を加えた。[*6]しかし、彼女の主要な主張のうち、反証されたものはほとんどない。イスラーム研究者のマリオン・カッツがかつて私に驚いた様子でこう言った。「アハメドは正しかった。彼女が正しかったはずがないような無関係な事柄についても」[(10)]。アハメドの主張には詳細なテクストや歴史的証拠を示す実証研究が欠けていたが、後に続く研究が——私の初期ムスリム婚姻法の研究も含めて——いつかその正しさを証明するだろうと直観的に行動していたようである。それでも、初学者の読者にはいくつかの小さな注意点を指摘しておくべきだろう。たとえば、家族法が「体制的イスラームによって築かれた男性の特権的システムの基礎」としたアハメドの理解は間違ってはいないが、それは、本書の結論で示唆しているような「ほとんど修正されずに今日なお存続している」ものではない。むしろ家族法は、近代国民国家の家父長的体制をイスラームの権威で覆い隠す飾りとなっている。ただし、前近代のイスラーム法官が「かれらの時代に用いることができた方策をもって、イスラームの教えを実定法に組み込み、公正を実現するものとすべくその力の限りを尽くした[11]」点については、アハメドは正しい。対照的に、こんにち、多くの新伝統主義の思想家は、家父長制こそが無窮の真実を具現化したものだと誇らしげに喧伝し、西洋化し腐敗した世界に対抗する手段なのだと述べている。

　私たちはアハメドが本書を執筆したときと比べて、ササン朝の帝国やムハンマドの時代からそれほど遠くにいるわけではない。だが、八〇年代のエジプトからはたしかに遠ざかっている。本書の最後の数章でアハメドが考えた未来は、いまでは過去の話である。新しいヴェール着用《ニュー・ヴェーリング》は、新しい常態《ニュー・ノーマル》となった。アハメドはこの現象を追い、そのイデオロギー史と世界的な拡散について、力作『静かな革命——中東からアメリカまでのヴェール復興』を上梓した[12]。しかし歴史は歩みを止めない。アハメドがこの最新作を書きあげてから二〇一一年に出版されるまでのあいだに、エジプトでは革命が起きた。これに続く一〇年間にさらに多くの動乱がもたらされた。そのほとんどが、女性にとって益となるものではなかった。

　よく言われるように、変わらないものは何もない。私はこの「増補版に寄せて」を二〇二〇年夏のパンデミックの最中に書いた。このころ、口頭試問を控える博士課程の学生とよく電話で話をした。普通でないときには普通のことにしがみつきたくなるものだ。そうした会話の中で、私は一つ長らくやり過ごしてきたことを思い出し、学生に言った。「あなたの本棚にある『イスラームにおける女性とジェンダー』を女性・ジェンダーの棚からイスラーム文明の棚に移しなさい。この本は、歴史上の重要な出来事やムスリムの伝統の大理論について書かれた他の偉大な書籍と肩を並べるものだから」と。電話を切った後、私はあることに気づき、小さな喜びに満たされた。ライラ・アハメドは、アルファベット順に並べれば、どの棚に置いても最初の一冊になるのだ。

原注

（1）そうした古典的研究には以下の二冊が含まれる。Nikki Keddie and Beth Baron, eds. *Women in Middle Eastern History: Shifting Boundaries in Sex and Gender*, New Haven: Yale University Press, 1991; Fadwa Malti-Douglas, Woman's Body, Woman's Word: Gender and Discourse in Arabo-Islamic Writing, Princeton, N.J.: Princeton University Press, 1991. アハメドは前者の論集に一章を寄稿し、後者の謝辞の中で名前を挙げられている。『イスラームにおける女性とジェンダー』は出版からわずか二年で研究書——たとえば、D. A. Spellberg, *Politics, Gender, and the Islamic Past: The Legacy of 'A'isha Bint Abi Bakr*, New York: Columbia University Press, 1994 や Ruth Roded, *Women in Islamic Biographical Collections: From Ibn Sa'd to Who's Who*, Boulder, Colo.: Lynne Reiner, 1994 ——の注や参考文献リストに現れるようになった。実際、後者（ルース・ロデッド[*7]）はアハメドに自著を送り、「拙著の最終校正前にあなたの本を拝読できました」と書いたメモを添えたという。情報がオンラインで簡単に手に入れられるようになる前のこの時代に、同業者たちがアハメドの本を熱心に探し求め、その研究成果を取り入れようとしていたことは、その衝撃の大きさを物語っている。

（2）Leila Ahmed, *Edward W. Lane: A Study of His Life and Work and of British Ideas of the Middle East in the Nineteenth Century*, London: Longman, 1978; Ahmed, *A Border Passage*, New York: Farrar, Straus, and Giroux, 1999; Ahmed, "The Women of

Islam," *Transition* 83, 2000: 78–97.

（3） アハメドはアマースト校で一九八一年から一九九九年まで教鞭を執り、一九九〇年代前半には同大学の女性学プログラムと近東研究プログラムの両方を主導した。

（4） *National Women's Studies Association Second National Conference*, 1980, 32; Leila Ahmed, "Encounter with American Feminism: A Muslim Woman's View of Two Conferences," *Women's Studies Newsletter* 8, no. 3, 1980: 7–9. 四〇年後の二〇一九年大会では、イスラームとイスラモフォビアに関する複数の報告があった。そのうち四つはタイトルに「ムスリム」の語を含み、三つのパネル発表はすべてムスリムに関わる課題を扱っていた。中にはムスリム・フェミニズムズ（複数形を表すｓに注意）やムスリムのクィア／トランスを取り上げるものもあった。ＮＷＳＡのウェブサイト（nwsa.org）で電子保存されたプログラムを閲覧できる。

（5） Leila Ahmed, "Western Ethnocentrism and Perceptions of the Harem," *Feminist Studies* 8, no. 3, 1982: 527.

（6） Leila Ahmed, "Women and the Advent of Islam," *Signs* 11, no. 4, 1986: 666; Ahmed, "Early Islam and the Position of Women," in Keddie and Baron, *Women in Middle Eastern History*, 58–73; Ahmed, "Women and the Advent of Islam," 691.

（7） アハメドは著書 *A Border Passage* でこの対立構造を直接論じているが（p. 123）、その二〇年前の論考 "Encounter with American Feminism" でもカイロ女性の文化について触れている（p. 691）。

（8） Fatima Mernissi, *The Veil and the Male Elite: A Feminist Interpretation of Women's Rights in Islam*, trans. Mary Jo Lakeland, Cambridge, Mass.: Perseus Books, 1992.

（9） Amina Wadud-Muhsin, *Qur'an and Woman*, Kuala Lumpur: Penerbit Fajar Bakti, 1992; Kecia Ali, "The Making of the 'Lady Imam': An Interview with Amina Wadud," *Journal of Feminist Studies in Religion* 35, no. 1, 2019: 69. 段落末の引用は、ワドゥードの再版された著書の副題からとった。Amina Wadud, *Qur'an and the Woman: Rereading the Sacred Text from a Woman's Perspective*, 2nd ed., Oxford: Oxford University Press, 1999.

（10） Marion Katz, Personal conversation, January 2018.

（11） アハメドはこの点について一九八〇年にこう述べている。「しかしこれらすべては、イスラームが万人に尊厳と正義と平等をもたらすことを否定するものではない。ただ、このイスラームの思想が、法律の文言の中で実現していないだけなのだ」。Ahmed, "Encounter with American Feminism," 8.

（12） Leila Ahmed, *A Quiet Revolution: The Veil's Resurgence from the Middle East to America*, New Haven: Yale University Press, 2011.

訳注

＊1 キーシャ・アリー（Kecia Ali）は米国のイスラーム研究者、宗教学者、ボストン大学教授。一九七二年生。スタンフォード大学でイスラーム史とジェンダー論を学び、デューク大学から宗教学の修士号と博士号を得た。主著は、*Sexual Ethics and Islam: Feminist Reflections on Qur'an, Hadith, and Jurisprudence*, Oneworld Publications, 2006; expanded, revised edition, 2016; *The Lives of Muhammad*, Harvard University Press, 2014; *A Jihad for Justice: Honoring the Work and Life of Amina Wadud*（co-edited, 2012, https:/hdl.handle.net/2144/24691）; *Marriage and Slavery in Early Islam*, Harvard University Press, 2010 など。

＊2 マサチューセッツ大学アマースト校はマサチューセッツ州の公立大学。一八六三年設立のマサチューセッツ農科大学を前身とし、一九三一年にマサチューセッツ州立大学、四七年にマサチューセッツ大学に改編される。後に開校された四校とともにマサチューセッツ大学システム（UMass system）を構成する（ただし各校は独自に運営される）。

＊3 ＮＷＳＡの一九八〇年大会は五月一七日から二〇日まで四日間開かれ、パネル発表の数は二八六に上った。イスラームに関する唯一の発表は、一七日午後の八四番「イスラームとフェミニズム」で、司会兼第一発表者はアジーザ・アル＝ヒブリー（Azizah al-Hibri）、第二発表者はハーラ・サラーム＝マクスード（Hala Salam-Maksoud）であった（プログラム上は第三発表者は未定）。アル＝ヒブリーは当時テキサス農工大学客員准教授で、ニューヨーク州弁護士を経て、リッチモンド大学法学部教授（二〇一二年から名誉教授）となった。ベイルート・アメリカ大学（ＡＵＢ）から哲学学士、ペンシルヴァニア大学から哲学と法学の博士号をそれぞれ得ている。一九八二年に雑誌 *Hypatia: A Journal of Feminist Philosophy* を創刊し初代編集長を務めたほか、ムスリム女性弁護士のＮＰＯ法人KARAMAHを設立し代表を務める。サラーム＝マクスードはＡＵＢから数学の修士号、ジョージタウン大学から政治学の修士・博士号を得て、同大学で講師を務めたほか、アラブ系アメリカ人の人権運動に従事し、アメリカのアラブ人反差別委員会

（ＡＤＣ）の設立（一九八〇年）に携わり、一九九六年から二〇〇一年まで委員長を務めた。二〇〇二年に病没。アハメドは彼女らの発表に失望をおぼえたようだが、二人はアラブ系アメリカ人第一世代としてそれぞれの分野で先駆的役割を果たしていた。なお、アル＝ヒブリーの名は本書の謝辞でも挙げられている。

＊4　アミーナ・ワドゥードは米国の女性イスラーム指導者（イマーム）。一九五二年生。メソジスト派キリスト教徒の家に生まれるが、一九七二年、ペンシルヴァニア大学在学中にイスラームに改宗した。一九八八年にミシガン大学から博士号を取得し、翌年から数年マレーシアの国際イスラーム大学で教鞭を執った。博士論文にもとづく単著『クルアーンと女性』を出版したのはこの時期である。また、ワドゥードは同じくマレーシアにて信仰とフェミニズムの両方を支持する組織「シスターズ・イン・イスラーム」（ＳＩＳ）の設立に関わり、これが後の「ムサーワー」（ムスリム家族法の改正を求めるグローバル・ネットワーク）の基盤となった。現在は米国と東南アジアでイスラームの研究実践を進める。

＊5　「救い出す（saving）」の語が持つ問題性は、アハメドと並ぶ中東ジェンダー研究の第一人者で、同じくライラの名を持つ米国の文化人類学者ライラ・アブー＝ルゴドによる挑発的書名の著書 *Do Muslim Women Need Saving?*, Harvard University Press, 2015（『ムスリム女性に救援は必要か』鳥山純子・嶺崎寛子訳、書肆心水、二〇一八年）で詳細に論じられる。アブー＝ルゴドの近代と中東ムスリム女性に対する考えについては、編著論集 *Remaking Women*, Princeton University Press, 1998（『「女性をつくりかえる」という思想』後藤絵美・竹村和朗・千代崎未央・鳥山純子・宮原麻子訳、明石書店、二〇〇九年）を参照のこと。

＊6　マリオン・カッツは米国のイスラーム法研究者、ニューヨーク大学教授。一九六七年生。イェール大学卒、シカゴ大学から博士号を取得。一一世紀から一五世紀のイスラーム法思想史を専門とする。主著は、*Wives and Work: Islamic Law and Ethics Before Modernity*, Columbia University Press, 2022; *Women in the Mosque: A History of Legal Thoughts and Social Practice*, Columbia University Press, 2014 など。

＊7　ルース・ロデッドは米国・イスラエルの中東・イスラーム研究者、ヘブライ大学教授。一九四三年生。ニューヨークのクイーンズ・カレッジで政治学を学び、デンヴァー大学から修士号と博士号を得た。博士論文のテーマは近代シリア都市史であったが、後に現代中東のジェンダー、イスラーム史における女性などに研究領野を広げていった。

イスラームにおける女性とジェンダー　増補版◎目次

増補版に寄せて　iii
謝辞　xix
序文　1

第一部　イスラーム以前の中東　13

第一章　メソポタミア　15
第二章　地中海地域の中東世界　35

第二部　基礎となる言説　55

第三章　女性とイスラームの勃興　57
第四章　過渡期　93
第五章　入念な言説構築　116
第六章　中世イスラーム　147

第三部　新たな言説 ……… 179

第七章　社会的変化と知的変化　181

第八章　ヴェールに関する言説　206

第九章　最初のフェミニスト　243

第十章　さまざまな声　273

第十一章　未来に向けての闘い　300

結論　340

訳者あとがき　361

解説　367

原注

索引

謝辞

私がこの著書にとりかかってから数年が経ち、そのあいだに数多くの人々と研究機関の恩恵に浴してきた。マサチューセッツ大学アマースト校の同僚と学生、その中でもとりわけ女性学研究および近東研究に携わる人々のおかげで刺激的で頼りになる知的共同体が成立したのであり、本書の執筆を促していただいたのである。本書の出版には不可欠であった研究員奨学金の授与に関してナショナル・ヒューマニティーズ・センター（ノース・カロライナ、リサーチ・トライアングル・パーク）、およびバンティング・インスティテュート（ラドクリフ・カレッジ）に対して御礼申し上げる。本書に取り上げた着想で、私が何らかの形でそれを披露してきた研究機関および研究団体の同僚たちと示唆に富む議論を展開することができ、その結果として思考の枠を広げることができた。ジョージタウン大学の現代アラブ研究センター、ブラウン大学のペンブロウク・センター、ハーバード大学の中東研究センター、コーネル大学の近東研究所、グリネル大学のナウン・シンポジウム等のセミナーから多くの有益な示唆を得ることができた。

中東研究およびフェミニズム研究における多くの研究者からの計り知れない恩恵に浴することができたが、それは後注に記したとおりである。ここでは本書に直接寄与していただいた人々に限らせていただきたい。本書の原稿を数名の人々に目を通していただき、校正を手伝っていただいた。ジュディス・タッカー氏には原稿全体に目を通していただき詳細で洞察力に満ちたご意見とご批判をいただいた。ニッキ・ケディー氏には原稿のほとんどを通読していただき、貴重なご意見を元に私の考えをまとめることができた。エリザベス・フォックス・ジェノヴェーズ氏にはいくつかの章を読んでご意見を寄せていただき、おかげで私の思考の枠を広げることができた。私は多くの友人と同僚とのあいだの会話と議論から、編集上の貴重な助言を得ることができた。フレデリーク・アープファル・マーグリン、トスン・アリカンリ、エリザベス・デイヴィス、エリザベス・フェルニア、ピーター・グラン、アフマド・アル＝ハイダル、ジーゼル・ハッキ、ヒバ・ハンドゥーサ、メルヴァット・ハーテム、アジーザ・アル＝ヒブリー、アンジェラ・イングラム、スアード・ジョゼフ、アイリーン・ジュリアン、アンジェリーカ・クラッツァー、ジェイン・ランド、アファーフ・マフフーズ、ダフネ・パタイ、ジャニス・レイモンド、ライザ・セルカーク、キャサリン・スティンプソン、ドロシー・トンプソン、サンドラ・ジャガレルの各氏に感謝申し上げる。イェール大学出版局の方々にもお世話いただいた。出版局から送られた私の原稿に目を通していただき、ご批判と激励をしていただいた人々のおかげでそれまではっきりしなかった思考の展開を明瞭にすることができた。執筆当初から本書に関心を寄せられたチャールズ・グレン氏からは、折りあるごとに激励と助言をいただくことができた。原稿の校正という骨の折れる仕事を引き受けて下さったメアリー・パスティー氏は、持ち前の熱意と明るさで、出版作業の労苦を忘れさせてくれた。

マサチューセッツ大学アマースト校、アマースト・カレッジ、ワイドナー図書館、ハーバード大学等の図書館職員の方々、とくに図書貸借係の方々に御礼申し上げる。

最後に、本書第三章の初版は、*Signs: Journal of Women in Culture and Society* 11 の第四号に掲載されたのであるが、本書に掲載することを許可して下さったシカゴ大学出版局に感謝申し上げる。

序文

本書を執筆した意図は、近年、中東アラブの歴史における女性の状況や生に関して、種々の情報、および幾多の洞察に満ちた見解が発表されるようになり、それらについてまとめてみたいと思ったからである。いまから約一〇年前にこの本にとりかかったとき、アラブ人またはムスリム〔イスラーム教徒〕の歴史の中での女性に関する一般的解説書は、ウィーブク・ヴァールターの『イスラームの女性』くらいしか見当らなかった。美しい挿絵の入ったこの本は、しかしながら、分析的というよりも、逸話を収集したものであり、今日のフェミニストたちによる西欧の女性と一部アラブの女性を対象にした研究によって明らかになり始めた、歴史の中での女性に関する見解については、ほとんど何も述べられていない[1]。

この仕事を始めてほどなく、私は、この仕事が当初考えていたほど単純なものでないことに気づいた。すなわち、本書の主眼点は、中東アラブの歴史を形成する各時代において、女性がいかなる状態に置かれていたか、近年解明されたその実態について、あるがままに梗概をまとめるということよりも、女性とジェンダーに関する諸言説の検討作業におかなければならないと考えるようになった。今日のイスラームの中核的言説は、初期のムスリム社会において創案された社会組織、慣習、思考様式などであるが、これらはイスラームの歴史上中心的役割を果たしながら、さまざまなムスリム社会における女性の地位を規定してきたのである。今日、勢力を伸張しているイスラーム主義者〔イスラーム復興主義者。一般のムスリムと区別するため、こう呼ばれる〕の運動が、イスラームの中核的言説において述べられている法律や慣習の再制度化を要求していることからも、これらの言説が女性やジェンダーに関してどのような遺産となっているのか研究することはとりわけ重要であり、緊急の課題でもある。

他にもいくつかの理由があって私は、中東アラブの歴史における女性についての本研究の焦点は、女性に関する言説についてでなければならないし、また、それら言説の多様性とその推移を扱ったものでなければならないと考えるようになった。今日のアラブ世界におけるイスラーム主義者と世俗主義者とのあいだでなされている論争（ヴェールの着用を唱道する者とそれに反対する者とのあいだの論争）、そして、そうした論争に登場するヴェールや女性の問題が、少なくとも表面上は女性とほとんど無関係と思える政治的思惑によって潤色されていることによって、言説の問題に正面から取り組もうとする意欲が強まった。同時に、大衆的なメディアにおいてであれ学術的な場においてであれ、西欧におけるアラブ女性の論じられ方に問題があるし、そうした議論が表向きは女性についての議論といいながら、実は他の問題、たとえばイスラームやアラブ文化の長所や短所といった問題にすり替えられているのではないかという思いが強まったことも手伝って、本書の研究の中心課題として、言説のあり方そのものを研究の対象にすることにした。

何らかの言説というものは、ある特定の社会において、ある特定のきっかけがあって形成されるものである。中東イスラーム社会における、女性とジェンダーに関する諸言説の研究とは、必然的に、それらの言説が根ざす社会、および、そうした社会においてジェンダーが、社会的、慣習的、そしてまた言語的にどのように分節化されているかを研究することになる。したがって、女性の歴史を時代区分し、それぞれの言説が基礎を置いていた社会経済的、歴史的条件を図式化することが、さしあたって必要な第一段階であった。この作業は相当に骨の折れるものであった。複数のムスリム社会における女性の歴史やジェンダーの分節化に関する知見は、一九八〇年代後半に、新しい研究が急激に進展したとはいえ、まだまだ初歩的な段階にとどまっている。一九世紀以前の時代に関する既存の研究は、相互に関連のない種々の問題を無作為に扱ったもので、断片的な問題を解明することはあっても、広範囲にわたって存在する様式や法則を解き明かしてはいない。先頃出版されたアイラ・ラピダスの大型の著書は、イスラームの人々に関する権威ある学術書であるが、一九世紀以前においてジェンダーがどのように構成されてきたのか、その経過に関しても、女性についても何らの言及もなく、わずかに一八〇〇年以降の女性に関して多少の紙幅が割かれている。一九世紀以前のイスラーム社会についていえば、女性の歴史とジェンダーの問題を概念化しようとする試みに欠けており、また近現代に関していえば、女性の歴史の構造を概念化しようとする中で生まれたさまざまな進展状況が何ら取り入れられていないこの著作は、イスラームにおける女性とジェンダーの研究状況がいかなるものであるかを如実に物語るものである。(2)

本書の主眼とするところは、学術的な中東研究においてほとんど手つかずのままの歴史の領域に光をあて、さまざまなムスリム社会における女性の歴史とジェンダーの分節化のあり方を掘りおこし、まとめることにある。歴史的にも地理的にも、対象とすべき領域は潜在的に広大であるため、包括的記述は不適切であると思われた。女性とジェンダーに関するイスラームの中心的言説がどのようなものであるか、そして中東における女性についての現代の言説の主要な前提とはどのようなものであるか、という問題を明らかにすることに研究の主眼を置くことで、広範囲にわたる対象領域に、地理的、歴史的境界を設けた。

中東のアラブ・ムスリム世界は実に広大であるが、宗教の中核的言説のための有力で規範的な術語が創案され、それが制度的にも法的にも彫琢されたのは、ある特定の社会においてであり、また歴史上のある特定な時期においてであるので、研究の焦点はこのような社会と時期に合わされねばならない。この点でもっとも決定的なのは、イスラーム勃興時のアラビアとその直後の時代のイラクである。

初期イスラームの諸社会に隣接していた社会や、それらに先立って存在した社会におけるジェンダーの概念を調べることは、どのようなものがイスラームの中核的言説の基礎となり、また、これに影響を与えたかを理解するために必要であった。さらに、これらを再検討することが望ましいと考えられる理由は、イスラームの成立により女性の地位が改善された、と主張する今日のイスラーム主義者の議論が、イスラーム以前の社会や隣接する社会を引き合いに出しているからである。

中東は、世界で最古を誇る、多種多様な社会が存在した地域だが、そのほとんどの社会に関して、ジェンダーがどのように組織されていたか、体系的に分析されてはいない。本論で取り上げた古代社会は、メソポタミア、ギリシャ、エジプトそしてイランであるが、ごく簡単にしか扱えなかったものや、とくに目立った特質の指摘だけに終わったもの、あるいはイスラームの形式と相似した点を指摘するにどとまったものなどがある。これらの社会を取り上げたのにはいろいろな理由があるが、中でも、これらの社会が中東地域に与えた影響の強さ、イスラームの機構との関連、そして、これら社会に関する情報が入手しやすかったことなどが、その主たる理由である。

近代になると、植民地主義の衝撃とその後に続き、実際のところ今日に至るまでなお、継続している社会的、政治的混乱の中で、中東のさまざまなムスリム社会で女性とジェンダーの問題を再検討し、分節化する決定的なモメントがいくつかあった。一九世紀以来、エジプトおよび他のアラブ・ムスリム社会において、幾度も繰り返し沸きあがったジェンダーの意味づけをめぐる闘争と、その変化のプロセスの中で、エジプトはもっとも決定的なものとなっている。多くの点で、エジプトにおいて見られたさまざまな展開は、アラブ世界における展開の先駆けとなり、鏡となった。それゆえ、近代に関しては、本書の研究の対象は、エジプトに焦点が当てられている。本書で重点的に取り上げられた社会は原則として、ムスリムの歴史においてどのような時期にどのような社会が、中核的あるいは支配的な言説の発展に中心的または代表的な役割を果たしたかという観点から選び出されたものである。

本論中に提示されたいくつかの新しい見解は本質的に、暫定的で初歩的なものに過ぎないが、中東のムスリムの歴史上、画期的な時代における女性とジェンダーに関する諸言説について、一つの通観を得ようとする試みとしては、初めてのものである。第一部では、イスラーム興隆以前のいくつかの典型的な社会におけるジェンダーの慣習と概念について概観する。この地域における、イスラーム文明とそれ以前の諸文明とのあいだの連続性は、一般的承認を得ている。その影響がどのようなものであったか、イスラームに関する歴史書では決まりきった説明がなされることが多い。ラピダスの『イスラーム社会の歴史』では、家族と家族に基礎をおいた共同体が、イスラームによって継承された諸制度のうちの一つであること、そのほかに、「農業社会、都市社会、市場経済、一神教など」が受け継がれた、とある。[3] ラピダスは、イスラームが受け継ぎ是認した一神教が、男性代名詞によって指示される神を崇拝するものであり、彼らの社会的、宗教的見方の基盤として、家父長的な家族形態と女性の従属を是認したものであったことを付け加えるべきであったろう。ユダヤ教およびキリスト教と、ゾロアスター教はそれぞれ、イスラーム勃興時の中東における二大権力世界であったビザンチン帝国およびササン朝ペルシャにおける有力な宗教だった。イスラームは、このような隣接地域ですでに確立されていた宗教や家族形態に合致するように、宗教や家族形態を制度化する過程で、アラビアにおける三柱の至上なる女神崇拝の多神教や多様な婚姻習慣を廃棄した。廃棄された婚姻習慣の中には、家父長的な家族制度の中で維持されていたなんらかの婚姻習慣も含まれていた。このことは、イスラームによって、アラビアの社会的、宗教的な理念とジェンダー概念が、中東と地中海地域周辺の様式と同一化し、ある種の変貌を遂げたことを意味している。

イスラームは、明白な形を取りながらも慎重に、この地域にすでに定着していたさまざまな伝統を取り入れて同化した。イスラームでは、ムハンマド〔マホメット〕はユダヤ・キリスト教的伝統における一預言者であり、コーラン〔イスラームの聖典〕はさまざまな形で、聖書に登場する多くの物語、とりわけ創世と堕罪の物語を取り入れている。このようにして、イスラームが隣接地域を征服すると、その地域のキリスト教徒やユダヤ教徒住民が持つ聖典に関する伝統および社会的伝統を、イスラームの生活と思考様式に取り込むことは、容易にしかも無理なく自然に行われた。改宗者たちも、彼らのそれまでの伝統的な考え方や習慣を持ち込んだ。聖典における同化作用がいかに容易に、意識されることなく起こり得るか、一例をあげてみよう。人類の創造譚において、最初の男女がどのような順序で創造されたか、コーランは何の説明もしていないし、イヴがアダムの肋骨から創造されたというような説明もしていない。ところが、ムスリムによる征服以降の時代に記された伝統的イスラーム文学の中で、イヴは肋骨から創造されたかのごとくに言及されているのである。(4)

ムスリム女性がヴェールを着用するようになったのも、被征服民族の習俗を無理なく自然に取り入れるという、同様のプロセスを経て定着したものである。ササン朝において、ヴェールは明らかに使用されており、イスラーム興隆期における中東および地中海地域のキリスト教圏において、男女隔離とヴェールの着用という慣行が存在したことは疑いのないところである。ムハンマドの存命中、とくにその晩年において、ヴェールの着用が求められたムスリム女性は、彼の妻たちだけであった（第三章参照のこと）。彼の死後、そして、ムスリムが隣接地域（その地域の上流階級の婦人たちはヴェールを着用していたのだが）を征服すると、ヴェールはイスラームの上流階級の婦人のあいだでありふれた衣料品目になったが、その同化作用がどのようなものであったのか、その詳細はまだ確かめられていない。

女性とジェンダーに関する種々の観念のうち、何がイスラーム独自の本来的なものであり、何がそうでないかは、したがってたやすく解答できない複雑な問題になっている。同様にはっきりしていることは、中東地域にすでに存在していた伝統に由来する女性およびジェンダーの社会的意味に関連する概念、仮説、社会習慣、制度といったものは、イスラーム時代の最初の数世紀のあいだに、イスラームの概念や社会的慣習が発展するに伴い、これらの概念や慣習の基礎に入りこみ、その形成を助けた。こうした事情を考慮すれば、イスラームにおけるジェンダーの定式化は、より幅広く中東地域の中でジェンダーのコードや習慣がどのように変わっていったかということとの関連で考察しなければならないことがよく分かる。当時の被征服社会が、女性に関するイスラームの制度や習慣の形成に強い影響を与えたということは考慮されねばならない。イスラーム固有の習慣と考えられるようになったものに関しても同様である。

こうした理由により、初期イスラームにおいて形成された慣習を、先行する社会や隣接社会の慣習との関連で考察し、同時に、イスラームの慣習をこの地域全体の慣習パターンと関連させることが重要である。中東地域のより大きな慣習パターンを考察の対象から除外することは、イスラームの習慣を孤立化させ、暗黙のうちにイスラームの様式が特別で独自なものだと暗示することになり、資料の重大な歪曲になる（言語と文化が多種多様であり、その結果多様な学問分野を擁しているこの地域の研究をするためには、専門的な言語学その他の知識が必要となる。それゆえ、学問研究の場で、この地域のイスラーム社会とそれ以外の社会が、別個の、自己充足的な社会や歴史を構成するかのように扱われることを容易にしてきたのかもしれない）。したがって、イスラーム以前、およびイスラーム興隆期の他の文化における慣習を概観することは重要な作業であった。ただし、イスラームあるいはアラブ以外の文化については全面的に二次資料に依存せざるを得なかったのであるが。

第二部では、イスラーム興隆期におけるアラビアが研究の対象であり、イスラームが体制化された後で生じた変化、および、イスラームが中東のより広い範囲に及ぶにつれて生じた変化の跡を追っている。ついで、古典時代のイラク社会における女性とジェンダーが、観念的、社会的にどのような過程を経て構築されてきたかを探究したが、それは、この時代のイラク地方において、女性に関するイスラームの言説の規範となるべき中核的部分が作り上げられたからである。第二部のまとめとして、古典イスラームのジェンダー体系が社会経済的にどのように現われたか、その主たる特徴と、それがその後に続く、いくつかの前近代社会における女性の生活にどのような影響を及ぼしたかを概観する。ここで研究の対象としたのは、主にエジプトとトルコの社会であるが、それは、既存の学術的研究や資料が入手しやすいという実際的理由からのことである。

第三部は、出発点として一八世紀から一九世紀への変わり目を取り上げ、ヨーロッパ諸国による中東の侵略に伴って生じた社会経済的、政治的そして文化的変化を概観している。ここでは、ほとんどすべてエジプトに焦点が当てられている。多くの近代アラブ世界研究者が指摘しているように、エジプトを近代アラブ世界を映す鏡とみなす見方には、文化的にも知的にも正当な理由があり、このことは、女性に関するアラブ世界の支配的な言説を分析しようとする時にも当てはまる。(5) エジプトは中東アラブ諸国の中で、ヨーロッパの経済拡張の影響を最初に経験しただけではなく、近代においてエジプトはいうまでもなく、すべてのアラブ社会において重要な意味を持つ一連の観念を、社会的、知的、政治的、文化的に実験した最初の国家である。

アラブ世界の中で、女性の社会的変容を実験的に試みる最初の地域となったエジプトは、女性に関するアラブの重要な言説の発展において中心的役割を果たし続け、他方エジプト国内における女性の問題の展開は（他の多くの問題と同様に）、他のアラブ諸国の展開と平行し、相互影響し、またある時はその先駆けとなった。第三部では、はじめに、一九世紀を通じて女性に対する社会的態度がどのように変化したかについて記述し、こうした変化が女性と女性観に与えた影響について論じている。続いて、一九世紀末あるいは二〇世紀初頭において噴出した、女性とヴェールに関するアラブ世界初の本格的な論争、その結果、登場した女性に関する新たな言説（本書ではヴェールに関する言説と呼んでいるが）について分析する。このヴェールに関する言説では、文化と階級、帝国主義と民族主義といった問題が、女性の問題と複雑に絡まり合ってしまっている。この新たな言説を生んだ政治的、言説的諸要因と、この言説に書き込まれている階級および文化の闘争についても分析する。

残りの章では、二〇世紀のあいだに起きた社会経済上の変化が女性に与えた影響を跡付け、フェミニズムの言説の登場とその後の展開をたどっている。第三部は、「ヴェール復活」の社会的背景を説明し、イスラーム主義とイスラーム的服装に対してさまざまな見解を生み出している社会的、知的根拠を分析し、最後にフェミニストの女性とイスラーム的服装をする女性の相違点について分析して、結論としている。

宗教的遺産を特別に強調するのでもないかぎり、西欧世界を「キリスト教世界」とか「キリスト教文化圏」とか呼ぶことはまずないが、中東イスラーム世界に関して言うならば、この世界を表す、非民族的、非宗教的用語は英語の慣用表現の中には見当たらない。「イスラーム的」とか「イスラーム」（「イスラームの世界」などのように）といった言葉は、イスラームという宗教のことは言うまでもなく、「その文化的伝統がイスラーム的である地域」を指示するためにも使われる。したがって私が「中東イスラーム諸国」という言い方をしたからといって、中東の「イスラーム的」文明や人々が他の文明や人々よりも、本来的、不変的に宗教的だと言っているわけではないことをことわっておきたい。

本書の構成そのものが、中東とその諸文化に属し、これらを形成した主体が、ムスリムだけでなく、それ以外の民族的、宗教的集団もいるという事実を表明している。ここで、イスラームとムスリム社会に焦点を当てたのは、単に、中東において支配的な文化的伝統を探求しようとする意図に基づくものであり、中東がイスラームだけのものであるとか、または、そうあるべきだなどということをいささかも意味するものではない。マイノリティの問題は、とくに深く探求しているわけではないが、概念的に女性問題と関連している。イスラームの体制派の思想において、女性は、マイノリティと同様、ムスリム男性と違うものとされ、法的に劣位に置かれていた。改宗することによって支配者階級にも参入し得る非ムスリムの男性とは違って、イスラーム体制下で、女性であるがゆえに甘受しなければならない差別と劣位は、変更しようのない固定条件であった。(6)

もちろん、階級、民族性、地方文化などが違えば、女性が体験する内容も決定的に異なってくるだろうし、彼女たちが属する社会においてジェンダーに関するより広範な言説が彼女たちに与える影響についても、特異性が生じることだろう。(7) そうした相違が生み出す変数をいかなる意味においても否定することなく、「女性」とは何なのか、また「女性」とは誰なのか、に関する最近の活発な議論と多様な解釈が生み出されていることを考慮して、次のことを指摘したい。すなわち、本書はアラブ・ムスリム社会の女性に関する諸言説の研究であって、またそうした言説が根ざしている歴史の研究である。そして本書における

「女性」とは、研究対象となっている社会が女性と定義した者のことであり、またそうした定義に基づいて法的、文化的役割を果たすよう強いられてきた存在を意味している。すなわち、「女性」とは、ナンシー・コットが引き合いに出しているメアリー・ビアードの言葉を用いれば、「どんなことをしようとしても、女性であることを免れ得ない者」なのである。(8)

第一部　イスラーム以前の中東

第一章　メソポタミア

古代中東地域における女性の従属状態は、都市社会、とりわけ古代国家の出現によって社会制度化されたようである。男性中心の理論は、女性の社会的地位が低いのは、「自然」に基づくものであり、生物学的にも根拠があり、それゆえ、太古より人間が存在するかぎり女性は社会的劣位におかれていたと仮定するが、これに反して、都市社会出現以前、女性は尊崇の的であったこと、ところが都市と都市国家の出現以降、その社会的地位が著しく低落したという事実が、考古学的調査によって明らかになった。古代において女性の有していた高い地位と、支配的な（と指摘する学者もいる）地位を実証する根拠として、考古学者は、小アジアにある紀元前六〇〇〇年にさかのぼる新石器時代の集落、チャタル・ホユックを引き合いに出すことが多い。この集落の比較的大きな葬儀用の高台の中には、女性が収納されており、無数の社の壁には女性の姿をかたどった装飾絵画が描かれていた。(1) しかも、チャタル・ホユックは、女性が厚遇され、おそらく特権的地位に置かれていたことを示す、この地域で唯一の初期文化ではない。新石器時代、中東全域における諸文化では、母神崇拝が一般的であり、それは地域によっては紀元前二〇〇〇年に至るまで続いていたことが、考古学的遺跡によって判明している。同様に、この地域の古代文化の研究結果により、たとえばメソポタミア、エラム、エジプト、クレタ、および、ギリシャ人、フェニキア人その他においては、ある女神像が至上の権力をもち、一般女性にも高い地位が付与されていたことが、例外的なものではなく、社会的原則であったことが判明している。[2]

フェミニズムの理論家を含め一部の学者たちは、男性による支配の形態は都市社会が成立する以前においてすでに優勢であったと推測している。男性による支配がなぜ優勢になったかについての仮説は数多くある。もっとも強力なフェミニズムの理論の一つに、ゲルダ・ラーナーによって提唱されたものがある。ラーナーは、人口を増加させ、初期社会における労働力を増加させる必要から、女性は強奪され、女性の性と生殖能力こそ、各部族が競って求めようとする最初の「所有財産」とされた、と言うのである。男性支配を歓迎する、戦士の文化がこのようにして出現した。[3]

中東における最初の都市の中核は、紀元前三五〇〇〜三〇〇〇年頃、メソポタミア（現在のイラクの南半分、チグリス・ユーフラテス河流域の渓谷付近）に誕生した。この地域にはまず、ウベイド人が定住し、村落を形成し、それはやがてシュメールの都市の中核に発展するが、シリア沙漠やアラビア沙漠のセム系遊牧民の侵入にみまわれる（これらセム系の遊牧民は、その後の時代にしばしばこの地域で政治的優位を占めることになった）。シュメール人は、おそらく南西アジアから、紀元前三五〇〇年頃にこの地域に到達し、その後の時代に勢力を拡大した。書記法が発明され、複数の都市の中核が複雑に発達し、都市国家が現われた。都市国家間でしばしば戦争が勃発し、紀元前約二四〇〇年頃、シュメールの衰退とともに、それらの都市国家のいくつかが交互に支配権を確立した。

複雑な都市社会と、軍事的競争力が次第に重要さを増して行くにつれて、男性支配が確立し、やがて階級社会が生み出され、軍事的、宗教的エリートが有産階級を形成するようになった。財産相続において父性原理を優先させることを保障し、女性の性を管理、支配する権利を男性に付与する家父長制的家族制度は、国家によって制度化され、法典化され、維持された。女性の性は男性の所有物とみなされ、第一に父親、第二に夫のものとされ、女性の性的純潔（とくに処女性）は、流通価値を持ち、経済的価値の高い財産であった。このことが売春を生み出し、その性と生殖能力が一人の男性に帰属する「敬すべき」女性（妻）と、どんな男の性の対象にもなる女性とのあいだに、厳格な境界を引くことを強化した、と主張する者もいる。都市社会が次第に複雑になり専門化して行き、農業労働者はもとより職人や商人を含む人口増加が進む中で、ほとんどの専門階級から締め出された女性は、さらなる従属状態に置かれていった。専門職から締めだされた女性は経済貢献をする機会を奪われ、社会的地位の低下がさらに進んだ。女性の地位が凋落するにつれて、女神の衰退と男神の優越が続いた。(4)

種々の都市国家がメソポタミア地域を次々と支配するあいだに、家父長制的な家族制度に適用される法律も変化し、女性に対してより苛酷に、より強力に規制するようになっていった。たとえば、ハムラビ法典（紀元前約一七五二年頃）では、夫がその妻や子を抵当に入れておくことのできる期間を三年に制限し、抵当となった人間に対して暴行を加えたり、不当に圧迫することを公的に禁止していた。しかし、後のアッシリア法（紀元前約一二〇〇年）では、これらの保護法規が削除され、抵当となった人間を殴打したり、耳を穿孔したり、毛髪を摑んで引きずり回したりすることが、公然と認められた。(5)アッシリア法はまた、妻を懲らしめるためならば、誰からも咎められることなく、夫が妻の毛髪をむしり取ったり、耳をひねり、または切りとることを認めた（『アッシリア法』一八五頁）。ハムラビ法典では、夫は容易に妻を離婚することができたが（とくに妻に子どもができなかったような場合）、夫は離婚のための手切れ金を用意しなければならなかったし、妻の持参金は返却しなければならなかった。後期アッシリア法の古写本によれば、離婚に際して妻がなにがしかの金品を得ることができるかどうかは、夫の一存にかかっていた。「もしある領主が妻と離婚しようとする時には、それが彼の意志によるものであるならば、妻にしかるべきものを与えてもよし、それが彼の意志でなければ、妻に何も与える必要はない。妻は身一つで出て行かなければならない」(一八三頁)。[6] ハムラビ法典によれば、女性が離婚するためには、相当の困難を強いられた。「妻が夫を嫌って、『もう一緒にいられない』と明言したとき、彼女の素行は市議会において調査されるべし。そして、もし夫がみんなの前で妻を大いに非難したとしても、妻が慎み深く、何の欠点も見いだせなかった時には、だれからも非難されることなく、持参金を持って自分の父の家に行くべし」と法典は述べている。しかし、離婚の請求は危険を伴った。もし調査の結果市議会によって、「妻が慎みを欠いて、遊び歩き、家庭を顧みず、夫の面目を失わせていたことが判明した時には、妻は水中に投げ入れらるべし」(『法典』一七二頁)とされていたからだ。

いずれにしても、相次いで誕生した都市国家の時代を通じて、権力と権威はひとえに夫と父親に存し、妻と子は絶対的な服従を強いられた。紀元前三〇〇〇年期の中期に書かれた文書によれば、夫に楯突く妻は、焼けた煉瓦でその歯を打ち砕かれたのであり、ハムラビ法典には、父親に打ちかかる子はその手を切り落とすべし、と書かれている(『法典』一七二頁)。[7] 家長は子供の結婚を取り決める権利と、娘を神々に献納する権利を有していた。後者の場合娘は巫女になり、他の巫女たちとともに寺院で生活した。すでに述べたように家長はまた、借金返済のために、妻および/あるいは子を抵当に入れることができた。借金返済が不可能なとき、彼女たちは借金奴隷となった。このような法の基礎にある考え方は、妻子および奴隷に及ぼす男性の諸権利と権力は絶対的なもので(正当な理由なしに殺害することはさすがにできなかったが)、借金返済や受刑を余儀なくされたとき、彼女らを自分の身代わりとすることができた。[8] たとえば、もしある債権者が、債務者から抵当として預かった息子を、虐待行為によって殺してしまった時に、ハムラビ法典では、債権者は罰として自分の息子を殺された。このことは、父親の犯罪が、その息子の命と引き換えに贖い得ることを意味していた(『法典』一七〇頁)。同様に、アッシリア法における強姦事件の扱いについていえば、もし強姦犯が既婚者である場合、彼の受ける罰は、その妻が「辱められ」、彼のもとから永久に引き離される、というものであった。さらに、アッシリア法の法規によれば、概念上、処女に対する強姦は、何よりもその父に対する経済的損害を意味していた。強姦犯が未婚の場合、罰として処女の対価をその父に支払い、強姦した娘と結婚することになっていた(『アッシリア法』一八五頁)。

王族は別として、結婚は一夫一婦制が一般的であったが、庶民のあいだでも、もし最初の妻に子供ができない場合は、二人目の妻を持つことができた。いずれにしても、男性は奴隷や娼婦と性的関係を持つことが許されていた。しかしながら、妻が姦通した場合は、彼女(とその相手の男性)は死をもって贖わなければならなかった。そうした場合でも、ハムラビ法典によれば、夫の裁量により妻を生かしておくことができた(『法典』一七一頁)。もし、父親が妾の子を認知した場合には、彼らも正妻の子と平等に財産相続する権利を有していた。認知しない場合でも、父親が死亡すると、妾とその子どもたちは自由の身分を得ることができた。王族は多くの妻妾からなるハーレムを構えていたが、イスラームによって征服される直前、二二四〜六四〇年にかけてこの地域を支配したササン朝ペルシャのもとでのハーレムに比べれば相当に小規模のものであった。たとえば、紀元前一二世紀のアッシリア王のハーレムには、約四〇名の女性がいたが、ムスリムによる征服直前のササン朝の王(ホスロー一世、五三一〜五七九年)のハーレムには、約一万二〇〇〇人の女性がいた(9)。

ヴェール着用に関する規則(どのような女性がヴェール着用を強制され、どのような女性が、着用を禁止されていたか)は、アッシリア法で詳細に規定されていた。「領主」の妻と娘、女主人に付き添う内妻、以前に「聖娼」を務め、その後結婚した女性、こうした女たちは、ヴェール着用を強制された。売春婦と奴隷は、着用を禁止されていた。不法にヴェールを着用して捕らえられたものは瀝青を頭からかけられ、両耳をそぎ落とされ、鞭打ちの刑に処せられることがあった（『アッシリア法』一八三頁）。この件に関する法については、ゲルダ・ラーナーがかなり詳しく分析しており、その洞察豊かな分析によれば、ヴェールとは単に、上流階級を示すだけでなく、「敬すべき」女性と、誰のものにでもなる女性とを区別するために役だった。すなわち、性的行為の対象として女性を種類分けするためにヴェールが用いられているのであり、これによって、どの女性が男性の庇護を受けており、どの女性が漁色の餌食となし得るか区別されたのである。ラーナーの分析はさらに、女性を「敬すべき」ものと、「いかがわしい」ものとに区別することは、基本的に家父長制の属性であること、第二に、男性が階層的身分の中で任意の地位を占めるのは、自らの職業とか、産業への関わり方によって決められるのに対して、女性は自分を庇護する男性との関係（あるいは、そのような男性の欠如）や性的行為のあり方に基づくものであることを明らかにした。(10)

家父長制家族を統治する法規は、女性を概念的には紛れもない従属状態においていたが、それにもかかわらず、上流階級の女性は高い身分と法律上の諸権利とある種の特権を享受していた。実際、上述の制度のもとであらゆる階級の女性が自分名義で財産を所有・管理したり、契約を結んだり、証言台に立つことができた。(11) ラーナーたちが主張しているように、親類や身内の女性の中に、社会的地位と経済的諸権利を有している者がいることは、家父長制度と対立するものではなく、「父子相伝の官僚政治」を通じて権力を築き上げることにより、家父長支配に貢献することが多かった。家父長たちは、権力の下部組織に自らの係累を組み入れることにより、自らの地位を保証したのであり、このようにして組み入れられる者は、しばしば妻、妾、娘などの女性であった。このようにして、「代理人としての妻」が出現した、とラーナーは述べている。このような女性たちは、各種の行事に影響力を持ち、下位の男性や女性に対して、実質的な権力を行使し、時として、シャムシ・アダドの妻、バビロンのセミラミス女王（紀元前八四二〜前八一〇年）、セナカリブの妻ナキア（紀元前七〇四〜前六八一年）のように統治者となる者もいた。しかしながら、ラーナーが強調しているように、彼女たちの権力はそもそも、彼女たちが依存している男性か、親類関係にある男性から全面的に派生していたものである。[12]

エリート階級の者と結婚し、家柄や姻戚関係の力によって一般社会や家計に実権を持つことに加えて、上流階級の女性は、巫女（*naditum*）すなわち、神の従僕として経済的、法的活動に重要な役割を果たすことができた。巫女になる女性は、ほとんどの場合上流階級出身の女性に限られていたが、幼少の時分に父親によって神に献納され、巫女になった。彼女たちは、財産を所有しただけではなく、「息子と同様に」財産を相続することができるという点で他の女性よりも優遇されていたが、死亡した時にその財産は父方の家に返却された。彼女たちは、商業に就き、畑や家を賃貸し、奴隷を買い入れ、契約を結び、金貸しをするなどの商行為に従事した。巫女は、修道院のような施設に集団で生活し、結婚は稀であったが、禁じられているわけではなかった。[13] 巫女組織は、共同体の経済生活に重要な役割を果たし、財産が家父長制家族の中に止まることを保証しただけでなく、政治的支配層と寺院の僧侶階級とのあいだに紐帯を結ぶことにより、支配階級の利益に明らかに貢献した。

このように、巫女組織の女性に財産権を与え、契約行為を許可し、証人権を与え、商行為に参加することを認める法規は、他の階級の女性にも恩恵をもたらした。女性が従事した職業には、陶芸家、パン屋、歌手、音楽家、醸造業、時には長期の訓練期間を要する写本筆写などがあった。彼女たちは土地を貸借・売買し、奴隷を売買したが、これらの奴隷たちを娼婦として稼がせる女性もいたことが、さまざまな文書によって明らかである。結婚の条件を規定するため契約が結ばれることもあった。アムサッカルとある僧侶の結婚（紀元前約一七三七年）においては、離婚に付随する権利と罰は、両者が平等に分け合うというものであった。契約によって妻たちは、夫の負債の抵当として奴隷に売り飛ばされることから身を守ることができたが、こうした保証は、そのような条件を付けるだけの影響力を持つ人々に限られていたであろう。[14]

イスラーム法やヘブライ法にも、メソポタミアの法と類似の規定が数多くある（ヘブライ法におけるメソポタミア法との類似規定についてはとくに、ラーナーが研究している）。結婚契約において妻にも離婚権を認めることが明記されている場合を除いて（いくつかの法学派ではムスリム女性も同様の条件を明文化するであろうが）、離婚権は男性にのみ認められていたこと、子をもうけた妾とその子供たちに、父親の財産と、自由を得る権利を与えたこと、そして、女性に証言権を与えたこと（この権利は、バビロニア時代の後期には削除された）、こうした点がイスラーム法と明らかに類似している。[15] 最後に述べた証言権に関してメソポタミア法は、少なくともその初期の形態においては、ムスリムの法、すなわち女性二人の証言は男性一人の証言に等しいとする伝統的に解釈されたムスリム法よりも、女性に対して明らかに寛容である。

メソポタミア文明は数千年の期間にわたるものであり、そのあいだに特定の文化と民族の興隆と凋落が続いたということは明記されねばならない。シュメール人、アッカド人、バビロニア人、アッシリア人などが次々とこの地域を支配した。それらの社会がもっていた女性に対する法と社会的習慣に関しては、この文明を専門に研究している学者によって総括的に調査されなければならない。ジェンダーがいかにして社会的に組織化されたか、その理論的意義について体系的に考察した者は、これまでにラーナーだけである。さらに、多くの女性、とくに奴隷や下層階級の女性が、法律が是認する、言語に絶する虐待に苦しんだことは紛れもないことであるが、この文明から出土した古器物は、夫婦、父娘のあいだに存在していた相互依存関係、恋愛感情、親密さ、の証となっているものがあり、さらにこうした感情は、この文明が大切に育み、称揚していたものであることを立証している。古器物は、「手に手を取って、あるいは、一方の手を相手の肩において」愛し合う一群の男女を描いている。別離状態を余儀なくされていた夫婦間の手紙も現存するが、その手紙には相互の深い献身的愛情が映し出されている。「妻が夫を慕い、愛情深く尽くした」との理由によって、夫が妻に財産を相続させる旨を記した文書や、自分の不慮の死に備えて妻の生計を守ろうと意図した文書、あるいは、親類や子供の異議申し立てから妻を守ろうとする但し書きのついた文書、等が現存している。(16)

紀元前五三九年に、アケメネス朝ペルシャの王キュロス二世は、バビロン、メソポタミアの大部分、シリア、その他の中東地域を征服した。この年と紀元六四〇年のムスリムによる征服とのあいだに、この地域は、まずアレクサンダーによって、次にパルティア人によって、そして最後に紀元二二四年からムスリムによる征服までササン朝イラン帝国の一部となった。このように継起する侵入に付随する文化的、社会的変化は、唐突に強制されたものではなく、土着の慣習が征服者のものと融合する中で、漸層的に生起したものである。

このように侵略が相次いで起きた時代に、女性がどのような状態に置かれていたかはほとんど知られていないが、侵略の結果起きた諸民族間の習慣の混交によって、女性の地位の低落と、女性に対するより否定的な態度が一般化するようになったと思われる。たとえば、A・L・オッペンハイムは、女性の地位の低落を取り上げ、それがイラン人によるメソポタミア征服以降に起きた変化の重要な点だとし、女性は証人としての資格を失い、わけても、夫の行う法的事務処理に参加する時にさまざまな新たな規制が置かれた、と指摘している。[17] 紀元前一世紀の中頃からイスラームによる征服にかけて、中東・地中海地域に起きた相継ぐ征服とそれに伴う文化交流によって、女性の地位が低落し、女性に対して苛酷に対処する慣習が広まった形跡は、王族の生活にもうかがえる。たとえば、アレクサンダーは、紀元前三三三年にペルシャのダリウス王を打ち破った時に、自分のハーレムの規模を途轍もなく大規模なものに拡大した。彼がダリウス王から接収したハーレムには、王の母と妻が居り、それぞれが女性騎馬軍によって警護された専用の乗り物によって移動した。王の子供たち、その乳母たち、そして大勢の宦官を乗せる一五台の車両と、ダリウス王の三六五人の妾を乗せるための車両などがあった（この頃までには、女性を隔離する習慣が形成されており、車両の窓は閉じられていた）。アレクサンダーはその後、自分が征服した支配者のやり方を模倣して、「女性のように使われる」ことに慣れている宦官に加えて、ダリウスとまったく同数の妾を置くハーレムを所有した。王族のハーレムは次第にその規模が拡大して行き、ササン朝の頃になると、妾の数は数千人にのぼり、三六五という数が控えめと思えるほどであった（ある学者はこの数を「しみったれた」と述べている）。[18] 同様に、王族のあいだでハーレムを所有することが一般的であった地域をムスリムが征服すると、ムスリム王族のハーレムの規模も飛躍的に拡大した。

一般社会から隔絶し、宦官によって警護されなければならないハーレムを維持する資力を持っていたのは、王族や、権力者に限られていたものの、社会習慣の交流があったのは、彼らだけに限られていたわけではなかった。ヴェール着用と女性隔離の習慣はこの地域全体に広まり、通常の社会習慣となり、その習慣に応じて、（肉体と性に対する羞恥心といった）女性と人間の身体に対する考え方も一般化していった。

紀元一世紀のあいだに、女性を隔離しようとする観念（邸宅内に宦官によって護衛された女性のための建物や区域を置くことで実現したものだが）は、ヴェール着用や女性を適切に隠蔽しようとする習慣とともに、地中海沿岸の中東地域、およびイラク、ペルシャの上流階級の特色となった。実際、このような考え方や習慣は、地中海南岸においてはもとより、北岸（たとえば、ビザンチン社会）においても同様に観察された。このような考え方や習慣は、初期キリスト教の時代までにはすでに広まっていたが、しばしば指摘されるようにペルシャ世界を単独の起源として広まったのではなく、むしろ、この地域のさまざまな家父長制的な文化から生まれた同じような考え方や習慣が合体したものと思われる。メソポタミア、ペルシャ、ヘレニズム、キリスト教、そしてイスラームの文明は、それぞれに、女性を支配し矮小化する習慣を作り上げ、さらに、隣国からも、女性を支配し貶めるような慣習を借用してきた。文化の交流によって、この地域全般にわたって、そのような女性観が定着し、強要され、女性の人間性は貶められ、女性は本質的に生物学的な意義しか持たない存在、すなわち女性の本質とは、性的で生殖するだけの存在であるという考え方によって、女性の人間的存在の意義はほとんど抹殺された。

この地域のこの時代における、女性を管理し矮小化する習慣と女性嫌悪観の広まり方には、驚くべきものがある。逆に、女性の生物としての能力と同様にその人間性をも認める心的態度が（これはこの地域にすでに存在していたものであり、第二章で扱われる論点でもあるが）、一つの文化から他の文化に移し渡されることも、広まることもなかったという点は、これまた驚くべきことである。メソポタミア、ヘレニズム、キリスト教、イスラームなどの個々の文化のなかにおいてさえ、一貫して失われ続けたのはつねに女性に対するより人間的な観念であり、絶えず強化され続けたものは、男性による女性の支配をいやまして女性を矮小化しようとする観念であった。西洋にとっても、中東にとっても、この時代のこの地域の社会と、それらが生み出した諸観念は、後世の時代を通じて支配的な影響を及ぼし続けている。

イラク・イラン地域に広まったササン朝社会は、ムスリムがその地域の住民を征服し、彼らの文化や制度を直接引き継いだという点で、本研究に重要な意味を持っている。ムスリムによる征服後、この地域に流入してくるアラブ人の習慣と既存社会の習慣が融合する中で、イラクに生まれた新たなムスリム社会は、ムスリムの法と習慣(その中には今日なお機能し続けているものも数多くある)を規定する際に主要な役割を果たした。

ペルシャ人による第一次メソポタミア征服当時のペルシャ王族の習慣は、ササン朝の人々によって受け継がれ、さらに手の込んだものに作り上げられた。ハーレムはこれまでよりもはるかに規模が大きくなり、王族はもとより政治的権力者によって所有されるようになり、その規模は所有者の富と権力を反映するようになった。[19] 全国の州から女性たちを王のハーレムに送り込む(女性たちは品定めされた上、ハーレムに引き取られた)というアケメネス朝の慣習は、ササン朝時代にも継続された。さらに手の込んだ方法を用いる王の中には、自分の理想の女性の特徴を王国中に通達する者もいた。アケメネス朝時代から少なくともササン朝初期までに持ち込まれたもう一つの習慣は近親結婚であり、男性はその姉妹、娘、母親と結婚することができた。このような組み合わせは、「大目にみられていたどころではなく、敬虔で賞賛に値する功績とみなされ、種々の魔力に対する有効な手だて」と考えられていた。[20]

上流階級におけるもっとも有力な宗教は、ゾロアスター教であり、これは紀元前一〇〇〇年にまでさかのぼる一神教の宗教である。ササン朝時代のあいだにゾロアスター教は勢力を拡大し続け、やがて国教となり、上流階級の男女関係を支配する規則を確立した。ゾロアスター教会で是認しているように(少なくとも歴史のこの時期において)、家父長制家族では、妻は夫に全面的に服従することが求められた。女性は、「私は、生涯を通して夫に逆らうことは決してありません」と明言することを要求され、もしそれが守られなければ、離婚される恐れがあった。女性はまた、「朝起床時に、夫の前に参上し、男性がアフラマズダに祈りを捧げるかのように、両手を伸ばして夫に挨拶し、(中略)三拝九拝して従順の意を示さなければならなかった」[21]。男子の跡継ぎをもうけることが宗教的にも命じられており、たとえ直接、息子をもうけることができない場合でも、とにかく、娘や女性の親族を通じて男子の跡継ぎをもうけることが何よりも優先されていたことが、種々の縁組のあり方からうかがわれる。そのようなわけで、女の子しかできなかった家の娘は、結婚に際し、子供が生まれたら、とりわけそれが男の子であったら、その子を実家の父の子とする(実家の父が死んでしまったら、実家の子とする)という条件を付けなければならなかった。そのような結婚を強いられた女性は、結婚してできた子が夫の所有となるパタカシェー婚(*patakhashae*)における場合よりも、妻として享受し得る権利が大幅に削減された。同様に、子供に恵まれぬまま夫に死なれた寡婦は(許婚が幼少のうちに死亡した場合も含めて)、別の男性と結婚して子ができたとしても、その子は前夫の家族のものになるという条件での結婚しか認められなかった。その場合、彼女たちにパタカシェー婚(結婚先の家の女主人として扱われる唯一の結婚形態である)の妻となる権利は与えられなかった。夫はその妻を、妻の承諾なしに他の男性に賃貸することが可能であり、その期間は契約によって特定された。男やもめが、結婚するゆとりはないが、性的満足を必要とし、自分の子を育てなければならない状況がある場合はとくに、この習慣は推奨された。こうした女性に生まれた子はすべてその女性の夫の子となったのだが、それは「女は畑である。誰が種を蒔こうとも、そこで育つものはその所有者のものとなる」という信念によるものであった[22]。妻貸しは、ササン朝の法学者によって「同胞愛」的行為、「神聖な宗教的義務として、共同体構成員との連帯を深める」行為とみなされた[23]。

契約による特別な例外規定がない場合には、結婚の後に妻が獲得した財産は夫の所有になった。もし妻が夫に服従しない時には、結婚の際に契約して認められた権利も失った。妻の服務違反は裁判所で認定されねばならなかった。認定が済むと、裁判所は「服務違反証明書」を発行した。女性は父親の財産を相続することができたが、その処分権は夫にあった。もし彼女が子を生まずに死亡したとき、その財産は彼女の父親の家族に返還された。パティクサイ（*patixsayih*）の寡婦は夫の遺産を息子たちと同等に相続することができた。寡婦になった女性は、成人した息子、または死亡した夫にもっとも近い父系男性親族の保護を受けた[24]。

一般に離婚は両性の合意を必要としたが、妻の不品行が原因である場合は、その同意を必要としなかった。父や兄弟、またはその他の男性の親類に子供がなくて、嗣子をもうけなければならなくなった場合、嫁いでいった女は離婚して、父系の男性親族と結婚する習わしであった（この領域の専門学者は、女性がこの義務を果たすために夫と離婚し、男性親族と結婚することを強制されたと述べる一方で、女性にその意志がなければ無理矢理強制されることはなかったと、矛盾する記述をしている[25]）。ゾロアスター教徒の厳格な階級制度は、結婚と結婚生活における女性の地位を決定するのに重要な役割を果たした。階級の違いは厳密に区別され（絹の衣服を着てよい者、着てはならぬ者までが区別された）、女性は自らが属する社会階級の中で結婚することを要求された。

ゾロアスター教徒が遵守する諸規則の基本原則においては、女性が観念的に人と物の中間的存在とみなされていたことが示されている。そのことは、性的その他の奉仕のために女性を合法的に賃貸することができたことでも明らかである。ササン朝イランにおいて起きたマズダク教の改革運動に関する説明もまた、女性がおそらくは人間として扱われると同時に、物としても扱われていたことを暗示している。マズダク教は紀元五世紀末から六世紀初頭にかけて起きた宗教運動である。これは、「特権階級の手に女性と富を集中することを可能にする差別を撤廃し、富の公平分配を唱える」、人民主義と平等主義を掲げる運動であった(26)。アラブの歴史家タバリーが述べているように、この運動の追随者は、「この世に生きるための手段は、神が与え給うたのであるから、誰か一人が、他の者より多く取ることがないように、皆平等に分配すべきだ」と宣言し、「皆が平等に富を所有するように、富める者の富を貧しい者に分け与えることが絶対的に必要になる」と述べている。「富、女性、物品を過剰に所有する権利は誰であろうと有してはいない」のである。マズダク教の教条に関する説明は彼ら自身のものではなく、そのほとんどが彼らに敵対する者によってなされているために(彼ら自身の説明は、彼らが迫害を受ける中で消滅してしまった)、そしてまた彼らの消息が彼らとは別な文明を通して今日の我々に伝わっているために、マズダク教において果たして本当に、女性と物がまったく同等に扱われていたのかどうか、正確に仮説を立てることはできない(27)。

マズダク教の思想は別にしても、女性を人間であると同時に物とみなす観念が、女性を支配したゾロアスター教の法律において固有のものであったことは、疑い得ないところであろう。ある学者の指摘するところによれば、奴隷は「物の範疇に入る」のであるが、法思想上生じてくる論理矛盾のために、彼らはある程度人間とみなされた、というのである。この学者はさらに続けて、奴隷が権利行使の対象だけでなく、自ら権利を行使する主体とみなされている場合でさえ、その法的地位は、「女性や被後見人など、従属的人格の地位を超えることはなかった」と述べている(28)。奴隷が物として扱われたのか、人間として扱われたのかという議論は学者の興味を引いてきたが、曖昧な女性の地位をはっきりさせようとする調査は手つかずのままである。この点に関して同じ学者は、「法律上の資格に関して言うならば、個人の法律上の資格と地位の範囲は、性と年齢によって異なった。女性と未成年者は法律上の資格において制限されていた」と述べるに止まっている。[29]

イランのものと異なり、イラクのゾロアスター教は基本的に、支配階級、戦士階級、僧侶階級の圧倒的多数を占めていたペルシャ人の宗教であった。全体的にみるとイラクの住民の宗教的構成は多様であり、グノーシス主義者、多神教徒、マニ教徒、ユダヤ教徒、そして二世紀以降増え続けたキリスト教徒などが含まれていた。ササン朝時代において、ユダヤ教徒もキリスト教徒もともに、自治制度が認められており、迫害された時代もあったが、概して他の非ゾロアスター教徒と同様に寛容な扱いを受けていた。とくにキリスト教徒の命運は、彼らがどの程度の迫害を受けるかという点も含めて、ササン朝帝国とその大敵ビザンチン帝国（この帝国は三三〇年にキリスト教を国教と定めた）との相互関係に依存していた。それはまた、その時々でゾロアスター教徒がキリスト教にどの程度脅威を感じるかによって変化した。おそらくはシリアおよびイラク地方のアラム人やアラブ人住民のあいだに最初に広まったと思われるキリスト教は、やがてイラン人のあいだにも浸透して行き、特権階層からも改宗者が現われた。たとえば、ホスロー二世の妻の中には二名のキリスト教徒がいた。[30]

イランにおける初期キリスト教殉教者の中には男性ばかりでなく、女性も含まれていた。キリスト教会は男性支配を是認したものの、教会が取り入れた女性殉教者の説話は、キリスト教が女性に対し自己肯定と独立の観念を導入したのであり、女性はその生物的特質によって規定されており本質的には生殖機能に役立つものとしての存在理由しかないという信念を論駁する道を開いた。したがってキリスト教は、ゾロアスター教の社会秩序を次の二点において、根底的に覆す恐れのある観念を広めた。第一にキリスト教は、女性が精神的、道徳的能力を有し、男性僧侶の権威によって妨げられることなく、独自の能力で道徳的秩序を理解できることを認めた。第二にキリスト教は、女性について書かれたゾロアスター教の法律が基盤としている観念、すなわち女性のもっとも重要な機能は生殖機能に他ならない、という観念を切り捨てた。

キリスト教殉教者について記された、セバスチャン・ブロックとスーザン・ハーヴェイによる『シリアオリエントの聖女たち』には、ただ一つの例外を除けばみな純潔の誓いを立てた女たちのことが描かれている。迫害者側のゾロアスター教の僧侶と迫害される女性のあいだで生じる意志の闘いの中心には、純潔と結婚に対するとらえ方の問題がある。四世紀に殉教したマルサに対して、ゾロアスター教の僧侶は、彼女がキリスト教徒であり続けてもよいと明言した。彼が要求したのは、彼女が処女（「ゾロアスター教の習俗からみれば、このうえなく堪え難いこと」）であり続けるのをやめることだけであった。[31] この僧侶は、次のように語っている。

「何事によらずにおまえの歪んだ望みを追い求めようとせずに、強情で頑迷であることを止して、私の言うことを聞きなさい。おまえは自分の宗教を持ち続けようと堅く心に誓っているようだから、自分の好きなようにしてよろしい。しかし次のことだけは守りなさい。そうすればおまえの命が奪われることはない。おまえは若いし、とても美しい。夫を見つけて結婚し、子を生みなさい。ただ、『誓約』［すなわち純潔の誓い］という嫌悪すべき教条に執着することだけは止しなさい」。

賢明なる聖処女マルサは答えた。「ある乙女が、ある男性と婚約している時に別の男性がやってきて、その婚約者を打ち倒し、すでに婚約しているその乙女を連れ去ってよいものでしょうか。自然の法は、その乙女に、婚約者以外の男性に身を任せよと教えているのでしょうか」。

「そのようなことはない」と、僧侶は答えた。

マルサの言い分に乗せられて、彼女が他の男性と婚約していると信じた僧侶は、一時的に彼女に同情したが、他の男性とはキリストのことを言っているのだと知ったとき、怒りを爆発させて、「頭の天辺から爪先まで血だらけにしてやろう。そうすれば、おまえの婚約者とやらがやってきたとき、おまえが塵埃に帰したことを知るであろう」と言った。マルサは、「自分の純潔を、二人の約束の印によって封印されたままに、そして、栄光に満ちた三位一体に対する私の信仰を保ったままで生きることができたことをイエスに感謝しつつ死に赴いた」(六九〜七〇、七一頁)。

セレウキア・クテシフォンの司教であった殉教者シメオン(三四一年没)の美しい妹、タルボもまた純潔の誓いをたてた人であった。タルボと、結婚はしたけれども処女のままでいたタルボの妹、そしてタルボの召使の三人は、女王に魔術をかけて病気にしたとの嫌疑をかけられた。彼女たちを調べた司祭は、もしタルボが自分の妻になるならば、その命を救ってあげてもよいのだが、といってきた。タルボは次のように答えた。

「お黙りなさい。邪で神に敵対する者よ。二度とそのようなおぞましいことを口にしてはなりません。私はキリストの花嫁です。キリストの名において、私は純潔を守っているのです。キリストは、おまえの汚れた手と邪な思いから私を救ってくださるので、すべてを委ねているのです」。

「汚れて歪んだ者よ、なぜおまえは不正で許しがたいことをそんなにも追い求めようとするのですか。私は潔く死を選びます。そうすることによって、永遠の命を得ることができるのですから。疚し

く生き長らえて、やがて死を迎えるつもりはありません」。(七四〜七五頁)

かくして、タルボとその姉妹は、身の毛もよだつような恐ろしい死を迎えた。

他の殉教者たちの中には、同様に純潔のまま共同生活を営んでいた女性たちや、マギ教徒のアズルホルミズドの娘アナヒドのように、局で一人暮らしをしていた女性などがいた(唯一の例外として、二世紀の殉教者のキャンディーダは皇帝の妻であったが、ハーレムの陰謀に巻き込まれて死んだ)。迫害する側の司祭は、彼女たちを解放する条件として、言葉による棄教表明よりも、彼女たちが結婚することを望んだ。こうした逸話に一貫して流れている特色の一つは、司祭たちの激怒と彼らの男性的権威を嘲笑する女性たちの挑戦である。たとえばある司祭は、「おまえは何者だ」という彼の問いに、その犠牲者(マルサ)が「ご覧の通り、私は女です」と答えると、「怒りと屈辱で真っ青になった」(六八頁)のであり、アナヒドを迫害する司祭に対する返答は、「思慮分別を欠く愚かなる者よ」(九三頁)で始まるのである。別の逸話の中では、女性が性的に利用され、性的存在としてしか認められない扱われ方を拒否するありさまが、彼女に対する拷問とそれへの対応という状況で描かれている。ある時点で、彼女の両乳房が切り落とされた。「彼女の両乳房はたちどころに切り落とされ、腱によって吊り下げられた。その聖女は両腕をのばし、乳房を鷲摑みにし、僧侶の前に置いて言った。『マギ教徒よ、あなたがたが欲しがっているものをあげよう。それらを好きなようにしなさい。もし私の手足がほしいならば、そう言いなさい。それを切り取ってあなたの前に置いてあげましょう』」(九五頁)。とりわけ初期キリスト教の宗教思想家は、処女性に高い価値を置いていたのであるが、それはある意味で、物質性、肉体性、そして性そのものを拒否していることを意味していたのであり、観念的に、女性は男性よりも物質と肉体により深く関わっていて、本質的に性的で生物的存在だとする文化的な定義が行われていたという点で、女性嫌悪的志向を持つものであった。女性嫌悪的要素は、第二章で論じられるように、初期キリスト教宗教思想家の文書に明白に表明されている。ところで教会は、肉体を超越すべきことを説き、女性に対して(男性に対しても同様であったが)処女性と性的な純潔を奨励した。このことは、当時この地域の諸文化の中で一般に是認されていた定義、すなわち女性は本質的に生物的存在にすぎないとする定義を、根底から覆すことになった。女性の独身主義者——自分自身の意志と、(直接的な方法で)神の意志にのみ助言を求める女性たち——は、当時の社会宗教学的秩序に祭り上げられていた男性の権威や基本的諸観念に対する挑戦となり脅威となっていった。

第二章　地中海地域の中東世界

五〜六世紀頃までには、地中海地域の中東世界の人口は、大多数のキリスト教徒と少数のユダヤ教徒によって構成されていた。メソポタミア地域の諸社会がそうであったように、地中海地域の中東社会もキリスト教が誕生するはるか以前から、長い歴史を有していた。実際、この地域のキリスト教の諸社会は、あまりにも多様で複数の文化を引き継いでいるため、それらをここで包括的に取り扱うことなどとうてい不可能であろう。以下に述べる概説では、この地域のいくつかの文化におけるとくに目立った社会習慣を取り上げることにする。すなわち、東地中海地域を支配した帝政権力の典型的な例としてのビザンチン社会の文化、および、この地域における二大文化である古典期ギリシャと古代エジプトの両文化である。そして、アラブによる征服直前の東地中海地域における、初期キリスト教の習慣と倫理を検証し、結論としている。

すでに指摘したことだが、キリスト教の根幹をなす諸観念——たとえば、個人には固有の価値があるとする観念、男性も女性も、そして奴隷もその主人も精神的価値においては同等であるとする観念、そして妻としての従順さよりも処女性を優越させる観念——このような観念は、いくつかの点で、当時支配的であった家父長制の基盤をなす諸観念を崩壊させる原因となった。実際、処女性のほうが生殖よりも優越するという考えだけでも、女性のなすべき義務や女性の望むべきことは、女性の身体とその生殖機能によって限定されているのだという考えを切り崩したのだった。

しかしながら、キリスト教、非キリスト教を問わず、当時、公的原理とされていた男性支配の原則に対して、こうした諸観念が持つ破壊性は、多くの場合、慎重に隠蔽されていた。自分自身の人生の主導権を握るために、キリスト教的純潔観や独身主義を拠りどころにしようとした女性はほんの一握りしかいなかった。エレイン・ペイジェルズその他の者は、独身主義、すなわち「現世を拒否すること」が女性にとって、天上のみならず地上においても報償をもたらすものであったことを指摘している。ペイジェルズの指摘するところによれば、女性は「自己の財産管理権を確保し、〈聖なる巡礼者〉として世界中を自由に旅行し、知的探究に没頭し、個人的に自由に使用できる施設を見つけるために、禁欲と遁世の理念を利用することができた」と述べている(1)。しかしながら、大多数の女性は、このような手段を用いることができなかった。そして、キリスト教の見解に内在する、この解放的要素にもかかわらず、初期キリスト教時代の東地中海地域、およびビザンチン帝国の女性の生活を左右していた社会習俗は、少なくともその規範的理念としては、きわめて規制的なものであった。

ビザンチン帝国の女性に関する研究はまだ歴史が浅く、今後の展開が期待されている分野である。この時代を概観しようと試みる数少ない著作家のひとりである、グロディディエ・ド・マトンは、女性に関する習俗、生活様式、社会の態度について説明しているが、それらは、一般的に、キリスト教社会のものというよりも、ムスリム社会のものとみなされているものである。たとえば、ド・マトンは、ミカエル・プセッロス(一一世紀のビザンチンの著述家、政治家)を引用し、男子の誕生は歓声をもって迎えられたが、女子の場合はそのかぎりではなかった、としている。子女たちは(子息も含めて)幼児期に婚約させられ、娘たちは多くの場合、一二～一三歳までには結婚していた。中、上流階級の娘たちは、読み、書き、算盤と歌の教育を受けたが、彼女たちの兄弟が受けた教育内容に比べれば、初歩的なものに止まっていた。家の外で、娘たちが立ち話を他人に聞かれたり、その姿を見られたりすることは、好ましいことではなかった。女性は公衆の中に入るべきものとはみなされておらず、「囚人のように幽閉されていた」が、既婚、未婚を問わず、結婚、誕生、宗教行事、公衆浴場などに出掛けるために家を離れることは許されていた。日常生活において起こり得る深刻なトラブルを避けるために、女性はつねにヴェールを着用すべきものとされていたが、それは、ヴェールを着用しているか否かによって、「誠実」な女性か、娼婦であるかが区別されていたからであった。ビザンチン帝国の社会が、ヴェール着用と女性隔離の習慣をいかに厳格に義務づけていたかを示すために、ド・マトンはここでもプセッロスを引き合いに出している。プセッロスは、自分の母親が、その生涯においてただ一度だけ、男性の前でヴェールを引き上げてしまったことを記述しているが、それは娘の葬式の際のことで、我を忘れてしまうほど取り乱していたためであったと、母を讃える気持ちを込めて記録している。プセッロスは、女帝イレーネ〔ビザンチン帝国の皇帝。七五二～八〇三年〕が、肉体が露出せぬよう心せよという戒めを守ろうとして、細心の注意を払って両手までも覆い隠していたことを称賛している（今日の熱心なムスリム女性が手袋をはめているのが思い出されよう）[2]。一〇世紀のビザンチン時代のある貴族は、娘が公衆浴場に通う習慣があることを弁護して、彼女が出掛ける時には「しっかりヴェールを付けさせ、しかるべき付き添いを伴わせる」と釈明している。男女を隔離し、隔離された女性の世界を護衛するために宦官を利用する方法は、組織的に採用された。女性に相応しいとみなされた職業は、紡績、機織り、縫製など、家庭内ですることができる作業に限られた[3]。

これは、ビザンチン社会を専門にしているある学者が指摘したことであるが、肉親以外の男性から女性を厳格に切り離そうとする習慣は、逆説的に女性に道を開くことになった。公衆浴場などの女性専用の施設を利用する時には、女性の付き添い人を必要としたし、女性の助産婦や医者が存在していたという事実は、女性の身体的な事柄を扱う者は、男性よりも女性のほうが適切だという社会的信念を反映していた。[4]

上記の二つのパラグラフで指摘された事情はそのまま、八世紀から一八世紀にかけて、中東イスラーム社会の中、上流階級における規範的な理念と習慣を述べたものと理解することができよう。ビザンチン帝国の時代を専門とする女性研究者、アンジェリキ・ライオウは、この時代に生殖を異常なまでに強調しているのは、一つには、幼児死亡率が高かったためであると指摘している。ビザンチン帝国の女性が、周囲から隔絶されていたという見解は、強調されすぎている傾向があり、それは、プセッロスのような著名な人物による文書ばかりが取り上げられるせいだと、ライオウは述べている。「女性が果たした活発な経済的役割は、あらゆる局面における社会参加を前提としていたのであり、学者が想定しているよりもはるかに深く男性と関わっていたのであり、女性が果たしていた社会的役割は、理想像とは違ったものであった」とライオウは指摘している。[5] 彼女はまた、ビザンチン帝国の女性は、浴場付き添い人、助産婦、医者以外に、職人、食料販売人などの社会的活動を果たしていたと指摘している。女性はまた、小売業、長距離間の交易、金融・投資業などに従事した。歴史家たちも、ムスリム社会における女性たちが、この種の職業に携わっていたこと、そしてまた、女性を隔離し、衆目から遠ざけておくという理想が社会的現実として完全に実現することは決してなかったことを指摘している。しかしながら、理想というものは、経済的、現実的条件が妨げとなって十分に実現できなくとも、男女両性にとって、社会心理学的な存在意義を感じる時に大きな影響力を持つものである。そうした現実的ではあっても物理的実体の伴わない心理的な領域に関する影響力に加えて、理想というものは、結婚、離婚、財産等に関する法律の基礎概念の一部を構成するものである。実際、社会理念はもとより、法律に関しても、ビザンチン社会とイスラーム社会における法思想のあいだには深い類似性が認められる（たとえば出産などのような、男性よりも女性の証言が適切と思える事柄においてすら、女性の証言権を制限するビザンチン社会の法律と類似のものが、イスラーム法にもある）[6]。

とくに異例な指摘ではないが、ビザンチン社会の研究家たちは、この時代の女性に対する抑圧的習慣は、「オリエントの影響」によるものであると考えている[7]。実際、ギリシャ人やビザンチン帝国の人々は、そのような習慣の一部をペルシャ人から取り入れている。たとえば、アレクサンダー大王は、そのハーレムの規模を、彼が征服したペルシャ王のハーレムと同じ規模に拡大した。しかしながら、ビザンチン社会に直接先行するギリシャ社会にしても、すでに、女性に抑圧的な男性支配の組織を高度に発達させていたのである。

キリスト教以前のギリシャ社会、とくに古典期のギリシャ社会は、これら地中海地域の中東世界の中では、女性の生活が体系的に研究されている数少ない地域の一つである。古典期ギリシャの顕著な特徴を概説するために、これまで述べてきたビザンチン社会にまで連なる女性に関する習慣（こうした習慣は、シリア、エジプトを含む、初期キリスト教時代の東地中海の主要都市においても、ある程度、共通していたものと思われるものである）について、焦点を当ててみたいと思う。

サラ・ポメロイによれば、古典時代（紀元前五〇〇～前三二三年）のアテネにおける女性自由民は、「ごく近しい親族以外の男性の目に触れることのないように、通常隔離されていた。親族の男性の目に触れることでさえ避けようとするほどに控え目な女性もいたし、見ず知らずの男が、別な男性の家に居る女性自由民のところに押しかけて行くことは犯罪行為に等しいと、ある雄弁家は主張している」。男女は異なった生活様式を持ち、男性は一日のほとんどの時間を、市場や鍛練場（ギムナジウム）で過ごし、「尊敬すべき女性」は家庭に留まっていた。女性は自らの持ち場を離れずに、家事、家政、育児に当たり、織物と料理の監督をすることが期待されていた[8]。建築上の視点から見れば、男女は別々の空間に居住しており、女性の部屋は、家の中の公的空間から離れた、奥まったところにあった。彼女たちの衣服は、見ず知らずの男たちの目から彼女たちを隠すために役立った。たとえば、頭巾のように頭から被ることのできるショールがよく用いられた。寡黙さと従順さが、娘たちの好ましい性質とみなされた。雄弁家たちは、寡黙さと衆目に触れることのない生活を送っている女性を賞賛したが、存命中のそのような「敬すべき女性」の名をみだりに口にすることをはばかった。嬰児殺しは、とくに女子の場合は、ときおり行われたようである[9]。

アリストテレスによれば、結婚の目的と女性の機能は、嗣子をもうけることにあった。アテネの法において、女子の跡取りは、たとえ既婚の身であっても、父方の「家」（*oikos*）に男性の嗣子をもうけるために、父方の最近親者と結婚しなければならなかった[10]。アテネの法では、妻は、夫にとって「実質的な子」であり、重要性を持たない親類としての法的地位を与えられていた。男性は一八歳で成人したが、女性は成人として扱われることはなかった。女性は土地を売り買いすることができず、贈与や相続によってそのような財産を獲得することができたが、男性の後見人によって管理されなければならなかった。女性が食料を買いに市場に行くことはなかったが、それは、「買物や交換は女にとっては複雑すぎる金融取引である」とする信念と、「見ず知らずの男たちの目から女性を警護しようとする願望」によるものであった[11]。

アリストテレスの理論は、女性を社会の必要に応じて従属すべき存在としたばかりではなく、生まれながらにして、精神と肉体両面の能力において劣等な存在と概念化し、定位したのであった。彼は、「霊魂が肉体に君臨し、精神と理性が情念を支配する」という連想を用いて、男性が女性を支配すべきであると説いた。「男性は生まれながらに優越し、女性は劣等であり、前者は支配するもので、後者は支配されるものである」と説いた。[12]「男性の性質は完成されていて欠点がなく」、女性はより共感能力に恵まれているものの「嫉妬深く、詮索好きで、小言がましく、手が早く、(中略)破廉恥で、自尊心に欠け、食言癖を持ち、欺瞞的である」。[13]このような道徳的、精神的差異は、生物的差異に見合ったものである。このように考えたアリストテレスは、女性の肉体を欠陥に満ちたものとみなし、女性は「いわば、不能の男性のようなものであり、それというのも、女性を女性たらしめているものは、ある不能さであるからだ」とした。受胎に対する女性の関与も男性より劣ったものとされた。女性の分泌物が単に質量の塊を提供するだけであるのに対して、男性はこれに形相を与え、魂を創るとされた。[14]アリストテレスの影響は広範囲に及び、持続的なものであった。事実上、彼の見解が当時の社会的価値と慣習を体系化し、組織化した。彼の見解は、客観的、科学的言説として提示され、アラブとヨーロッパの両文明によって(少なくともこれらの文明の主要人物らによって)、永遠の哲学的、科学的真実性を有する見解として受けとめられた。

これに続くヘレニズムの帝国時代、アテネ以外のヘレニズムの諸社会における女性の地位は向上した。この向上は、女性に対する規制が比較的緩やかであった他のギリシャ社会とアテネのあいだの相互作用によるばかりではなく、地中海地域の他の諸文化がギリシャ人に影響を与えたためでもあった。[15]その事実を示す具体例として、はっきり文書として残っており、よく研究されているものは、当時ギリシャ帝国の一属州であったエジプトに居住していたギリシャ女性に与えられていた恵まれた地位である。そのような女性の研究に焦点を絞った著作の中でポメロイは、彼女たちが、それ以前のギリシャのどの時代にもなかったほど自由な扱いを受け、法的に平等であったことを示す事例を数多く指摘している。[16]エジプトに住んでいたギリシャ人の女性は隔離されることはなかった。ギリシャの伝統に従えば「女性が見ず知らずの男と商取引をすることは認めがたいことであった」であろう。これに対して、エジプトの女性が従っていた伝統によれば、女性は男性と共同して事業に当たることは禁じられてはいなかった（一五四頁）。ギリシャ法によれば、女性は男性の後見人を通じて行動しなければならなかったのに対して、エジプト法によれば、女性は代理人を立てることなく直接、行動することができた。こうしたギリシャとエジプトの法律の相違について指摘した後で、ポメロイはギリシャ女性の地位が次第に向上していったことに触れて、その理由は、ギリシャ法がエジプト法の影響を受けて変化したものであるか、ギリシャ女性がエジプト法に従ってさまざまな契約を締結したものであるか、いずれかの理由によるものだとしている（一一九～一二〇頁）。結婚の契約に関しても、同様な変化が起こり、女性にとってこれまでよりはるかに有利な状況が生み出された。たとえば、夫は複数の妻を持つことを禁じられたし、また、夫が愛人や妾、少年の恋人を持つのを契約で禁じることもできた。正当な理由なしに妻と離婚した場合には、持参金を返還し、罰金を支払わなければならなかった。女性は、男性と同様に、結婚に終止符を打つ権利を与えられていた（九七、九四頁）。

おおまかな言い方でポメロイは、次のように指摘している。「アテネや、初期ギリシャ社会に見られたジェンダー差別は、プトレマイオス朝のエジプトにおいては、減少した。似たような事例は他の地域でも散見されはするが、女性の経済参加の増大と経済的地位の向上を示す文書の量と多様さに関しては、ヘレニズム時代のどのギリシャ社会も、プトレマイオス朝エジプトに匹敵するものではない」。アテネの民主制度が「家」（*oikos*）を基盤とし、そこでの女性の役割が嗣子の出産であったのに対して、ポメロイによれば、プトレマイオス朝のエジプトにおいて「家」（*oikos*）という政治的概念はなかった。結婚の目的は、出産というよりも、夫と共に生活することにあった」（xviii頁）。彼女はさらに一歩進んで、プトレマイオス朝のエジプトにおいては、子供をもうけることが女性による家内経済への主たる貢献だとみなす言及は、ほとんど見当たらないことを指摘している（七二頁）。

残念なことに、ポメロイはギリシャとエジプトの習慣の相違について、付随的に言及しているだけで、エジプトのより平等主義的な法と習慣が、ギリシャの習慣にどのような影響を与えたかについて、広範な研究課題としているわけではない。彼女の議論のテーマや彼女によって発見された新たな事実を考え合わせると、この課題について正面から論考するのをあくまでも避けようとする彼女の態度には驚きを禁じ得ない。彼女の著書におけるもう一つの省略事項を挙げるとするならば、それは、ギリシャ語による出典しか扱えなくてもエジプト人とギリシャ人の双方を考察の対象とすることができる（ドロシー・トムスンやナフタリー・ルイスなどの学者による著書を見よ）にもかかわらず、ポメロイはエジプトにいたギリシャ人しか扱っていないということである。[17] このような点を省略したことによって、ポメロイの著作では非ヨーロッパ人の存在が見えなくなり、ヨーロッパ人支配者の法と比較すれば、より人間的で平等主義的な、植民地化された非ヨーロッパ人の法について深く言及されていないのは、不幸なことである。この種の省略はまた、結果的に、オリエンタリストがアフリカや「オリエント」の文明との連関において構築する、ヨーロッパ文明の過去、起源、歴史、およびその本質といったものを支持することになる。

ポメロイの簡単な言及からも分かるように、ギリシャによる征服時代とその後に続く時代において、女性に対するエジプト人の態度や法律は、著しく自由主義的であり、かつ平等主義的であった。古代ギリシャ文明と同様にエジプト文明は、女性に関する研究が多くの学者によって深められている、この地域でも数少ない文明の一つであるが、今のところその研究のあり方は、分析的というよりも記述的である。ジャン・ヴェルクテは、古代エジプトの女性についての近年の詳細な研究において、「エジプト人が、〈弱き性〉に対して何の偏見も持っていなかったということは、疑いを容れないものである」と断言している。

中王国時代（紀元前二〇六〇～前一七八五年）について特別に述べた箇所で、ヴェルクテは次のように述べている。「男性は自分が生まれながらにして、本質的に女性より優越しているとは思っていなかった。両性間の平等という意識は、エジプト人の諸信念に深く根づいたものであり、それゆえにこそ、その後に続いた数世紀（新王国時代）において、女性解放が進んだのである[18]」。新王国時代（紀元前一五七〇～前九五〇年）の文書について記述する中では、彼は次のように述べている。「このテクストにおいて、明らかに両性は、法の前に完全に平等に扱われている。他の古代文明において女性が置かれていた地位と比較して、エジプトの女性が特別に恵まれた地位にいることができたのは、この平等意識によるものであり、これは今後より綿密に検証すべき課題である[19]」。

古代エジプト文明は、数千年のあいだ（紀元前約三一〇〇年頃から、ギリシャによって征服される紀元前三三三年まで）続いたのであり、当然のことながらそのあいだ、女性の地位が不変であったわけではない。彼女たちの地位は、おそらく中王国時代に落ち込み、新王国時代にもっとも高まったであろうと思われるが、一般的にこの文明は女性を尊敬し、女性嫌悪的性格を有しなかった。新王国時代が到来するまでには、財産に関する相続権、所有権、管理権、および結婚に関する法律は、きわめて平等なものとなっていた。あらゆる証拠を総合的に判断すれば、女性は法律上男性と同等に扱われていたと、クリスチアーヌ・デロッシュ・ノブルクールは述べている。たとえば女性は、財産の所有権、管理権、処分権、売買権、相続権、贈与権、裁判所における証言権、および、すべての事柄に関して、仲介者なしに、直接、自主的行動ができる権利を有していた。結婚は、ファラオを除いて、一夫一婦制であった。結婚は当事者間の契約であり、条件を明記することができた。たとえば、新王国時代の二人の労働者のあいだで交わされた結婚契約書が現存しているが、そこには、もし夫が妻を殴打することがあれば、鞭打ち一〇〇回と財産没収の刑に処せられると書かれている。両性とも離婚権を有し、離婚する場合女性は、自己が所有する財産を持ち帰る権利を有していた。結婚も離婚も私的な合意に基づくものであり、国家は関与しなかった。宗教または法律的に結婚を認可するための儀式などは必要ではなかったし、またそのような儀式は存在しなかった。[20]国家は性に関して規制をもうけはしたが、それは、社会秩序を維持するためだけであったと思われる。エジプト学者のC・J・エアは、ラムセス三世の「エジプトの女性は、途中でいかなる妨害を受けることもなく、どこにでも行くことができる」という言葉をその例証として挙げている。エアによれば、国家は姦通罪に関しては「社会秩序の確保、および、報復行為の規制のために」市民生活に介入したが、それは、姦通行為の最中に捕らえられた妻が、怒り狂った夫によって、その場で殺害される危険をはらんでいたからだ、ということである。[21]ノブルクールとヴェルクテは、姦通を犯した男女は平等に罰せられたと述べているが、二人が提示している処罰の具体例は、妻子ある夫の姦通罪に対するものではなく、人妻を相手に姦通を犯した男性に対してなされた場合のものである。このようなことからエアは、「合意による、未婚の女性との性行為は、社会的にも法律的にも、大目にみられていた」と考えられる、としている。彼はまた、「新王国における、売春の具体例は僅少である」との注目すべき発言をしている。[22]女性はヴェールで顔を覆われることもなく、隔離されることもなく、社会的に自由に交際することができた。ノブルクールとヴェルクテは、女性の自立性、経済活動、法律上公正な待遇について、強大な影響力を有していたハトホルやイシスなどの女神、および、多くの賞賛と高い給料を得ていた巫女たちについて、数多くの具体例をあげている。また、この二人の研究者（とくにノブルクール）は、女王やファラオの配偶者、およびその女性親族が有していた権威について詳細に記述している。結婚契約の具体例が示しているように、特権的有産階級の女性のみならず、労働階級の女性も、この時代の法律の持つ平等主義的精神の恩恵を受けていた。こうした状況にもかかわらず、財産法の恩恵を受けていたのは、さらに上位の特権階級の女性のみだったこと、そしてまた、この社会は、いかなる法の恩恵も受けることができない奴隷階層を擁していたことに注意しておかなければならない。

このように、この時代のこの地域において、エジプトの有産階級の女性の置かれていた境遇はきわめて異例なものであった、と言うことができる。王位制度、行政組織からの女性の閉め出し、男性による特定職の占有（女性書記官はほとんどいなかった）などの習慣からも明らかなように、エジプトが男性支配の社会であったことは疑いない。女性は、ある領域で平等に扱われることがあっても、他の領域では閉め出されていた。しかしこの男性支配の制度は、女性嫌悪癖を伴っていたり、男性には組織的かつ包括的に特権を与え、女性は抑圧するというような法律によって支えられてはいなかった。このことは、女性嫌悪や組織的な女性抑圧の習慣が、都市社会において発達した男性優位の体制から「自然に」生み出されるものではないことを示している。ただし、ラーナーの研究も含めて、家父長制および男性優位の社会様式の発生と発展に関する研究の中には、両者のあいだに必然的で、不可避的な相関関係があるものと、暗黙のうちに決めてかかっているものとがある。ポメロイとノブルクールは分析調査として説得力のある、詳しい説明をしている。たとえば、彼女たちによれば、エジプトの国家は、結婚と離婚に関し当事者にいかなる関与もしなかったし、家族関係を規制することもなかった。そして、ギリシャ的観念とは違って、エジプト人にとっての結婚の目的は、家長の相続人をもうけることではなく、夫婦間の共同生活と、その中で生まれる喜びと慰めを得ることであった（ポメロイによるこの説明は、ノブルクールが引用しているエジプトのある諺によって裏付けされているが、それは、妻が妊娠しないからと言って離縁してしまうよりも、よりよい解決法として養子を迎えることを男性に勧める、という内容の諺である）[23]。ギリシャやメソポタミアにおける男性支配の形態と異なり、エジプトの男性支配の体制がなぜこのような温和な形態をとるようになったのか、そしてまたその後この地域全体を制した文化的、知的様式がなぜ博愛主義的で平等主義的な様式を取らず、女性嫌悪的、抑圧的なものとなったのか、といった問題は、今後さらに深く研究されなければならない。

エジプトを征服したギリシャ人たちは、エジプトの女性が享受していた諸権利と平等主義的待遇を知って大変な衝撃を受けた、とヴェルクテは述べている。彼によれば、ギリシャ・ローマの風習と法が広まるにつれて、エジプト女性はこれまで享受していた諸権利を喪失していった。[24] ここでいくつか注意しておかなければならない点がある。第一に、エジプトの女性の地位と権利が低落したのは、ヨーロッパの支配とその法の影響によるものである。第二に、この低落傾向が起き始めたのは、エジプトがアラブ人によって征服された時よりもはるか以前のことであり、それは明らかに、キリスト教時代のことであった。第三に、ムスリムによる征服直後の数世紀のあいだにイスラーム世界で成立した法律は、一般に言われているような女性にとっての待遇改善などとはほど遠いもので、実際には、エジプトの女性にとっても、平等主義、人間主義、正義を高く掲げる精神にとっても悲しむべき後退であった。しかし、女性の権利と地位は、イスラーム法では著しく後退したことは事実であるにしても、ギリシャ、ローマ、キリスト教時代において、それはすでにほとんど顧みられなくなっていたことを、ここで指摘しておくべきだろう。要するに、イスラームは、エジプトおよび、東地中海の征服者たちによってすでに確立されていた規制的な傾向を単に継承しただけであった。アラブによる征服以前に当時多数を占めていたキリスト教徒のあいだで一般化されていた慣習を引き継ぐ時に、イスラームは、自らがすでに有していた男性支配の様式と同質のものを、そのまま受け継いでいった。したがってイスラームは、当時の既存の生活様式に抜本的な変化をもたらしたわけではなく、むしろ、それを継承し、強調したのだった。

頭の天辺から爪先まで、全身を衣服で覆い尽くしたシリア女性の絵姿や、女性嫌悪の精神が明らかに表出されている数知れぬキリスト教文学作品など、初期キリスト教時代に遡る遺物は、地中海沿岸の初期キリスト教社会において、女性に対する否定的態度が確立していたことを示している。実際のところキリスト教の体質には、ラディカルな社会的、性的平等主義の種子が内包されていた。そして以前指摘したように、その処女崇拝の習慣によって、女性の中には、他の宗教が掲げる家父長制的権威に挑戦し、ついには生殖能力という生物学的価値を超越し、否定してまでも、自らの内的価値を認め、自分の生に対してなんらかの自律性を獲得した者もいた。しかしながら、キリスト教が伝播することによって、一般的に女性の地位が向上したとか、当時地中海世界で人気の高かった万人救済説に立つ諸宗教のもとで実現できたかもしれない女性の地位以上に、女性に好意的な社会環境が整備されたと考えるべきではない。当時民衆に支持されていた宗教のうちの二つは女神を崇拝するものであり、その一つはイシスを奉り、もう一つは宗教勢力としてはやや劣っていたが、イシュタルテを奉るものであった。前者はエジプト、後者はシリアに起源を持つものであるが、これらの宗教は共に、ギリシャ、ローマ、および地中海地方に伝播し、とりわけエジプトと中東に深く根を下ろした。いずれの女神も、男性司祭のみならず、女性司祭によって奉られていた。中東のキリスト教は、帝政ローマおよびビザンチン帝国よりも、女性に対して肯定的かつ自由主義的な見解を有し、教会における女性の役割も中東のほうがより活動的であったが、その理由はおそらく、生活に根づいていた女神崇拝と女性の神殿奉仕によるものであるとする研究報告もある。たとえばそれ以前に、シリアとエジプトのキリスト教は、当時支配的であった帝国的キリスト教にとっては異端的と思える様式で、神格（父なる神であると同時に母なる神）の女性的側面を強調したが、やがて事実上この教会から破門された。同様に、東方教会の女性に許されていた活動的役割は、次第に縮小された[25]。

政治的に支配的であったキリスト教は、潜在的に内包していた急進的平等主義ばかりでなく、ユダヤ教を起源とする家父長制的観念をもたらし、同時に、女性の社会的従属を宗教的に容認し、イヴはアダムの肋骨から創造されたというような聖書の記述を根拠に、女性が本質的に第二義的な存在であることを裏書きすることになった。ユダヤ教の家父長制的観念と、そこに内在する女性への規制は、ヘブライ人が誕生したとされるメソポタミアで発達を遂げた諸観念に関連している。メソポタミアの文化的影響は、後にヘブライ人が定住したパレスチナにおいても強大なものがあった。キリスト教の発生期、およびそれ以前の時期におけるユダヤ教は、主だった特徴だけを挙げても、一夫多妻婚、妾囲い、男性からの一方的な離婚などを認める一方で、女性には財産相続権や、宗教行事への参加を認めなかった[26]。こうした習慣のいくつかは、キリスト教の体質に入り込んだが、一夫多妻婚などの習慣は受け入れられなかった。

ユダヤ人フェミニストは、「キリスト教徒は、自らが持つ女性嫌悪の体質の原因はユダヤ教にあるとして、ユダヤ教に濡れ衣を着せてきた」と主張してきたが、その主張にも一理ある[27]。たとえば、女性が男性より劣った存在として概念化されるに際しても、紀元前約四世紀にアリストテレスによって試みられた証明によって明らかなように、ギリシャ人がヘブライ人からわざわざ学ぶべきものなど何もなかったと思われる。したがって、キリスト教が女性嫌悪と女性抑圧の習慣を取り入れていった過程で、大きな役割を果たした要因は何であったかと考えれば、それはユダヤ的遺産であるのと同程度に、地中海地域のギリシャ化、およびギリシャ・ローマによるこの地域の軍事的、政治的、文化的支配によるものであった、と言うことができる。結局のところ、キリスト教は、ユダヤ教の他の基本的な観念は否定したのに、なぜ、ユダヤ教の女性嫌悪の観念だけは否定しなかったのか。キリスト教徒のあいだに見られる女性嫌悪の源泉を唯

一、ユダヤ教にのみ求めることは、問題を単純化しすぎ、正確さを欠く危険があるばかりでなく、当時この地域において、なぜ、女性をこのように否定的にとらえる見方が容易に受容されたのか、という根本的な問いを回避する危険がある。

文化的源泉が何であれ、残忍な女性嫌悪の体質は明らかに、イスラーム勃興に先立つ数世紀の地中海地域およびキリスト教的世界観に固有の要素であった。キリスト教成立以前に女性嫌悪の習慣が取った一つの形態は、女子の嬰児殺しであった。間引きの習慣は、とくに女子出生の場合に多かったのであるが、キリスト教以前からのものであり、ギリシャ・ローマ人によって引き継がれていた。ギリシャ・ローマの著述家たちの記録によれば、この習慣は、ギリシャ・ローマの人々のものであり、エジプト人や、ユダヤ人などの異邦人のものではなかった(初期キリスト教時代において、この習慣はアラビアでも行われていたが、後にイスラームの下でこの習慣は禁止された)。女子の嬰児を野ざらしにして遺棄することは、ローマ人のあいだでは、暗黙のうちに合法的と認められていたことなのである。父親は、息子が生まれた場合はすべてを養育しなければならなかったが、女子ならばただ一人育てればよかった。女子の嬰児殺しは、ローマの貴族社会においても一般的なものであり、明らかに経済的な理由によるものではなかった。キリスト教は、堕胎はいうまでもなく、避妊すらも罪深い行為とみなすようになっていった。六世紀のユスティニアヌス法典においては、堕胎は人殺しと規定されているが、この展開は嬰児殺しを抑制したと思われる[28]。

しかしながら、堕胎と避妊に対する教会の態度は、肉体と性に関して広く否定的な倫理観を形成し、こうしたものは罪深く、恥ずべきものであり、性は生殖を目的とする時のみ合法化されるという見解を生み出した[29]。そうしたことの結果は、女性にとってとりわけ屈辱的なものであった。なぜならば、生まれながらにして女性は、男性よりも、肉体と性に深く関わっていると考えられていたからである。セックスは恥ずべきものだという観念はやがて、女性の肉体は恥ずべきものだという観念に収斂されてゆき、女性の肉体はすべて覆い隠されることになった（初期キリスト教時代に製作されたシリアのレリーフに描かれたある女性は、全身布で包まれていて、手といわず、顔といわずすべてが覆われている）。このような観念は、男性は女性との接触を避け、できれば女性のいるところから逃げ出すべきだということを意味した。女性を目にするだけでもある種の危険があった。したがって、女性を包み隠すための布、すなわちヴェールと、女性を厳格に隔離することが次第に強調されていった[30]。肉体と性、およびそれらの本質の表象である女性を狂信的なまでに拒絶しようとする衝動は、聖書の中に内在する女性嫌悪的要素を可能な限り引き出した教父文学の中に明白に表現されている。アウグスティヌス、オリゲネス、テルトゥリアヌスなどの教父たちが残した著作は、人間の「女」が劣等、かつ副次的であり、生物的意味によってのみ辛うじてその存在価値を有し、男性にとって役に立たないだけではなく、性的誘惑、堕落、悪徳の原因となり得て有害ですらある、とする見解を映し出している。たとえばアウグスティヌスは、神がなぜ女を創造され給うたかという秘儀を解きあかすべく考察を進めた。神が女を創造され給うたのは、男の伴侶とするためではない。なぜなら、男の伴侶は男のほうがより良いものなのだから。神は男を手伝う者として女を創造し給うたのでもない。なぜならば、手伝いにしても男のほうがよりふさわしいからである。そして彼は「子を生む働きを別にすれば、女が男のために何の役に立つのか何らの理由も見当たらない」と結論づけた。彼はまた、女は性的誘惑の原因であるとも述べている[31]。テルトゥリアヌスの場合、その女性嫌悪癖はさらに苛酷を極め、女性について、「**汝**は悪魔の出入口である。**汝**、戒めの木の実を食べた者よ。**汝**、聖なる法を初めに破った者よ。**汝**、悪魔でさえも試すべからざる者を説き伏せた者よ。**汝**、神の似姿である男をかくもたやすく破滅させた者よ。**汝**が受けるべき罪、すなわち死ゆえに、神の子ですら死なねばならなかったのだ」と述べている。[32]

七世紀に勃興したイスラームは公然と、自らをユダヤ教とキリスト教的伝統を引き継ぐ一神教と認め、これら二宗教を刷新したものと見なした。ムスリムによる征服がなされたとき、この地域は、聖書の物語に基づいて女性嫌悪的傾向を合法化し正当化していたキリスト教会によって支配されていたが、イスラームも陰に陽に、この物語を神聖な啓示によるものと認めた。その結果、この新たな宗教も、すでに展開されていた聖書に基づく女性嫌悪的体質を、新たに築き上げてゆくべき自らの社会、宗教学的世界観にそのまま組み入れていくことになった。

序文において私は、中東および地中海地域の古代文明に関わる専門的学問分野、および自足的な歴史研究は、それぞれの分野の独自性を強調し、それらのあいだの相互的関連性や連続性を曖昧にしてきたと指摘した。これまでに私が述べてきたいくつかの要点を振り返ってみて、たとえば、ビザンチン社会の女性隔離の習慣を「オリエントの影響」としたり、女性抑圧の習慣がヨーロッパ社会とは縁がないかのようにみせかけて、非ヨーロッパ社会に根ざしたものであるかのように記述している研究書があることを考えるとき、正しい理解に達するためには、乗り越えなければならない障害が、まだ数多くあること忘れてはならない、と思い至るのである。とりわけ歴史の記述においては、イデオロギーとナショナリズムが強く作用するものである。人間の歴史のこの重大な時期における探究では、人種的、民族的偏見から解放されて、統合的な研究を進める必要があることを主張したい。[33]

既定の政治的、イデオロギー的利益に供するために歴史を構築したのは、何も西洋世界ばかりではない。イスラーム文明は、イスラーム以前の時代を「無知の時代」と名づけ、イスラームが文明の唯一の源泉であるように思わせる歴史を構築した。その結果、中東の人々はその地域の過去の文明に関する知識をすべて失ってしまったのである。このようにして構築された歴史は、たとえば、中東のいくつかの文化では、女性は、イスラーム興隆以降よりも、それ以前の時代のほうが安楽に生活することができた、という事実があったにもかかわらず、それをうまく隠蔽してしまい、イデオロギーとしてきわめて有効な働きをした。

このイスラーム以前の過去の知識については、皮肉なことに、イスラーム文明ではなく、西洋文明の根源を探究しようとする西洋の学者の努力を通して、解明されるようになったのである。西洋文明は古代中東の諸文明を直接受け継ぐものだとする西洋的歴史観、そしてこの歴史観に付随する形で構築された、イスラーム文明はそれらの古代文明とは断絶している、あるいは少なくとも直接継承したものではないとする西欧的歴史観(イスラームの歴史編纂もこの立場を取る)、こうした歴史観が、大学の授業や教科書の中で、いまだに繰り返し唱えられているのである。このように、古代の中東文明に関する簡単な説明は、西洋文明の歴史との関わりを説明しようとして(イスラーム文明も同じ基盤を持つという説明は省かれてしまうことが多いのであるが)西洋における授業や教科書の中にしばしば登場する。しかし、イスラーム文明の歴史に関する授業や教科書の中で、中東の古代文明が説明されることはない。たとえば、ゲルダ・ラーナーの『家父長制の創造』〔邦訳『男性支配の起源と歴史』奥田暁子訳、三一書房〕のように、フェミニストの著作も、このような歴史観を踏襲していることがある。(34)

第二部　基礎となる言説

第三章　女性とイスラームの勃興

西暦六世紀のアラビアは、中東における孤島であったといえよう。当時のアラビアは、中東の中でも、父系の家父長制的婚姻が唯一の合法的婚姻形態として確立していない最後の地域だった。そのアラビア地方においてさえ、父系の家父長制的婚姻はおそらく、支配的な結婚形態になりつつあったのであろうが、ムハンマド〔イスラームの預言者。マホメット〕誕生当時（五七〇年頃）のメッカを含むアラビア地方では、一妻多夫、一夫多妻などの婚姻形態とともに、母系の妻方居住婚――女性は結婚後も自分の部族のもとに留まり、男性がそこへ通ってくるか、もしくは彼女のもとに同居し、子供は母方の部族に帰属する――も実践されていたことを示す証拠が発見されている。

イスラーム化する以前のアラビアに、多様な結婚形態や（子供が母方の部族に帰属するといった）母系制が存在したからといって、その社会の女性が、より大きな力を持っていたとか、経済的資源によりアクセスしやすかったということを必ずしも意味しない。さらに、このような慣行が実践されていたからといって、にわかに女性嫌悪が存在しないことにもならない。実際、事実がまさにその反対であったことを如実に示す証拠がある。女子に限定されていたと思われる嬰児殺しの習慣は、女ならば傷ついても、犠牲になってもよいということを暗示している。嬰児殺しを非難するコーランの章句には、ジャーヒリーヤ時代

〔イスラームに先行する時代。イスラームの知の光明がいまだ差しやらぬ「無知」の時代の意〕のアラブ人が女児に恥や否定的な感情を抱いていたことを示している。「彼らの誰でも、女のお子さんですと言われるとたちまち、さっと顔色を黒くして、胸は恨みに煮え返り、あまりの嫌な知らせに、仲間から身を隠してしまう。さて、屈辱をしのんでこれをこのまま生かしておこうか、それとも土の中に埋めてしまおうか」〔井筒俊彦訳『コーラン』岩波書店。以下、引用されるコーランの訳は同書より〕（第一六章五八〜六一節）[1]。しかしながら、イスラームが嬰児殺しを禁じたことは、イスラームがあらゆる点において女性の地位を向上させたという事実を確証するものだと主張するイスラーム主義者もいるが、そのような主張は、不正確であると同時に単純すぎるように思われる。まず最初に、女性をとりまく状況は、アラビアのさまざまな共同体社会において多様であったと思われる。さらに、ジャーヒリーヤ時代のいろいろな婚姻慣行が、必ずしも女性がより強大な権力をもっていたことや、女性嫌悪がなかったことを示すことにはならないにしても、それらの慣行は、ジャーヒリーヤ時代の女性が、イスラームのもとで女性に認められたよりも広範な性的自立性を享受していたことと、確かに相互に関連している。これらの慣行はまた、戦争や宗教といった共同体の活動にも女性が幅広く、積極的に参与し、その指導者でさえあったということとも関連している。女性たちのこの自立性と社会参与は、イスラームが確立し、父系の家父長制的婚姻が唯一の合法的婚姻形態として制度化され、その後、社会が変容するに伴い減少していったのである。

ムハンマドの妻たちのうち、ハディージャとアーイシャの二人の人生と結婚が、イスラーム化したアラビアで女性の身に生じた変容を物語っている。ムハンマドの最初の妻、ハディージャは裕福な寡婦で、ムハンマドと結婚する前、メッカ・シリア間の交易を行う自分のキャラバンの総監督として彼を雇い入れた。ハディージャが四〇歳、ムハンマドが二五歳の時に、彼女のほうからプロポーズして結婚した。六五歳で亡くなるまで、彼女はムハンマドにとってただ一人の妻であった。ハディージャはムハンマドにとって重要な存在であったため、イスラーム誕生の物語においても彼女は重要な位置を占めている。彼女の財産のお蔭で、ムハンマドは生活の糧を得るために働くことを免れ、預言者への前奏曲となった瞑想生活を送ることが可能になった。イスラーム布教に乗り出す際には、彼女の援助と信頼が、彼にとって決定的に重大なものとなった。しかし、彼が最初の啓示を受けて布教を開始したのは、彼女がすでに五〇代の頃だった。したがって、彼女の流儀をつくり、その人生の可能性を規定したのは、イスラームというよりジャーヒリーヤ時代の社会や慣行であった。その経済的自立性、仲介者として振る舞う男性の後見人など明らかにいなかった結婚の申し込み、自分よりはるかに年下の男性との結婚、そして、一夫一婦婚、これらはすべて、イスラーム的慣行というよりジャーヒリーヤ時代のそれを反映している。

これとは対照的に、イスラームの預言者および指導者として揺るぎない地位を獲得した後にムハンマドが結婚した女性たちの人生には、女性のこの自立性と一夫一婦婚制が、著しく欠けていた。そして、それ以後男性保護者による女性の支配や一夫多妻制という男性の特権が、イスラーム的婚姻の公式な特徴となる。むしろアーイシャの運命は、それ以後のムスリム女性の生を縁取ることになる制約をすでに予告している。アーイシャはムスリムの両親のもとに生まれ、九歳か一〇歳でムハンマドに嫁ぎ、以後、ムハンマドの他の妻たちとともにヴェール着用や隔離という新しい習慣を守り始めた。ハディージャとアーイシャの人生の違い、中でも自立性に関する違いは、イスラームがアラビアの女性たちにもたらすことになる変容をうかがわせる。とはいえアーイシャは過渡期に生きており、いくつかの点で彼女自身の人生はイスラームの慣行と同時にジャーヒリーヤ時代の慣行をも反映している。ムハンマドの死後、アーイシャがごく短い期間ではあったが、政治指導者の座に就いたのは、共同体が彼女に対して敬意と権威を授けたからというだけでなく、それまでのアラビア人の慣行に由来していることは疑いない。女性が共同体の中心的な活動に参加したり、権威となったりするということは、これ以後のイスラーム時代において確実に減少していった。

イスラーム化する以前のアラビアで実践されていた結婚の慣行を示す証拠はきわめて少なく、その数少ない証拠が何を意味するかもまた、明確でない。しかし、一妻多夫制を含む母系制と、これに合致する性的慣習に関する証拠から、一九世紀の学者ロバートソン・スミスは、イスラーム以前の社会は母権制であり、イスラームはそれゆえ、母権制を父権制におきかえたのだと提唱する。最近になってモンゴメリー・ワットは、この理論に修正を加えたものを提示した。アラビアのいくつかの地域で、妻方居住婚と一妻多夫婚が行われていた証拠を集めて、ワットは以下のように主張する。イスラーム以前のアラビアは母権制であったのではなく、母系制が支配的であった。すなわち父系制はほとんど存在しないか、あったとしても重要ではない社会であった。さらに、ムハンマドが誕生した頃から、社会は父系制へ移行しつつあり、イスラームによってこの変容が強化された。ワットの推測によれば、五世紀から六世紀にかけてのメッカの商業的な成長と、メッカの名家であったクライシュ族が急速に定住化していったことが、さまざまな部族的な価値観、中でも財産の共有という概念を破壊し、個人商人たちが富を貯えるにつれ、この共有財産という概念は消滅した。男性は今や財産を自分の子孫に残すことを望むようになり、このことが父系制に新たな重要性を付与し、ついには母系制が父系制へと置き換えられていくこととなった[2]。

スミスやワットの理論はおくにしても、さまざまな証拠から、イスラームの勃興当時は少なくとも単一の固定的な結婚形態は存在せず、母系制、父系制の両方が併存していたことを示す複数の婚姻の慣行があったことがうかがわれる。妻方居住はたとえば、ムハンマドの家系にも見られる。彼の祖父は母方の氏族から父方の氏族に引き取られたが、それは容易に実現したわけではなかった。ムハンマドの母アミーナはアブドゥッラーと結婚した後も、ムハンマドが生まれてからも、自分の氏族のもとに留まり、そこに夫が通った（アブドゥッラーは息子が生まれる前に亡くなった）。ムハンマドが父方の氏族に委ねられたのは、母が亡くなってからのことである。(3)

当時実践されていた婚姻形態の多様性を示唆するものとして他に、イスラーム以前の結婚形態についてアーイシャが述べたものをアル＝ブハーリー〔八一〇～八七〇年。ハディース学者。彼の編纂したハディースはその信憑性の高さからコーランに次ぐ権威を付与されている〕が記述したものがある。アーイシャによれば、ジャーヒリーヤ時代の結婚には四つのタイプがあった。一つは「今日、人々が行っているような結婚」であり、残る三つのタイプのうち二つは一妻多夫婚であった。(4)一妻多夫婚の例は、メッカとメディナの両方にある。また、イスラーム以前に一夫多妻制が存在したという証拠はあるものの、この慣行に言及した文献がないため、ムハンマドが実践したような父方居住の一夫多妻制は当時、稀であり、むしろ母系制の状況における一夫多妻制とは多分に、自分の部族のもとで暮らしている妻たちのところへ夫が通ってくることであったと推測される。(5)同様に、複数の夫が通ってくる妻もいたであろう。

離婚や再婚は、男性、女性ともに普通に見受けられ、どちらからでも申し出ることができた。キターブ・アル＝アガーニー〔歴史家アブー・アル＝ファラジュ（八九七～九六七年）によって集められた当時の歌集〕には次のような記述がある。「ジャーヒリーヤ時代の女性、あるいはその中の幾人かは、夫を離婚した。離婚の仕方は次のようなものである。天幕で生活しているなら、天幕の向きを変える。すると、東に面していた入り口は西に向けられ、これを見た男は、女が自分を離婚したことを知り、彼女のもとには行かなくなる」。離婚後は、イッダ、すなわち女性が再婚できるようになるまでの「待婚期間」――これはイスラームがその遵守を断固主張してきたものである——は一般にはなかった。妻は夫の死後、一定期間、隠棲したが、このような習慣があったにしても、さほど厳格に守られてはいなかったようである。[6]

父系に基づく結婚形態の制度は明らかに、イスラームの初期の頃から、その教えの一部をなしていた。後にコーランで定式化されるイスラームの忠誠の誓い（第六〇章一二節。女性の誓いとして知られているもので、男性の誓いは防衛義務を含むという点のみが女性の誓いと違っている）は、当初より「ズィナー」——通常「姦淫」と訳されている用語——をやめさせるという意図を含んでいたように思われる。イスラームの出現以前、さまざまな婚姻形態が合法的に実践されていた社会において、ズィナーなるものがいったい何を意味していたか、現在でははっきりとは分からないが、それは当時でも、イスラームに改宗した者にとって必ずしも明確ではなかったようである。ムハンマドに征服された後、ターイフ〔ヒジャーズ地方の町〕の男性たちは誓約を立てる際に、自分たち商人にはズィナーが必要であると訴えている。ということは、彼らはズィナーという慣行に対し、何らの恥ずかしさも覚えてはいなかったことになる。誓いを立てたある女性は次のように言っている。「自由民の女性がズィナーなんて犯すでしょうか」。彼女のこの言葉は、自由民の女性が行う婚姻であればどのようなものであっても、ズィナーとは呼び得ないと彼女が感じていたと解釈できる。[7] イスラームにおいて最初に使われたとき、その単語は一妻多夫制を含むその他の結婚形態や、やはりジャーヒリーヤ時代に行われていたが、後にイスラームが禁止することになる「一時的な」結婚形態〔ただしいわゆるムトゥア婚は、シーア派では禁じられていない〕を指していたのかもしれない。ジャーヒリーヤ時代におけるさまざまな結婚形態について述べたアーイシャは、次のようにしめくくっている。「ムハンマド（神が彼を祝福し、お守りくださいますように）が真理をもって遣わされたとき、イスラーム以前の結婚［ニカーフ］形態を、今日認められているものを除いて、すべて廃止した」[8]。ズィナーの禁止によって、従来認められていた慣習をある程度イスラームが違法化していたと考えると、誰かがズィナーを犯したことを立証するのに四人もの証人が必要であるという、考えようによっては確かに異様なコーランの規定を部分的に説明することができる（第四章一九節）。こうした規定があることから、このような性的非行を犯した人々は、ある程度オープンにそれを行っており――それは不道徳であるとか、禁じられた習慣というより、比較的容認されているといったほうがふさわしかった――、ムハンマドもそのような習慣が即座に根絶できるものではないと悟っていたということが分かる。

六世紀のアラビア、中でも商業が拡大した結果、遊牧民的秩序によって律せられていた旧来の社会構造全体が変容しつつあったメッカにおいて、イスラームの改革は明らかに、父系制に向かう潮流を強めることになった。内的な経済上の変化に加え、外からの影響も文化の変容に一役かっていたことは疑いない。アラビア北部の諸部族ではイランの影響が浸透し、またメッカは、北はシリアやビザンチン帝国、南はイエメンやエチオピアと交易しており、これら近隣社会におけるジェンダーの社会的な構成にますますさらされることになった。これら隣接地域で支配的だった宗教の特徴、すなわち一神教という形が、男性が女性の性を支配する父系制結婚と同じく、ムハンマドがイスラームの布教を開始する以前の多神教のアラビアにおいて、すでに地歩を得つつあった。これらの社会で高度に発達していた女性の支配、共同体の活動から女性を隔離し疎外するメカニズムも、アラビア人、とくに商人たちにもなじみのあるものになっていったにちがいない。

イスラームが合法化した結婚形態は、一神教と同じく、中東全域においてすでに存在していた社会文化的体系に深く一致するものであった。アラビアでも家父長制や、父系制による一夫多妻婚は、決して目新しいことではなかった。むしろ、イスラームはアラビアの部族社会ですでに行われていた慣習を取捨選択し、あるものは認め、あるものは禁止したのだった。イスラームが確立した制度の中で中心的な重要性を持つのは、父系制をとくにすぐれたものとして認めたことと、女性の性とそれにまつわる事柄に対して男性に独占的な権限を与えたことであった。一夫多妻婚のように、これらに調和する習慣は取り入れられたが、調和しなかったり対立する習慣は禁止された。これらの変化を通してイスラームは、男女のあいだの性と権力の関係を根本的に定式化し直した。イスラームが結婚というものをどのように規定しているかを改めて概念化することは、女性の地位を変革し、イスラームが確立した後に女性に課せられた制約を打破する上で、決定的に重要だろう。

後のイスラーム社会によって発展した結婚や女性の行動を規制する法律は、主にメディナ時代〔メッカで迫害されたムハンマドは六二二年、信徒たちを連れてメディナへ移住する〕にムハンマドに啓示として下された一連のコーランの章句を、後世の社会の人々がどのように解釈し、ムハンマド自身の慣行の法的な重要性について彼らがどのような決定を下したかを表している。結婚に対する規制の進展において鍵となる時期を探り、その後のムスリム女性にとって決定的なものとなった、ムハンマドの女性にまつわる慣行を調べる際に、私が参照した資料は、主にハディース〔預言者に関する伝承集〕およびムハンマドとその教友〔預言者の謦咳に接した者〕に関するその他の初期の伝記文学である。ハディースとは、ムハンマドの死後、三、四世紀のあいだに、ムハンマドと彼の教友および同時代の人々についての短い逸話が収集され、書き残されたものである。それは（伝記文学もまたしかりだが）、最初にムハンマドの同時代の人々によって語られ、その誠実さが信用できると注意深く立証された一連の個人たちによって伝えられた。正統派イスラームはいくつかのハディース集をムハンマドの言行の真正な記述として認めてきたが、西洋人あるいは西洋で教育を受けた学者たちの、この件に対する考え方はさまざまに修正されてきた。たとえば今世紀初頭には、大抵の学者がこれらの資料を本質的に後世の捏造とみなしていた。最近では、西洋に研究基盤を置く学者の中には、ハディースにもムスリム時代のごく初期、すなわちムハンマドの死の直後で、その教友の多くが生きていた頃に由来するものもあり得るという見解を持つにいたった者もいる(9)。以下に引用する物語は、一般的にもっとも真正なものとしてみなされてきたテクストからのものであり、そこに描かれている状況や振る舞いは、ハディース全体の中で描かれている生活様式に典型的なものである。

イスラーム以前の習慣の記述に関して、この初期の資料もすでにイスラームの観点からイデオロギー的に編集されてしまっている。ジャーヒリーヤ時代に関して私たちの手元にある資料はすべて、ムハンマドの死後少なくとも一世紀を経たものであるということは、ムスリムによって書き残されたものである。たとえば、五百世代を遡ってもムハンマドの祖先の女性たちの中には、「ジャーヒリーヤ時代」的な「姦淫者」はいなかったとイブン・サアドが断言するのは、一妻多夫制など当時認められていた慣行であった結婚を指してのことと思われる(イブン・サアド、第一巻第一部三二頁)。一夫多妻制のようなイスラームによって支持されている慣行は、同様の非難もされずに言及されている。すなわち、これらテクスト自体が独自に、そして不断に、新たなイスラーム的慣行を繰り返し肯定し、旧態のものを不道徳として烙印をおしていたのである。

さらに、これら初期の報告は男性によって書き記されたものだが、ムハンマドや彼の時代に関する記述の相当な部分——それは、初期イスラームの真正の年代記として崇敬され、ムスリムの行動の手本として、またムスリムの法源として評価された文学である——が、女性の権威について語っている。すなわち問題となるこれらの記述は、ムハンマドの時代の女性や教友、しばしばムハンマドの妻や娘によって初めて語られたものに遡及される。したがって女性たち(中でもアーイシャ)は、イスラームの口述テクストに重要な貢献をした。テクストは最終的には男性によって書き記されたが、それはイスラーム正史の一部、そしてイスラーム社会の規範的慣行を確立した文献の一部となった。このような重要な文献に女性が貢献したという事実から、少なくとも第一世代のムスリムたち——ジャーヒリーヤの時代や、女性に対するジャーヒリーヤ時代の態度にもっとも近い世代——と、彼らの子供たちが、女性を権威ある存在として認めるのは、何ら難しいことではなかったということが分かる。また、女性がテクストに貢献したからこそ、初期の文献には、女性の意見（たとえば女性が宗教的に不浄であるという考えに対するアーイシャの怒気を含む応答）をかなり直接的に表現している資料が少なくともいくつか含まれているのである。アーイシャはあるハディースで次のように非難している。「あなたたちは、私たち［女性］を犬や驢馬と同列視しているけれども、預言者は礼拝をする時に、私が彼の前で横になっていても［すなわち預言者と、メッカのカーバ神殿の方角（ムスリムが礼拝のとき向く方向）であるキブラのあいだにいたにもかかわらず］気にしなかったのですよ」[10]。しかし、だからといって、女性の言葉を文字にして書き残した男性が代表する秩序にとって受け入れがたい意見や行動が、抑圧されなかったり、握り潰されなかったわけではない。

ムハンマドは、メッカ近郊のヒラーの丘にある洞窟にしばしばこもっては瞑想したが、四〇歳のとき、そこで最初の啓示を受けた。天使ガブリエルが現われて彼に、「誦《よ》め」と命じる光景を見たのだった。この出来事に身を震わせながらハディージャのもとに急いで帰ると、ハディージャは彼を毛布でくるんでやり、その心と体を慰撫し、彼が気がふれたわけではないと言って、ムハンマドを安心させた。その後、ハディージャは、彼を（ハディージャがかつて婚約していたことのある）従兄のワラカのもとへ連れていった。ワラカはヘブライ語文献に精通しているキリスト教徒で、アッラーは天使ガブリエルをモーセにも遣わしたことがあると言って、何が起きたかを裏付けた。この後、ムハンマドは、ユダヤ・キリスト教の枠組みが、自らの預言者としての骨格であると宣言することになる[11]。

ハディージャが最初の改宗者となった。共同体の中で地位も高く、分別ある富裕な女性がイスラームに帰依したことは、他の者たち、中でもとりわけ彼女が属していた名望家、クライシュ族のメンバーがイスラームを受け入れる上で影響を与えたにちがいない（イブン・サアド、第八部九頁）[12]。初期の頃から、改宗者には女性もいた。その中にはムハンマドの手強い敵であったアブー・スフヤーンの娘ウンム・ハビーバのように、ムハンマドに強硬に敵対していた氏族の女性たちもいた。ムハンマドとその信徒たちに対するメッカの抵抗と迫害の圧力が増大する中で、アビシニアへ移住した（六一五年頃）ムスリムたちの中にも、女性はいた。だが、夫とは別に独自に移住したと述べられている女性は一人もいない[13]。

ムハンマドが、アッラーと共にメッカの三女神である「アッラーの娘たち」、すなわちアッラート、マナート、アル＝ウッザーを崇拝することを認めた一節を読み上げたのは、メッカにおける迫害の時代のことであった。これは、メッカの人々をしばしなだめることとなった（この伝承は現在、ムスリムのあいだでは認められていない）。しかし、それもまもなく廃止された。伝承によれば、メッカの迫害が熾烈さを増し、ムハンマドが女神を罵るのをやめさせようとしたメッカの人々が彼に地位と財産を提供しようと申し出たとき、悪魔が彼の舌にその一節を「投げ入れた」とされ、コーランにあるように、修正された一節（第五三章一九～二二節）は、必滅の存在たる人間が息子（娘より好ましい存在）をもてるのにアッラーに娘がいるなど馬鹿げていると指摘している。このことからも、女子の嬰児殺しの習慣が示唆しているように、ジャーヒリーヤ時代末期において、女神が存在するからといって、女性が男性と同等かあるいはそれ以上に評価されているわけではないことが確認される[14]。

六一九年、ハディージャと、ムハンマドの叔父であり保護者であり、また一族の長でもあったアブー・ターリブが数日のうちにあい前後して亡くなった。ムハンマドはメッカ近郊のフジューンの丘にあるハディージャの一族の埋葬地に彼女を葬るため、自ら「穴の中に入っていった」。ムハンマドにもハディージャの娘たちにも、ハディージャは何も残さなかった。メッカでの迫害のあいだに、ハディージャはその財産を失ってしまっていたとも考えられる(15)。

アブー・ターリブはイスラームに改宗こそしなかったものの、一族のひとりとしてムハンマドを完全に庇護し、これによってムハンマドはメッカでの迫害を生き延びることができた。一族の長としてアブー・ターリブの後を継いだのが、ムハンマドのもう一人の叔父、アブー・ラハブであるが、彼は、ムハンマドの敵であったアブー・スフヤーンの姉妹ウンム・ジャミールと結婚していた。アブー・ターリブが亡くなるや、アブー・ラハブは妻方につき、ムハンマドに一族の庇護を与えるのを拒否した。アブー・ラハブとウンム・ジャミールがコーランの啓示で呪いの言葉をかけられたとき、ウンム・ジャミールは石のすりこぎを持ってムハンマドを捜しに出掛け、カーバ神殿のそばでムハンマドが教友のアブー・バクルと座っているところにやってきた。神がムハンマドをウンム・ジャミールの目には見えないようにしたので、彼女はアブー・バクルにムハンマドはどこかと訊ねた。「ムハンマドが私のことを馬鹿にしているらしい。だから、神に誓って、もし彼を見つけたら、この石で彼の口を叩き潰してやる」。それから彼女は、自らを詩人であると名乗り、次の詩を詠んだ。

我らは放蕩者を拒絶する
我らは彼の言葉を拒む

我らは彼の宗教を忌み嫌い、憎む[16]

一族の保護を失ったムハンマドはメッカの外に、積極的に改宗者と保護者を求めていった。そして六二〇年のメッカ巡礼でイスラームに改宗したメディナの人々と一連の交渉を行った。翌年、彼らはさらに多くの改宗者を連れてメッカに戻ってきた。六二二年六月、女性二人とその夫を含む七五名のメディナの人々が、アカバでムハンマドと秘密の会合を持ち、そこで彼らはムハンマドに庇護を与え、彼に従うことを誓った。彼らがムハンマドに忠誠を誓ったことで、ムハンマドは保護を乞い求める一宗派の、罵られる指導者としてではなく、名誉ある預言者として、そしてメディナにおける部族抗争の調停者に指名された者として、メディナに受け入れられたのだった。[17]

そのあいだにもムハンマドは自身の再婚――サウダとアーイシャとの――を考え始めていた。再婚は、イスラームに改宗したムハンマドの叔母のひとりハウラの考えであったと伝えられている。ハディージャの死後、ハウラはムハンマドに仕え、おそらく彼の娘たちと共に家事にあたっていたと思われる。ムハンマドは過去に、彼女とその夫の仲を仲裁したことがあった。彼女の夫が禁欲主義によって妻への義務も怠っていると、彼女の側に立って、夫の禁欲を非難したのだった。ハウラがムハンマドの再婚について切り出すと、相手には誰がよいか、とムハンマドが訊ねた。彼女は答えて、処女がいいのならアーイシャ、処女でないほうがいいのならサウダと言った。「行ってきておくれ」と彼は答えたと言われている。「私に代わって、彼女たち二人に申し込んできておくれ」。同時に二人の妻を持つことは、当時の社会ではとくに新奇な慣行というわけではなかったが、ムハンマドにとっては初めてのことだった。そのため、ハディージャの存命中は彼女以外に妻をめとらないことをとくに明示した結婚契約をムハンマドがハディージャと

交わしていたかもしれないと推測する研究者もいる。(18)

ムスリムの寡婦でアビシニアへ移住したこともあるサウダは、「もはや若くはない」とされるが、ハウラに「私のことはあなたにお任せします」という伝言を持たせ、結婚を承諾した（イブン・サアド、第八部三六頁）。ハディージャの結婚の場合もそうであったが、ジャーヒリーヤ時代の寡婦は、結婚に際し後見人に相談することなく、自分の身の振り方を自由に決定できたということがこのことからも分かる（イブン・サアド、第八部三六頁）(19)。ムハンマドとサウダの結婚は、ハディージャの死後まもなく行われた。

アーイシャの場合は違った。彼女は、ムハンマドのもっとも親しく、彼のもっとも大切な支持者であったアブー・バクルの娘で、当時まだ六歳だった。ハウラはアーイシャの母ウンム・ルーマーンに結婚の話を持っていった。ウンム・ルーマーンは、その件を夫に委ねた。アブー・バクルは、アーイシャがすでに別の者と婚約していたので、まずその関係から彼女を自由にしてやらなければならないと言った。アーイシャが婚約していた相手も幼かったと思われるが、ムハンマドとアーイシャの年齢差ゆえに二人の結婚が適当ではないと考えた者は誰一人いなかった。アブー・バクルが娘の許婚の両親のもとに行ったところ、母親が婚約解消を望んでいることが分かった。母親はムスリムではなかったので、婚約したことで息子がイスラームに改宗してしまうのではないかと心配していたからだった。

アーイシャが後に述懐したところによると、自分が結婚したこと（すなわち結婚の合意が成立したこと）に気づいたのは、友達と遊んでいる時だった。母親が、家の中に入るようにと彼女を呼び、家から出てはいけないと言った時だった。そのとき「自分は結婚したのだとしみじみ思った」と彼女は語っている。相手が誰かとは聞かなかったという（イブン・サアド、第八部四〇頁）。ムハンマドは、それからというもの、アブー・バクルのもとに定期的に通い続けたが、正式な結婚は、ムスリムがメディナに移住するまで行われなかった。

アカバでメディナの人々と合意が成立して三ヵ月後、ムスリムはいくつかの小さなグループに分かれてメディナに移住した。ムハンマドとアブー・バクルは男性たちの最後に出発した。メッカにおけるムハンマドの暗殺計画を逃れるため、隠密裏の出奔であった。というのもメッカの人々は、ムハンマドがメディナで、彼らの手には負えぬくらい力を付けるのではないかと恐れていた。ムハンマドとアブー・バクルの二人はメッカ付近の山中に身を潜め、追っ手の捜索がやむのを待った。アーイシャの姉のアスマーが夜、彼らに食事を運び、出発の際には駱駝に荷を積むのを手伝った。彼らが出発した後、帰宅したアスマーは、敵意を持つメッカのグループが二人を捜しているのを知った。アスマーは、二人がどこにいるか知らないと言うと、耳飾りがとぶほど激しく叩かれたと述べている[20]。

重要な政治的地位を得て、ムハンマドは大勢の信者を引きつれ、メディナに到着した。移住すなわちヒジュラの年である六二二年をムスリムは、イスラーム時代の元年とみなしている。移住は確かに新しいタイプの共同体を生み出した。それは、新たな価値観とイスラームの新たな法のもとに生きる共同体だった。これら価値観と法の多くは、その後数年にわたって構築されていった。

ムハンマドの住居となるべき建物の建設作業がただちに着手され、中庭はモスク〔礼拝場〕であると同時に、彼が共同体の問題を処理する場となった。住居が完成するまでムハンマドは、建築中の建物にもっとも近いところに住んでいた夫婦の二階建ての家の一階に住むことになった。この家での彼ら夫婦とムハンマドの生活がいかに貧しいものであったかは、夫婦が水瓶を割ったときの対応からもうかがわれる。夫婦は水がムハンマドのいる階下まで漏れていくのを恐れたものの、拭き取る布すら持ち合わせていなかったので、自分たちの服で水を拭き取ったのだった[21]。

ムハンマドは、サウダと彼女の娘たちをメッカから連れてきた。のちに他の妻たちのために建てられた住まいと同じく、サウダの住まいもモスクの東側の壁ぎわに建てられた。およそ一二×一四フィート〔約三・六×四・三メートル〕の一部屋で、ベランダのような囲いがモスクの中庭に面して造られていたのであろう。中庭には、椰子の幹でできた柱と椰子の枝で葺いた屋根があった。ムハンマドには自分自身の部屋はなく、妻たちの部屋を順番に訪ねた。(22)

アブー・バクルもまた自分の家族を呼び寄せ、スンフ郊外の一軒家で合流した。アーイシャがまだ九、一〇歳にもならないとき、アブー・バクルはムハンマドと肉親の絆をさらに強めようとして、ムハンマドになぜ床入りを遅らせているのかと訊ねた。ムハンマドがまだ婚資を準備できていないからだと答えると、アブー・バクルはただちにそれを彼に与えた（イブン・サアド、第八部四三頁）。その後、スンフにあるアブー・バクルの家で床入りが行われた。アーイシャはその時のことを次のように語っている。

私がブランコに乗っていると母がやってきた。母はブランコから私をおろした。私は何人かの友達と一緒だったのだけれど、母は彼らを向こうへやると、水で私の顔を拭き、玄関のところまで連れていった。私は「ブランコにのっていたので」息も荒く、人心地つくまでじっと待った。母に連れられて中に入ると、預言者がアンサール〔ムハンマドに庇護を与えたメディナのムスリム〕の男女とうちのベッドに座っていた。母は私を彼の膝元に置くと言った。「この方々がおまえの仲間です。この方々のもとで神のご加護があらんことを。そしておまえのもとでこの方々が」。(23) すると、彼らはすぐ立ち上がり、外に出ていった。こうして、預言者は我が家で結婚を成就した。

アーイシャがムハンマドにとって最愛の存在であったことは議論の余地がない。このことは、彼が自分のハーレムに美人で人気のある女性たちを迎え入れても、終生かわらなかった。アーイシャに関する最新の学問的な伝記作家であるナビア・アボットは、アーイシャに対するムハンマドの優しい心配りと忍耐を強調している。ムハンマドはアーイシャの人形遊びにさえ付き合ったのだった。しかし、現代の感覚では、アーイシャが回想している結婚や床入りの詳細から、二人の関係がどのようなものであったか理解することはできない。もし、私たちが二人の関係を理解するとしたら、それは哀感と悲劇性をきわだたせるものとしてであろう。しかしながら、大切なことは、時代を異にする人間がどう感じるかではなくて、むしろ二人の関係を正確に描写することにある、とするアボットは理にかなっている。したがって、二人が感情面では対等であると思われることや、互いに頼りあっているというような他の側面についても特筆すべきである。たとえば、ムハンマドが機嫌を損ね、傷ついて引きこもってしまった有名なネックレス事件は、こうした側面を伝えるものである。ネックレスの玉を捜していたアーイシャは道に迷って、野営地に置き去りにされてしまった。翌朝、アーイシャが若者の先導でラクダにのって戻ってくると、共同体も、そしてついにはムハンマドも彼女とその若者の仲を怪しむようになった。ムハンマドはこの問題を深く思い悩んだため、そのあいだ、啓示が下されなかった。その後、最初に下った啓示は、アーイシャの無実を宣言する一節だった[24]。これをあい補うようにアーイシャのほうは、当然のごとく自らを神の預言者と対等と考え、彼に対して畏れを抱いてはいなかった。というのもムハンマドに、他の男性たちには許されていない五人以上の妻との結婚生活を許す啓示が下ったとき、アーイシャは次のように反駁している。「あなたの神さまは、あなたの欲望を満たすためなら、ずいぶんお急ぎになるのですね」（イブン・サアド、第八部一一二頁）。換言すれば、あらゆる側面において、二人の関係は特定の社会的コンテクストに規定されていた。

社会的慣行という点においてのみならず、そうした社会的慣行がいかにして、その社会のメンバーの内面、心理、感情を形成するかという点においても規定されていたのだった。

このようにアーイシャの婚約と結婚は、イスラームの勃興時およびそれ以前から、両親が子供の、男であれ女であれ、同年輩とであれ年上とであれ、結婚の取り決めをしたということを示している。さらに女子にとって婚約するということは、性の支配と管理、ある種の隔離の形を含んでいることも示している(アーイシャは、家から出てはいけないと言われて、自分が結婚したことを理解している)。結婚と性の家父長制的なとらえ方は明らかに、すでに幼少のアーイシャの環境の中にあった。同様に、ムハンマドが二人の女性と同時に婚約したことは、何ら目新しいことではなく、通常のこととして文献に示されている。しかし、ムスリムの手によって書かれたこれらの報告が、ジャーヒリーヤ時代末期および初期イスラームの慣行を正確に反映させせずに、むしろ結婚に対する後のイスラーム的理解に適合させている可能性もある。

すでにサウダが住んでいたムハンマドの住まいにアーイシャが移り住み、さらにその後まもなく他の妻たちも迎え入れられたことにより、イスラームに父方居住の一夫多妻制の形態が導入された。これを、ムハンマドによる革新と解釈する研究者もいる。

アーイシャと結婚して三ヵ月後、ムハンマドは、アブー・バクルと共にムハンマドをもっとも身近で支えたウマル・イブン・アル゠ハッタープの娘であるハフサと結婚した。ハフサはバドルの戦い〔六二四年。ムハンマドにとって最初の本格的戦い。メッカのクライシュ族を破る〕で夫を亡くしていた。これ以降、ムハンマドの妻となった者たちの大半が、イスラームを守るために殺されたムスリム男性の寡婦たちであった。この結婚の後まもなく、そして多くのムスリム女性が寡婦となったウフドの戦い〔六二五年〕〔ムハンマドとメッカ軍の二度目の戦い〕の後、一夫多妻制を奨励するコーランの一節、「誰か気に入った女をめとるがよい、二人なり三人なり、四人なり」(第四章三節) が下された。これらの寡婦の多くは、メッカから移住してきた者だったので、夫を失ったからといって、庇護を求めて自らの一族のもとへ戻ることはできなかった。ムスリム共同体はその結果、彼女たちを扶養する責任を自ら負うこととなった。男性により多くの女性をめとることを奨励したことで、寡婦の扶養問題を解決し、この若い社会が新たな方向へと向かうのを強化した。これによって女性たちは新しいタイプの家族生活に組み入れられ、ジャーヒリーヤ時代の結婚慣行にたち戻ることはできなくなった。

メディナの人々とメッカの人々のあいだの通婚はほとんどなかった。これは主に結婚、とくに一夫多妻制に対する両者の態度の違いによるものであろう。メディナの女性はメッカの女性よりも自己主張が強かったようである。ウマル・イブン・アル゠ハッタープは次のような不満を漏らしている。メディナに来る前、「私たちクライシュ族 [メッカ] の人間は、妻を支配していたものだが、アンサール [メディナ人ムスリム] のもとに来てみると、妻が夫を支配している。こうして私たちの女性たちもアンサールの女性のやり方を学び始めた」[25]。メディナのある女性は、自らムハンマドに結婚を申し込み、受け入れられたと言われている。しかし、後にその結婚に承諾しない彼女の家族が、他の妻たちとうまくやってはいけないだろうと指摘したところ、自身の申し入れを撤回した (イブン・サアド、第八部一〇七〜八頁)。

イスラームの法の中で、メディナの人々にとっては新奇なもので、彼らには合わないとされたものがもう一つある。女性の財産相続の権利――一般的に女性は男性の半分を相続する――がそれであった。家畜や物品の形で人々が財産を所有し、イスラーム以前から女性も相続の習慣があったと思われる商業都市メッカとは異なり、農業社会であったメディナに、土地の分割を含むこの新しい相続法を適用するのはそれゆえ、一筋縄ではいかなかった[26]。

ウフドの戦いに関する記述には、戦争という、このもっぱら男性中心の領域に、ムハンマドの妻たちをはじめとする女性たちが、積極的かつ自由に参与していたことが描かれている。ある男性は、アーイシャとムハンマドの妻のひとりが服の裾をたくしあげ、足首の飾りもあらわにして、戦場の男たちに水を運んでいるのを見たと書き記している。ムスリム側の女性たちは、負傷者の手当てや死者やけが人を戦場から運びだしたと記されている。これに対する相手側では、メッカの指導者アブー・スフヤーンの妻ヒンド・ビント・ウトバは、メッカの貴族の女性たち一四、五人を率いて戦場に赴き、戦いの歌を歌い、タンバリンを打ち鳴らすという、ジャーヒリーヤ時代の戦時における女性の伝統的役割を演じた。[27] メッカ側が勝利を収め、先の戦いでムスリムに父と兄弟を殺されたヒンドは、父を殺した男やその他の男たちの肝臓や鼻、耳を切り取り、戦場に横たわっている他の死者たちのものも切り落とした。彼女はそれらの切断部分からなるネックレスとブレスレットを身につけて、岩の上に立つと、風刺詩を朗唱し、復讐の勝利を宣言した（イブン・サアド、第三部一、および五〜六頁）。この残忍極まりない行為は、アッバース朝時代に編纂された文献に書かれているのだが、このような流血の記述は、アッバース朝が、ヒンドの息子が開祖となったウマイヤ朝を敵対視していたことによるものであろう。

共同体のさまざまな事柄に女性が自由に参加していたこのような状況は、まもなく女性の隔離が公的に導入されることで、制約を受けるようになった。ムハンマドの妻たちの生活がまず第一に制限されたが、彼の存命中は、隔離を命じるコーランの章句が適用されたのは、彼の妻たちだけであった。初期のテクストには、ムハンマドの妻たちに対しヴェールの着用や隔離を制度化する章句がどのような折に下されたのかが記録されており、またイスラームがとってかわった社会における女性の生活の様子が素描され、イスラームが女性の活動領域を一歩一歩狭めていった様子が記録されている。これらのテクストは、ヴェールの着用と隔離を言語的に区別していないが、「ヒジャーブ」という用語を相互に交換可能なものとして、たとえば「ダラバト・アル＝ヒジャーブ」（彼女はヴェールをつけた）――この表現自体は、「彼女はムハンマドの正妻になった」を意味する。なぜなら、ヴェールをつけていたのはムハンマドの正妻たちだけであり、彼の愛妾たち〔原文ではconcubinesと複数形になっているが、これは「ムハンマドにはめかけは一人しかいなかった」という第五章における著者自身の指摘と明らかに矛盾している〕はつけていなかったからだ――のように「ヴェール着用」を意味することもあれば、（その文字どおりの意味において）「カーテンをひくこと」すなわち隔離や分離も意味した。さらに、「ヒジャーブ」という同じ用語が、一般的にムハンマドの妻たちの隔離や分離、そしてヴェール着用あるいは自分の身を覆い隠すことと関連する法に言及するために用いられている(28)。

ある記述によれば、ムハンマドとゼイナブ・ビント・ジャフシュとの結婚披露宴において、次のような一連の啓示が下された。式の招待客がゼイナブの部屋でおしゃべりをして居座り、このことがムハンマドの機嫌を損ね、妻たちを隔離することを定める啓示が下されることになった。別の記述によれば、この時であったか、あるいは他の食事のとき、男性客の中にムハンマドの妻たちの手に触れた者が何人かいて、とくに、ウマルの手がアーイシャの手に触れたことがあった（イブン・サアド、第八部一二六頁）。隔離を命じるコーランの章句は、このような出来事に応じるかのように書かれている。「これ、お前たち信徒の者、とくに許可が出た場合以外、食事にありつこうとて時間かまわず預言者の住居に入りこんではならぬ。ただ招ばれた時だけ入るようにせよ。が、それにしても、食事がおわったら、さっと立ち去るよう。いつまでもぐずぐずねばってお喋りしていてはならぬ。そういうことは預言者に大変迷惑をかける。（中略）また、お前たち（預言者の妻に）何か下さいと言う場合は、必ず垂幕の向こうから頼むように。そのほうがこちらの心も、先方の心も汚れることがなくてすむ」（第三三章五三節）。

アーイシャが語ったとされる話では、これらの章句とさらに別の章句――ムハンマドの妻たち、およびムスリム女性全般が乱暴されないように、一見して信者だと分かるために彼女たちに外套をまとうことを命じた章句（第三三章六〇節）――が別の出来事と結びつけられている。アーイシャによれば、ウマル・イブン・アル＝ハッターブがムハンマドに妻たちを隔離するように促してきたが、ムハンマドはそうしなかった。ある夜、彼女とサウダが外に出たところ（屋内に用を足すところはなかったので）、遠くにいたウマルは、背の高いサウダをそれと認めた。彼はサウダを呼び、お前を見たぞと言った。そして後で再度、ムハンマドに妻たちを隔離するよう促したのだった。また、「偽善者たち」の侮辱から守るためにウマルは、ムハンマドに妻たちを隔離するよう望んでいたとする記述もある。「偽善者」とは信仰がいい加減なメディナの住民の一グループのことで、ムハンマドの妻たちをののしっては、彼女たちを奴隷と間違えたのだと言っていたのだった（イブン・サアド、第八部一二五～一二七頁）[29]。

別の記述によると、ウマルがムハンマドを促して妻たちを隔離させようとしたのは、ムハンマドの成功によって今や多くの参拝者がモスクを訪れるようになったからであるという[30]（これらの章句に関していくつかの異なった出来事と理由を挙げているからといって、それらすべてが真実でないということを意味するものではない。むしろそれらが新しい法の背景の一部をなしており、ある種の状況が新しいムスリムたちの目には受け入れがたくなりつつあったことを表している）。モスクは、ムハンマドが宗教および共同体のあらゆる問題を執り行う場であり、日常生活の中心であった。あるときムハンマドはまだイスラームに改宗していない部族のリーダーを迎えたことがあった。交渉のあいだ、彼らのために中庭に三つの天幕が張られた。他の諸部族の使者が、ムハンマドを求めてやってきたこともある。メディナの族長たちは、戦いの後、ここで一夜を過ごした。ある戦士が、敵の族長をモスクに連れてきたこともある。財産のない人々は北の壁の木陰で眠った。座るか寝転ぶかしただけの者もいれば、天幕を張る者もいた。アーイシャによればある解放奴隷の女性がムハンマドの妻たちと話をしにやってきて、「モスクに天幕だか小屋だかを建てた」という。ムハンマドからなにがしかの好意を期待してやってきた多くの人々は、まずムハンマドの妻の誰かと近づきになって、彼女たちの協力をとりつけようとした[31]。

隔離を義務づけることでムハンマドは、妻たちと、玄関先に群がるこれらの人々とのあいだの距離——それは、新しい、紛うことなき家父長制社会の、今や権力をもった指導者の妻にふさわしい距離——を築きつつあった。彼は、ビザンチンやイランなど近隣の家父長制社会において、すでに強固なものとして確立していた隔離の形態、すなわちハーレムを、建築学的なものとしてではなく、略式ではあったが、実質的に築きつつあった。そして、おそらくは、これら近隣社会の建築的、社会的慣行を借用しつつさえあった。指導者として成功したムハンマドの財力をもってすれば、妻たちを隔離しておくのに必要な召使いを持ち、自分の家族や親戚の女性たちがしていたとされる仕事から彼女たちを解放してやることができただろう。しかし、アブー・バクルの娘アスマーは手ずから水を汲み、庭で採れたものを運び、穀物を挽き、パンの生地をこねた。またムハンマドの娘でアリー・イブン・アビー・ターリブの妻であるファーティマも自ら穀物を挽き、水汲みをしたのだった（イブン・サアド、第八部一八二〜一八三頁[32]）。

ヴェール着用がムハンマドによってアラビアに導入されたのでないことは明らかであり、すでにいくつかの階級、とくに都市部でヴェール着用の習慣が存在していた。アラブ人と交流のあったシリアやパレスチナなどの国々においては、さらに広く普及していた。ギリシャ人、ローマ人、ユダヤ人、アッシリア人など、程度の差こそあれ、ヴェール着用の習慣のあったすべての民族がそうであったように、アラビアと同じくこれらの地域でも、ヴェールの着用は社会的地位と結びついていた。[33] このことは、コーランのどこにも明示的に規定されてはいない。女性の衣服に関する章句は、すでに引用したものを除けば、自分の陰部を守り、スカーフで胸を覆うことを指示するものだけである（第二四章三一～三二節）。

ムハンマドの存命中、ヴェールを着用したのは、隔離と同様、彼の妻たちだけであった。さらに、ハディースにおいては「（彼女が）ヴェールをつけた」という表現が、ある女性がムハンマドの妻になったことを意味するということは、ムハンマドの死後、しばらくのあいだ、ハディースに取り入れられた資料が人の口にのぼっていた頃には、ヴェール着用と隔離は依然としてムハンマドの妻たちに固有の事柄と考えられていたということを示唆している。この習慣がいかにして共同体全体に広がったのかは分からない。上流階級で一般にヴェールが着用されていた地域をムスリムが征服し、富が流入し、それによってアラブ人の地位が向上し、また、ムハンマドの妻たちが手本とみなされるようになったことなどがおそらくは結びついて、これらの習慣が一般に受け入れられるようになったのだろう。

これらの制度に対してムハンマドの妻たちがどのように反応したか、という記録は何もない。さまざまな事柄について彼女たちが表明したと思われる意見（ことにアーイシャの自己主張については伝承が十分裏づけている）がまったく語られていないということは、注目に値する。この沈黙は、ハディースの編纂者もまた有していた抑圧の力というものに対して、注意を惹起する。ムハンマドが集団離婚で妻たちを脅したのも、隔離が強制されたことに対する妻たちの反応が原因であり、また、そのような緊迫した状況が、ムハンマドの妻たちに離婚の選択権を与える章句に結実したことを示唆する学者もいる。[34] ムハンマドの妻たちには、離婚するかこのまま妻で居続けるか選択する権利が与えられた。ムハンマドの妻でいるということは、現世にあっては、預言者の妻として彼女たちに期待されている特別の振る舞いを受け入れる代わりに、天国で彼女たちを待っている特別な報いを受けることを意味していた。

離婚の脅かしは、単なる家庭内のもめ事にとどまらなかった。ムハンマドが妻たちとの交渉を断っていた一ヵ月間、共同体は潜在的な影響を深刻に考えるようになった。なぜならムハンマドの結婚は、メディナのムスリム共同体の主要メンバー、およびメディナ以外の部族指導者との絆を決定的に固めるものだったからだ。ムハンマドが離婚するかもしれないという噂は、ガッサーン朝によって侵略されるかもしれないことよりも、はるかに民心を不安に陥れたという。アーイシャの父アブー・バクル、ハフサの父ウマル(二人はムハンマドの死後の初代および第二代のカリフ〔ムハンマドの後継者、信徒の長〕である)は、大いに不安に駆られ、娘を叱りつけてしまうほどだった。

事態の深刻さに較べると、不和の原因と称されるいかなるものも、幾人かの学者が指摘しているように、唖然とするほど些細なことだった。妻同士の競争心や、彼女たちのいろいろな行動が記されてはいるが、いずれも日常茶飯事と思えるようなことであり、重大な政治的危機を引き起こす十分な根拠にはなりえないと思われる。ムハンマドの妻たちが、彼が提供できる以上の財産を欲しがったのが原因だとする記述もあれば、屠られた一頭の動物を公平に分けようとして、アーイシャとゼイナブが言い争ったことが原因だとする記述もある。さらに別の記述では、ムハンマドがアーイシャのもとを訪ねるはずの晩に、ハフサの部屋でエジプト人の愛妾、ミリヤムと共にいるところをハフサが見つけたのが原因となっている。ハフサはムハンマドに、アーイシャにはこのことを秘密にしておくと約束したが、その約束を守らなかった。アーイシャがムハンマドに詰め寄り、ハーレム全体がこの問題に憤慨したのだった(イブン・サアド、第八部一三一〜三九頁)[35]。

殊更なまでに「従順」の大切さを強調し命じる章句は、ある種の反抗と不服従がムハンマドの妻たちのあいだで進行していたことを示唆している。

ああ、これ預言者よ、汝の妻たちによく言って聞かせるがよい、「お前たちもし束の間のこの世と、そのうわっ面の美だけが欲しいなら、ささ、いくらでもわしが楽しませてやるぞ、いくらでも思いのままに暇もやるぞ。だがもしお前たちアッラーと使徒と来世の宿とを憶うのであれば、そういう心がけよい女にはアッラーが大きな御褒美を用意しておいて下さったぞ」と。

これ、預言者の妻よ、お前たちの中でもし誰かまごうかたない不埒を犯した場合は、その者は二倍の罰を受けるぞ。アッラーにとってはいとやすいこと。

だが、お前たちの中で、アッラーや使徒の言いつけに従順に、善行にいそしむ者があれば、我らが二重に褒美を与えよう。そういう者には充分に結構なものを用意しておいた。

これ、預言者の妻よ、お前たちは普通の女と同じではない。もしお前たち本当に神を懼れる気持があるなら、あまり優しい言葉つきなどするものではない。心に病患のある男の胸にいやしい欲情をかき立てるもとになる。立派な言葉使いをするようにせよ。

自分の家の中にどっしりと腰を据えておれ。かつての無道時代のように、やたらにごてごてお化粧しないよう。(第三三章二八〜三三節)

ムハンマドはまずアーイシャに選択を委ね、決断する前に両親に相談するように助言した。彼女は、その必要などないと答え――「あなたのもとを去れだなんて、彼らが言ったりするはずのないことをよくご存じでしょう」――夫のもとに止まることを選んだ。他の妻たちもこれにならった。ムハンマドの妻たちに——おそらく、その代償としてであろう——信者の母という称号と尊厳を授けるという章句と、彼の死後再婚することを禁じた章句は、妻に離婚の選択権を与えた章句と同時期に属するものと思われる。[36]

六三〇年、ムスリムはほとんど流血を見ることなく、メッカを征服した。ムスリムの陣地に投降したアブー・スフヤーンはメッカに戻ると、人々にイスラームに改宗するよう呼びかけた。その妻ヒンド・ビント・ウトバは、夫の降伏に激怒して、夫を公然と非難したが、その後、大義が失われたことに気づき、自ら崇拝していた神々の像を粉々に打ち砕いた。他の女性たち数名とともに死刑の宣告を受けたヒンドは、ただちにイスラームに改宗することで命を守ったという説もあるが、この話は、ウマイヤ朝に対する対抗意識から脚色されているきらいがある。[37] 少なくとも彼女はイスラームに対する忠誠の誓いにおいて、メッカの女性たちを威勢よく先導した。ムハンマドの言葉に、ヒンドが応酬した。


「汝、唯一の神のほかは信じるなかれ」

「私たちがあなたにそれを与えましょう」

「汝、盗むなかれ」

「アブー・スフヤーンは吝嗇家です。私が、彼から盗めたものといえば食べ物だけ」

「それは窃みではない。汝、姦淫するなかれ」

「自由民の女性が姦淫など犯したりするでしょうか」

「汝、子供を殺してはいけない［嬰児殺し］」

「バドルの戦いで、私の子供たちを殺したのは、あなた方ではないですか」

（イブン・サアド、第八部四頁）

メッカ征服によりムスリムはカーバ神殿の鍵を手に入れた。この鍵は当時、スラファという一人の女性が持っていた。ムスリム側の文献によると、スラファは息子から鍵を預かり、保管していたに過ぎないことになっている。ちょうど、メッカ最後の司祭王フライルが——これもムスリム側の文献によるものだが——以前、娘のフッバに鍵を預けたのと同じように。鍵の保管者として言及されている女性は他にいないものの、スラファとフッバの果たした役割が、イスラームの記録では最小限にしか言及されていないのは、ムスリムの前提が、イスラーム以前の社会に投影されたことによるものであろう。しかし、ジャーヒリーヤ時代のようにカーヒナ（女性の巫者）や女祭司のいた社会では、フッバは少なくともある意味では、父の後継者か権力の伝達者であったと十分考えられよう。[38]

ムハンマドはメッカ征服の二年後、体調をこわして亡くなった。妻マイムーナの部屋で病の床に臥しているのを他の妻たちが見舞うと、ムハンマドは、明日は誰の部屋に泊まることになっているのか、明後日は誰かと訊ね始めた。妻たちはムハンマドが、アーイシャの部屋に行ける日を知りたくて訊ねていることに気づいた。ムハンマドはアーイシャのもとで寝る許しを求め、その数日後の六三二年六月一一日に亡くなった。彼のこの予期せぬ死はムスリム共同体を危機に陥れた。ムハンマドをどこに埋葬すべきかという問題は、預言者は息を引き取った場所に埋葬されるべきだとムハンマドが生前語っていたことをアブー・バクルが思い出し、解決した（イブン・サアド、第二巻第二部七一頁）。かくして、彼はアーイシャの部屋に埋葬された。そこは、今やカーバ神殿に次いでイスラームのもっとも神聖なる場所となっている。[39] アーイシャもそこを自分の終の住みかとして確保しておきたかったのだが、アブー・バクルとウマルもまた、彼らの要望に従ってそこに埋葬された。ウマルが埋葬された後、アーイシャは自分の居住空間と墓のあいだに仕切りを設けた。彼女の言うところによれば、夫や父とともに一つ部屋にいるのは、心休まることであったが、ウマルについては、他人の前にいるような気がしたからだった（イブン・サアド、第三巻第一部二四五頁、二六四頁）。

ムハンマドの死は、アラビア各地で一連の反乱の引き金となった。大半の地域がその当時すでにイスラームに改宗していた。少なくとも武装反乱の一つはサルマ・ビント・マーリクという女性が指導者であったし、またイスラーム国家に対する反乱の指導者として出現した「偽預言者」の中にも女性がいた。六二八年、サルマ・ビント・マーリクは、母親が率いた戦いでムスリムに捕えられ、ムハンマドは彼女をアーイシャに渡した。サルマはアーイシャに一時仕えた後、ムハンマドの親類の一人と結婚した。ムハンマドが亡くなるや、彼女はイスラームに反抗する一族のもとに戻った。母親はムスリムに捕えられ、二本の脚をべつべつに二頭の獣に結わえられ、体を二つに引き裂かれて処刑された。サルマは命をかけて母親の復讐をすることを誓い、母親の駱駝にのって自ら兵を率いた。彼女は最後には殺されるのだが、一〇〇人もの仲間が殺されても彼女は戦い続けた(40)。

偽預言者とは、タミーム族のサジャフ・ビント・アウスのことである。彼女の母親は、タグリブ族の出身で、これはかなりキリスト教化した一族だった。タミームは、イスラーム派と反イスラーム派に分裂していた。イスラームを追い出したい者たちが、サジャフを支持した。彼女の一党が内乱で敗れたため、彼女は自分の軍隊とともにタミーム領を出て行かなければならなかった。彼女はもう一人の偽の預言者ムサイラマのいる首都ヤマーマへ向かった。そして、彼と協定を結んだようであるが、それ以後、彼女の消息については何も分かっていない。彼女の神性は、ラッブ・アル＝シラーブ「雲の神」と讃えられていたが、その教えがその後、継承されることはなかった[41]。

サルマとサジャフの場合は、反逆者と預言者がたまたま女性であったに過ぎないと思われる。しかし、ハドラマウトにおける女性の反逆は、イスラームが彼女たちにもたらした制約のせいでムハンマドの死を喜んだ、女性であるがゆえの反逆であったと言えるかもしれない。イスラーム暦三世紀に、この反逆は次のように記された。「神の預言者が亡くなると、その報せがハドラマウトにも伝えられた」。

ハドラマウトでは、キンダとハドラマウトの女性六人が神の預言者の死を待ち望んでいた。彼女たちはそれゆえ（この報せを聞いて）、ヘンナ〔植物性の染料〕で手を染め、タンバリンを打ち鳴らした。彼女らのもとにハドラマウトの娼婦たちがやってきて、同じようにした。そのため二〇数人の女性たちが六人に加わった。（中略）〔テクストにはさらに、祖母と記されている二人を含む幾人かの女性の名前が載っている。〕おお、馬上の者よ。汝、通りがかったなら、アフマド〔ムハンマド〕の後継者アブー・バクルに伝えるのだ。ムハンマドの死など悼むに足らぬと言い張る、かすのように黒い、これら娼婦たちを安らかにしておいてはならぬ、と。彼女たちを八つ裂きにしてやりたいという思いが、私の胸中、消しがたい残り火のように燃えているのだ[42]。

アブー・バクルはこれら女性たちに対抗すべくアル＝ムハージルを、人馬とともに派遣した。キンダとハドラマウトの男性たちが女性を守りにやってきたが、アル＝ムハージルは、女性たちの手を切り取った。この記述には興味をそそられる。なぜ、娼婦ごときの反抗が、軍隊を派遣せねばならぬほどにイスラームにとって脅威であったのか。名前の挙がっている女性の三人が貴族の出で、四人がキンダの王族の家系に属する者だった。彼女たちの地位と男性たちの支持は、彼女たちが娼婦ではなく、女司祭であり、また彼女たちの歌や踊りは個人的な喜びを表しているのではなく、新しい宗教の軛を断ち切るよう、自らの部族の民を励ますために行われた伝統的なパフォーマンスだったことを示唆している。軍隊によって鎮圧されねばならないほどの脅威となるくらい支持を集めたという点で、彼女たちは十分に成功している。(43)

さらに、イスラーム草創期のアラビアの女性の中には(女司祭に限らず)、新しい宗教によって女性に制約が課せられ、女性の自立性が抑圧されることを明瞭に看取し、この宗教を嫌っていた者たちもいた。彼女らにとってムハンマドの死は、祝福に値するものであったろうし、ムハンマドの宗教が結果的に消滅してしまうことこそ強く望んでいたであろう。イスラームをやや憂鬱な宗教であると感じていた女性もいたことを、ムハンマドの曾孫にあたるスカイナの発言が示している。姉のファーティマはあんなに陰気なのに、おまえはなぜそんなに陽気なのかと訊ねられたスカイナは、自分はイスラーム以前の曾祖母に因んで名づけられたのに対し、姉のほうはイスラームの祖母の名をもらったからだと答えている。(44)

ムハンマドの妻たちは、信者の母として共同体に崇められながら、モスクの部屋で生活を続けた。財政的には彼女たちは、自分の財産や実家の援助、あるいは手仕事で稼いだお金で生計を立てていたらしい。たとえばサウダは、自分の作った見事な皮製品で収入を得ていた。アブー・バクルが、ムハンマドはそのささやかな財産を施しに充てたいと考えていた、と主張していることからも、彼女たちはムハンマドから何も相続しなかったようだ。六四一年、アラブ人による征服が莫大な財源をもたらした結果、ウマル(第二代カリフ)は年金制度を開始し、信者の母たちをそのリストの筆頭において、彼女たちに高額を与えた。彼女たちの地位はすでに卓越したものであったが、国家から承認されたことで、さらに確固たるものとなった。ムハンマドからもっとも寵愛を受けた妻アーイシャは、国の最高の恩給を与えられた。ムハンマドの言行や性格について特別の知識を持っていると認められた彼女は、ムハンマドのスンナ、すなわち慣行について相談を受け、何が神聖な法や慣行であるかの決定を下した(45)。他の妻たちも相談を受けたり、伝承の拠りどころとして言及されているが、アーイシャほど傑出し、多くを残した者はいない。

ウマルの治世（六三四〜四四年）は、イスラームの主要な制度の多くが考案された時期とみなされている。ウマルは、姦淫に対する石打ちの刑をはじめ一連の宗教上、民事上、刑事上の法令を発布した。彼は女性に対して公私ともに苛酷だった。妻をすぐ怒鳴りつけ、身体的暴力をふるった。さらに、女性を家に閉じこめ、モスクの礼拝に出席するのを妨げようとした。この最後の試みはうまくいかなかったため、礼拝者を男女に分け、それぞれ別のイマーム〔礼拝を先導する者〕を任命したが、女性にも男性のイマームを選び、ここでも先例に背いた。というのもムハンマドが、ウンム・ワラカの家族——男女双方がいたことが確認されている——全体のイマームとして彼女を任命したことは、よく知られているからである（イブン・サアド、第八部三三五頁）(46)。さらに、ムハンマドの死後は、アーイシャとウンム・サラマが、他の女性たちのイマームを務めている（イブン・サアド、第八部三五五〜五六頁）。ムハンマドの慣行とは反対にウマルは、ムハンマドの妻たちが聖地巡礼の旅に出るのも禁止した（彼の治世の最後の年にこの制約は解かれた）。この禁止は、信者の母たちの不興をかったにちがいない。だが、これについて「歴史」は何も記録していない。モスクでの礼拝から女性たちを締め出そうとしたウマルの試みに対するムハンマドの寡婦たちの反発が記録されていないのと、まさに同じように（イブン・サアド、第八巻一五〇頁）(47)。このような問題に対する一貫した沈黙こそが、今、雄弁に物語っている。ハドラマウトにおける弾圧が物語っているように、イスラームの守護者たちが、彼らが生きている世界から女性の反逆そのものを根絶してしまうのと同じ非情さでもって、歴史の頁から女性の反逆を消し去ったことは、ほとんど疑う余地がない。彼らは紛れもなく、それを自らの責務と心得ていたのだろう。

第三代カリフ、ウスマーン（六四四〜五六年）は、ムハンマドの妻たちが聖地巡礼するのを許し、男女別々のイマームというウマルの決定を無効にした。再び男女一緒にモスクで礼拝ができるようになった。しかし、女性たちは今や女性だけ集まって、男性の背後で礼拝しなくてはならなかった（イブン・サアド、第五巻一七頁）。ウスマーンが女性の自由をいくらか回復したものの、それは逆の方向に情け容赦なく向かう潮流を短期間、くいとめたにすぎなかった。アーイシャは依然、政治的に現役として公的役割を果たしていたが、現実にはそれは、消滅しゆく秩序に属するものだった。ウスマーンが殺害されると、彼女はヴェールをつけ、メッカのモスクで公衆に対し弔辞を述べ、ウスマーンの死に対する復讐を宣言し、アリー・イブン・アビー・ターリブのカリフ位継承に反対する二つの勢力のうち一方を集めた。アリーのカリフ継承をめぐる論争は、イスラームをスンナ派とシーア派に分裂させることになった。この分派対立が頂点に達したのが、駱駝の戦いだった——ジャーヒリーヤ時代の祖先たちがしたように、アーイシャが駱駝に乗り、兵士たちを鼓舞し、戦闘を指揮したことから、この名がつけられた。アーイシャの重要性に気づいたアリーは、彼女の駱駝を倒し、彼女の軍を混乱に陥れた。勝利を得たアリーは第四代カリフ（六五六〜六一年）に就き、アーイシャに寛大さを示した。しかしながら、この論争を呼ぶ戦い——ムスリム同士が血を流した初めての戦い——でアーイシャが重要な役割を果たしたことで、彼女は多くの非難にさらされた。ムハンマドは妻たちに家にいるよう命じていた。これによってイスラームというこの新しい秩序の中で女性にとってふさわしい場所は家ということになった。アーイシャが戦いに出陣するということは、ムハンマドが課した隔離の原則を侵犯するものであるという、反対派が当初より主張していた非難は、彼女の失敗によってますます正当なものとして映るようになった。[48]

ここまで、イスラームの結婚が形成され、両性間の新たな関係が必要とする管理のメカニズムが彫琢される決定的な鍵となる時期を概観した。同時に、イスラームが興った社会で女性がいかに社会参加し自立していたかを、そしてイスラームが確立されるにつれ、いかに彼女たちの自由が減じていったかを見てきた。ジャーヒリーヤ時代の女性たちは、司祭、占い師、預言者であり、戦争に参加し、戦場で看護にあたった。彼女たちは臆することなくずけずけとものを言い、挑戦的な態度で男性を批判した。男性の好敵手に向けて風刺詩を詠んだ。どの程度、力があったかは定かではないが、メッカの聖なる神殿の鍵の保管者でもあった。反逆者、反乱の指導者として男性を率いた。自分の意志で結婚をしたり、結婚に終止符を打つ個人だった。イスラームがこれらの自由に課した制約に抗議し、イスラームが禁じるまで、自分たちの社会の男性たちと自由に交流していた。

女性の性や子供に対する権利を女性や彼女の部族の手から男性側に移し、男性のこの独占的な権利に基づいて結婚を新たに定義することで、イスラームは両性間の関係を新しい基盤の上に置いた。この新秩序は、男性には女性を管理し、女性が他の男性と交わることを禁止する権利があることを暗示している。このようにして、この後に続くことになる囲い込みに向けての土壌が準備された。女性は、彼女の性に対して権利を持っている男性以外の男性と接触する可能性がある社会活動から排除された。女性を物理的に隔離することが、じきに規範となった。そして、服従は女性の義務であるという考えを浸透させるような支配の内面的メカニズムが作られていった。換言すれば、女性が共同体の諸事に積極的に参加していた社会が消滅し、アラビア社会における女性の地位が、他の地中海地域の中東の姉妹たちにすでになされたようなやり方で制限されてゆく土壌が、こうして準備されたのだった。

ムハンマドが是認したり、また彼が実際に行った結婚には、一夫多妻婚や九、一〇歳の少女との結婚もあった。コーランには、男性に奴隷の女性（購入されたか、戦争で捕虜となった者）と性的関係を持つ権利や、自由に離婚する権利を認めると書いてある。その根本において、今や形づくられた結婚の概念は、ユダヤ教の結婚と類似し、またいくつかの点では、アラビアに隣接する地域の支配階級であるイラン人エリートが行っていたゾロアスター教の結婚とも類似していた(49)。イスラームによる征服がひとたび、これらの社会宗教的システムの混淆をもたらした結果、イスラームは簡単に他の社会の特徴に同化したとしても驚くにあたらない。

これまでのところ私は、最初の共同体における女性と結婚にまつわる慣習に焦点を当て、これらの慣習が根ざしている、幅広い倫理的な領域については言及を避けてきた。イスラームが確立されたのは、何よりもまずその倫理的教えを表明するためであったが、これらの教えを考慮に入れてしまうと、イスラームという宗教が女性とジェンダーをどう理解しているかが、ここでの説明が示唆するよりももっと曖昧になってしまうからである。イスラームの倫理的な考え方は、両性に関しても、頑固なまでに平等主義的であるがゆえに、最初のイスラーム社会で独断的に制度化された結婚の階層的な構造と緊張状態におかれており、おそらくはこのような階層構造を覆すものだと言うことさえできるかもしれない。

この独断的な見方および倫理的な見方のいずれも、イスラームの一部を形成しているが、両者のあいだの緊張は、コーランにさえ認められる。これら二つの見方のいずれもが、後に続く時代に作られた女性と結婚に関する公的な規定のいくつかに影響を与えたのだった。それゆえ、コーランの章句の中には、議論の余地なく男性を特権化する階層的な制度としての結婚を確立するような章句を制限したり、弱めたりするものもある。その例として、次のような章句がある。「元来、女は自分がなさねばならぬと同じだけのよい待遇を受ける権利がある」（第二章二二八節）。同様に、もし複数の妻を持つなら、男性に妻たちを平等に扱うように注意したり、——永久に不可能であることを含意するアラビア語の否定形を用いて——夫は複数の妻を平等に扱うことなどできはしないと宣言までしている一節等は、男性は複数の妻を持つべきではないという意味にも読める余地を残している。これと同じように、離婚を認める一節では、離婚は「神が忌み嫌うもの」として非難さえされている。女性が財産や収入を相続し、これを管理する権利を、男性の後見人に言及することなく肯定しているということは、女性の経済的自立（人格の自立性という点に関してももっとも重要な領域である）を認めているという点において、このこともまた包括的システムとしての男性による支配の制度を根本的に制限している。

実際的な支配という観点においてイスラームが、男性に女性を支配することを認め、性に関しては男性に寛大な権利を与えた階層的な結婚形態を制度化したことに疑問の余地はない。しかし、その一方で、イスラームの女性観が、あらゆる問題に対するイスラームの考え方と同じく、新しい倫理と精神の意味領域（イスラームという宗教は、まさにそれを主張するために誕生したのである）に根ざしており、これによって形づくられていることもまた、同じように疑い得ないのである。次章では、この結果として生じた曖昧性について論じ、コーランの倫理的意味を考えた場合に生じるジェンダーの問題に別の角度から光を当ててみたい。

第四章　過渡期

イスラームの倫理観は、固有の、平等主義的なジェンダー観を内包している。だが、イスラームによって制度化された結婚の構造には、男女間の階層的な関係が埋め込まれており、平等主義的なジェンダー観は、両性間のこの階層的関係と緊張状態におかれた。コーランにはこの平等主義が倫理的要素として一貫して述べられている。コーランを他の一神教的伝統を持つ、書かれたテクストと比較するとくに、その特筆すべき特徴として、女性がテクストの対象として公然と言及されている点が挙げられる。次の一節にはそれが現われているが、まさに発話の構造ときっぱりとした言明の中に、男女が道徳的、精神的に、まったく対等であることが表明されている。

すべてを神にお委せした男と女
信仰ぶかい男と女
言いつけを守る男と女
誠実な男に誠実な女
辛抱強い男に辛抱強い女

慎みぶかい男に慎みぶかい女
施しを好む男と施しを好む女
断食の務めを守る男と女
陰部を大切にする男と女
いつもいつもアッラーを心に念ずる男と女
こういう人たちにはアッラーは罪の赦しと大きな御褒美を用意してお置きになった

（第三三章三五節[1]）

一方の性が持つべき徳と倫理的特質、およびそれに付随する褒美は、もう一方の性が持つべき徳と倫理的特質とまったく同じものであり、このようにバランスを取りながら、この章句は、人間の道徳的な条件は性別にかかわらず絶対に同等であることと、精神的、道徳的義務はあらゆる個人に共通であり、同等に課せられていることを明言している。

これはさらに多くのことを意味する。喜捨、貞節、誠実、忍耐、敬虔など、ここで主張されているものをはじめとする倫理的特質にはまた、政治的、社会的な次元もあるからだ（徳の持つ社会的、政治的次元については、たとえばアリストテレスも十分認識していた。アリストテレスがジェンダーに基づいて徳の性質をどのように理解していたかは、コーランの倫理的な平等主義をさらに鮮かに際立たせる引き立て役《フォイル》であるかもしれない）[2]。男性と女性が同等であることを表明し、その労力の価値が対等であることを示唆するコーランの他の章句（汝らの中の働き者がなしとげたことをわしは決して無にしたりはしない。男も女も分けへだてはしない。もともとお互い同士じゃ。——第三章一九五節）も、同じものを強調している。

これに加えて、他でも指摘されていることだが、受胎には男女双方が寄与するという観点から、生物として人間が平等であることを示唆するくだりが、コーランとハディースの両方にある。たとえばハディースの一節は、男性と同じく女性にも、「精液」もしくは「体液」があることを示している（あるハディースによると「息子が母親に似ている」のはこのためである）。男性の精液は（男性の種を「浪費する」のを禁じたヘブライ的伝統における精液とは異なって）何ら特別なものでもなければ、受胎において、女性の体液よりも重要な関与をしているわけではないことを示しているハディースもある。あるハディースには、一人の兵士がムハンマドに、女性の戦争捕虜に対し膣外射精（男性の避妊方法）をするのは許されるかどうか訊ねたとある。ムハンマドは許されると答えた。もし神が何かを創造したいと思ったなら、何者たりともそれを妨げることなどできないから、というのがその理由だった。受胎に対するこの見解は、堕胎に関する神学的立場にとっても重要である（これについては後述する）。ムスリムの哲学者は、アリストテレスの受胎理論を踏襲し、男性の分泌液のほうが女性の分泌液より優れており、女性の分泌液が単に肉体を造るだけなのに対して男性のそれは魂の創造にあずかっているとしたが、上述のような見解からムスリムの神学者は、こうした主張に対立することになった。[3]

このようにイスラームの内部には、二つの際立って異なった意見と、二つの対立し合うジェンダー理解があることになる。一方は（前章で論じた）社会の実際的な規制という形で表され、もう一方は倫理観の表明として現われている。たとえイスラームが、性的な階層制度として結婚を制度化したにしても、イスラームはその倫理観——為政者や立法者の耳には実際には届かなかった見方だが——においては、人間の精神的、倫理的な次元の重要性と、あらゆる個人の平等性を一貫して強調した。前者の声は、政治的、法的思想の体系に広範かつ精巧に組み込まれ、厳密な法解釈に基づくイスラーム理解を構成している。後者の声は、イスラームの政治的、法的な伝統遺産にはほとんど痕跡を残さなかったが、この声こそ、厳密な法解釈に基づくイスラームの遺産について詳しいことなど本質的には何も知らない、普通の敬虔なムスリムたちが同意しているものなのである。イスラームには性差別が存在しないなどと、なぜ、ムスリム女性自身が主張するのか、非ムスリムにとってはしばしば不可解にも思われることだが、イスラームに内在する、この倫理的な平等主義を考えれば、納得がいく。彼女たちが、公正で合法的なものとして聖典から聞きとり、読みとっているのは、男性中心主義の正統イスラームの作り手や主張者が理解しているのとは違うメッセージなのである。

そのどちらの声に耳を傾けるべきか、また、ムハンマドがどのような信仰、どのような社会を作り上げようとしたのかについての論争は、彼の死後ほどなく始まり、歴史を通じて議論されてきた。それは当初より激論を伴い、とくに大征服時代を経てアッバース朝（七五〇～一二五八年）末期まで熾烈に展開された。倫理的、精神的なメッセージこそイスラームの根源的なメッセージであることを強調した者が、最初期からすでに存在した。ムハンマドが施行した規則は、たとえそれが彼自身の慣行であったとしても、ある歴史的瞬間にある特定の社会にのみ関連する、イスラームの一時的な局面に過ぎない。したがってそれらは、ムスリム共同体にとって規範的であるとか、永久的な拘束力を持つとは意図されていなかったと彼らは主張する。程度の差こそあれ、この立場を取ったのがスーフィー〔イスラームの律法主義、形式主義への批判から宗教的により敬虔な生活を送ろうとした人々、イスラーム神秘主義思想の担い手となった〕、ハワーリジュ派〔ハーリジー派ともいう。イスラームにおける最初の政治宗教的党派。コーランの規定をそのまま政治に反映することでイスラーム国家の再生を主張した〕、そしてカルマト派〔九世紀後半に誕生した、過激シーア派であるイスマーイール派の一分派〕だった。以下で論じるように、彼らの女性観や女性にまつわる規則や慣行は、体制派イスラームが肯定したものとは、多くの重要な点で違っていた。彼らのすべてに暗黙の了解としてあったのが、最初のムスリム社会に適用できたからといって、それらの法律が必ずしも後世の社会に適用できるとは限らないし、拘束するものでもないという考えである。たとえばハワーリジュ派やカルマト派は内縁関係や九歳の少女との結婚（正統派はこれらを是認していた）を認めず、カルマト派はまた、一夫多妻制やヴェールの着用も禁止した。スーフィズムの思想はさらに、体制派イスラームにおけるジェンダー観のあり方に、暗黙のうちに異議を唱えた。女性が精神的な使命を自らの人生の中心に据えることをスーフィズムが許したという事実に、そのことは示されている。それは取りも直さず、精神的使命が生物的使命に優先するという主張であり、スーフィーとは対照的に、正統イスラームの法的、社会的思想では、妻であり母であることこそ女性の最優先義務とされているからだ。

しかし、歴史の全体を通じて権力を握っていたのは、イスラームの倫理的、精神的な次元を強調した者たちではなかった。とくにアッバース朝の政治的、宗教的、法的権威たちが耳を傾けたのは、イスラームを男性中心主義的に解釈する声だった。彼らのイスラーム解釈は、やがて、すべてのムスリム社会で男性中心主義の法や考え方を制度化するものとなり、こうした解釈や法的遺産がその後のイスラームを規定することになった。

以下ではまず、次のことを論じたい。最初のムスリム社会でムハンマドはさまざまな慣行を是認していくが、当時のムスリム社会は、後のアッバース朝社会と較べると、女性に対してははるかに肯定的な態度をとっていた。ムハンマドはまさにそのような環境の中で慣行を認めたのであり、このことが結果的に、イスラーム的慣行が男性中心主義に傾くのを抑制した。男性中心主義の傾向は、イスラームという宗教が精神の平等を強調することでさらに抑制された。第二に論じたいのは、結婚に関する男性中心主義の見解があらゆる時代に対して拘束力を有するものとして意図されているのだ、という決定自体が、実は解釈されたものだという点である。このような決定は、イスラームのメッセージをテクストとして体系化し、解釈した当時の権力者の利益や展望の反映である。最後に論じるのは、このようなテクストの体系がどのような社会状況のもとで創られたか、についてである。当時の社会状況は、女性にとって、アラビアよりはるかに否定的なものであったために、精神の平等を唱えるイスラームの声はますます聞き取りにくいものであっただろう。アッバース朝の支配階級の慣行や生活上の取り決めがどのようなものであったかは、「女性」、「奴隷」、「性的対象」という言葉が次第に接近し、隠然とあるいはしばしば公然と、区別なく使用されるようになったということに示されている。そのような慣行や、それらの慣行が生み出した発想は、支配的なイデオロギーを特徴づけ、この時期、イスラームの声をいかに聞き取り、いかに解釈し、それらの考えを法においていかに表現するかといったことまでも左右したのだった。

ムハンマドの死後一〇年とたたないうちに、アラブ人はアラビアをはるかに越えた土地に、そしてアラビアとは根本から異なる社会にイスラームをもたらした。それは、すでに書記法と法律の伝統を高度に発達させ、社会的慣行を確立していた都市社会だった。これらの社会では、女性はより多くの制約を課せられ、女性嫌悪も甚だしかった。少なくともこれら社会の女性嫌悪がどのようなものであり、法や慣習によって女性をどのように規制していたかは、行政および明文化された法規定の中に十二分に表れている。女性をめぐる根本的な前提が、イスラームが勃興した当時のアラビア地方と、その他の中東地域では異なっている。コーランの中には、女性に向かって呼びかけている章句や、男女が精神的に平等であることを紛れもなく宣言している章句があるが、アッバース朝最高の神学者であるアル゠ガザーリー（一一一一年没）が、それとは実に対照的な記述をしていることからも、それがうかがえる。アル゠ガザーリーは、宗教的に優れた女性たちについて記しているが、その書き出しは、男性と想定した読者に対する次のような助言で始まっている。「神の道において奮闘する女性のことを考え、次のようにとなえよ。『おお、わが魂よ。女性より低くあることに満足してはならない。なぜなら、男性が宗教上の事柄や現世の事柄において、女性に劣るなどは卑しむべきことだから』[4]」。すなわち（物質的な領域と同じく）精神的な領域でも、もっとも凡庸な男性であろうと、もっとも才能があり、洞察力に恵まれた女性を凌駕するべきであるということだ。

女性に対するアル゠ガザーリーの心情が、コーランに現われる女性観よりもはるかに、テルトゥリアヌスやアウグスティヌス（第二章参照）に近かったことは注目に値する。中東の地中海地域の諸都市で表されたこのような女性観が、ビザンチン帝国やササン朝の一部を含む諸領土にまたがる一つの文化的な連続体の一部を形成していたようである。征服を通してイスラームはイラン・イラク地方を継承したのみならず――アル゠ガザーリーは同地方の生まれである――、アウグスティヌスやオリゲネスを育んだ地中海地域をも継承することになった。ムスリムの主要制度、法体系、書物が、次の数世紀にわたって形づくられることになったのは、これらの社会においてであった。

すでに見てきたように、ジャーヒリーヤ時代の女性たちは積極的に社会参加し、それは、初期のムスリム社会に習慣として必然的に引き継がれた。彼女たちこそ、改宗や征服によって、最初のムスリムになった人々である。ムハンマドの治世の晩年まで、そしておそらくは、ムハンマドの妻たち以外の女性に関してはさらに後の時代まで、女性は男性と自由に交流していた。ムハンマドの晩年でさえ、女性たちは、ムハンマドの妻たちを除いては、ヴェールを着けてはいなかった。こうした社会的慣行があったにもかかわらず、コーランで表明されている意見や一般的な推奨が、コーランが移植された社会では、アラビア地方で解釈されていたのとはまったく違う意味に解釈されることになった。さらに、アラブ人の社会的慣行それ自体が、アラブ人が被征服民の様式を受け入れて、新しい環境に同化していくにつれて、変化していったのだった。

以下では、女性に影響を与えた社会的習慣の変化を概観していく。最初に、イスラームがイラクにどのように伝播し、過渡期の社会的慣行がどのように変化したかに注目する。次に、その結果生じたイラクのムスリム社会、中でも支配階級の社会的習慣に焦点を当てる。イラクは七五〇年のアッバース朝成立に続き、その後およそ四世紀にわたって、多数派であるスンナ派ムスリム帝国の中心である。この時代に形成された思想や制度は、ムスリムの歴史に決定的な影響を与えたが、イラクはそれらの思想と制度の発展において、中心的な役割を果たした（エジプトやシリアなど他の地域もまた当然のことながら、女性の役割をめぐる主要な理解に大きくあずかっているが、今後の研究が待たれる分野である）。

ここで私が目的としているのは、この時代のジェンダー・イデオロギー、女性についての前提、当時表明されたイスラームのテクストと解釈を暗黙のうちに特徴づけている両性間の関係がどのようなものであったかを確認することである。それゆえ、とくにアッバース朝都市社会の支配者層の社会的習慣に焦点を当てるが、それは、彼らの習慣が当時のジェンダー・イデオロギーに決定的な影響を与えたものだからである。強調しておきたいことは、私の研究の眼目は、このイデオロギーと、そのイデオロギーの基盤となったアッバース朝の支配社会における両性間の相互作用がいかなるものであったかを知ることであって、アッバース朝社会の女性が、社会的現実としてどのような生活をしていたかを研究し、再構築することではない。女性の経験や経済活動は当然ながら、階級によっても、また都市部と地方部によっても異なっていた。その歴史を掘り起こし、一つに繫ぎ合わせる作業は、目下の仕事とは異なるものであり、いまだ手つかずの分野である。

社会的習慣、女性に対する態度がどのようなものであり、それらがどのように変化していったかを明確にし、再構成するにしても、また、女性の社会史を掘り起こして、それを繫ぎ合わせるにしても、歴史の伝統的な資料がただちに証拠を提供してくれるわけではない。それは、主流の中東研究の歴史では、女性の姿が見えない、あるいは単に表面的な存在に過ぎないせいだが、このことは同時に、歴史的伝統といったものがいかに男性中心主義かを示してもいる。たしかに存在するはずの女性の姿が見えないことと、分析的カテゴリーとして存在しているはずのジェンダーの概念が見えないことは、単に、歴史の変遷が女性にとってどのような意味をもったかということがいまだ研究されずにきた、ということだけでなく、思想や社会組織などあらゆる分野を支配する文化や社会が、いかに特定のジェンダー観によって形づくられてきたか、ということもまた研究されていないことを意味している。

社会的習慣や態度の変化を再構成するために、主にハディースに収められている物語やイブン・サアドの『キターブ・アル＝タバカート』のような初期の宗教的伝記集や、後世のさまざまな文献を参照した。加えてアッバース朝の、主にエリート女性何人かの人生に関するナビア・アボットの詳細な研究を利用した。これらの資料によって、アラブの女性たちが積極的に社会参加していたのが、次第に制限され、彼女らの権利の剝奪が進行し、女性にとって有害な慣行や女性の地位を格下げするような態度が同時にひろがってきたことを跡づけることができる。その中でもかなり直接的な証拠が残っている分野が、戦争、宗教、結婚である。

戦争

戦争は、イスラーム以前および初期イスラーム時代のアラビアで女性が全面的に参加した活動の一つであった。女性は戦場で、主に負傷者の看護をし、また歌や詩で男性を励ますことも多かった。数多くの女性が詩で名を馳せた。戦士に戦闘を鼓舞したり、死や敗北を嘆いたり、勝利を祝う詩だった。中には実戦に加わる女性もいた。ムハンマドが存命した頃のムスリムの戦闘では、いずれの陣営の女性たちもこれら三つの役割を果たした。ムハンマドの妻たちでさえそうだった（第三章参照）。ウフドの戦いでのヒンド・ビント・ウトバの振る舞いは、ムハンマドの教友ウマル・イブン・アル＝ハッタープを激怒させた。ウマルは仲間のムスリムに次のように述べたと伝えられている。「ヒンドが岩の上に立って我々に対してラジャズ〔アラブ詩の韻律の一つ〕詩を詠みながら、何と言ったか聞いてほしかった。彼女の傲慢さをその目で見てほしかった」。ウマルは、ヒンドの詩の一部を朗唱し、彼女を中傷した。

下劣な女性は傲慢だ。そういう女は決まってさもしいものだ。なぜなら、傲慢さと不信心を混ぜ合わせてしまったからだ。
ヒンドを呪いたまえ。数多くのヒンドたちの中でもひときわ目立っている、巨大なクリトリスを持ったあの女を。そしてあの女とともに、その夫も呪いたまえ。(5)

ウンム・ウマーラもまたこの戦闘に加わり、夫や息子たちと共にムスリム側に立って戦った。彼女は勇敢で、武器の使い方も巧みだったので、ムハンマドは彼女が多くの男性もかなわぬほど立派に振る舞ったと讃えた。ウンム・ウマーラはムハンマドの存命中も、またムハンマドが亡くなった後も、ウクラバの戦い（六三四年）で片手を失うまで、ムスリムの戦闘で戦い続けた。しかし、そのような女性は彼女だけではなかった。ムハンマドの死後、ムスリムの戦闘の歴史で活躍した、素晴らしい女性戦士たちが他にもいる。たとえばウンム・ハキームはマルジュ・アル＝サッファールの戦いで七人ものビザンチン兵士たちを独りで片づけた。また、戦闘に参加する女性のグループや時には女性の大隊まであった。ペルシャ湾のある港へ遠征するアラブ軍に関する記述の一つには、アズダ・ビント・アル＝ハリース率いる女性たちが、「ヴェールを旗にかえ、戦地まで軍隊のように整然と行進し、意気盛んな援軍と間違えられて、まさに決定的な瞬間に勝利に貢献した」といううくだりがある。ヤルムークの戦い（六三七年）でも、ムスリム女性たちの一団が果敢に戦ったと伝えられている。ウフドの戦いではメッカ側について、ムスリムと剣を交えたヒンド・ビント・ウトバも今やムスリムとなり、息子はシリアの地方長官になっていた。ヤルムークの戦いには、ヒンドは娘のフワイラとともに加わり、活躍した。娘はこの戦闘で負傷した。戦闘におけるヒンドは傑出していた。「割礼を受けていない者（非ムスリムの意。ムスリム男性は割礼を受けることになっている）をあなた方の剣で斬り捨てよ」と叫んで、ムスリムたちを駆り立てた。有名な詩人のアル＝ハンサーも言葉を武器に、カーディスィーヤの戦い（六三六年）に加わった女性のひとりだった。[6]

イスラームの初期の頃は、女性がごく普通のこととして戦闘に参加していたのは明らかで、たとえばイスラームの一派であるハワーリジュ派は男性、女性の双方に戦闘参加の役割を公式に定め、礼拝、断食、巡礼、喜捨と並んで宗教上の義務としてジハード（聖戦）を制度化したほどだ。[7] シーア派の運動と同じくハワーリジュ派の運動は、ムハンマドの死後ほどなく、ムスリム共同体でもちあがった政治指導者をめぐる論争に端を発している（六五七年）。

初期イスラームにおけるシーア派その他の反対運動がそうであるように、政治指導者をめぐる異議には、イスラームの意味やその適切な解釈をめぐっての異議や、イスラームによってどのような社会を築くのか、といった問題に対する異議が含まれていた。他の反対勢力にとってもそうであったように、ハワーリジュ派と政治的に優勢な「正統派」ムスリムの相違は、宗教および政治の指導をめぐるものであったが、宗教とは、当時の政治的イディオムであり、政治権力や社会正義、私的な道徳観といったもののすべてが、宗教という言葉によって論じられたのだった。したがって、ハワーリジュ派その他の反対運動が正統派と対立したが、その対立は、社会のあり方と適切な体制をめぐる包括的なものであり、単に私たちが今日、宗教的な問題と呼ぶようなものではなかった。女性にとって明らかに社会的意味を持つ「宗教上」の意見の対立について一例をあげると、ムハンマドには愛妾がいて、またアーイシャとは彼女が九歳のとき結婚したのであるが、ハワーリジュ派は愛妾を持つことも九歳の少女と結婚することも認めなかった。神は預言者に対し、他の男性には認めていない特権を認めたのだとハワーリジュ派は主張した。[8] 正統派ムスリムはこれとは対照的に、愛妾を持つことも九歳の少女との結婚も容認し、ムハンマドの慣行がすべてのムスリム男性にとっての前例をうちたてたのだと主張する。これは、熱心にイスラームを信仰するムスリムたちが、ムハンマドの言動やコーランの意味について、人によっていかに異なった読みをしているかという例である。これらの例は、単に同じ行為や同じテクストのどこを強調し、どう解釈するかといった問題が、実際には女性にとって根本的に異なった複数のイスラームを生み出していることを如実に示している。

女性戦士に関するハワーリジュ派の主張によれば、彼女たちはムハンマドの軍事遠征に伴って、彼の戦闘で戦ったのであるから、法に適っており、宗教的に必要とされることをしたことになる。事実、ハワーリジュ派の女性の多くが戦闘での勇壮さで名声を博している。たとえばガザーラという名の女性は決闘でアル゠ハッジャージュを打ち負かした。女性がジハード（聖戦）に加わることに反対した正統派は、ハワーリジュ派との戦闘で捕虜にした女性を殺し、裸にしてさらした。これは、最初のムスリム共同体が戦場の女性に対してとった態度とはかけ離れた振る舞いである。正統派のこの戦略は功を奏し、ハワーリジュ派の女性たちは戦争という舞台から身を引くことになった。初期のハワーリジュ派は純粋なアラブ人で、マウラー（アラブ人部族の指導者に「子分」としてついた被征服民の改宗ムスリム）や、マウラーと混血したアラブ人とは違っていた。非アラブ人を征服した後、急速に彼らに同化していった正統派ムスリムとは異なり、ハワーリジュ派が女性の戦闘参加というアラブの伝統をより長くとどめていたのはそのためであろう(9)。

宗教

大まかに言えば、初期ムスリム社会の女性に関する証拠からすると、女性は共同体の大切な諸活動に女性として参加しており、またそうすることが期待されてもいた。それらの活動として、戦争の他に宗教もあった。最初のムスリム共同体の女性たちはモスクに参拝し、祝祭日の礼拝にも参列し、ムハンマドの説教に聞き入った。彼女たちは受け身の、従順な信徒ではなく、他の事柄においてそうであったように、信仰という領域でも積極的に対話をした。したがって、ハディースの語りの中にも、行動し、発言する女性たちが登場する。彼女たちは、自分たちにも宗教の思想と実践に参加する権利があると思っていた。そして、いかなる話題であれ、それがたとえコーランであろうと、歯に衣着せず自分の意見を述べる資格があり、自分たちの意見にも耳を傾けてもらえると心底、信じていた。ハディースはまた、同じように重要なことを示している。それは、ムハンマドが男性と同じく女性にも自分の意見を述べる権利を認めており、女性が意見を述べると、即座にこれに応えているということである。たとえば、女性信徒たちも男性と一緒にコーランを学んでいたが、彼女たちがあるとき、ムハンマドに次のように訴えたという記録がある。男性たちの学習が自分たちより進んでいるので、彼女たちはムハンマドに、自分たちのために特別な時間をもうけて、指導してほしいと願い出たのだった。ムハンマドは実際に彼女たちの願いどおりにした。[10] ムハンマドはおそらく、礼拝のときだけでなく女性が家事をしているときに、男性を指導していたのだろう。

コーランについて女性がムハンマドに訊ねた質問の中でももっとも重要な問いは、男性と同じように女性もまた、神とその預言者を受け入れたのに、なぜコーランは信徒に語りかけるとき、男性にしか言及しないのか、というものだ。[11] その問いが契機となり、男性だけでなく女性に対してもはっきりと語りかけるコーランの啓示（第三三章三五節、前述）が下された。この対応から、ムハンマドおよび神が女性の声にも耳を傾けていたことがよく分かる。これ以後、コーランは再三にわたり、はっきりと女性に向けて語りかけるようになる。

女性が表明する意見や考えにムハンマドが耳を傾け、尊重していたことは、彼の態度から明らかである。ムハンマドのこのような習慣が、社会を形成するより広範な態度の反映であったことは疑いない。精神的、社会的意味を担う事柄においても女性の言葉を尊重することは、ムハンマドの死後も何年かにわたりムスリム共同体の一つの特徴であり続けた。そのことは、女性がハディースに参加するのが認められたことからも分かる。彼女たちの語りが保持されたのは、単に聖なる記憶を集めて、それを守りたいという衝動の表れとしてだけではなかった。むしろ、それらは当初より、社会的行動を規制するものとして保持されたのだった。指導者を亡くしたばかりの共同体にとってハディースは、ムハンマドが明示的な規則を残さなかった状況においてはどのような行動が許され、どのような行動が許されないかを追求する手段だった。預言者の言行に関して女性も証言することが認められた。ハディースの証言は、社会の習慣や法律の慣例となり、それらを規定するものとして意図されていたのであり、ハディースにおける女性の関与は、このような重大な事柄に対する女性の権威を認めることに等しかった。確かにハディースは、その後のムスリム社会において、法が導き出される法源としてコーランに次いで中心的な役割を担ったのだった。

ハディースの中で第一伝承者として言及されている女性はムハンマドの寡婦以外にもいるが、ハディース集に最大の貢献を果たした女性たちといえば、やはり、これらムハンマドの寡婦たちであった。その中でもとくにアーイシャは、重要な伝承者であった。彼女に次いで重要な伝承者にウンム・サラマとゼイナブがいるが、アーイシャにははるかに及ばなかった。あらゆる者が、アーイシャがムハンマドととくに緊密であったと認めている。ムハンマドが亡くなるとすぐに共同体は、ムハンマドの慣行についてアーイシャに訊ね始め、彼女の説明は慣行の核心や法の核心を定めるのに役立った。たとえばムハンマドの寡婦で、ユダヤ教から改宗したサフィーヤが、財産の三分の一をユダヤ教徒の甥に残すと遺言して六七〇年頃亡くなったとき、甥の遺産相続の有効性が議論された。相談を受けたアーイシャはただちに、遺言が尊重されるべきであると答えた。さらに重要なことがある。アーイシャは、ムハンマドがどのように礼拝し、どのようにコーランの章句を読んだかについて証言したが、彼女のその証言が、礼拝の仕方やコーランの正しい読み方の核心を定めるのに役立った。自身、傑出した伝承者であったアーイシャは、ハディースを初期の一流のムスリム伝承者の何人かに伝えた。約二二一〇ものハディースが彼女を第一伝承者としている。ハディースを厳格な基準で収集したことで知られるアル＝ブハーリーとムスリムのハディース集にも、アーイシャを第一伝承者とする三〇〇のハディースが収められている[12]。

アーイシャその他の女性たちがハディースに大きく貢献したが、それにも増して重要なことは、ムハンマドの同時代人やその子や孫たちがこれらの女性を探しだし、彼女たちの証言を男性の証言とともに、そして男性の証言と対等なものとしてハディースに取り入れた、という事実である。この事実は、特筆すべきものである。いったい現存する世界の主要宗教のうち、その中心となるテクストに女性の発言を取り入れたり、聖典の中の決定的に重要な単語の一つにでも、その正しい読みについて女性の証言を認めたものがいくつあるだろうか。これらの証言をした女性は主にムハンマドの妻たちであり、それも単に彼と夫婦であったから認められたわけだが、だからといって、この事実の重要性が矮小化されるべきではない。アッバース朝をはじめとしてムスリムの歴史の多くの時代において、女性はあまりにも軽視されていた。たとえ偉大な男性の親族であったところで、彼女たちの言葉は注目に値するものとはならなかったろう。アル゠ガザーリーや、神学者や法学者の彼の同胞は、コーランの章句の正しい読み方やその他の重要な問題に関して、女性の意見を取り上げているが、もし、それまでの時代に、女性の証言が権威あるものと考えられていなかったならば、男性の権威を主張する彼らは、女性の証言がたとえどんなに確実な根拠を持つものであったとしても、決して取り上げたりはしなかっただろう。同様に、女性の証言は二人で男性一人の証言に相当するという規則が近年、パキスタンで導入されたが、もし、そのような法律が仮に初期イスラームの時代に存在していたならば、ムハンマドの女性親族の回想など、他の誰かの言葉で裏づけられないかぎり、採用することはできなかったことになる。幸いにも、最初のムスリム社会の男女の態度のおかげで、女性の証言も公認されたテクストの一部となることができた。その結果、女性嫌悪がもっとも甚だしかった時期においてさえ、女性はある程度まで思想と教育の世界に参加することができたのだった。女性の伝承者は、大抵の場合、父親から教育を受けたが、アッバース朝を含むすべての時代のムスリム社会に存在したのである。(13)

この他にも、共同体がムハンマドの寡婦たちを高く評価し、彼女たちの意見を尊重していたことを証明する多くの事例がある。寡婦たちは国家の最高額の恩給を得て、かつてムハンマドと生活を共にし、今やイスラームにおけるもっとも神聖な場所の一つとなったモスクの、各自の部屋に住み、共同生活を営んでいた。威信や権威を要求する者もいた。彼女たちは皆、自立した女性であり、とりわけ、いかなる男性の権威のもとにも生きてはいなかった（正統派イスラームはやがて、女性に対して、男性の権威の下で生きることを要求することになるのだが）。かくして、イスラームが固まり、拡張するこの時期、自立した独身の女性の共同体は（ムハンマドは自分の寡婦との結婚を誰にも許さなかった）、イスラームの物質的、精神的中核において際立った位置を占めていた。正統派イスラームは独身であることに眉を顰め、女性はいついかなるときも男性の権威の下で生きることを要求するようになるが、その同じ宗教の初期の歴史を、このような形態が特徴づけているのはなんとも皮肉なことである。

アーイシャとハフサはそれぞれアブー・バクルとウマルという初代および第二代のカリフの娘として、さらなる威信と影響力を享受した。アブー・バクルもウマルも共に死ぬ前に、息子にではなく彼女たちに重要な責任を委ねた。アブー・バクルは死の病に臥しているとき、アーイシャに、公債と財産を処分し、息子たちや娘たちに財産を分け与える責任を与えた。ウマルはかつてアブー・バクルが所有していたコーランの最初の写しを持っていたが、死に際して、これをハフサの手に委ねた(14)。

ムハンマドの寡婦たちの意見を尊重したのは、男性の親族に限ったことではなかった。政治的な問題には、ムハンマドの存命中、ムスリム女性は参与しなかったが、共同体全体が、こうした分野でも寡婦たちの意見や援助を求めた。たとえばウマルの後を継いでカリフとなったウスマーンは、縁故人事で非難を浴びると、「預言者の妻たちとあなた方評議会の方々が同意した人物」以外は、いかなる長官にも任命しないと約束した。それでもウスマーンの批判者たちがまだおさまらなかったので、彼はアーイシャをはじめとするムハンマドの寡婦たちに助けを求めた。このとき、とりわけサフィーヤが彼に協力した[15]。

アーイシャは自ら政治の世界に乗り込んで、メッカをはじめ方々のモスクで説教し、アリーのカリフ位継承に反対する者を集めるのに際立った、おそらくは中心的な役割を果たした（第三章参照）。彼女の挑戦はそれ自体、共同体が女性にも指導者としての能力があると認めていたことを示しており、そして実際に女性が指導者となったという点で重要である。アーイシャは、女性の居場所は家庭の中にあるというムハンマドの訓戒に背いたのかどうか、政治の世界に挑んでいく際、アーイシャは適切な手順をふんだのかどうか。アーイシャの行動に議論が百出したことが重要とされるのも、同じ理由からだ。多くの者が彼女を非難した。彼女がもし勝利を収めていたら、批判者の数はもう少し減っていたかもしれないが。一方、彼女を擁護する者もいた。ザイド・イブン・スーハーンがモスクの外で演説し、「彼女は家にいるように命じられ、私たちが戦うよう命じられたのに（中略）ところが今や彼女が、私たちに与えられたはずの命令を実行するため駱駝に乗って出掛けている。彼女自身が命じられたはずのことを私たちに命じて」と語ったところ、シャブス・イブン・リブイーがそれに答えて次のように言った。「お前が盗みを働いたなら、アッラーがその手を斬り落とすだろう。お前が信者の母に背くなら、アッラーがお前を叩き殺して下さるだろう。アーイシャは至高なるアッラーがお命じになったこと、すなわち人々のあいだの物事を正しく治めるということ以外は何も命じてはいない[16]」。男たちがアーイシャに率いられ戦闘に赴いたことや、イブン・リブイーのように考えていた者もいたということから、この社会とアッバース朝社会がいかに対照的であるかがよく分かる。アッバース朝社会では、女性が実際にモスクで説教したり、戦争で指揮をとったりするのを認めるなどそもそも論外であったばかりか、女性の社会参加について議論するということ自体、思いもよらぬことであった。

結婚

最初のムスリム共同体が、アッバース朝社会に移行するあいだに、女性と結婚に対する態度は大きく変わった。その中には、寡婦や離婚女性など処女でない女性との結婚を容認するかどうかといった問題――これは、アッバース朝の文献によれば、おそらく恥ずべき縁組と考えられていた――から、結婚に女性が合法的に何を期待できるかといった問題に至るまで、ありとあらゆる事柄が含まれている。戦争や宗教的な問題における女性の参加と同じように、ここでも女性の参加は狭められ、縮小されていった。

最初のムスリム社会では、離婚したり寡婦となった女性も大勢再婚しており、再婚は何ら不名誉なことではなかったことを示す証拠が、十分すぎるほど残っている。ウンム・クルスームやアーティカ・ビント・ザイド（六七二年没）の人生はその好例である。ウンム・クルスームは独身時代に、イスラームに改宗し、ムスリムたちに加わってメッカからメディナに移住した。彼女の兄弟が彼女を追ってメディナへやってきて、ムハンマドに彼女を引き渡すよう要求した。彼女はムハンマドに留まりたいと訴えると、女性を異教徒の元に戻すのは法に背くという啓示が下った。ウンム・クルスームはやがて、ムハンマドの養子ザイドと結婚することになる。六二九年にザイドが戦闘で亡くなると、彼女は別のムスリム、ズバイル・イブン・アル＝アウワームと再婚する。ズバイルは彼女を虐待した。彼が離婚を承知しなかったので、彼女は夫を罠にかけ、まんまと離婚成立に必要な文言を言わせてしまった。彼女が子供を生むと、ズバイルは、騙されて離婚してしまったとムハンマドに訴えたが、ムハンマドは取り合わなかった。ウンム・クルスームはそのとき、アブドゥル＝ラフマーンと結婚しており、六五二年に夫が亡くなると、今度はエジプトを征服したアムル・イブン・アル＝アースと結婚した。彼女は最初の三人の夫とのあいだに子供をもうけており、アムルと結婚したときは四〇代、もしくはそれ以上だった。[17]

才色兼備、とくに詩才で有名なアーティカ・ビント・ザイドもまた、四人の男性と結婚した。最初の夫はアブー・バクルの息子で、彼女が再婚しないという条件で、かなりの遺産を彼女に残して亡くなった。多くの求婚者をしりぞけていた彼女がとうとう結婚したのが、ウマル・イブン・アル＝ハッタープだったが、彼は六四二年に殺されてしまった。その次に、ズバイル・イブン・アル＝アウワームと、彼女を殴ったり、モスクへ礼拝に行くのを邪魔したりしないという条件で結婚した。その彼も六五六年の戦いで死んでしまった。カリフであったアリーの息子フサインとアーティカが四度目の結婚をしたのは、彼女が四五歳ぐらいのときだった[18]。

これらの二人の女性についての情報から、処女でない女性との結婚は何ら不名誉なものでないことが分かるだけでなく、年齢も結婚の前歴も、女性が社会的に特権的な縁組をする妨げにはならないということもよく分かる。ムハンマドの妻たちの中でハディージャは、彼より一五歳も年上で、結婚の前歴を持たなかったのはアーイシャだけだったことがここで思い出されよう。

ウンム・クルスームがイスラームに改宗しメッカへ移住したことからも、すでに指摘した点、すなわちアラビアの女性が確かに自分の意志で決断し行動していたことが分かる。彼女は独身であったが、家族の反対に逆らって、敵の野営地に逃亡した。アーティカはズバイルとの結婚にあたり条件をつけ、ウンム・クルスームはズバイルをそそのかして離婚させた。そしてズバイルの訴えにもかかわらず、ムハンマドは彼女を前夫のもとに戻そうとはしなかった。ムハンマドが導入したイスラームの結婚形態は、女性により厳格な規制を課すものであったが、にもかかわらず、ある程度の柔軟さを残していたことがこれらの事例からもうかがわれる。女性にも、結婚を承諾する条件を交渉する余地があった。このような柔軟さがなぜ残っていたか、その理由の一つとして、規制のより少なかったジャーヒリーヤ時代の社会的習慣がいまだに強い力を持っていたことが挙げられよう。また最初のムスリム共同体の体質がいまだ官僚化していなかったことにもよるだろう。ムスリム社会は、イスラームが中東の都市社会へ移行してゆくに伴って、緻密な法的、行政的体系を獲得することで、これによって足枷をはめられ、自由を奪われることになるが、このときはまだ、そうした官僚的体質とは無縁であった。

今まさに生じつつあった社会の変容の背景で、ジャーヒリーヤ時代の習慣と期待がしばらくは存続していた。たとえば頻繁な再婚や、少なくともエリート女性のあいだでは、結婚に際し自分から条件を付けることができるという期待が、過渡期においても存続していた。貴族階級に属する二人の女性、ムハンマドの妻アーイシャの姪で同名のアーイシャ・ビント・タルハ（七二八年没）とムハンマドの曾孫にあたるスカイナ・ビント・アル＝フサイン（七三五年没）の人生がその好例である。いずれもその美貌、機知、文才によって名を馳せ、アーイシャはまた、歴史、系図学、天文学における博識でも有名だった。それらの知識は、彼女によれば、有名な叔母のアーイシャから授かったものだった。アーイシャは三回、スカイナは四回ないし六回結婚した。さらに文献によればスカイナは、何回目かの結婚では、自ら離婚の主導権を握り、また別の結婚では結婚契約の際、途方もない、ほとんど衝動的とも言える条件を主張した。彼女の夫は、彼女の他に妻をめとらず、彼女が自分勝手に振る舞うのを邪魔せず、友人のウンム・マンズールの家の近くに彼女を住まわせ、彼女の望みとあらばいかなるものであっても決して反対しないことに同意したと伝えられている[19]（第二巻九〇一頁、六〇二〜二二三頁）。たとえ彼女が出したこれらの条件が、いかに常軌を逸したものであったとしても、条件を詳述した結婚契約書を持つこと自体は、少なくとも上流階級のあいだでは別段、異例のことではなかっただろう。

それから二、三〇年後、上流階級の女性たちは依然として、ある程度の自律性をもち、結婚においてある程度の相互性を認めるような条件を明文化することはできたが、その一方で、強硬な反対が激しさを増していくのにも直面しなければならなかった。ウンム・サラマとウンム・ムーサーがそれを経験することになる。ウンム・サラマはアラブ人貴族の出身で二度の結婚歴があった。ある日、アッバースという名のハンサムな青年が彼女の目に入った（ということに話ではなっている）。彼が高貴な出自であるが、無一文であることを知った彼女は、彼のもとに一人の奴隷を遣わして、結婚を申し込み、婚資用のお金を送った〔イスラームでは結婚に際し男性が女性に婚資を与えるという取り決めがある〕。アッバースは彼女のプロポーズを承諾し、二人目の妻も愛妾も決して持たないと彼女に誓った（第二巻六三二～三六頁）。アッバース朝の開祖アッバースは一大ムスリム帝国のカリフ（七五〇～五四年）となり、バグダードに都をおいた。

アッバースはアラブの社会的習慣を受けついではいたが、数世紀にわたってこの地域の上流階級を占めていたペルシャ人エリートの社会的習慣も継承することになる。アラブ人の征服戦争で殺されなかったペルシャ人上流階級の大半が、ゾロアスター教から国家の新宗教であるイスラームに改宗した。彼らとその子孫は、上流階級の地位を守り、新国家の官僚となった。ある廷臣がアッバースに忠告をしたが、その忠告に何にも増して明瞭に現われているのは、ペルシャの上流階級の伝統が前提とし、強調しているものに他ならなかった。ペルシャでは伝統的に国王が何千人もの愛妾をもち、献上されるべき女性の特徴を国の隅々まで発布していたのだった。廷臣ハーリド・イブン・サフワーンは、カリフがなぜ一人の女性で満足しているのか分からないと言い放った。カリフよ、あなたはご自身の帝国で調達できるいろとりどりの女性たち、「背が高くほっそりした女、柔らかで色白の女、経験に長け気品のある女、引き締まった黒い肌の女、ヒップが魅力的なベルベル人〔アラブ征服以前の北アフリカの先住民〕の召使」（第二巻六三三頁）を味見する愉悦を自ら禁じておいでになるのですよ、と。これら一連の形容詞が描き出す女性像は、自らの結婚に際して条件をつきつけ、結婚における夫婦の相互性をある程度期待している人格では決してなく、あたかも器に盛られた果実のごとき試食の対象に過ぎない。女性をこのように描写することは、当時、徐々に生じつつあった女性観の根本的な変容の前兆であった。さて、アッバースはといえば、この誘惑に屈しなかったことを言い添えておこう。カリフのもとを退出したハーリドと入れ違いに部屋に入ってきたウンム・サラマは、夫の狼狽ぶりに気づき、理由を問い糺した。そして、力自慢の奴隷たちをハーリドのもとに送り、彼を半殺しの目に遭わせたのだった。

アッバースを継いでカリフとなったマンスール（七五四〜七五年）の妻、ウンム・ムーサーが直面した抵抗はもっと深刻だった。やはりアラブ人上流階級の出身であった彼女は、結婚に際し大勢の証人の前で、夫は彼女以外に妻も愛妾も持つことはできないという条件を明記した契約を交わしていた。ところがマンスールはカリフになると、次から次に裁判官をつかまえては、この契約の無効を宣言するよう要求した。しかし、ウンム・ムーサーはその都度、夫の機先を制して、夫がどの裁判官に近づいているかを探り出すと、彼らに巨額の贈り物をして、自らの有利になるよう仕向けたのだった。彼女が亡くなると、廷臣たちがマンスールに一〇〇人の処女を献上した。一方、ウンム・ムーサーは、女児しか生まなかった夫の妾たちに寄進財産を残していた[20]（第三巻二五一〇頁）。彼女は一夫一婦婚の権利を守るために闘ったが、自分のその闘いが、女性の地位と権利が全般的かつ急速に低下してゆく事態の一例であることを理解していたのは間違いない。

第五章　入念な言説構築

アッバース朝社会の女性を際立たせているのは、共同体のいかなる中心的活動領域にもその姿が見られないことだ。それ以前の時代とは異なって、この時期の記録では、戦場にもモスクにも女性が登場することはなく、社会の文化的な生活や文化の生産の担い手、あるいは主要な貢献者として描かれることもない。この時期以来、上流階級および有産階級の女性は隔離され、裕福であれば宦官に守られ生活することになった。女性の生活は狭められ、封じ込められてしまったが、それがあまりにひどいものだったので、アッバース朝の上流女性の研究で知られる著名な歴史家ナビア・アボットは、当時のアラブ人の習俗を描く際、「いかなる社会的、道徳的基準が流布することとなったか」は、「特定の諸制度、および贅をつくし安楽であれば、すべてが堕落しないではいられない人間の弱さに照らして」理解されねばならないと、ほとんどオリエンタリズムとも思える言葉で述べている。アボットはこの制度の特徴を次のように述べている。

この制度とは、一夫多妻、妾制度、女性隔離の三つを指す。ハーレムによる隔離は、捕虜や奴隷に生まれた女性よりも、自由民のアラブ女性に大きく影響した。自由の身であれ奴隷であれ、最高級品の女性は、重々しいカーテンと施錠された扉の背後に幽閉され、縄と鍵は哀れむべき宦官の手に委ねられたのだ。ハーレムの規模が大きくなるにつれ、男は飽き飽きするほど楽しんだ。個々のハーレムにおいて、飽きがくれば、その主である男は退屈し、多くの女が無視された。このような状態のもとで（中略）倒錯した不自然な手段により欲望が満たされるようになり、それは社会に、とくに上流階級のあいだに浸透していった。[1]

事態は徐々に進行した。アラビア地方を越えてイスラームが広まるにつれ、あらゆる生活領域に及ぶ広大な社会変化が起こった。男女関係も例外ではなかった。

征服により、アラビアにあるムスリムの拠点都市には、膨大な富と奴隷がもたらされた。奴隷の大半は女と子供で、その多くは捕らえられる前、敗れたササン朝上流階級のハーレムの一員か、またはそこで仕えていた者であった。征服によってどれほど劇的にアラブの生活様式が変化したかを示す二、三の統計がある。アーイシャの部屋にはムハンマドが埋葬されていたが、彼女は生涯そこを使うことができ、その維持費として彼女は二〇万ディルハムを支給されていた。その金を運ぶには五頭の駱駝が必要だった。ムハンマドが残したわずかばかりの財産は慈善のために使われたため、アーイシャはムハンマドから何も相続しなかった。ムハンマドはそこそこの資産しか所有していなかったので、たとえば娘のファーティマが家事労働がきついとずいぶんこぼしていたのに、一人の奴隷や女中すら雇ってやる余裕もなかったほどだった。征服の結果、人々が所有することになる奴隷の数は獲得した金銭同様、莫大なものだった。征服後、ムスリム上流階級は、一人で一〇〇〇人もの奴隷を所有することもできた。一兵卒ですら一人から一〇人の人間が仕えることになった。アーイシャの義兄ズバイルには、六五六年に死んだとき一〇〇〇人の奴隷と一〇〇〇人の妾がいた（ムハンマドに妾は一人しかいなかった）。カリフのアリーは、最初の妻であるムハンマドの娘のファーティマが亡くなるまで、妻は彼女一人だけだったが、征服後は九人の妻と幾人もの愛妾を持った。その息子ハサンは、結婚と離婚を繰り返し、その数は一〇〇人にも及んだ。[2]

アラブによる征服以前、ササン朝の都がおかれていたイラク地方でも、膨大な富と妾を含む奴隷が獲得された。征服当時、イラク地方の住民は民族的に多様であった。すでに三世紀に、ササン朝の勃興とともにペルシャ人の大規模な移住が始まり、ペルシャ人は上流階級と小規模の小作農集団を形成していた。ペルシャ人農業労働者はとくに北部イラクに流入していた。アラム人は小作農であったが、アラブ人と並んで最大の民族集団を形成していた。この地方のもう一つの民族的要素を構成していたアラブ人は、主に古代後期（紀元前五〇〇年頃）およびギリシャ・ローマ時代にイラク地方に移住していた。国教および上流階級の宗教はゾロアスター教であった。結婚と女性に関するゾロアスター教の法規についてはすでに述べたとおりである。住民にはゾロアスター教徒以外に、キリスト教徒、ユダヤ教徒、多神教徒、グノーシス派、マニ教徒がいた。宗教的アイデンティティと民族的アイデンティティは必ずしも一致しなかった。たとえば、アラム人の中には、多神教徒もいれば、ユダヤ教徒、キリスト教徒、マニ教徒もいた。さらに、アラム人でなくても、アラブ人、ペルシャ人にもキリスト教徒はいた。もっとも広まっていた信仰はおそらくキリスト教であった。[3]

アラブの征服により二つの動きが生まれた。一つはイラク地方の住民が広範囲にわたりアラブ化しイスラーム化したこと。もう一つはそれと同時に、文化的にも行政的にも多岐にわたるこの地域の文化、習慣、制度が、新興のイスラーム文明に統合されたことである。広範にわたる融合と同化が起こり、個人の生活、行政や官僚の慣行、さらに文学や文化、法そして知的伝統も変化をこうむった。

まず第一に、征服により膨大な数のアラブ人兵士がイラクに流入した。ある見積りによれば、重要な戦闘であったカーディスィーヤの戦い（六三六年）〔アラブ軍がペルシャ軍を破った戦い〕で、ベドウィンの補助部隊を含むイスラーム正規軍は、総数三万五〇〇〇を超えた。兵士は、クーファやバスラといった要塞都市を築いてそこに定住したり、イラク地方の行政の中心都市に派遣された。アラブ人の派遣軍の中には家族を同伴する者も少数ながらいたが、多くの者は単身で、現地の非ムスリムの住民を妻や妾にした。当初、非ムスリムの妻を持つことの妥当性に疑問をいだく兵士もいた。ムスリムの妻をめとった後で、非ムスリムの妻を離婚する者もいたが、そうでない者もいた（二三六～五三年）。ともかく、共存が始まり、生活、慣行、生活態度が混淆し、子孫が誕生していった。

ペルシャ人捕虜の数はとにかく多かったので、主要な同化はペルシャ人とアラブ人のあいだで進行した。捕虜の多くは、軍人やエリート男性の家族、女性、子供、それに男性の非戦闘員であった。通常、農民は抵抗しないかぎり危害を加えられることはなく、そのまま働き続けることを許されたが、非ムスリムに課された税を支払わねばならなかった。最初、多くの捕虜がアラビアに送られ、アラビアの奴隷市場は捕虜であふれかえったが、イラク地方への定住が進むにつれ、次第に兵士たちは以前の王族や貴族を含む捕虜たちを妻や妾として手元においておくことが多くなった。こうして自由民のペルシャ人女性は、要塞都市の重要な一構成要素となり、その子供は成長するとムスリムの奴隷やムスリムに従属する平民となった。イラン地方がアラブ人に即座に征服されると、ペルシャ人奴隷の数はさらに増えた。六五七年までに要塞都市クーファでは、八〇〇〇もの従属平民と奴隷が派遣隊の一部として登録されていた（一九六頁）。

ペルシャ人とアラブ人の同化には、また別の要素もからんでいる。かなりの数のペルシャ人兵士がムスリムとなり、そこそこの数のペルシャ人エリートが征服者と関係を結び、支配階級の新宗教であるイスラーム教に改宗した。また、ネストリウス派キリスト教会の信徒として有名になり、階級的地位を失わずにすんだ者もいた（二〇二～三頁）。

このようにしてペルシャ人の生活様式が、アラブ人の生活に織り込まれていった。それはとくにイラク地方で顕著であったが、アラビアの、とりわけメッカとメディナでも、ペルシャ人捕虜を通してペルシャ式の生活様式が伝わった。融合のある側面については、文献によって比較的容易に跡づけることができる。マイケル・モロニーは、この時期の変遷をかなり詳しく調査し、たとえば、アラブ人が初めて接した肉、米、砂糖を使った新しい料理や豪華な食事、またこれまでとは違った布地や新しい形の衣服について記している（二五九頁）。ジェンダーの問題に関する人間の相互関係もまた、料理や衣服と同じく具体的で日常的な、しかも身近な問題であるが、その問題の肉体的、心理的、政治的側面については、多くの場合文献に直接、記されてはいない。モロニーはこの相互関係について、ペルシャ人の女性と子供は、「ペルシャの家族体系をムスリムのアラブ人家庭にもたらした」（二〇八～九頁）と述べるにとどめており、このことからも、具体的ではあっても直接知ることのできない社会のこの側面を、文献から知ることはいかに難しいかがうかがわれる。

しかし、文献に明確に記されていないといっても、ある時代の性の政治学は、明瞭な形であれ不明瞭な形であれ、ジェンダーのイデオロギーとして、その時代の文献に書き込まれているものだ。（エリザベス・フォックス＝ジェノヴィーズの言葉によれば）すべての書き手は「自分の生きている社会の」人質である。(4) 文学、法を問わず、いかなるものであれ、アッバース朝の文献を創った男は、ジェンダーと女性についての社会の前提や、男女関係を支配する権力構造を経験し、内面化して育つのである。そのような前提と構造は、日々、日常生活の中に記号化されて取り込まれ、明示されている。この前提と慣習は、ジェンダーの性質や意味についての規範として、男たちが書く文献に書き込まれていくか、ただ秘かに女性とジェンダーの意味についての前提となり、その文献に充満する（この時代、女性はイスラームの最初の時代のように文献の創造者であることはなかった。イスラームの最初の時代には、女性もまた口承テクスト――それは後に男性によって書き記されることになる――の担い手であった）。アッバース朝の書き手たち、すなわち神学者、法学者、哲学者にとって、社会的、心理的現実を特徴づける女性にかかわる慣習と前提は、プリズムとして彼らの文献に再び現われ、彼らはこのプリズムを通して女性とジェンダーを眺め、理解したのだった。この時代に男たちが創りだした文献は、イスラームの規範をなす中心的文献とみなされている。それゆえ、この社会の慣習と前提について、とくに、最高位にありイデオロギーとしてもっとも影響力を持つ規範となった慣習と前提について、さらにこの社会の慣習と習俗の特徴をなすジェンダーのイデオロギーについては、この章の最初で手短に述べるつもりである。また、この習俗とイデオロギーが、イスラームのメッセージの解釈にどのような影響を与えたかについて、調べていくことにする。

ウマイヤ朝時代からすでにそうであったのだが、アッバース朝時代のムスリムの上流男性は、望むかぎり多くの、そしてムハンマドの時代のムスリム社会では想像できなかったほどの数の妾を実質上、手に入れることのできる地位にあった。上流階級の男性は奴隷女性から成る巨大なハーレムを所有することが規範となり、男女関係の基盤もそれに伴って変化した。貴族に生まれたおかげで、上流女性はしばらくは結婚の条件を交渉することができた。しかし、いったん新しい秩序が定着し、法と、法により拡大した手段により、男性が市場で気の向くまま、上品で申し分なくしつけられた女性を買うことができるようになってしまうと、条件を制限されるような結婚を男性が敢えて選ぶはずがない。「捨てることも、譲り渡すことも、さらには殺すことさえ何の問題もない妾を囲い込むことに較べ、妻を持つのは、ずいぶん重大な責任が伴う問題であった。妻は財産譲渡に関する法的権利を有していた。妻には『家族の絆』があった。このように考えて、少し時代が下ると、王族の結婚はどんどんと減っていった。若干の例外はあったが、王族の妾がカリフの宮殿で幅をきかせることになった」と、ナビア・アボットは記している。[5]

ササン朝貴族の慣習や行動様式は、アッバース朝貴族にも受け継がれた。巨大なハーレムに妻や妾を置き、宦官に守らせることが、慣習として受け入れられた。第一〇代カリフ、ムタワッキル（統治八四七〜六一年）は四〇〇〇人の妾を、ハールーン・アル＝ラシード（統治七八六〜八〇九年）は数百人の妾を囲っていた。[6] それほど金持ちでなくても、お決まりのように妾を持った。ある若者は遺産を相続すると、出かけていって「家と家具、妾その他」を購入した。ゾロアスター教（妻が公式には最初の夫に帰属し、劣位の妻になる場合を除いて再婚が許されなかった）と同じように、処女性が強調され、女性の再婚は嫌われたことが、当時の文献にも現われている。[7]

女性にとってハーレムにいることは、情緒面でも心理面でも不安を意味した。そして、もし彼女が奴隷の身で、自分の財産ももっていなかったならば、物質的にも不安な状態におかれた。その結果、自分の身や自分の子供の安全を確保し、わずかながらも情緒が安定し、心理的に落ち着くために多大な労力を費やし、策を練らねばならなかった。社会的にも物質的にももっとも恵まれた者でさえ、生活には危険がつきまとい、気を張って生きていかねばならないのが現状だった。過渡期のウンム・サラマやウンム・ムーサーは、法的な契約や直接的な介入によって、夫が享受する性的な利害を制約することができたが、王族の生まれで、ハールーン・アル＝ラシードの妻であったズバイダの場合、夫が妾の一人に執心なのに嫉妬したところ、うるさくせがむのはよくないと忠告され、逆に夫に一〇人の妾をあてがい、嫉妬したことの償いをしなければと思ったくらいだ。妻や妾のあいだでは、他の者を蹴落とすため、毒は「積極的手段」であったと、ハーレムの生活を語る多くの物語にある。妾が妻の座を獲得し、自分と子供の生活を安定させるためであれば、「質のいい悪いにかかわらず、嘘の一つや二つ、いざとなれば」、危険をおかしてでもつく必要があったのだ。(8) 以前のアラビア人女性ならばいろいろな点で素直であったのに、その率直さは、明らかに失われてしまった。アッバース朝の新たな気質が生まれるにつれ、女性たちは、手練手管や毒、さらに嘘に馴染んでいった。力のない者には、それも生きていく手段であった。

女性はその性、心理、情緒のどの面をとっても、自分の生活を自分でどうすることもできなかった。しかし、上流女性の中には財産を自由にでき、それゆえ、男や女の生活に影響力を持つ者もいた。女性隔離が女性に雇用の機会を提供した。ハーレムの女に仕える女たちがそれだ。髪すき、パン屋、コーランの朗吟者、洗濯女、産婆、死体洗浄者、葬儀屋、女スパイなどである。マアムーン（八一三〜三三年）は一七〇〇人の老女を雇い、自分のハーレムに潜入させて情報を集めていたと伝えられている。(9)

しかし、「女」とジェンダーの意味をいかに認識し、いかに概念化するか、という点で、アッバース朝社会がアラビアの最初のイスラーム社会ともっとも際立って異なっていたのは、上流の男性が女性や、女性との関係をどのように見ていたか、その見方であろう。上流の男性にとって、関係を持つ女性の大半、とくに性的な関係を持つ女性とは、所有し、主従関係にある女性であった。

人間を売買すること、なかでも女性を商品あるいは性的対象として売買することは、アッバース朝社会では日常茶飯事だった。女性奴隷の多くは家事労働用に売られたが、奴隷商人は、まず手持ちの奴隷の中から、見た目のいい者、躾がよく身だしなみの整った者を選び、妾用の市場にだした。音楽の素質があったり、声のよい者はとくに価値があった。金を使って訓練したとしても、十分、投資に見合うだけのものはあった。市場は奴隷であふれていたが、「磨き上げた黒または白の宝石」とされる奴隷たちは、非常に高価であった。(10)

個人的に奴隷を買う資力があったのは、主に上流の男性か、数はそれより少ないが都市に住む中流階級の男性であったが、奴隷売買は盛んであり、かなりの数の人々が売買にかかわった。奴隷を手に入れ、運び、訓練し、市場に出す者、投資として奴隷を購入し、その後、売りさばく者もいた。売買に直接かかわらない者も含め、この社会に生きるすべての者にとって、性的な目的で女を売買することは常識だった。人々にとってこの売買は当たり前であり、とくに上流の男性は実際の売買に直接関与していたので、「女」という言葉には、具体的に、また実際上も、「奴隷、性的目的で購入できるもの」の意味があったのである。妾、性的対象の女、そして物の区別は、上流男性だけでなく誰にとっても、曖昧なものとならざるをえなかった[11]。ある若者が、「妾と他の物」を買いに行った、そのときの様子を描く文献を見れば、「女」と「物」に意味上の区別など存在しなかったことが分かる。上流の男が妾を扱うとき、実際、その他の所有物と何ら区別していなかったことは、アドゥード・アル＝ダウラ王子の話を見ればよく分かる。王子は一人の妾にうつつをぬかして、国政を顧みなくなり、自分自身弱り果て、気を散らす玩具を捨てるように彼女を捨てることにした。王子は彼女を溺死させたのだった[12]。

この当時、上流階級の男性が著した文学に、自分の娘や親族の女の運命を思い、恐れを抱き、心配する様子が描かれているのも驚くにあたらない。娘が若くして死んだとき、娘にとってはそれが一番幸せだったろうと、ある男性が別の男性に書き送っている。「私たちの住むこの時代、娘を墓に嫁がせた者が、一番いい婿を見つけたことになる[13]」。ハサン・イブン・アル＝フィラートの娘が死んだとき、彼に贈られた詩にはこう書かれている。

アブー・ハサンにお悔やみ申し上げます

災難や惨事があったとき
堪え忍ぶものに神は報いを与えます
不幸なとき堪え忍びなさい
それこそが神への感謝
これもきっと神の恵み、
息子の安泰、
娘の死

自分が先に死んだ場合、娘の運命がどうなるかと思うと、恐ろしくて涙があふれてくる、と記した者もいる[14]。この社会では、下層階級の女性はもとより、上流階級の女性でさえ生活が安定しておらず、女たちの人生は屈辱と堕落の可能性で縁取られており、そのことから守ってやる力など自分にはないと、男性親族の者は十分にわかっていた。これらの言葉は、その雄弁な証言となっている。

性的目的で女を売ることが広まり日常化したため、階級を問わず、男女を問わず、この社会のすべての者に、女という概念は人間性と無縁なものになった[15]。上流階級の習俗、現実の社会生活、またそれらから「女」の概念そのものを定義しようとするとき含まれる意味、そういうものからも当時のイデオロギーは明確である。したがって、イスラームの初期の文献がいかに伝えられ解釈され、その一般原則がいかにして法となっていったかがわかってくる。支配階級であれば、奴隷として物として、容易に女を手に入れることができ、男女関係は主にそれに基づいて規定された。これがこの社会の明確な特徴をなしており、このことが初期イスラーム時代のアラビア社会や、それと同じ時代のキリスト教を主とした中東社会と、深く、また根本的なところで計り知れないほど異なっている点である。

「物」、「奴隷」、「女」という概念が経験的レベルで融合し、当時の社会精神において女という概念は、特殊で独特な物象化と価値の低下をこうむった。だが、女性嫌悪はまた違った形でも現われて、中東の別の伝統の一部をなした（第二章参照）。イスラーム社会はその伝統を受け継ぎ、それはついには区別もなく渾然一体となり、イスラーム文明伝来のものとなった。征服後、アラビア出身ではないムスリムは、キリスト教、ユダヤ教、ゾロアスター教といった他宗教から改宗した者であった。彼らが自分たちの伝来の文化から持ち込んだ考えに立って、イスラームの教えを聞き、理解したとしても当然である。

改宗者やその子孫によってもたらされた他宗教の伝統がイスラームにどのように寄与したかは、ことの性格上、無意識的なものであったり、あるいは、意図的にイスラーム以外の宗教の伝統の痕跡を払拭しているため、はっきりとは分からない。だが、イスラームに先行する習慣とイスラームの習慣の類似性は、イスラームがそれらの伝統を吸収したということを証明している。たとえば、ラービア・アル＝アダウィーヤ（八〇一年没）の禁欲的な徹夜の祈りや祈禱の文句は、ラービアが住んでいたイラク地方のキリスト教神秘主義を彷彿とさせる。[16] イスラームの礼拝の時刻やその儀式はムスリムによる征服後に決まったものだが、それさえもゾロアスター教の特徴を取り入れているのは明らかだ。初期の著名なムスリム神秘主義者ハサン・アル＝バスリー（七二八年没）は、キリスト教徒のペルシャ人捕虜の息子であった。さまざまなコーランの口承を、最初に書き留めたハールーン・イブン・ムーサーはユダヤ教から改宗したムスリムだった。こういったさまざまな事実から、他の伝統の遺産がイスラーム文明に入り込んだ道筋や、改宗者やその子孫が用心深くもたらし、イスラームの一部となった考えや風習がどのようなものであったのかをうかがい知ることができる。女性についての考えや偏見は、なかでも共有され、入り乱れていった。たとえばコーランのテクストの創世に関する部分は、イヴがアダムの肋骨から創られたという考えに基づいて注釈されている。イスラームにまつわる思想にはさまざまな女性嫌悪の伝統があるが、その起源を辿ることは、退屈で膨大な仕事になるであろう(17)。

イスラーム化する以前、この地域では、女性に対するさまざまな偏見や、女性を貶めるいろいろな伝統が習俗となっていたのだが、イスラームの制度によって、それらが保証され認可されることになった。中東の都市部では、女性嫌悪の態度や慣習がすでに明確に表現されていたが、その上にもともとは異なった社会の異なった環境のもとで認められていた一夫多妻と妾制、さらに男性が都合よくできる離婚が容認されることになったので、イスラームは、女を否定し貶めるような考えを宗教的に是認するものと解釈されることになった。その結果、女性はさまざまなひどい扱いを受けることになり、しかも法的、宗教的に慣習としてその扱いが容認された。当時、中東のもう一つの主要宗教であったキリスト教は、そのような扱いを認めてはいなかった。

アッバース朝社会では、男女の関係について、イスラームの倫理的な教えよりも、男性中心的な教えを重んじたが、それは社会の習俗、態度を受けて、イスラームが集団的に解釈された結果である。正統派の人々が、ある出来事や言葉を、妾制や九歳の少女との結婚を認めるものであると理解したのに対し、たとえばハワーリジュ派のように、そんなことを認めるものではないと「読み取る」人々もいた。この事実から、解釈がいかに重要な役割を果たしたかは明らかだ。しかしながら、女性嫌悪的な読解が、イスラームがまことしやかに強調した読みの一つであることは否定しがたい。

アッバース朝社会のジェンダー・イデオロギーは、上流支配階級の習俗や、政治的、宗教的支配者の手による文献に明瞭に看取されるが、必ずしもあらゆる者の同意を得ていたわけではない。ハワーリジュ派などは、支配的イデオロギーや、その政治的、社会的精神を受け入れようとしなかった[18]。スーフィーやカルマト派も同意していなかった。これら諸派についてはこれから述べる。

解釈の問題

支配的なイデオロギーに同意しなかった諸派は次のように理解している。イスラームの教えの一番の根本はその倫理的な教えにあり、ムハンマドの慣行や、彼が作り、実行した規則は、当時の社会状況に即応するにすぎず、それゆえ正統派が主張するように、あらゆる時代のあらゆる場所のムスリムをも拘束するものではない。これに対し正統イスラームは、自分たちのイスラーム理解を入念に法制化し、イスラームが公にした慣習や法規を重視したが、宗教の倫理的な教えという側面、とくにイスラームが男女の精神的平等を強調し、女性を公平に扱うよう命じていることにはそれほど注意を払わなかった。その結果、イスラームという宗教が男女の平等を強調し、女性にも公正な権利を与えていることは、アッバース朝時代に発達した法に、ほとんど痕跡を残さなかった。実際、アッバース朝社会の習俗が前節で紹介したようなものであるとすれば、イスラームの倫理的教えなどほとんど目に入らなかったに違いない。イスラームの持つ倫理にもっと注意が払われていたなら、極端に男性優位の法も少しは抑えられ、今日、女性に関してははるかに人道的で平等な法ができていただろう。

コーランの教訓は、特定の法規というより、主に倫理的な性質をもった、広く一般的な提言よりなっている。立法的な文書としてのコーランにはさまざまな問題があると指摘する学者は多い。決して単純直截に法規則を提示してはいないからだ[19]。それとは逆に、コーランから導き出される法の特定の内容は、法学者がそれに関して選んだ解釈や、彼らがどの難解な発言を重要であると判断したかに大きく依存している。

コーランのテクストはそもそも複雑で曖昧であり、どのように解釈するかということが非常に大きな役割を果たしている。それを例証するものとして法歴史学者が指摘するのが、一夫多妻制に関するコーランの言及である。コーランでは、最大四人まで妻を持てる一夫多妻制が認められている。だが同時に、夫はどの妻も公平に扱い、それができそうもないときは、妻は一人にすべきであるとも述べられている。妻を公平に扱うべきとする倫理上の命令は、法的問題なのか、それとも個人の良心にまかされる問題に過ぎないのか、その判断によって、結婚や一夫多妻に関する法の基盤は大きく異なってくるだろう。[20]

イスラーム法は何世紀もかかって、しかもさまざまな過程を経て形成された。ムハンマドは彼の共同体にとって裁判官であり、神の啓示を解釈する者であった。彼が死去したことにより、コーランの教えを解釈し、その解釈を実際の決定に適用していく責任は、カリフの手に委ねられた。アラブ人が広大な領地を獲得していくにつれ、倫理を法へと解釈していくことはますます困難になった。ダマスカスにウマイヤ朝（六六一〜七五〇年）の首都が確立すると、アラブ人支配者はビザンチンの行政機構を継承した。イスラームの法機構はまだ発展途上で初歩の段階にすぎなかったので、異質な概念が浸透するのは簡単だった。政府から任命された裁判官は、最初、裁判官の役割と行政官の役割を兼ね備え、裁判官自身のコーラン理解に基づきながら、（それぞれの土地によってさまざまに異なる）現地の法を適用する傾向があった。このため、地域間の不均衡がすぐさま生じた。たとえばメディナでは、女性は自分の責任で結婚契約をすることができず、後見人の手によって嫁がされたが、クーファでは自分で結婚することが法的に認められていた。コーランの命令の解釈にも違いが生じた。離婚した妻には「十分な支払いを」というコーランの命令を法的次元で解釈し、それゆえ支払いは義務であるという裁定を下した裁判官がいた一方で、同様の事例に対し、コーランの命令は夫の良心に向けたものであり、したがって法的拘束力はないと判断した裁判官もいた[21]。

ウマイヤ朝時代、地方の法は、コーランの規則によって修正され構築されるとともに、「行政規則が集積され、それに感化され、外国のいろいろな制度の影響を受けた[22]」。各地方の統治に関する法体系や行政体系の発達は、偶然によって左右された。利用された資料や法源も同じものではなく、コーラン本来の要素は多くの場合、その中に埋もれ、隠されてしまっている。

イスラームの倫理を表す行動基準について、宗教学者は自分たちの見解を述べてきた。ウマイヤ朝末期の数十年に、彼らはいくつかの集団を形成し、ウマイヤ朝の法体制を批判し、初期の法学派を形成した。反ウマイヤ朝のアッバース家が七五〇年に権力を掌握すると、新国家によって認可され後援を受けたこれらの集団は急速に発展した。国の後援を受け、学者たちは司法部や政府顧問に任命され、彼らの主張する法理論が法廷の慣例となった[23]。

学者たちがコーランに秘められていると信じる原則に則って、地方の慣例を見なおす作業が少しずつ始まった。もともとは個々の学者の推論に端を発していたものから、イスラームの教義の体系が徐々に形成され、時の経過とともに権威を持つにいたった。法原則、法手続きはさらに発展し、その細部が決められていったが、その作業は九世紀まで続いた。地域によって決定が異なるという事態は依然、生じた。たとえば、クーファの学派は、階級を重視するササン朝の価値観に影響を受けていたので、夫は妻の家族と同じ階級出身であることを求める法原則が発達したが、メディナで発達した法には、そのような原則はどこにも見いだせない。一〇世紀までに、スンナ派イスラームの法概念や慣例が、四つの法学派によって最終的に確立された。それぞれの学派はある程度、その学派が興った土地の地域性を反映しており、それぞれの主な法の提唱者にちなんで、ハナフィー派、シャーフィイー派、ハンバリー派、マーリキー派と命名された。これら四学派の著作の中で表された法および法概念の体系は、絶対的権威とみなされたが、その理由の一つは、イジュマー（合意）制という一般に認められていた法原則を適用したことにある。イジュマー制とは、高名な法学者たちが所与の論点に関して全員一致で同意した意見が、拘束力のある絶対的権威を持つというものである。一旦合意に至るとその合意は無謬であるとみなされ、それに反すれば異端の烙印が押された。後世になって、昔の時代の合意を新たな合意によって無効にすることは理論上可能ではあったが、法体系がすでに存在し、それに権威が与えられている以上、ほとんど不可能だった。合意された問題はもとより、法学者によって意見の異なる問題についても、それ以上議論することはできなかった。今日、中東でスンナ派イスラームを奉じる地域では、程度の差こそあれ、この四学派のいずれかに従っている。[24]

一〇世紀初期、ムスリム法学は、すでに定式化されていた法に関する見解を、最終的なものと認めた〔近年、この説には異論が出ている〕。それ以来、先人を模倣することが法律家の義務となり、彼らが新たな原則を生み出すということはなくなった。その結果、イスラームの歴史の最初の数世紀にわたり発達してきた法は、神の法を完璧かつ無謬に表したものとして神聖化された。「膨大な量の法が、慣例や学者の推論に端を発し、（中略）古典理論の［発展］は二世紀にわたる成長過程の頂点に位置する」と、法研究者ノエル・J・クールサンは指摘している。だが、たとえそれが事実であるにしても、伝統的なイスラーム信仰は、この文献に表されている法こそ、イスラームの初めから実施されてきたと考えるようになった。「正統イスラームは、イスラーム法は歴史的、社会学的影響とはまったく無縁に、純粋に学者たちの努力によって綿密に体系化されたと考えている」と、クールサンは述べている。[25]当然の帰結として、当時の男性によって形成された社会観や司法理解、あるべき男女関係の姿といったものが、イスラームの司法概念の完全無欠の表現とみなされ、神聖化され、以来、不動のものとなったのだった。

異なる法学派も本質的な部分では一致しており、彼らのあいだに見られる差異とは些細な事柄に過ぎないと言われる（法思想体系の全体が、コーランの倫理規則を法として完全無欠の形で表していると明言されているのであるからそうでなくてはいけないのだが）。しかし、解釈においてこれら「些細な」とされる違いによって、結果的に女性に関する法律は大きく異なることになった。たとえばどの学派も、結婚は男性の側から、法的手続きなど必要なく一方的に解消できるとする点では一致しているが、マーリキー派の法律では、女性にも離婚の法的権利を認めている点で他の三学派と異なっている。ハナフィー派の法律では、夫が性的不能の場合しか妻に離婚の権利を認めていないが、マーリキー派では、夫が妻を捨てたり、扶養することができなかったり、虐待したり、夫が慢性もしくは不治の病に冒され、妻にとっても危険であるとみなされる場合にも認められている。女性にとってこの違いが根本的なものであることは言うまでもない。同様にハナフィー派も他の三学派と根本的に異なっている点がある。結婚の契約において、妻が夫に第二夫人をめとらないという条件を明文化できるとする点である。他の三学派は、男性には一方的に離婚する権利と、四人までなら何人でも妻を持つ権利があり、それが結婚の本質であって、夫と妻がいくら契約で合意したとしても、この本質的要素は変更できないとみなした。一方、ハナフィー派は、コーランにある、たとえば一夫多妻に関する言葉は義務ではなく、ただ許されているというにすぎず、妻を一人しか持たなくても結婚の本質に何ら背くことにはならないと考える。それゆえ、この問題（あるいは別の問題でも）に関する配偶者同士の契約は有効であり、強制力を持つとみなすのである。[26]

こういった種々の違いから、コーランにおける結婚に関する命令とは、根本的に異なる解釈を許すものであることが明らかになる。アッバース朝時代のムスリム社会に典型的なジェンダーの本質や意味についての前提、世界観、見方を共有する者のあいだでさえ、個人の解釈には違いがある。男性中心主義や女性嫌悪に疑問をさしはさむ余地のないその時代であってさえ、男性を一夫一婦制に拘束し、抑圧的な状況では女性にも離婚を言い渡す権利があるとコーランは主張しているのだ、と解釈した男性法学者が存在したのだ。これはとても重要な事実である。もしも男性中心主義や女性嫌悪をそれほど示さない社会で、倫理的な側面にもっと注目してコーランが読まれていたならば、女性を公正に扱う法体系ができていたかもしれない、いや、いつかできる日が来るかもしれない。たとえば多数派が男性中心主義や女性嫌悪を示さず、それがイスラーム諸国の法的慣例として全般的な基礎を形成していたならば、そしてもし、さきほど紹介した離婚と一夫多妻に関する二つの原則が多数派の見解であったならば、結婚における女性の地位はその根本から違ったものになっていただろう。

法学者の解釈が、コーランにある倫理的命令を法に適用できず、当時の社会の男性中心主義の前提を反映してしまっているのは、何も今述べた二点に限らない。現代の法学者二人が次のように述べている。

二世紀にわたって法が発展していく過程で、コーランは、イスラーム法の古典的定式化からひき離されてしまった。コーランの規定も守られたところがないわけではない。しかし、それとは別のところで広く流布した基準でもってコーランの規定が解釈されるのが常だった。（中略）とくに、コーランの一般的な倫理規定が強制力のある法規則に適応されることは稀で、個人の良心にのみ関わるものとみなされた。このため、たとえば、妻を離縁する権利を行使するとき、夫は正当な理由があるかどうか問われることもなかった。コーランは、一夫多妻においてどの妻に対しても公正な扱いを求めている。しかし、古典的なイスラーム法は夫に四人の妻を持つ権利を確立したが、コーランの要求にはいかなる法的制約力ももたせなかった。その結果、コーランが定める家庭内での女性の地位や権利は剝奪され、大幅に失われてしまった。[27]

避妊や堕胎といった性の問題における女性の権利（女性は結婚生活において性的に満足する権利を認められていた）に関して、法学者はさまざまな規則を発達させた。これについては、バーシム・ムサッラムがその重要な著書『中世イスラームの性と社会』において概観しているが、興味深いことに、結婚を規定する法に較べると、避妊や堕胎に関する法は驚くほど自由に思われる。避妊や堕胎の際、女性の裁量がかなりの程度許されていて、一見したところ男性中心主義の考えにとらわれてはいないと解釈することもできる。だが、実際は、女性が自己の裁量で避妊や堕胎をすることができるとはいっても、法が適用される状況全体を考えてみると、こういった法もまた、男性中心主義の考えに何ら反するものではないことが分かる。一夫多妻や妾制を認める法体系は、コーランの規定に基づいて、男性がその子孫に対し責任を負うことを定めており、妾が彼の子を産めば、その妾を売りとばすことはできない。男性が死んだ時点で女性は法的に自由になり、その子供は正妻とのあいだにできた子供とともに、その男性の法定相続人になる。この制度に従えば、妻があまり子供をもうけず、とくに妾に子供がいないほうが、男性は明らかに経済的に有利となる。妻が子をたくさん産み、妾に子供ができれば投資した甲斐がなくなってしまう。一夫多妻を認め、離婚を制限せず、妾を容認する制度では、子供を産まない妻は男にとって実に都合のいい存在だった。したければ離婚でき、離婚せずにもう一人妻をもらうことも可能であり、妾を囲うことも男性次第だった。[28]

興味深いことに法は、性的奉仕などさまざまな奉仕を妻の義務と定めてはいるが、出産は必ずしも義務とはなっておらず、女性の生殖能力はとくに強調されていないことだ。過去そして現代の口承文化が女性の生殖能力を強調しているのとは対照的だ。子供を産めば女性は経済的に有利になる。奴隷の女性なら、子供を産むことはほとんど自由へのパスポートにも等しかった。妻に子供ができれば、感情面でも金銭面でも夫を縛りつけておくことができ、夫は別の女を求める気も失せ、またそんな余裕もなくなってしまう。法が男性の利益を表しているとすれば、おそらく口承文化は女性の利益を表している。

イスラーム法に見られる類の、女性の性的役割を強調するイデオロギーは明らかに、女性は生物として女であるということだけではなく、その生殖能力を強調している。しかし、古典的なイスラーム法は、子供を産み母となることより、性行為の対象であることを妻の義務と定めており、これは注目すべきことである。

あるテクストがある特定の時代に読まれ、解釈される時、その時代性ゆえに生じる解釈や偏見、社会通念の問題は、イスラームの法思想に関するテクストだけでなく、イスラームの中心的テクストのすべてに関わっている。正統派イスラームの全体系の中核をなすテクストについて言えば、解釈は致命的な役割を果したが、そのことは表面には表れていない。テクストを読んだり、記したりするとき、解釈はどうしてもついて回る。イスラーム正統派によれば、コーランのテクストは、啓示の言葉をムハンマドが語ったとおりに伝えているものである。コーランは完全な形で当初から語り伝えられてきて、ムハンマドの存命中もしくは死後ただちに、教友たちによって初めて、収集され、整理され書きとめられたと、正統派は主張する。彼らの主張に従えば、原典が書かれたものとして完成を見たのは、ムハンマドの死後、第一代カリフ、アブー・バクルの時代で、欽定版は第三代カリフ、ウスマーンの時代にできたことになる。シリア軍とイラク軍のあいだでコーランの吟唱をめぐる論争が起こり、単一の欽定版が制定されることになった。ウスマーンはハフサが持っていたコレクションを手に入れ、四人の著名なメッカの人間に、クライシュ族の方言に則って、これを写させた。その写しを主要都市に送り、他の写しを廃棄させた。この命令は各地で実行されたが、クーファだけは例外だった。クーファの人々は自分たちの持っていた版をしばらくは死守した。だがウスマーン版が欽定版となり、子音字で書かれた決定版となった。母音も付した決定版が確立したのは一〇世紀になってからだった。[29]

コーランの言葉はクライシュ族の方言ではないと推測するコーラン学者も、今までに何人かいる。[30] さらに、他のさまざまなことを考えると、ムハンマドが語った言葉が口承資料からテクストとして書かれていく過程は、正統派が主張するほど順調なものではなかった。一つには、正統派自身の説明からも分かることだが、聖典編纂時、さまざまな形の版が流布しており、たとえばクーファ版は欽定版とあまりにかけ離れていたため、彼らは最初、欽定版を受け入れなかったほどだ。当時のこの地方では、テクストの筆写も容易ではなく、読み取る際の曖昧さの原因となった。ムハンマドの存命中、コーランの章句を書きとめるのに動物の肩甲骨のような粗末な道具が使われたが、それだけではなく、この時用いられたアラビア文字も完全なものではなかった。たとえば、子音を弁別する点が抜け落ちていた。そのため、子音字が並んでいると、二通りないし三通りの読みが可能となった。このような表記に基づき、そして、複数あったことを正統派さえ認めている口承の記憶を頼りに、どの読みが正しいかが決められていった。その作業がようやく完成をみるのは、正統派によれば、ムハンマドが亡くなって少なくとも一五年が経ち、多くの国を征服した後のことであったが、まさにこの作業自体が、一つの解釈行為にほかならなかった。同様に、子音字のみで書かれたテクストに、どのような意味が欽定版としてふさわしいかを考えながら、それに応じて母音符号を付けていく作業も解釈行為であり、意味に決定的影響を及ぼした。ムスリムの相続法に関する重要な研究が最近になって示す通り、二つの異なる読みの中から一つを選んだり、二つの相反する読みのうちの一方を権威を持つものと最終的に認めるとき、当時の神学者や法学者は自分たちが暮らす環境からくる見方に従って意味を選んだのであり、それゆえその意味は、初期ムスリムたちが生きていた環境で、それらの文言が担っていたものとは根本的に異なっていただろう。[31]

しかし、コーランを伝え記していくとき、解釈というものが果たした役割がいかに大きかったか、そのことは正統派の教義の中では押し隠されており、コーランのテクストはムハンマドが語った言葉を正確に伝えているという信念それ自体が、正統派信仰の教義となっているのである。同様に、聖なるイスラーム法の総体が、イスラームの考え方の法的解釈として唯一可能なものであるということに、疑いを持つことは厳しく禁じられている。イスラームの中心的テクストも解釈行為を体現したものだということは、正統派がムスリムの意識からなんとしても隠そうとしたことであり、また、消し去ってしまいたいことなのだ。それもそうだろう。正統派が主張する宗教の権威や権力は、アッバース朝の支配階級および国家の権威や権力と密接に結びついており、それらは、自分たちこそが正しく、自分たちのイスラーム観こそが唯一絶対であり、他のものは異端であると主張しなければ、それ自体成り立たないからである。

しかし、正統派が力を持ち、自分たちとは意見を異にする者を異端と非難するようになっても、イスラームの考え方をめぐってさまざまな解釈が発達し、正統派の読解と対立した。正統派とは根本的に異なる解釈をしていた者たちの中に、カルマト派とスーフィーの運動があった。どちらも下層の者に多く支持された。カルマト派の運動や、スーフィーの運動の中でも急進的なものは異端として迫害され、ついに前者は完全に根絶され、後者の急進性は摘み取られてしまった。

政治的、宗教的に異議を唱える運動は、イスラームの社会的側面を正統派とは異なる角度から理解していることに根ざしており、そうした側面の中には女性に直接関わるものもあった。初期のハワーリジュ派の運動にそのことは見て取れる。彼らは、宗教、政治、社会といったあらゆる面にわたり正統派と意見を異にしていたが、それはイスラームに関して、彼らが正統派とは根本的に異なる読解をしていたことに由来する。スーフィーの急進派とカルマト派運動が、イスラームの解釈において正統派ととくに異なる点は、イスラームの倫理や精神、社会的な教えこそをイスラームの本質とみなし、ムハンマドの行った慣例や彼が実施した規則は主として、イスラームの歴史の中の特定の時代、特定の社会にのみ関わり、イスラームの表れの束の間の一つに過ぎないと考える点である。それゆえ、ここでもまた解釈の相違が問題となっている。特定の字句の理解における相違ではなく、ムハンマドの言行をいかに「読むか」、それを歴史とどのように結びつけて解釈するかという、もっと根本的で、テクスト以前の、またテクストを越えた相違なのだ。イスラームの重要性とは、単にある特定の法令を生み出すことにあるのか、それともより公正で慈悲深い社会へと向かう衝動を生み出すことにあるのか。

この文脈において、スーフィーとカルマト派の運動は、格別興味深い。どちらも支配的な社会の政治、宗教、文化の、どの面でも激しく対立していたからだ。それには、女性に対する見方も含まれることを示す証拠がある。スーフィズムでは、敬虔な信仰、禁欲主義、神秘主義が主要な要素であった。スーフィズムはムハンマドの時代にすでに誕生していたものと思われ〔これはスーフィー自身の主張で、学問的には九世紀頃に誕生したと考えられている〕、とくにイスラームの最初の三、四世紀にかけては地盤を固め、重要な発達を遂げた。それは、国家が支援した正統イスラームが発達したのと同時期にあたる。スーフィーの敬虔主義は政治的側面を持ち、政府および体制的な宗教に対し異議を唱え、消極的ではあったが抵抗もした。スーフィズムの考え方の根本にあるとされる諸価値において、スーフィーの運動が支配者の社会および精神と対立関係にあったことは明らかだ。禁欲主義、自己の労働によって手に入れたのではない金品や日々の生活にとって必要以上の金品は拒否すること、禁欲主義、独身主義（これは必ずしもつねに要求されたわけではなかった）の強調、これらは、上流社会の習俗や生活様式に秘められていた物質主義、労働搾取、男性の性的放縦とはまったく対照的である。スーフィーはコーランの内なる精神的意味を重視し、コーランに内在する倫理や理想に従っており、この点でも文字面にこだわる正統派とは異なっている。

ジェンダーに関する取り決めや、女性をどのようにみなすかという点についても、スーフィズムの精神が、支配的社会の精神と対照的であったことを、同派のさまざまな要素が示している。早い時期から同派の主唱者には女性がいて、同派の伝統に寄与してきた。優れた精神的指導者に、たとえばラービア・アル＝アダウィーヤがいる。さらに、スーフィーの物語や伝説から、彼らが女性に関し、支配的社会の価値観と闘い、これを拒絶してきたことがうかがえる。

たとえばラービア・アル＝アダウィーヤに関する記述は、ジェンダーについての概念に関する、際立って反体制的な側面を示している。支配的社会において、あらゆる男女関係の背後にある概念は、生物学と性が両性の関係を規定するというものだが、たとえばスーフィーのある短い記述を見れば、そのような概念ははっきりと否定されていることが分かる。高名なスーフィーの指導者ハサン・アル＝バスリーは明確に述べている。「一昼夜、私はラービアと道と真実について語り合った。そのあいだ、自分が男であるという思いなど心をよぎることもなかったし、彼女も女であることをすっかり忘れていた。そして最後に彼女を見たとき、私は破綻し［つまり霊的に無価値であり］、ラービアこそ真実、正直である［つまり霊的徳が高い」ことがわかった」[32]。この話は性が男女関係を支配するという概念を否定しているだけでなく、男性は女性より優れているという支配的社会の考えにも異議を唱えるものである。なぜなら、ただの男ではなく、もっとも尊敬されたスーフィーの男性指導者その人が、一人の優れた徳をもった女性と比べれば、自分は「破綻している」と述べているのである。

ラービアは霊力だけでなく、知力、知覚力においても男性仲間に優っていたことが、その他多くの話に描かれている。ある話に、どのようにハサン・アル＝バスリーがラービアに近づいたかが描かれている。ラービアは土手で仲間とともに瞑想に耽っていた。ハサンは絨毯を水面に広げてそこに座り、ラービアにこちらに来て語り合おうと持ちかけた。ハサンが自分の霊力を皆に見せつけたいと思っていることが分かったラービアは、自分も礼拝用の絨毯を空中に投げると、そこまで飛んでいき、座ってこう言った。「さあハサン、ここまで来なさい。人々にもっとよく見えますから」。ハサンは黙っていた。彼は飛べなかったからだ。するとラービアが言った。「ハサン、あなたがしたのは魚にもできること、私がしたのは蝿にもできること。(神の聖徒にとって)真の働きとは、こんなことをすることではありません」[33]。

ラービアがメッカ巡礼に行ったとき、カーバ神殿が立ち上がって彼女を迎えに来たという話もある。ラービアは言った。「建物が何だというのでしょう。私が求めているのはあの建物に住まう神であるのに」。一方、名高いスーフィーの同志、イブラーヒーム・イブン・アドハムのメッカ巡礼は何年もの歳月がかかった。道中、何度も止まっては、敬虔に礼拝を行ったからだ。メッカに到着したのにカーバ神殿が見えないので、最初は自分の目がどうかしたのかと疑っていたが、カーバ神殿は一人の女を迎えに出かけたと告げられた。ラービアとカーバ神殿が連れ立ってやってきた。イブラーヒームはカーバ神殿がラービアをあまりに尊んだので、嫉妬に身を焦がした。そのイブラーヒームに向かってラービアは言った。あなたは礼拝をしながら砂漠を渡ってきたけれど、私は内なる祈りをしてやってきたのだと。さてこの話では、一人の女性が一人の男性に優ることが示されるだけでなく、正統派の信仰の形式主義や融通のなさ、そして敬虔な心に必要でないものを、この女性が穏やかに切り捨てていることが示されている。別のスーフィー、スフヤーン・アル゠サウリーについてラービアが言ったとされる、次のような言葉もあるが、これも同様の内容を伝えるものだ。「スフヤーンも、伝統をあれほど愛さなければいい人なのですけど(34)」。

こういった語りには、ラービアの歴史的な姿を伝えるものもあるだろうが、おそらく多くは伝説に過ぎない。たとえば、ハサンとラービアが生きた時代を考えれば、二人が語り伝えられているような会話を交わしたのはもとより、出会ったというのも大いに疑わしい。だが、こういった話が伝説であるからといって、スーフィーの思想を表す見本としての、その重みは増えこそすれ減ることはない。これらの話は、単なる出来事の記録ではなく、思想を表明するために入念に考えだされた語りの構造なのである。上述の語りには、女性はもっとも有能な男性をも凌ぐことがあり、霊的な面で男性の師となることもあり、男女関係においては性的な関係より知的、霊的な関係のほうがその重要性において優っていることもあるという考えが明瞭に描かれている。もちろん、だからといってスーフィーの男性に性差別者がいなかったわけではなく、スーフィーの文献に、周辺世界の女性嫌悪の要素がないわけではない。だが、ここで問題にしたいのは、女性嫌悪を拒否する要素や、生物学に基づく人間の定義を越える要素が、スーフィズムにはあるということだ(35)。

ラービアにまつわるまた別の伝説を読めば、霊的な理由以外にも、なぜ女性がスーフィズムに魅き付けられるかが分かる。たとえばある言い伝えによれば、ラービアは貧しい家の生まれの奴隷か女中であったのだが、主人がある夜目覚めると、神々しい光が彼女の頭を包み、家全体を照らしていた。主人はそれを見て、彼女を自由の身にした。彼女は砂漠に引きこもり、再び町に現れたときはフルート奏者になっていた。それ以降ラービアは、二〇世紀に彼女の伝記を書いたマーガレット・スミスによれば、現存する資料から、「現世を捨て、現世の魅力を振り払い、生涯神に仕えた女性であったという考えがはっきりと示されている[36]」。

スミスはラービアの霊的な問題に焦点を当てているが、ラービアの出身階級は注目に値する。女性、とりわけ下層の出自の女性が自律的な生活を営むことは不可能であったが、スーフィズムはこれらの女性たちに、その機会を与えたのだった。ラービアはスーフィーの仲間たち大勢から求婚されたが、彼女はみな断ったという話もまた、彼女が男性の権威から自由であり、自律していたことをはっきりと示している。自律性や男性支配から自由な生活は、支配的社会に暮らす女性にはあり得ないものであったが、スーフィズムを通して女性にも可能となった。霊力や（ムスリムの女性神秘主義者にとって規範となっていた）独身主義は、おそらくそれ自体のために求められたものであろうが、女性の自律性獲得の手段となり、男性の権威の下、結婚して生きていかねばならないという正統派の命令に、女性が抗うのを可能にした[37]。このようなことを述べたからといって、決してラービアや他の女性の神秘主義を疑ったり、貶めたりすることにはならない。むしろその神秘主義は、自らの社会やその習俗に対して彼女たちが示した、複雑で広範にわたる反応だったのだと言いたいのである。

神秘家としてのラービアの主な功績は、神秘体験の中心に神の愛を置き、強調したことだった[38]。たとえば世評によれば、彼女は神を愛するあまり、神の預言者さえ愛しはしなかった。たいまつと水差しを持ち、彼女がバスラの街を歩いた様子を伝える有名な話がある。たいまつは天国を焼き滅ぼすため、水差しは地獄の業火を消すためだという。そうすれば、信者の目を覆う二枚の覆いがはがれて、地獄を恐れ天国を願うから神を愛するのではなく、神の美しさゆえに神を愛するようになるだろうと、彼女は説明している。[39]

女性に関するカルマト派の見解はあまり知られていない。だが、彼らもまた、正統派イスラーム社会でふさわしいとみなされる男女関係に関する規定からは、根本的に外れていたように思われる。カルマト派の文献は残っていないため、彼ら自身の説明に基づいて、その信条や慣行を調べることはできない。同派の運動は下層階級に根ざしており、軍事力をもってアッバース朝政権にはむかい、一時期、独自の共和国を築きもした。最終的には制圧され、同派の文献も破損されるか、散逸してしまった。カルマト派の活動や社会に関して知り得る情報のほとんどは、アッバース朝を支持し、同派に批判的な観察者が記録したものである。

異議を唱えた他の運動と同じく、カルマト派も、同派の運動がイスラームの本当の教えを真に実現するものであり、支配的社会の堕落した慣行に反対するものであるとみなした。カルマト派の伝道師は、村人に「牛、羊、宝石、食糧」など所有する物一切を一ヵ所に集めさせた。その後、だれも自分の所有物を持たず、必要に応じて分け与えられた。「男はいずれも、真面目に競って働き、利益をもたらし、高い身分に値するよう努めた。女は織物で得た物をもたらし、子供は鳥を追い、稼ぎをもたらした」[40]。彼らが確立した共和制では、共同体の財産は中央委員会が管理し、住民の住居、衣服、食糧が満たされるよう気を配った。

カルマト派は女性に関しても共同財産制を実施していたと書いている者もいる。しかし、現代の学者によれば、この主張はカルマト派の慣行を誤解しているようだ。カルマト派の慣行は女性に関し、これを非難する者たちが生きていた社会とはあまりにかけ離れていた。彼らはカルマト派を非難する根拠として、カルマト派の女性がヴェールを着けていないこと、男女ともに一夫一婦制を実践していたこと、男も女も社会活動を共に行っていたことを証拠として挙げている。こういった慣行ゆえ、これらの書き手たちは、カルマト派が「堕落している」と断言したようだ。もちろん彼ら自身の社会で、上流階級にとって「上品な」規範とは、男が一〇人もの女を囲い性的関係を持つことであった[41]。

このようにこの時期、イスラームはさまざまに解釈された。それぞれ違った階級の利益や物の見方を表しており、それは、両性の関係を支配する取り決めも含め、社会自体が根本的に異なっていたことを意味する。社会を分ける意見の相違や「異説」は、正統派の歴史では神学上の曖昧な問題に関するものであると一般に言われているが、むしろ支配的文化に記される社会秩序や価値観の問題である。解釈が一様であり、現在残っているイスラームに全体として違いが少ないのは、理解が一致していたからというよりは、むしろ歴史上、宗教観や社会観の形成期において、アッバース朝の国家的な宗教観や社会観が勝利を収めたからと見るべきである。

最後にこの人物には触れておくべきだろう。女性に関して体制とは異なるイスラーム理解をし、女性に同情的な主要なムスリムの学者や哲学者の中でも、おそらく比類ない存在である。イブン・アル＝アラビー(一一六五〜一二四〇年)である。彼はスペインのムルシアに生まれ、その知的能力および領域はおそらくアル＝ガザーリーをも凌いでいたと思われる。若い頃、生まれた土地で複数のスーフィーの導師に師事し、そのうち二人は女性であった。貧者の母と呼ばれたシャムスとヌーナ・ファーティマ・ビント・アル＝ムサンナーである。彼はシャムスについて、「霊的活動や霊的交流の点で、彼女はもっとも偉大な者のひとりだ」と述べている。また九〇歳のヌーナ・ファーティマに師事した彼は、彼女の行ったさまざまな奇跡についても記している。彼はヌーナ・ファーティマが葦の小屋を作るのを手伝ってもいる[42]。イブン・アル＝アラビーには娘が一人おり、彼が神学を教えた。娘は一歳にもならないうちから、神学上の問題に答えることができたようだ。久しぶりに会ったときの彼女の喜んだ様子を、彼は感動的に記している。

イブン・アル＝アラビーは、生涯何度も異端として迫害にあった。少なくとも一度は、女性に関する彼の発言が原因で、正統派を怒らせ「異端」の烙印を押されたことがある。たとえば彼の詩、『タルジュマーン・アル＝アシュワーク』は、メッカで彼が出会った若い女性について書いたものだ。その中で彼は、ニザームは「学識があり敬虔で、霊的、神秘的体験をしていて」、「悪意を心に持つ下劣な人」がいなければ、「私は彼女の魂の美しさだけでなく、肉体の美しさについても述べるだろうに」と書いた。「彼女の心の美しさや謙虚な態度」の思い出や、彼女から受けた「変わることのない友情」から、彼の詩が生まれた。その詩の中心となる隠喩は（それから二世紀後のダンテの詩と同じく）、その若い女性は地上に現れたソフィア、すなわち彼の魂が求めて止まない神の叡知の姿であるというものだ。[43] 女性の顔に現れる神性という概念は、正統派にはひどく不快なものであった。そして、その詩があまりに反感を買ったので、後にイブン・アル＝アラビーは、その詩の意味は霊的な寓意でしかないと書き記さねばならなかった（彼の女性に対する体制派とは異なる態度が、アラブ化したスペインの異質な習俗に、どの程度影響されたかは当然問題であるが、それについては今後、探求されねばならない）。

イブン・アル＝アラビーの思想では、一貫して神性の女性的側面や両性の相補性が強調される。彼は、イヴがアダムの脇腹から生まれたという点でアダムは最初の女性であると述べ、またイエスを生んだ聖母マリアは第二のアダムであると説明した。[44] アダムとイヴの比喩を再び用い、神はアダムの「似姿を作り、女と呼び、アダムにはその姿があまりに自分の姿に似て見えたので、自らを求めるものとして、彼女を深く求めた」というのである。彼はまた、神性それ自体の一つの構成要素である、創造の慈愛の息吹きを女性的であると解釈する。[45] イブン・アル＝アラビーはいろいろと取り沙汰されることの多い人物であり、生涯にわたり敵意を抱かれたが、彼の知的能力は、膨大な文献に見られるとおり、偉大なムスリム思想家と認められるに十分なものであった。

要するに、イスラーム法や聖典解釈が彫琢され、今日権威を持つと考えられる形に構築されていった時代は、他に例を見ないほど、女性にとっては不運な時代だった。女性に敵対的な法体系が作られていったが、その程度を決定するに際し、ウマイヤ朝社会や、とりわけアッバース朝社会の伝統が果たした役割は大きい。しかし、この男性中心の社会においてすら、女性にとって不当ではないイスラームの読解が可能だったことを、少数派の法見解が示している。スーフィーやカルマト派の運動から、イスラームの重要性やテクストを、支配的な文化とは異なる意味に読み取る道もあったのだということ、またこういった読みには、女性というものの概念化やジェンダーの社会的取り決めに関わる重要な意味が含まれていたということも分かるのである。

古典的なイスラーム法をより厳密に解釈し、ジェンダーや女性に関し社会も政府も正統イスラームの言説を支持する傾向があることを考えれば、こういった発見が今日、複数のムスリム社会で論議を呼ぶさまざまな問題と関わっていることは明らかだ。現在、女性はムスリム諸国において知識人社会の一部を形成しつつある。しかもその女性の数はこれまでになく増え、さらに増え続けている。女性には何世紀にもわたり与えられていなかったモスクに参詣する権利も、今やすでに勝ち得ようとしている。その結果、これまで述べてきたイスラームの意味をめぐる初期の闘いは、おそらく新しい方法で探求されるだろうし、イスラーム法やイスラームの中核となる言説がどのような過程を経て作り上げられたかも十分に問題にされていくだろう。

第六章　中世イスラーム

イスラームが確立し、その基本的な制度が構築され、支配的な言説が分節化するまでを考えてきたが、この章ではそれに続く諸時代の女性の生活に関し、入手可能な情報を結び付けることがねらいである。この章で、どの地域を選び、どの時代に焦点を絞るかは主に、利用できる情報により決定されている。その結果、主としてエジプト、トルコ、シリアの社会に、また一五世紀から一九世紀初期（マムルーク朝〔末期〕とオスマン朝時代）の時代に焦点が当てられる。これらの地域や時代の女性の生活は、大枠において類似しているが、とくに女性と経済の関係、女性が経済とどのように、またどの程度関わっていたかという点、および女性の生活を支配する習慣、とりわけ結婚に関する習慣という点で類似していたように思われる。しかし、ムスリムの女性の歴史に関する研究はまだ端緒についたばかりである。この分野の研究が進めば、トルコとエジプトの女性の生活の違いや、一五世紀と一八世紀のカイロの女性の生活の違いも、明確にされるであろう。

私が利用した情報源および学問研究は主として、検討する時代や社会で書かれた文献や裁判記録等の文書記録の研究、そしてヨーロッパ人訪問者の記録である。また、カイロで発見されたゲニザ文書に関するS・D・ゴイテインの研究も利用した。ゴイテインの驚異的努力のおかげで、このゲニザ文書から、一〇世紀から一三世紀にかけてのカイロの日常生活がどのようなものであったかが、通常では考えられないような具体性を伴って、うかがい知ることができる。ゲニザ文書とは、カイロのユダヤ教徒の共同体がゲニザで保管していた文書のことで、ここで参考にした他の資料より時代的には前のものであるが、カイロおよび中東のユダヤ教徒の共同体の生活に関わる情報を提供してくれる。しかし、ゴイテインも指摘するとおりその共同体の生活は、カイロの支配階級や当時のより広範なムスリム社会の慣行、前提、生活様式と共通するところが多い。いずれにせよ、女性に関するゴイテインの研究結果は、明らかにムスリム社会の女性の研究と関わるものである。[1] 先行する時代に関する資料を使って、時代的にはそれより多少後になる女性の生活や活動を概観するわけだが、これも、ゲニザの人々の生活様式、慣行、習慣を確証したり例証したりするのに、一九世紀の旅行家エドワード・ウィリアム・レインを盛んに引き合いに出したゴイテインの例にならっている。一〇世紀から一九世紀の初期、西洋の経済侵略が始まり、それに続いて、社会的、制度的に分節されていたムスリムの支配的ジェンダー観が侵食され崩壊するまでの時期にわたり、この地域の女性たちの生活が少なくとも大まかな様式や可能性という点で多くの類似点があったことが、現在利用可能な情報からも分かっている。

問題としている時期、地中海地方の中東地域では、四つの要因とその相互作用によって、女性の生の可能性が形成された。(一) 結婚を律する習慣および法律。とくに、一夫多妻、妾制度、夫が妻を一方的に離婚するのを認める法律。(二) 女性隔離という社会的理想。(三) 女性の法的財産権。(四) 階級制度における女性の地位。最後の要因が決定的に重要だった。なぜなら最初の三要因が女性にどの程度影響するかは、女性の社会的地位によって決定されたからだ。

女性の生の可能性を枠付け、制約する上で、階級はとても重要な要素である。それゆえ、結婚に関する慣習や法規、隔離の理想、財産権を律する法律が、それぞれの階級においていかに女性に影響を与えたか、まず上流階級から考える。これらの変数が、全階級にわたって女性の個人的、経済的状態の「根本」をいかに決定したかを、彼女たちの生活を具体的に紹介しながら述べるつもりだ。たとえば女性はどのような家に住んでいたか、そこにはどんな家具があったか、食事の買物や準備といった日常的な問題をどのように処理していたかなどを、階級により異なる枠組みの中で論じる。それから社交や娯楽に関する慣習がどのようなものであったかも述べる。それには買物などの活動も含まれる。私の関心はもっぱら、都市に住む女性に向けられているが、それは、現在利用可能な情報がこれら都市部の女性たちに限られているからである。

記録文書であろうと文献であろうと、これらの叙述で私が利用する資料の大半において、女性の姿は垣間見られるだけで、女性の主観ということになれば、これはもう推測する以外にない。私が言及するアラビア語の原典資料はすべて男性の手によるものであり、女性や、女性の生活を描く目的で書かれたものは皆無である。カイロのアル＝サハーウィー（一四二八〜九七年）が同時代の女性教養人の人名事典を編纂しているが、これも、これら女性たちの教師や彼らの業績、および彼女たちの結婚相手といった情報を記すのが目的であった。この時期、これらの社会で、女性によって書かれた作品はなかった。当時の女性の様子や発言、生活観は、当地を訪れたヨーロッパ人がごく稀に記したものより他に知りようがない。その中でメアリー・ウォートリー・モンタギュー夫人による記述は詳細にわたっている。この章の結びに、彼女の言葉を引用するつもりだ。

結婚に関する慣行で社会全体に共通であったものはほとんどなかった。階級間で共通していた数少ない慣行の一つが、人は結婚すべきものとされ、独身は両性ともにごく少数であったことだ。もう一つは女性の結婚年齢であり、一二歳から一六歳、遅くとも一七歳で結婚した。それより若く結婚することも可能であったが、文献から知りうる限り一般的ではなかった(2)(当然のことながら、文献資料は上流および中流階級に限られている)。これら二つの点以外では、ある階級に見られる結婚の習慣は、その階級内に限られた。一夫多妻や妾制度は、主として支配階級で行われ、規範となっていた。一二五〇年から一五一七年にかけてマムルークたちがエジプトの支配者であったが、彼らのあいだでは大きなハーレムを作り妾を抱え、可能な限り多くの妻を持つことが、男性の階級と権力を表した(マムルークは奴隷戦士の出身で、長じて権力を握ると、婚姻によるだけでなく、そもそもの出身であるチュルク系住民の住む地方から奴隷を買い、自分たちの身分に補充することで数を増やした)。当時の史家がたびたび述べているように、同性愛はマムルーク男性のあいだで一般的であったが、これによって彼らの妻の数が減ることもハーレムの規模が縮小することもなかった(3)。

上流階級の男性の妻にとって、一夫多妻や妾制度の問題は経済的なものではなく、感情的、心理的なものであった。さらに、妾たちの場合となると、少なくとも主人の子供を生んで、それによって多少の安定を手に入れないかぎり、経済的に不安定だった。民族的出自によって、妾の運命は決定的に左右された。たとえば、マムルークはエジプトでは少数民族であったが、自分たちが現地住民より優れていると考え、同じカースト内で結婚し、自分たちと同じチュルク系の女性を妾にした。民族的エリートに属していたこれら妾たちの待遇が相対的に良かったことは間違いない(4)。しかし、妻は地位と身分を求めて争い、妾は生活の安定を求めて競い、ハーレムの女性たちはそもそも競争関係にあったので、ハーレムでの暗殺話を史家が伝えているのも驚くに値しない。

毒を盛られたとか、魔術をかけられ病気になった、もしくは死に至ったとされている二人の女性の記録から、言葉では語られることのなかったハーレムでの地位と権力を求める争いをうかがい知ることができる。ハーレムではある女性が気に入られて地位が上がれば、別の女性がその地位を追われて落ち目になり、政界におけるのと同様、恨みを抱くことになった。コーカサス人女性の娘ジュルバーンは、スルタン・バルスバーイに買われ、二人のあいだにできた息子ユーセフは父バルスバーイを継いでスルタンとなった。バルスバーイはジュルバーンと結婚する前、彼が以前仕えていた主人の妻であったドゥクマクと結婚しており、彼女が第一王妃だった。第一王妃とのあいだにはナーシルという息子がいた。スルタンと結婚したジュルバーンはドゥクマクに代わって第一王妃となり、さらに多くの寵愛を受けた。コーカサスからは彼女の家族が呼びよせられ、彼らにも要職が与えられた。ジュルバーンは毒殺されたが、それがハーレムにおける出世の結果であったことは間違いない。彼女は莫大な財産を残した（一七頁）。

二番目の女性はギリシャ人で妾のシーリーンである。シーリーンの主人はスルタンになり、彼女と結婚して、彼女は第一王妃になった。新たに寵愛を受け、以前の妻に取って代わり、要塞の列柱の間《ま》に住むことになった。そこに住みだして間もない頃、彼女は病気になり寝込んでしまった。魔術を使ったとして罪に問われた者もいる。彼女の息子は、父の妻たち、つまり王妃の誰かが、恨みと怒りから彼女を病気にしたと考えた（六九〜七九頁）。

離婚や再婚はこの階級ではありふれたことであったが、またどの階級でも一般的であった。マムルーク階級の女性二五人の結婚を記した表によれば、そのうち七人は四回以上結婚しており、一度しか結婚しなかった女性は一人もいなかった。(5)

マムルークの男性の財産贈与を調べると、娘、姉妹、さらには妻との愛情の絆がいかに強かったかが分かる。女性縁者の利益になるよう男性が財産をワクフにして、女性がその財産（莫大なものであることもあった）の管理人となるのがかなり一般的だった（ワクフとは慈善施設維持のための財産贈与であるが、縁者も受益者となることができた）。アル＝マスーナ・タタルハンは父から、七〇〇フェッダーンの耕作地と六つの屋敷、多くの店舗、そしてカイロの賃貸地を含む地所の管理者に任じられた[6]。

現存するワクフに関する記録の三割近くに、遺産贈与者あるいは、より一般的には管理者として、女性の名前が挙がっている。マムルークのあいだでは、財産との関係が特異であったために、女性を管理者に任命する率が著しく高かった。マムルークの男性たちは奴隷であるか奴隷出身であったため、土地の使用権が与えられても、死亡するとその土地は国に返却された。ワクフとして財産譲与を行えば国家に土地の返却をしなくてすむので、病院、学校、その他慈善施設として、縁者が受益者となるよう贈与をした。さらに、マムルーク男性は職業軍人であったため、死亡率が高かった。加えて、政治的理由で暗殺されたり、投獄されたり、財産没収されたりすることも多かった[7]。女性がそのような目に遭うことは少なかった。女性が財産を譲り受け、管理するよう任じられていたことから、男性たちが女性もその任を全うできるとみなしており、娘たちはおそらく有能な管理者となるべく教育されていただろうことが分かる。

この階級の女性は、莫大な財産を自由にする権限を持っており、自分自身の地所を管理することもあった[8]。さらに、マムルークの女性は自分の家をとり仕切ったが、それすら巨大な建物であった。ある王妃は七〇〇人の召使を抱えていたほどだ。召使はすべて女性であり、その中には出納官（ハーズィンダーラ）や監督者（ラアス・ナウバ）も含まれていた。男性と同じく、この階級の女性は、学校、病院、霊廟への贈与を行い、女性奴隷の利益となる贈与も考え出した[9]。

その他の階級でもまた、若年での結婚や数度にわたる離婚、再婚は日常茶飯事であった。さらに、このことは、宗教を異にする共同体にも言えるようだ。ゴイテインの報告によれば、カイロのユダヤ教徒の共同体における結婚年齢は一二歳から一七歳であり、離婚もありふれていて、二〇世紀も後半になるまで、ヨーロッパやアメリカのどのユダヤ教徒の共同体よりもその比率は高かった。離婚も再婚も、一四世紀と一九世紀のエジプトで、都市と地方の両方の記録が報告されている。[10] 離婚を言い出すのはほとんど決まって夫の側からである。ほんの稀に女性の請求により離婚が成立した事例も報告されてはいるが、その際女性は、子供に会う権利を放棄するという代償を払ったり、離婚するため高額の金を夫に払ったりするのが常であり、その両方の代償を要することもあった。女性は自活できるくらい裕福でなければ、離婚を決断するには通常、家族の援助が必要であった。あるメッカの女性は夫を家から追い出し、戻ってくることを拒否したが、このような強行手段を取れるだけの資力があったと思われる（六四頁。また一〇四、六二、一一六頁を参照）。したがって女性の側から離婚できるかどうかは、自分の財産という力を持っているか、それとも家族の援助を受けられるかにかかっていた。同様に、結婚契約において女性が結婚の条件を規定できる立場にいたのも、女性が資力を持っている場合か、家族の援助を受けられる場合だけであった。この場合には、別の妻や妾などを持たないことに夫が同意するよう、女性の側から強く求めることもあった。[11]

支配階級以外では、一夫多妻や妾制度は比較的少なかった。（一夫多妻を認めるという点ではイスラーム法と同じ法を持つ）ユダヤ教徒と同様、ムスリムのあいだでも、一夫一婦制が「進歩的中流階級」の特徴であったと、ゴイテインは考えている。一八世紀のアレッポや一九世紀のカイロを訪れたヨーロッパ人によれば、一夫多妻は稀であり、また一七世紀のトルコについてのある研究によれば、二万世帯に関する記録中、一夫多妻は二〇例見られるのみである。[12] 財力の問題は大きかった。非常に裕福な男性でなければ一夫多妻は実行できなかった。どの妻も公平に扱うよう法が求めていたからだ。調和を保つためには、それぞれの妻に独立した屋敷を持たせることが必要だっただろう。男たちの資力を超えないにしても、やっかいなことに変わりはなかった。一夫多妻は、支配階級では是認された慣行であったが、夫を他の妻や妾と共有する以上、女性にとって不幸な状態であると思われていたようだ。当時の書き手が女性のことを報告する場合、一夫一婦の結婚をしていたときは、彼女はいかに幸せであるかと述べるのが常であった（六四、八四〜八五、四四〜四五頁）。また娘の結婚に際し、一夫一婦を規定できる立場にいる家族の場合、しばしばそれを求めた。どちらの事実から見ても、この社会の構成員にとって、一夫多妻が女性には望ましいことではなく、法や上流階級では認められているとしても、ある意味では女性の権利の侵害であると思われていたことが分かる。少なくともその女性が自分の家族の者である場合にはそう思われていた。結局のところ、（たとえば妻たちが物質的に、または食料に関して、十分以上に自給自足できるような社会で）一夫多妻が認められていただけでなく、それを実践することが、その社会の構成員全員にとって自然で幸福なことであるとみなされていたような社会が存在したと、考えることはできるにしても、地中海地方の中東地域のムスリム社会で、このことがあてはまらなかったのは明らかだ。

アル＝サハーウィーの人名事典に見られる女性たちのあいだで、一夫多妻は稀であった。そして一夫多妻の場合には、劇的事件や悲劇が伴うのが常だった。ハビーバやウンム・アル＝フサインの結婚は一夫多妻であった。ハビーバは従兄と結婚したが、その男は密かに別の妻をめとった。そのことがハビーバに知れると、夫は妻の怒りを恐れ、二番目の妻とすみやかに離婚した（一九頁）。ウンム・アル＝フサインは、学識優れた女性であったが、夫が別の妻をもらったという理由で発狂したと伝えられている（一四〇〜四一頁）。怒り、秘密、狂気。このことから、彼女たちの社会が容易に一夫多妻制になじんではいなかったことが分かる。言葉そのものさえ、女性にとって一夫多妻制に固有の不幸があることを伝えている。「複数の妻をめとる」ことを意味する「ダッラ」*darra* という語は、「害を与える」という動詞に由来している。

労働階級では妾を囲うことなど、その財力上不可能であり、中流階級でも稀だった。西洋人旅行者の言葉からもそのことが分かるし、当時のアラビア語の資料を見ても分かる(13)。

現存の記録から、女性が、一夫多妻や妾制度によって、感情的、心理的にいかに大きな代償を支払ったか、さらに詳しく知ることは、往々にして不可能である。しかし、一九世紀のカイロの警察の記録にある一つの事例から、奴隷女性が性的にいかに弱い立場におかれていたか、また、その子供たちが、男性からと同じように他の女性からも肉体的虐待を受けやすい立場にあったことが、生々しく伝わってくる(その事例が警察の記録に載っており、したがって社会で容認される行いではなく、犯罪行為であったことは強調せねばならない)。

奴隷商人デリ・メフメトはイスタンブルでセミスグルを買った。海を渡ってエジプトに連れていく途上、メフメトは彼女と関係を持った。彼女は彼の所有物である以上、彼にはそうする権利があった。エジプトでセミスグルは主人に、妊娠したと告げた。彼は彼女を売るつもりであった。しかし、奴隷が自分の子供を産めば、その奴隷を売ることは違法となる。そこで薬を与え、中絶しようとしたが、うまくいかなかった。それでもエジプトの支配階級の一族に彼女を売りつけた。その家の女性たちが彼女の状態に気づき、確かめるために産婆を呼んだ。妊娠していると分かると、彼女はメフメトのもとへ戻された。

次にメフメトは、彼女を仲間の奴隷商人ムスタファーのもとへ行かせた。メフメトの妻が、セミスグルと夫の関係を知り、ムスタファーのもとへ出向いて、セミスグルを罵り、殴ろうとした。ムスタファーの妻が割って入ってセミスグルを助けたが、彼女は数日後、メフメトのもとへ送り返された。妊娠後期に入っているという理由で、産婆は中絶することを拒否した。メフメトも彼女を殴って流産させるのを渋ったので、仕方なく、妻自ら衣装箱やすりこぎ棒といったものでセミスグルの背中と腹を殴った。通りがかりの農婦がセミスグルの叫び声を聞きつけ、近所の者に助けを求めに行った。近所の者が駆けつけ、セミスグルを看病した。セミスグルは男の子を産んだが、メフメトの妻がその子を養子にすると言って連れ去った。男の子は一年も経たずに死んだ。そうこうするうちメフメトは再びセミスグルを仲間の商人に売りつけたが、もちろん彼女が彼の子供を産んでいた以上、違法行為である。彼女を買った商人がそのことを知り、彼女を奴隷商人組合長のところに連れていき、この問題が調査されることになった。その問題は、最終的にはエジプトの大ムフティ（イスラームの最高権威）の手に委ねられた。その結果セミスグルが解放されたことは当然である。[14]

一夫多妻の結果、新しい妻が優位に立ち、最初の妻が離婚されることもあったが、中流階級や下層階級の女性の場合、離婚後の生活を守るための個人的財産や、実家の援助もなかったので、一夫多妻制によって感情的、心理的ストレスをこうむるだけでなく、貧困に陥ることもあった。中流および下層階級の女性が夫や家族の財産とは別に自分の財産を持っていたとしても、自活するに足る収入のある者は滅多にいなかった。

寡婦や離婚女性、そしてその子供たちの状態は、恒常的に悲劇的なものであった。成長した息子がいる場合は幸運だった。アル＝サハーウィーは、息子と暮らし、息子に厚遇された女性をもっとも幸運であったとして、多くの名を挙げている。ハディージャは四度寡婦になったが、献身的な息子と暮らし、息子は「彼女に言いようのないほどの安逸な生活をさせてやった」。ゼイナブは父にコーランを学び、夫に伴い二度巡礼の旅に出たこともあったが、寡婦となってからは息子と同居し、「息子の待遇も良く、あらゆる要求が叶えられた」（二五〜二六、四五頁）。どんな場合でも寡婦や離婚女性は、他のあらゆる女性と同じく、男性縁者の保護の下で生活しなくてはならなかった。もちろん男性縁者がいればの話であるが。アビーダは二度夫に離婚され、その一人とは子供をもうけていたが、母方の伯父の保護の下で生活した。アル＝サハーウィーの伯母ファーティマは子供をみな失い、その生涯のほとんどを兄と暮らしたが、彼女は刺繡に長けていて、近所の子供に教えた（一〇二、七二頁）。男性縁者が喜んで面倒を見てくれなかったり、あるいは見てやろうにもそうすることのできない場合には、女性は赤貧の生活を余儀なくされた。こういったことは一般的なことであったらしく、当時の文献に、これこれしかじかの人物は「貧しい人や寡婦」、また「年寄や寡婦」に慈悲深かったと、至る所で述べられている。

どのようなエスニック集団でも、女性の窮状は同じだった。ユダヤ教徒の女性についてゴイテインは次のように述べている。「そこそこの生活を手に入れる闘いに敗れたり、そもそもそんなものと無縁であった寡婦や離婚女性、また捨てられた女性は相当数にのぼった。その女性たちは座して助けを待つことなどできなかった。権利を守るために、またなんとか生計をたてるため、慣用句にあるように『覆いを取り』、外に出なければならなかった」。ユダヤ教会は、登録してある人に、週二回パンを、ときどきは小麦や衣服、また現金を給付した。寡婦や離婚女性のためにリバート（修道場）を建てる富裕なムスリム女性もいた。[15]

カイロの偉大な歴史家であり地誌学者であったマクリーズィー（一三六四〜一四四二年）が、カラーファ・クブラー（大墓地〔カイロの死者の街にある墓地区の名〕）にある家々のことに触れている。それはリバートと呼ばれ、マクリーズィーによれば、「預言者ムハンマドの妻たちの住まいにならっている」。「老女、寡婦、独身女性」がそこで生活した。アル＝サハーウィーもまたリバートについて述べている。アブドゥル＝バシート地区にあるリバートは「立派な」もので、スルタン・アイナルの妻ゼイナブが寡婦たちのために建てたものであった。また「貧しい者や年寄」に良くしてやったエミール・ハッジュ・アル＝バイサリーの娘、ハディージャが建てた、やはり寡婦のためのリバートもあった（四四〜四五、二五〜二六頁）[16]。

キリスト教社会には独身女性や独身男性による宗教的共同体が見られるが、ムスリム社会では、そのような意味での宗教的共同体は存在しなかった。しかし、ある意味では宗教的共同体ともいえる修道場や、貧しい女性のための避難所は存在した。ある修道場、すなわちリバートは、宗教や教育の中心になっていたと、マクリーズィーが述べている。リバートそのものが「神への道の途上にいる」者の住む場所であると、彼は定義している。その施設は、タズカライ王女により、ゼイナブ・ビント・アビー・アル＝バラカートおよび「彼女に仕える女性たち」のためにつくられたものである。アル＝バグダーディーヤ（バグダード出身の女性）として知られているゼイナブは、学識も宗教的知識も卓越した女性であった。この施設は一二八五年以来、一五〇年後のマクリーズィーの時代にも、多少弱体化していたとはいえ、活動を続けていた。その施設を司った最後の女性は、ウンム・ゼイナブ・ファーティマ・ビント・アル＝アッバースであったと、マクリーズィーは述べている。彼女は一三九四年に死んだ。彼女は優れた教養の持ち主で、カイロやダマスカスの多くの女性に影響や刺激を与え、また恩恵を施した。そのリバートで生活していたのは、寡婦や離婚女性、そして夫に捨てられた女性たちだった。彼女たちは再婚するか夫のもとへ戻るまでそこで暮らした。その修道場は厳格に運営されていたが、「きびしい時代になり」、女性の監獄のようになり有害であるとみなされ衰えた。マクリーズィーの時代には、ハナフィー派の裁判官が管理していたが、まだ「いくぶん良いもの」であった[17]。

イスラーム法は女性が財産を相続し、自分の財産としてこれを所有することを認めていたので、中流階級の女性もしばしば財産を持ち、不動産の売買、店舗の賃貸、金貸しといったさまざまな職に従事した。多くの証拠がそのことを物語っている。一六世紀、一七世紀のトルコ都市部、一八世紀のアレッポ、そして一九世紀のカイロの女性の研究から、女性は理屈の上だけでなく、実際に相続し、さらに相続から不当に除外されたと考えれば、自分から進んで法廷に出向いたことが分かる。[18]

女性と財産の関わりが調べられた地域のどこにおいても、女性はつねに不動産と関わっていたことが分かっている。アレッポやトルコのカイセリでは、全財産譲渡の四割が女性と関係していた。住居用だけでなく商業用の財産も、女性により活発に売買された。女性店長は稀であったから、貸し付けたものと思われる。アレッポでは商業用の財産取引の三分の一を女性が占め、その三分の一が購入者として関わっていた。[19] トルコやシリアでは、女性は財産を購入するより売却するほうが二倍ないし三倍多かったことが分かっている。このことは、女性が、売却できるような財産を自分の取り分として相続していたこと、そしてまた、慢性的に現金が必要であったことを反映してのことだろう。[20]

財産の売買には、それほどの資力は必要なかった。多くの家を一人で所有する女性もいたが、家の一部だけを所有する者もいた。大抵の人が、家ないしは、その一部を買う余裕があった。中世カイロでは、「貧しい人々も一軒の家もしくはその一部を所有していた」とゴイテインが報告しているし、エイブラハム・マーカスによれば、一八世紀のアレッポでも同じだったようだ。全体として見れば、女性の資産は不動産に集中していたようである。男性に比べれば、女性が所有する不動産は少なかったが。それに対し、男性はずっと多様な投資をしていた。このような不均衡が生じたのは、女性は相続するにしても、男性に比べ取り分が少なく、いくら財産所有権が女性にあったとしても、女性の保有地が概して大きくないことによるのであろう[21]。

大いに富裕な女性は、香辛料貿易や奴隷貿易など、貿易に投資したり、出資者として商業投機を行うこともあったが、中流階級の女性は主に不動産に投資したようだ。それ以外の投資として、家族の者やしばしば夫に、またときに他の女性に、利子を付けて貸し付けることもあった[22]。この貸し付けは法廷で保障されており、必要であれば女性自ら法廷に赴き、夫であろうと家族の者であろうと相手が誰であれ、貸した金の返却を要求した。原告である場合も被告である場合も女性自ら法廷に出向き、その陳述は男性の陳述と同じ重みを持っていた[23]。

学者たちは、それもとくに西洋の場合、女性が財産を相続、所有し、法廷においてさえも経済的利潤を熱心に追求したことを示す証拠記録を、熱烈に歓迎するようになった。その記録の示すとおり、ムスリム女性は、かつて西洋社会が想像していたような、財力も法的権利もない状態に置かれていたわけではなく、つまるところ受動的存在でもなかった。しかし、女性が積極的に活動できたのは、社会的に許されたほんの限られた範囲内のみであったことを強調したい。たとえば、女性が財産を手に入れるのは、基本的に贈与もしくは相続によってのみなのである。自分から富を作っていく経済領域は、そういった領域に打って出る富を相続しないかぎり、概して女性には閉ざされていた。それゆえ、女性が財産を所有し、経済活動をしていたという証拠は、ムスリムの女性が受動的で財を持たなかったという、西洋の既成概念をつき崩しはするが、それは同時に、彼女たちの財産との関わりが、二次的で周縁的であったことをも示すものなのだ。男性縁者の世話にならず、経済的にやっていけるだけの財を持っていた女性もいたが、どの時代でも少数派であったに違いない。

あらゆる階層の女性が、裁縫、刺繡やその他の織物製造に従事した。刺繡は、ゲニザ文書において、

「女性との関わりで語られることがもっとも多い職業であり」、（男性同様）女性は、「至る所で、絹を織り染色し、また糸をほぐし糸を繰る作業に従事した」と、ゴイテインは記している。[24] 後の時代、女性が織物の仕事で収入を得ることができたのは明らかである。一九世紀初期のカイロでは、女性は布地製作、とくに紡績、梳綿作業において経済的に重要な位置を占めていたことが分かっている。ヨーロッパ市場の侵入とヨーロッパ商品の輸入が始まる前までは、とくにそうであった。女性たちは、綿や亜麻の生糸を買い、自宅で加工し、これを売るか、「下請け」をした。下請けとは、業者が綿や亜麻を買い、紡績や梳綿をする女性の所へ配達し、単価当たりの労賃を支払い、回収し、織物作業所に運ぶのである。東地中海地方の他の都市部、たとえば、一七世紀のトルコの町ブルサや一八世紀のアレッポを調べた研究によると、一九世紀以前の時期にも似たような制度が存在した。[25]

このような労働で得られる収入は、概して少額であった。裁縫や刺繡は、布地作り同様、それほどの収入にはならなかったが、富裕層の女性用の上着やその他贅沢品の刺繡をして、いい生活を送ることができた女性も、少なくとも一九世紀初期のカイロにはいた。低賃金で若い女性を雇い、見習いとして働かせるほどに成功した女性も、例外的ではあるが存在した。[26]

裁縫と刺繡は広く教えられた。一九世紀も後半になると、少女たちは、だいたい九歳頃まで、裁縫と刺繡の学校へ行った。この技術を教えることは、収入を得る手段であった。アル＝サハーウィーの伯母のように、女性たちは非公式とはいえ、近所の子供たちに教えていたと思われる（アル＝サハーウィーは、伯母が謝金を受け取っていたかどうかについては触れていない）。

ここで問題としている時期も後半になると（証拠が残っているのはとくに一八世紀後半と一九世紀だが）、これらの学校で文字を学ぶ少女もいた。九歳を過ぎても教育が続けられる場合、女性の教師が雇われ、生徒である少女の家に来た。また、問題としている時期も最後の頃になると、クッターブ、すなわちモスクに附属し、男子が通っている学校へ通う女子もいた。クッターブでは読み書きとコーランが教えられた。[27] ごく少数の女子はさらに教育を受け、高名な学者や、ハディースやタフスィール(コーラン解釈学)の教師になった者もいる。高等教育を受けた女性は、「ウラマー」階層の者が大半を占めた。ウラマーとは教育を受けた男性たちで、国家の法学者、神学者、行政官を構成していた。彼らは中流階級の上層部を形成し、支配階級の者と結婚する者もあった。この階層の女性が教育を受けるかどうかは、家族の者が時間を割いて教えるかどうかにかかっていたようだ。ここでいう家族の者とは、多くの場合父親であったが、祖父や伯母が少女を教えることもあり、夫が妻を教育することもあった。[28]

女性にとって最初の教育は家庭で受けるものであったが、その後の段階では、男性の学者や教師に教わることもあった。学問とはテクスト、つまりハディース、フィクフ(イスラーム法学)、そしてタフスィールを暗記することであり、生徒が一定レベルに達すると、教授資格を持つことを証明する免状が、教師から与えられた。ウンム・ハーニー(一四六六年没)は、子供の頃コーランを学んだが、最初の教育は祖父から受けた。後に彼女は祖父に伴ってメッカに行き、メッカで、またカイロに戻る途中でも、男性学者たちにコーランの暗唱を「審理」され、「認可」された。アル゠サハーウィーの報告によれば、彼女はハディースとフィクフを熟知し、当時名高い学者のひとりであった(一五六〜五七頁)。

別の女性、ハジャル(一三八八年生)は父から教育を受けた。学者のもとを訪ねる父に同行し、議論に加わり、彼女もまた男性学者に審理され認可を受けた。彼女は当時一流のハディース学者であり、彼女の話を聞きに生徒たちが集まってきたと、アル゠サハーウィーは述べている。アル゠サハーウィーも、彼の尊敬する教師であり導師でもあったアル゠アスカラーニーや、彼と同時代のアル゠スユーティーがそうであったように、複数の女性教師に師事したが、ハジャルには教わらなかった。ハジャルは教えるときヴェールを着けなかった。それは「多くの老女のあいだでは普通の」ことであったが、アル＝サハーウィーはそれを認めなかったためである（一三一〜三二頁）[29]。

また別の女性バイラムのことにもアル＝サハーウィーは触れている。彼女の父はコーランを研究し、学識者と交際していた。そのような雰囲気の中で育った彼女の研究には、アル＝ナワウィーやアル＝ガザーリーの論文も含まれていたという。彼女は父に連れられエルサレムに行き、「そこでシェイフ〔尊敬を表す称号として、人格や学識が優れていると認められたウラマーたちに与えられた〕たちに暗唱してみせ、研究してきたことを女性たちに教えた」。彼女は結婚し、その後、「彼女の人生は一変した」と、アル＝サハーウィーは短く結んでいる（一五頁）。

アル＝サハーウィーが教養ある女性として名を挙げている者の中には、ハディージャ・ビント・アリー（一四六八年没）とナシュワーン（一四六九年没）がいる。ハディージャはコーランとハディースの研究者であり書家であり、アル＝サハーウィーとはともに学んだ仲であったが、女性だけでなく男性にも教えていた（二九頁）。ナシュワーンは、その博識のゆえに、上流女性の友人が多かったが、彼女があまりに博識であったので、彼女の親戚で裁判官であったキーラーニーは、通常女性が彼の家に入ってきても立ち上がることはなかったのに、彼女が入ってきたときだけは立ち上がってしまったほどだ。ナシュワーンはバーリジーヤ王女と親しく、巡礼にもお供した。彼女の学生は、彼女の心遣いと忍耐強さを称賛している（一二九〜三〇頁）。

上流階級に友を持つ、教養ある女性は他にもいた。たとえば、ハディージャ・ビント・ムハンマド（一三八九年没）である。彼女の学識は広く、アル＝ブハーリーのハディース集についても知悉していた（三一頁）。前に名を挙げた王族の一員タズカライ王女は、一二八五年ゼイナブ・ビント・アビー・アル＝バラカートと「彼女に仕えた女性たち」のために修道場を建てた。上流の女性は、時に自らも学者であった。ベイ・ハートゥーン（一三九一年没）の場合、シリアとエジプトでハディースを教え、彼女の教師には、著名な女性および男性学者がいた（一一～一二頁）[30]。

これらのことからも、男女間で学問的相互交流があったのは明らかで、女性は女性だけでなく男性にも教えを受けていた。しかし、その方法や場所は明らかではない。女性が男性の講義に参加し、男性も女性とともに学んでいたのは明白だが、数多くのマドラサ（学校）や公共教育施設のどれかに女性が参加していたという記録は、イスラーム世界の教育の歴史には見当たらない[31]。一九世紀初頭、カイロを訪れた旅行者の記録には、古くからある有名なアズハルの宗教、教育施設に、女性の姿が見られたとある。「ヨーロッパに普及している考えに反して、修道者の多くが女性であり、彼女たちは臆することなく出入りし、男性と言葉を交わし、男性のあいだで自由に振舞っていた」。この自由はこれ以前の時期にもあったのだろうか。男性が教師になるとき、しばしば必須条件とされた免状を、女性も手に入れていたことは確かであるが、かつて女性がこのような施設で教えたことを示すものはどこにもない。教師として給金を得ることのできる地位は、明らかに女性には開かれていなかった[32]。女性が生徒を取っていたのは確実であるが、報酬を受けていたとすれば、どのような報酬を受けていたか、そのことを示すものはない。高名なハディース学者ハジャルの所には、話を聞こうと生徒が押し掛けていたが、晩年、生活が苦しくなると、彼女は「生活に必要な金を躊躇することなく受け取り、自分から要求することもあった」（一三一頁）。給金を求め、数少ない女性のためのリバートや、さらに言及されることの少ない孤児や寡婦のための学校で、女性学者はある種の教育を行ったと思われるが、この問題は全般的にもっと研究されねばならない。

自分が楽しむためであれ報酬を受けるためであれ、学問の追求は、たとえ晩年、不遇な目に遭ったとしても、明らかに中流および上流階級の女性だけの特権であった。下層階級の女性が仕事をして報酬を得ることのできる分野は、次のような仕事であった。産婆、パン屋、青物商、(豆料理、小麦粉、牛乳などの)食品販売、ダッラーラ(ハーレムへの衣服、刺繡、宝石の行商)、死体洗浄、葬儀の泣き女、歌手であった。他に、浴室接客係、マリスタン(男女両方の患者を診るため、どちらの雑役係をも雇った病院)での女中および雑役婦、また娼婦として働くこともできた。[33] エジプト、とくにカイロでは娼婦が多かったことが、当時の多くのアラブ人著述家に指摘されているが、彼らによれば娼婦は働くために税金を支払わねばならなかった。一八世紀、アレッポで開業していたイギリス人医師、アレクサンダー・ラッセルによれば、アレッポの娼婦は国の役人に賄賂を贈り許可を受け、「これみよがしの服装をし、顔のヴェールをなびかせ、頰紅を塗り、こめかみにはけばけばしく何本もの花をさし、腹部を露出し、男性のように歩き、おおいに気取って」、通りや町の郊外を闊歩していたそうである。一八世紀およびそれ以降の資料には、娼婦や女性歌手・踊り子の組合について触れたものがあるが、組合といっても、そのような職業に就く者の管理、徴税に際し、国の便宜をはかるために作られた組織の域を出るものではなかった。このような仕事は、下層以下のいかがわしい身分の者の仕事であった。[34]

リバートに住む女性やスーフィーの女性の多くは、立派な女性といかがわしい女性の境界線上に位置していたようだ。男性用リバートに住む男性たち同様、彼女たちはある程度宗教的だった。宗教の務めを守り、敬虔な生活を送るというだけでなく、スーフィー教団の一員でもあった。早い時期よりスーフィズムは、イスラーム教の秘教的側面を表すものであった。一九世紀までに、熱狂的信者たちが修道場で寝食を共にし、全員で崇敬する師の「道」(タリーカ)に従った。そのような集団および修道場の長は、男性ならシェイフ、女性ならシェイハと呼ばれた。一九世紀まで教団員は増え続けたが（教団員は主に都市労働者に多かった）、教団員が増えるに従いスーフィズムは聖者や聖者廟を敬うといった、大衆宗教の特徴を多く持つようになった。その結果、古典的スーフィズムやウラマー階級の「理性的」宗教とは、幾分異なる性格を持つに至った。しかし、スーフィー教団に属するものが労働者に限られていたわけでは決してない。中には教団員のほとんどが上流階級や豪商であった教団もあった。上流の男性同様、上流の女性も教団員になることもあった。スルタン・アル＝ザーヒル・フシュカダムの妻、シュクルベイなどもスーフィー教団に属していた。[35] それでも当時広まっていたスーフィズムは、主として労働者階級および下層階級の文化を表していた。その慣習の多くは、正統派宗教の擁護者であるウラマー階級の人々によって、「迷信的である」として軽蔑され非難された。男性のあいだでは、特定のスーフィー教団の団員であることが特定の職業と明白に結びついていたが、女性に関してはそのようなことはなかったようである。

近代以前のスーフィーの女性に関する情報はほとんどないが、女性について詳しく描いたものとして、法律家であり学者でもあったイブン・アル＝ハーッジが書いたものがある。その中で彼はシェイハや彼女たちの行い、さらにその信者を罵っているが、実際のところ、彼はその作品の全編を通して、女性が発言し、表に現われ、男性に従わないすべての行動を罵っている。

「シェイハと呼ばれる者」がズィクル（時に踊りを伴う宗教的詠唱）を行ったとして彼は糾弾し、これを違法であるとしている。なぜなら女性の声は「アウラ」であり、聞こえてはならないからだ（「アウラ」*'aura* という言葉は、複雑で重層的意味を持ち、指し示すものも多岐にわたる言葉であるが、アラブの支配的文化の男性中心主義と、女性、セクシュアリティ、そして恥ずべき欠陥ある存在といったものとの結びつきを、強烈に示している。その言葉の意味には次のようなものがある。片目が見えないこと、損なわれていること、不完全。生殖器。隠さねばならない体の恥部全般。女性の体。女性の声。さらには女性そのもの)。シェイハのおかげで、女性信徒の振る舞いまでスーフィーの行いのように不品行なものになってしまったと、イブン・アル＝ハーッジはシェイハを非難している。修道院にいるキリスト教徒女性のように、彼女たちは夫を持たない。それは預言者の法に反することだ。イブン・アル＝ハーッジによれば、預言者ムハンマドは、「女性は、彼女の主である夫を喜ばせることのみに尽力すべきである」と言ったのである。(36) この時期も他の時期同様、宗教、独身主義、シスターフッドという手段により、少なくとも個人的な生活においては、男性支配を逃れることのできた少数の女性がいた。ほんの一握りの数であれ、父権制の規則に支配されずに生きた女性がいたという事実こそ、イブン・アル＝ハーッジの痛烈な非難を引き起こすものであったことは明らかである。

文化や言語における男性中心主義、また社会組織に広く内在する言説は、上流階級の建築物にもはっきりと表れている。住まいを表す「サカン」*sakan* という語は、「静かな、平穏な」という語根から派生したが、私生活上、何者にも犯されない安息地を男性は持つ権利があるというイスラームの考えを表していて、他の男の侵害を禁じ、他の男の侵害から守られることを示している。「神聖な、禁足の」を表す「ハラム」*haram* に由来する「ハリーム」*hareem* は、他の男性が入ることをとくに禁じた部屋すなわち、彼の女たちが生活する空間のことである。

上流階級では、自分の女性たちを他の男性から隠しておく、他の男性の目にふれないようにしておくことが男性の権利の理想であり、それには建築上の表現が与えられている。しばしば女性が居住する空間は、家屋の中でもっとも快適な場所であるように作られている。女性たちが生活のほとんどをそこで過ごすからだけではなく、主人が家にいるとき、ほとんどの時間をそこで過ごすからだ。女性たちの部屋は、外部社会と接触を持つ応接間や前庭から隔てられており、中庭に面していた。浴室や台所は、ハーレムとは別になっていたが、つながっていた。ソファ、クッション、絨毯が主な家具であった。妻が複数いる家庭では、妻たちが自分専用の屋敷を持たない場合、各自独立した部屋を持ち、さらにまた別の部屋に妾が住んでいた。

豊かでなければそのような建物を持てるはずがなかった。中流階級の家には、女性の生活空間であるハラミーヤがある場合もない場合もあった。一〇世紀および一一世紀の現存する建築物から、かなり質素な家庭にも女性専用の場所があったことも推察されるが、中流および下層階級の家では相当稀であったと思われる。普通の質素な家庭では、女性専用の場所は、単に戸口にカーテンをかけて仕切られていたようだ。(37)

ユダヤ教徒やキリスト教徒も、イスラーム教徒と同じ建物に住んでいたと思われる。誰がどこに住むかについて制約はなかった。しかし、彼ら非ムスリムの家庭では、女性隔離は行われていなかった。ユダヤ教徒の家庭では、その家の主人がいないときに血縁でない男性がやってきて、その家の女性と話をすることもあっただろう。このような習慣の違いが時に摩擦を生んだ。ゲニザ文書によれば、あるユダヤ教徒の家族がキリスト教徒の家族と一軒の家を共有していたが、キリスト教徒の家族がイスラームに改宗し、女性隔離を行うことにしたので、ユダヤ教徒の家族が困ることになったとある。(38)

上流家庭同様、中流家庭の主な家具は、ソファ、絨毯、クッション、それに仕切り用のカーテンであった。しかしその仕切られた所に、それほど多くの部屋はなかったと思われる。家具は新婦が持参した。家具と新婦の衣装が、主な嫁入り道具であった。ユダヤ教徒の共同体では、それらすべては新婦の財産として、注意深く目録に記入されたが、ムスリム共同体でも同様であったことは間違いない。(39)

衣装は多くの場合、宝石類と並んで嫁入り道具の中でもっとも高価なものだった。男性の衣装も女性の衣装も、色、生地ともに立派なものであることもあり、外套のような上着は男女共用のこともあった。ただしそのことを、権威者が必ずしも認めていたわけではなく、とくに女性が男性用と思われている衣服を着用することは強く非難された。一二六三年、カイロで布告が出され、女性がイマーマ（男性用頭飾り）や他の男性用衣服を着用することが禁じられた。しかし、その効果が短期的にはいかに有効であろうと、長期的に見ればそれほど効果があったとは思えない。イブン・アル＝ハーッジが、一世紀後のことを記述する際、当時の女性がイマーマを着用していることを批判している(40)。

裕福な人々は、家事用の奴隷を使った。その多くは女性であり、料理や掃除をした。奴隷を使う余裕のない中流や下層の人々は、料理に要する燃料や労働を考えると、週日のほとんどは市場で惣菜を買ってすませていたと思われる。惣菜の種類は豊富だった。一般に、市場から食物を買ってくるのは一家の男性か家事用奴隷であった。上流階級では、ハーレムに商品見本を持ってくる商人やダッラーラすなわち女行商人を通して買物をしたが、中流階級でもダッラーラから買う者もいた。アレッポでは、ハーレムへの行商人はしばしばユダヤ教徒もしくはキリスト教徒の女性であったが、カイロではムスリム女性であることが多かったようだ(41)。しかし、中流階級や下層階級の女性が、とくに衣服、生地、宝石を買いに自分で出掛けていったのは間違いなく、男たちの衣服を買いに行くのもしばしば女性であったとイブン・アル＝ハーッジが述べている。祭りの日は、宝石店などに男性を上回る数の女性たちが群がった。そのため、男たちがスーク〔市場〕へ行くのは大変なことであり、それに驚いたイブン・アル＝ハーッジは、まことに彼らしいことに、女性がスークに行くのを禁じるべきだと結論を下している。しかも実際、女性たちは定期的に表に出ることを禁じられたのである。女性が表に出られないとき、商人たち、とくに衣服や香水を扱う商人は商売ができず、苦況にたたされたと伝えられている。[42]

女性の社会活動には公式行事つまり結婚式や出産、葬儀のときの訪問と、非公式の訪問や公衆浴場に出掛けることなどがあった。どの共同体でも、公衆浴場へは週に一度ほど出掛けたと報告されている。結婚式や出産のときには祝いの催しが執り行われ、おそらくプロの女性歌手や踊り子がハーレムで（もしくは女性に割り当てられた場所で）、芸を披露した。男性にも見えるよう配慮され、それができないときには男性に割り当てられた場所で行われ、女性はバルコニーや窓から眺めた。[43] 葬儀もまた社会的行事であり、陰気ではあっても祭儀的意味合いを持つ重要な出来事だった。アル＝サハーウィーの伝記的記述の結びでは、女性の葬儀に触れて、「それは贅沢で荘厳な見世物であった」といった言葉がよく使われている。ある記述では、詩人たちが哀歌を披露し、「楽しいひとときを過ごし、素晴らしい見世物であ」ったとさえ付け加えられている（二五〜二六頁）。プロの泣き女が雇われ、嘆き悲しみ、タンバリンを打ち鳴らし、故人の栄誉を讃えた。品位の点では劣るが、同じように儀式化された虐待の儀式で葬儀が始まることも多く、（死者が女性なら女性の）プロの死体洗浄者が殴打されることもあった。家に入ったとき何が待ち受けているか知っている死体洗浄者は、身を隠すのが常であったが、その場合その女性と女たちが儀式化された言葉のやりとりを行った。[44]

プロの泣き女は正統イスラームではご法度で、権威者により禁止されることもたびたびであった。だが後を断つことはなかった。ある時、その禁止令が撤回されることがあったが、それは歌手やスーフィーのズィクル詠唱者、泣き女など、働く女性が支払うべき税金を政府に送る責任を負った、ダーミナ・アル＝マガーニーと呼ばれる女性官吏の介入によるものであった。[45] 彼女は、政府が泣き女を禁じれば、国庫に入る税金がどれほど減るか指摘したのだった。

互いの家を訪問したり、市場に出かけたりするだけでなく、もっと遠くまで女性が出掛けることもあった。墓参りや、マフマル（メッカへの巡礼隊）の見送り、国家行事の観覧、川沿いの遠出である。こういった遠出は禁止されたり、イブン・アル＝ハーッジのような宗教者によって厳しい非難に遭ったりしがちであった。墓参り、とくに有名人の墓見物は、祝祭日にはつきもので、その外出は、悲しみに沈んだものではなく、子供連れの行楽機会であり、時に女性たちは夜になっても家に戻らなかった。イブン・アル＝ハーッジによれば、女性たちは夜、男性と連れだって「自分たちだけ離れて」墓を訪れ歩きまわり、顔を覆うこともせず、見知らぬ男性と談笑した。月夜に墓地に集まり、灯籠に火を灯し、椅子を並べ、語り部の話に耳を傾けた。しかし、「そういったことは男性にも女性にも禁じられており、墓参りは女性にはまったく許されていなかった」のだ。[46] 周期的に口喧しい連中が勝利をおさめ、祝祭日の墓参りや、墓参り自体が女性には禁じられた。[47]

年に一度のマフマルの出発にも、女性は大挙して出かけた。上流女性の贅をこらしたキャラバンなど、その光景をよく見ようと、マフマルに同行しない女性たちは出発の前日から、見物に適した店に陣取って一晩中そこにいて、ここでもまた男性たちと自由に（度外れて自由にと、イブン・アル＝ハーッジは考えていたが）付き合った。[48] メッカ巡礼はだれもが願っていることであった。見物に来ていた下層階級の女性たちの多くも、一生かかって貯え、いつの日か巡礼に行くこともあっただろう。アル＝サハーウィーが扱っているのは主に中流階級の女性であるが、何度も巡礼に行った者も稀ではない。

マフマルの出発の見送りもまた、周期的に女性には禁じられた。女性が外出することさえ禁じられた時代も何度かあったのも事実だ。たとえば一四三七年、ペストが猛威をふるったとき、スルタンはこれを鎮める方策を求め、裁判官や法学者をよんで厳かに協議した。神がペストで罰するとは、民にどのような罪があるのかと、スルタンが問うと、彼らは「ズィナー」すなわち姦淫、性的不品行が原因であると答えた。当時女性は着飾り、昼でも夜でも自由に通りやスークを歩き回っていた。彼らは言った、女性の外出は禁じるべきだと。年寄の女性や、身の回りの面倒を見る人のいない女性にも禁止令を適用すべきかどうか議論されたが、スルタンはあらゆる女性に適用したいと考え、事実そのとおりになった。「女性の外出は禁止する。違反すれば死刑に処し（中略）、［外にいて］見つかった女性は鞭打ちの刑に処す[49]」。この事態を受け、独り身の女性がどのように暮らしていたか、報告されてはいないが、別の時期に、女性が家にいるよう命じられたときには、餓死する女性もあったと伝えられている[50]。幸いにも極端な禁止令は、何世紀にもわたり幾度となく時の支配者によって布告されはしたものの、それほど頻繁ではなく、長期にわたり施行されることもなかった。女性が男性の衣服を着用することに関してであれ、墓参りや外出に関してであれ、疑いなくこういった禁止令は失効し、女性は以前の状態に戻った。さもなければ、苦情と禁止が繰り返されることもなかったであろう。

浴場に行くことが禁止されたことはなかったようだ。しかし、これを苦々しく思い、イスラームの教えに反すると述べる神学者はいた[51]。イブン・アル＝ハーッジはこの慣行を非難し、男性たちに、自分の女たちが浴場に行かないようにしなさいと諭した。教えによれば、女性は女性同士でいるときでも臍から膝までは覆い隠していなければならないが、浴場ではこのような教えに耳を貸す者はなく、どこも覆っていないと、彼は論じた。ユダヤ教徒やキリスト教徒の女性も浴場に行くということから、ムスリム女性の浴場通いはさらに不品行なものとなる。イスラームの教えによれば、ムスリム女性はムスリム以外に体を見せてはいけないからだ。浴場ではどの女性も裸ではないか、と彼は文句をつけている。他にもいろいろ彼は文句をつけているが、女性たちはいつも一番いい服を着ていき、入浴後互いに見せあい、さらにいい服を買ってくれるよう夫にせがむと述べている。ハンマーム〔公衆浴場〕はさまざまな堕落に至らしめると、彼は浴場批判を結んでいる。その堕落の中には彼がはっきりとは書いていないが（おそらく彼には「口に出せない」ものであったのだろう）、その問題を「考える者なら誰にでも明らかな」ものも含まれているのだと、彼は述べている。(52)

女性たちが書き残した記録はない。したがって、女性たちがどのような気持ちでこのような生活をしていたか、直接知る術はない。私たちの手に入るものの中で、女性の生活や言葉についてもっとも直接書き記しているものといえば、ヨーロッパからの訪問者が残した記録である。とくに、一七一七年から一七一八年までトルコに駐箚した英国大使の妻、メアリー・ウォートリー・モンタギューは、西洋による経済的侵食とそれによる変化が生じる以前、女性がどのような生活をしていたかについて、情報とは言えないまでも印象を書き残している。別のイギリス人の書き手、アレクサンダー・ラッセルもまた、ハーレムの生活について、かなり詳しい情報を教えてくれる。ラッセルは前に述べたように、一七四〇年代のアレッポで医者をしていたので、通常の西洋人男性と違いハーレムに入ることができた。しかし、彼らの記録がそこでの生活を短いながら詳しく垣間見せてくれはするものの、モンタギューの場合は上流階級に、ラッセルの場合は上流と中流階級に、基本的には限られたものである。

モンタギューが上流階級のハーレムを訪れたとき、宦官に迎えられ、奥の間に導かれたが、一家の女主人は通常友達や親戚の者と一緒に座っていた。多くの場合、女主人が進み出て彼女を迎え入れてくれた。晩餐を給仕するのは女性奴隷で、別の女性奴隷が伴奏に合わせて踊りを披露した。奴隷は例外なく美しく、女主人の所有で、夫は接触を持つことなどできなかったと、モンタギューは言っている。奴隷たちの演技の巧拙は、時に豊かさにより、時に所有者の人格により左右された。ある五〇代の非常に裕福な女性の家で、五、六人の友達のいるところへモンタギューは通され、奴隷たちのショーを見たが、非常につまらないものであった。その女性は、贅沢にはもうお金を使わず、お金は慈善に使い、時間はお祈りに使うのだと説明した[53]。

モンタギューの描き出す女性たちは、同性の友人や親戚と過ごし、明らかに女性奴隷と強い絆を築いている。これらの女奴隷は幼くして買い取られ、彼女たちの目の前で育てられるからだ。スルタンの愛妾の家でモンタギューが目にした一〇人の子供の奴隷は、最年長の者でも七歳にも達しておらず、みな美しい衣装を身にまとっていた。その奴隷たちはこのスルタナ〔女スルタン〕に仕えて、ささやかな仕事をしていた。コーヒーを入れ、彼女が顔や手を洗うときには水を運んだ。女主人はこの少女たちに大いに満足していた。こういった奴隷たちは十分面倒を見てもらっていた。年長の奴隷から刺繡を教わり、一家の娘と同じように育てられた。育ちのよい奴隷は高く売れたので、上流階級の女性の中には、投資として少女を買い、教育し、一〇代の初めに売る者もしばしばあった（第一巻三八四頁）[54]。だが上流の女性が自分専用の奴隷として育て、強い愛情関係を持つことのほうがはるかに一般的だった。彼女たちは（「何か非常に大きな罪を犯した罰」以外に）、決して奴隷を売ったりせず、奴隷たちに飽きた場合でも友達に譲ったり、解放したりしたと、モンタギューは言っている。ラッセルが言うには、ときに女性の奴隷は男性の召使と結婚し自由の身となり、その後も一家の一員であり続けることもあったが、大概の者は結婚せず「女主人と運命を共にし」、女主人が死んで初めて自由になった。一六世紀のイスタンブルでは、自分が解放してやった奴隷のために、女性は寄付を行った。それは自分の子孫に寄付するより頻繁なほどで、女性奴隷に対する彼女たちの愛情の深さと義務感が伝わってくる（第一巻三六八頁）[55]。

女性たちが浴場で親しげにくつろいでいた様子も、モンタギューは描いている。奴隷たちに身繕いをさせたり、コーヒーを飲んだり、シャーベットを食べたりしながら、女性たちはおしゃべりに興じた。モンタギューは浴場を「街中のありとあらゆるニュースが語られ、スキャンダルが捏造される女性のコーヒーハウス」と呼んでいる（第一巻三一四頁）。また、出産可能な年齢の女性の頭には子供を産むことしかなく、身ごもるために、惚れ薬や魔法の力を借りることもあったようだ。

上流階級の女性の生活様式をざっと見渡すと、一連の段階が見えてくる。一二歳から一六歳までに早い結婚をし、出産、子育てで子供に熱中する。次には、成人した子供、とくに息子の母として、女性は家族の中で身の保証や身分、権威、尊敬を受ける。結婚や子育ては早い時期に終わってしまうので、人生の最後の時期は随分長い期間ではあるが、少数の友人とともに楽しく過ごし、信仰や慈善活動に挺身する。貧者や寡婦、自分の奴隷たちのために慈善で寄付をし、そうすることで来世に向けて自分の魂の備えをし、同時に側近の者や同世代の人々に、信仰あつく慈悲の心に富む人物であると思われ尊敬を受けるのである（こう言ったからといって、何も彼女たちの寄付が利己的なものであり、本当の信仰心や慈悲の心からなされたものではないと言っているわけではない。そうではなくて、このような行為には複雑でさまざまな意味と動機があることを指摘したいだけである）。

これら社会の女性たちが、自分たちが捕えられている世界について、どんなふうに感じていたかを推察できる資料はあまり見当たらない。しかし、女性たちが、自分たちの生活と他の社会に生きる女性の生活との違いについて考えていたことがうかがえる記述が、二つ残っている。一つは一八世紀の記述で、女性たちが他の社会の生活がどんなものであるか、興味津々であったことが分かる。ハーレムの女性を往診したアレクサンダー・ラッセルは、こんなふうに記している。「私はまだ帰らずに、女性たちの好奇心を満足させるようせがまれた。彼女たちは私の国についていろんな質問をした。とくにフランク〔ヨーロッパ〕の女性について知りたがった。衣服や仕事、結婚、子供の扱い、娯楽などについてである。彼女たちの質問は概して的を射たものであり、自分たちの生活とひどく異なる様式について時折彼女たちがする発言も、活発で思慮に富むことが多かった(56)」。

もう一つの記述は一九世紀初期のものである。フランスの労働階級出身で、サン＝シモンの空想社会主義の信奉者であり、熱心なフェミニストの女性、シュザンヌ・ヴォワルカンの著作にある記述である。一八三〇年代にエジプトに創設された女性医師の養成学校で、彼女は一八三四年から一八三六年まで校長を務めている。彼女の記述の中でも、女性たちはヨーロッパの女性に強い興味を抱いている。しかしその興味にははなはだしい羨望と憧れが混じっている。ヴォワルカン自身がその感情を故意に煽っていた。二年間のエジプト滞在中、彼女は一度だけ、女性たちのパーティーに出席している。彼女が訪れた家庭はコプト教徒〔エジプトのキリスト教〕の家庭であったが、それがムスリムやユダヤ教徒の家庭であったとしても、彼女が描いている情景にそれほど違いはなかっただろう。

最初にコーヒーと水煙管が出され、それから砂糖菓子と飲み物が出された。少しのあいだみんな遠慮していたが、（中略）じきに（中略）私の国の女性について私を質問攻めにした。私は「扇動目的の密使」となり、まず手始めに彼女たちの分厚くて不便なヴェールや、隔離されている状態を批判した。それから私たちの礼儀正しく社交的な習慣について理解してもらおうと試みた。私は言った。フランスでは女性が集まるときはいつも、男性も一緒で、散歩するときも連れ添ってくれ、どこでもレディーファーストで、顔を隠したりなどしないし、頭には花を飾るのだと〔ヴォワルカン自身、西洋の女性の身分について、ここにあるほど無知であったわけではないことが後に、述べられている」。こういった西洋の話を聞く彼女たちの心から、聞こえてくるため息と感嘆の声のなんとすごかったこと。(57)

その夜のしめくくりとして、女性たちによる余興が行われた。幾人かの女性が男性の衣装を着け、その演技に、そこにいた者たちは騒々しく笑いころげた。

ヴォワルカンが女性の医師養成学校の校長としてエジプトに滞在したことは前兆だったのだろう。当時の女性たちが興味を抱いていた世界が、彼女たち自身の世界へと侵入し始めようとしていた。

第三部　新たな言説

第七章　社会的変化と知的変化

一九世紀初頭、中東社会はその根本から変容し始める。西洋によって経済を侵食され、世界経済へ組み込まれたこと、中東に「近代」国家が出現したこと、一九世紀末から二〇世紀初頭にかけて中東地域の大半が、公式、非公式にヨーロッパ植民地主義勢力の支配下におかれたこと、これらの要素が、この社会変容を規定する重要な経済的、政治的な媒介変数を形成した。

経済的、政治的パターンが変化した結果、一八一〇年代という早い時期においてすでに、被害を受けた女性たちが存在したことは間違いない。とりわけ、ヨーロッパ製品の侵入にみまわれたエジプトやシリアの、地方の工業労働者や下層階級の女性たちがそうだった。ヨーロッパの政治的、文化的侵略が女性に与えた影響は概して複雑であるが、いくつかの点で否定的であったことに議論の余地はない。それでもなお、いくつかの決定的な点において、これらの侵略が推進した変容のプロセスは、女性にとって大いに歓迎すべき結果をもたらしたのだった。なぜなら、女性を管理し、隔離し、また、社会の主要な活動領域から女性を排除する社会的な機構やメカニズムが、徐々にではあるが消滅していったからである。社会制度は地中海地域と中東地域における女性嫌悪の最悪の特徴と、女性に関して能うかぎり否定的に解釈されたイスラームを融合させており、中東の女性にしてみれば、そのような制度が消滅したからといって嘆く理由など何もなかった。

現地の、あるいは植民地主義の官僚制度によって広まった経済の変化と、国家政策の結果生じたさまざまな変化、そして、それに続く文化やイデオロギーの発展は、男性、女性いずれの生活にも衝撃を与えた。だが、その中でも、女性にとってとりわけ重要な発展があった。それは、国民的議論の中心テーマとして女性自身が登場したことである。イスラームの習慣およびイスラーム法における女性の待遇という問題、具体的には一夫多妻制度、男性が容易に妻を離婚できること、そして女性隔離といった諸問題が、イスラームの成立以来はじめて、中東社会で公然と議論されたのである。女性というテーマは最初、エジプトやトルコの男性ムスリム知識人の書き物の中で、大きな社会的重要性を帯びた話題として浮上した。その当初より、女性の待遇と地位という問題は、これらの知識人が社会にとって大いに重要であると考えるその他の問題、たとえばナショナリズムや国の進歩、政治的、社会的、文化的改革の必要性といったものと絡み合っていた。そもそもの初めより女性と改革の議論は、ヨーロッパ社会は相対的に進歩しており、ムスリム社会はそのヨーロッパ社会に追いつかねばならないという問題の中に埋め込まれていた。女性に関して新たな言説が出現したが、それは、どちらかと言えば、ジェンダーに関する古い、古典的、宗教的な公式を別のものに置き換えるというよりも、それにメッキを施すものであり、しばしば、女性、ナショナリズム、国の進歩、文化変容という諸問題と結びついていた。これらの問題は二〇世紀の末に至るまで女性に関する支配的な言説と複雑に絡み合っている。

西洋フェミニズムの歴史が示しているように、女性の問題と文化の問題のあいだに、本質的あるいは必須の関連性など何もない。西洋が継承してきた男性中心主義と女性嫌悪は、その固有の諸特徴においては他と異なるものの、一概に言ってイスラームをはじめとする他の文化の男性中心主義や女性嫌悪よりも決してましというわけではない。ムスリムの体制秩序が何を敵とみなしていたかについてファーティマ・メルニーシーは、「外なる異教徒、内なる女」という公式で表しているが、実際のところ、ヨーロッパにおける一連の魔女狩りで何千人という女性たちが処刑されたというような出来事を見ても、メルニーシーのこの公式は、少なくともヨーロッパの過去についても当てはまるように思われる。[1] だからといって西洋のフェミニストは、西洋女性を救済するための唯一の手段として、西洋の遺産を全面的に放棄して、どこか別の文化を全面的に選択するなどといったことを主張したりはしない。むしろ彼女たちは、批判的かつ建設的に独自の方法で、この遺産に取り組んでいる。ある特定の文化における女性嫌悪という遺産からの全般的な救済策として、別の文化を選択するなどというのは、単にばかげているだけでなく、そもそも不可能である。一つの文化に対する適応とは実に複雑なものであり、それは人間の精神（サイキ）の中に深くコード化されているため、たとえ個々人が自ら進んで、精神的あるいは肉体的にそれとは別の文化に逃れたとしても、その生の中で、かつての文化のかなりの部分が繰り越され、再生してしまうのである。いずれにせよ、一つの社会全体の人々あるいは複数の社会の人々に対して、彼らの文化を別の文化に置き換えてしまうなどということが可能であろうはずがない。

しかるに、イスラーム世界の女性に関する議論では、非西洋世界に属する他の地域同様、女性の地位向上を早くから提唱してきた者たちは、異文化すなわちヨーロッパ文化の慣習や信条を是として、ネイティブの文化における「生来的」「修復不能な」（と暗黙のうちに想定されている）女性嫌悪の慣習を放棄しなければならないという形で、その主張を展開してきた（次章で論じるように、女性の抑圧に対する解決策として、自分たちのもともとの文化を放棄することが課せられたのが、植民地化されたり支配されたりしていた社会のみであり、西洋社会ではなかったことは偶然ではない）。このレトリックは執拗に繰り返され、植民地支配と結びついて語られるようになり、またこのような文脈で、女性の問題とナショナリズムや文化の問題が半永久的に結びつけられたのだった。それらはまず、西洋の経済的、文化的侵略という文脈の中に溶け込み、最終的にもっと強力な形で、西洋による広範な政治的支配という文脈の中で論じられるようになった。そしてこの支配は新たな階級摩擦や文化摩擦を促すことになる。女性に関する議論は、これら女性に関する問題とは別の、根深く対立する諸問題が論争される支配的な様式となった。まさにこのような点で、ヴェールというものが、単にジェンダーという社会的意味だけでなく、それよりもはるかに広い、政治的、文化的意味を担った事象を暗示する、有力なシニフィアンとして出現したのであった。それ以来、ヴェールはありとあらゆる意味を満載することになる。女性の問題と階級や文化、政治の問題が融合し、これらさまざまな問題とともに女性とヴェールの問題がコード化したことは、女性にとって決定的に重大であった。女性の地位と権利が発展するか後退するかはえてして、政治力を現に持っている男性、あるいはこれから政治力を獲得する男性が、ナショナリズムや文化に関する議論のどちらの側を支持するかに直接かかっていた。この章で私は、一九世紀全体を通じてどのような変化が生じたか、そして、それらの変化が同世紀後半にどのようにして、階級摩擦や文化摩擦とともにジェンダーをコード化する言説を生み出す舞台を準備することになったかを探ってみる。その言説の固有の起源と展開が次章のテーマとなる。

一九世紀における西洋経済の侵食や支配、これに対する中東社会内部の反応、そしてこれによって生じた経済的、社会的変化は、女性をめぐる議論の出現とその展開の状況と同じく、複数のレベルにわたっており、錯綜している。中東全体が同じ方向に向かって変化したが、その速度は国によって異なっていた。ヨーロッパ製品が最初に市場参入したエジプト、トルコ、そして多少規模は劣るもののシリアがその先駆けだった。他方、アラビア半島は二〇世紀に入るまで、直接的な影響をさほど受けなかった。さまざまな都市や地方、遊牧的、部族的共同体からなる多様な地域が世界経済の中に組み込まれたため、ローカルな要素も変化に多様性を与えた。また、ヨーロッパ列強との政治的関係がどのように進展するかによっても、その国が独立を保つか、植民地主義（コロニアリズム）あるいは植民地主義の先駆的形態（プロトコロニアリズム）に埋没してゆくかなど、異なった社会的、政治的結果をそれぞれの国にもたらした。

中東地域に生じた変化を、ローカルな多様性に至るまでことごとくカバーしようとしても、結局は、もっとも表面的な議論で終わってしまうだろう。そのような企てよりは、私としてはむしろ、これらの変化がエジプトの女性にどのような影響を与えたか、そして、エジプトの女性に関してどのような新しい言説が登場したか、という問題に焦点を絞りたい。エジプトは、一九世紀と二〇世紀の全体を通じて、つねに、アラブ世界に生じた変化の先端を行き、多くの点で中東における変化を映し出す鏡であったし、現在なおそうであるからである。一九世紀から二〇世紀への世紀の転換点に、エジプトで沸き上がり、エジプト社会内部の論戦に火をつけ、他の中東ムスリム諸国における論争を誘発することとなったヴェールをめぐる議論は、新たな言説の出現を刻印するものである。植民地勢力による支配と階級区分が決定的に重大な問題であった当時のエジプトで定式化された言説が、一つの基礎的、典型的な言説になった。女性とヴェールの問題は、二〇世紀に入ってからも繰り返し、時に若干異なる扮装をほどこしながら、中東社会のそここで燃え上がり、さらに中東をはるかに越えた遠いムスリム社会にも飛び火したのだった。そして、議論はつねにそれとは別の諸問題、すなわちナショナリズムと文化、「西洋的」価値対「固有の」あるいは「真正の」価値といった問題との連関で論じられている。これらの問題は、過去の決定的な瞬間、すなわち一九世紀のエジプトにおいて、女性に関する言説が登場したその最初の瞬間に、その中に引き込まれてしまったものだ。女性とヴェールに関する言説の中にはもう一つの歴史が、すなわち植民地支配の歴史、それに対する闘争の歴史、そして植民地闘争をめぐる階級区分の歴史が、書き込まれてしまっている。この歴史は、中東社会のすべてに何らかの形で影響を与えずにはおかなかったものであり、女性とヴェールをめぐる言説の中ではいまだに、この歴史とこれらの闘争が生き続けているのである。

ヨーロッパによるエジプトの経済的侵食は一八世紀後半までにきわだって進行していた。一七七〇年までに地元の手工業、中でも繊維生産は、ヨーロッパの輸入製品によって損害をこうむっていた。(2) この傾向は一九世紀初頭でも確実に続いており、一八四〇年代までにエジプトの貿易は、完成品の輸入と原材料の輸出および対西欧貿易を特徴とするものに完全に移行していた。この対西欧貿易は、オスマン帝国内部での貿易の減少を代償に増大したものだった。エジプトは、一九世紀初頭にはオスマン帝国を主たる貿易相手としていたが、一九世紀中葉までには、ヨーロッパとの貿易が圧倒的になった。

この不均衡をもたらしたのは、中東のさまざまな外的、内的要因だった。一八世紀前半、ヨーロッパでは技術革命が進行し、その結果、産業革命が起きた。中でもとくに、紡績産業の技術が向上し、その効率と経済性は中東の技術を凌駕した。同時に中東における生産は、一連の破壊的な疫病や政治的混乱によって中断された。エジプトでは、支配階級であったマムルーク内部での絶えざる抗争に加えて、法外な徴税などが生産減退に拍車をかけた。(3)

エジプトの開発は社会変化を加速する上で決定的な役割を果たした。中でも重要なのが、一八〇五年、トルコの名目的な支配のもとで、エジプトの支配者となり、四三年間にわたって権勢をふるったムハンマド・アリーの実施した諸政策である。エジプトを独立させるべく、ムハンマド・アリーは軍の近代化と歳入の増大を図った。農業、行政、教育の改革を実施し、工業の樹立に努めた。これらの諸領域でムハンマド・アリーがイニシアティブを発揮したことが、女性に、経済的、知的、文化的、教育的発展を促すことになった。

女性たちは西洋経済の進出とムハンマド・アリーの諸政策の衝撃をもろに受けたが、とりわけ都市部や地方部の下層階級の女性がこうむった影響は有害なものだった。まず、ヨーロッパの輸入製品によって地元の繊維産業が衰退し、西洋製品との競争が、繊維業に従事している者にとって圧力となった。繊維業は実入りのある、女性にも開かれた数少ない分野だった。[4] 一九世紀の最初の数十年間、国家間貿易協定の締結やのちの国営繊維産業の導入という国家政策が、この衰退に拍車をかけた。[5] 繊維労働者が国家管理のもとに置かれ、国営の繊維工場が設置されたことで、それまで自律的な労働者に依存してきた地元織物産業は崩壊した。一九世紀中葉までに国営工場のほとんどが失敗に終わったとき、伝統的な繊維工芸は、地場産業として続いているものもいくらかあったにしても、かつての活力を再び取り戻すことはできなかった。繊維産業に対する国の投機の失敗は、エジプトが基本的に原材料——一八四〇年以降は主として綿花が占め、その比率は年を追うごとに増大していった——の供給者、そしてヨーロッパの完全製品の輸入者となっていくのを加速させることとなった。[6]

国営工場の中には女性を雇用するところもあった。たとえばフワのトルコ帽工場のように、とくに地方の中心部の工場がそうだった。女性被雇用者の数に関しては信頼のおける数値はないが、全体的に見ればごく少数であったと考えられる。女性が得る報酬は男性の約三分の二だった。女性は、ここでもまたごく少数ではあろうが、ムハンマド・アリーによって設立されたその他の工場、たとえば製糖工場や煙草工場、製綿プラントなどでも雇用されたと思われる。これらの中には二〇世紀になっても生産を続けていた工場

もある。(7)

ジュディス・タッカーが一九世紀のエジプト女性に関する著作の中で述べているように、エジプトが世界経済に次第に組み込まれていくにつれ、紡績、梳綿、漂白などの繊維生産から、女性が生活の糧や副収入を得る機会は減っていった。タッカーはまた、ヨーロッパ製品の流入は地元のいくつかの商業分野に対しても有害な衝撃を与え、これも女性、男性の双方に被害を与えたと述べている。それゆえ、たとえば食料品などを扱う小規模商人が影響をこうむらなかったであろう一方で、地元商人たちは、ヨーロッパの会社やそのエージェントの利益のために傍らへ押しやられていったとタッカーは記している。その結果、地元の商売に投資していた女性たちがいたとすれば、彼女たちも被害を受けたであろう。

農業改革を推進するためにムハンマド・アリーが導入した土地所有法による変化も、女性を含む零細農民階級に有害な影響を与えた。これらの法律は一握りの大地主の手に土地を集中させ、農民から土地を奪った。農民たちはまた、ムハンマド・アリーが精力的に推進した、運河や堤防の掘削や改修といったその他の農業プロジェクトによってさらに土地から引き剝がされることになった。これらの施策によって確かに可耕地は飛躍的に増大したものの、これらのプロジェクトは男性農民の強制労働によって賄われたため、農家は主要な労働力を奪われ、家庭はさらに困窮化する結果となった。女性と子供は他に扶養手段がなければ、男性とともに同じ労働現場で働くこともあった。報酬は微々たるもので、支払いが遅れることも多かった。労働条件は多くの場合、想像を絶するほど劣悪なものだった。男性農民はまた軍隊の強制徴用に服さねばならず、このことも家族に同様の結果をもたらした。ここでも生活の糧を得る手段を持たない女性と子供は、一家の主である男性のあとを追わねばならなかった。彼女たちは貧民街に仮住まいをしながら、夫あるいは父親に与えられた一日分の食糧を分け合った。ここでも状況はしばしば目を蔽うものであった。[8]

強制労役や軍役につく男たちにつき従わねばならないほど貧しくなかったとしても、村にとどまった女性はそれまでの重労働に加えて、男性不在の中で農作業もこなさなくてはならなかった。村中の耕作が女性だけの手でまかなわれているのを観察した報告もある。[9] 耕す者もないまま放置された土地は、誰かに没収されてしまうかもしれなかった。そうでなくとも、収穫物は被害を免れなかったろう。

国家による農産物の独占をはじめとする他の施策も、農民たちにとって重圧となった。その結果、借金を背負い、土地の耕作権を喪失し、夜逃げせざるを得なかった者たちもいる。あらゆる事態が農民から土地を奪い、土地を放棄させるのを助長したが、この傾向は今世紀に至るまで続いた。農民は他の村や大きな街に逃げ、そこで日雇い労働や家内労働――一九世紀末に奴隷制が違法とされたことで、富裕層の家庭のあいだで召使いの需要が生まれた――などで辛うじて生計を支えたのだった。[10]

タッカーによれば、大まかに言って、当時、ヨーロッパ製品の輸入と国の改革的な施策の結果生じたいくつかの変化のせいで、女性の運命、とくに庶民階級や地方部の女性の運命は悪化した。しかし、一九世紀に生じた他の変化は、大きな、より永続的な結果も女性にもたらした。中でも国が積極的に推進した教育の近代化と技術改革、社会改革の結果生じた変化がそうであった。一九世紀後半、国家による女性教育の普及は、女性に直接的な影響を与えた。さらに「近代的な」学校で教育を受けた男性やヨーロッパに留学した男性が、女性に関する社会的取り決めの改革の必要性を唱えたことで間接的にも影響を受けた。女性の役割とされてきたものが疑問に付され、改めて考え直されたことで、女性の教育機会が漸次、拡大してゆく土壌が準備され、その結果として、女性が専門職に就く機会も作られた。これら知的、社会的変化の主たる恩恵を受けたのは、主に上流、中流階級の女性たちではあったが、長期的にみれば全階層の女性が新しい機会を手に入れたのだった。

ヨーロッパのテクノロジーを獲得したいというムハンマド・アリーの熱望は、触媒として重要な役割を果たした。軍事、テクノロジーの両面で国を強化し、近代化を図り、ヨーロッパに追いつくため、彼は学生たちをヨーロッパに派遣し、軍事、工学、造船、印刷などの科学技術を学ばせた。[11] 男性のための学校や専門学校がエジプトに設立され、ヨーロッパの教授法を用いてヨーロッパの教材、とくに医学、軍事訓練などが教えられた。留学生が送られたのは、一八〇九年という早い時期であり、軍事学校は一八一六年に、医学校は一八二七年にそれぞれ設立された。

ヨーロッパの知識を獲得しようという全般的な事業の一環として一八三五年、翻訳者養成学校がカイロに開校した。その校長であったリファーア・ラーフィウ・アル＝タフターウィー（一八〇一～七三年）は、アズハル〔カイロにあるイスラームの最高学府。イスラーム世界の法学者、神学者、裁判官などを輩出している〕の卒業生で、パリ留学組のひとりだった。フランス社会に関する著作の中で彼は、女子も男子と同じ教育を受けられるべきであり、女子教育は世界最強の国々、すなわちヨーロッパ諸国で実践されていると言って、これを提言している。アル＝タフターウィーのこの叙述は、女性に影響を与える社会的慣行の改革を、国家刷新のための社会的、科学技術的改革との連関で論じた、アラビア語としては最初のものである。ムハンマド・アリーはアル＝タフターウィーの本にいたく感心し、これを学生用の教科書として用いるよう推奨した。その後まもなく国家は、少なくとも言葉の上では女性教育は望ましいものであるという考えを受け入れた。三〇年代後半、アル＝タフターウィーもメンバーであったエジプト教育審議会は、「近代社会の文明の発展における女性の貢献の重要性に感銘を受けた」という声明を発表し、女性の公教育を推奨している。[12]

一八三二年に女性医師の養成学校が設立されたほかは、一八七〇年代になるまで国は、女性教育を制度化するために何らの措置もとらなかった。ハキーマ（女医）の養成学校設立の起動力となったのは、女性に近づくことのできる医療従事者を養成しなければならないという、実際的な動機からだった。労働力の不足と疫病や風土病の流行によって、ムハンマド・アリーは、衛生設備を整え医者を組織的に養成することがいかに大切であるかを理解した。学校はフランス人医師アントワーヌ・クロー＝ベイを校長に創立された。同校の初代女性校長はシュザンヌ・ヴォワルカン（第六章参照）が務めた。[13] 同校は産科が強調されたために一般に助産婦学校と呼ばれた。女医の養成に要した期間は六年で、これは男性の医学校における医師養成期間と同じだった。当初、学校は学生の募集に苦労した――定員は六〇名だった――が、一八四六年になると入学者が定員に達し、一九世紀中はずっとそのレベルを維持していたようだ。卒業生は予防注射、分娩、女性や子供の無料診療等の資格が与えられ、政府に雇用され少尉に任官された。政府はまた、男子医学校の卒業生の中から、これらハキーマたちのための縁組をアレンジしたが、当初、結婚の申し込みは皆無だった。ある年、一八四四年のことだが、医学校の校長は医療将校の中から、ハキーマ学校の未来の卒業生にふさわしい夫のリストを提出するよう命じられた。結婚すれば、夫婦は同じ地区に任命され、政府の費用で家具つきの小さな家も支給された。[14]

ハキーマたちはカイロ市民病院や外来患者用の診療所、病院で貧民女性たちの診療にあたり、病院や上流階級をはじめとする家庭で子供に予防注射を施した。市民病院では毎月約六〇〇人が、全体で年間一万五〇〇〇人の子供が予防注射を受けた。一八三〇年代と四〇年代に政府が各地の港に検疫所を設けると、ハキーマたちが女性の身体検査にあたった。彼女たちはまた、死因の確認も行ったが、これは予防プログラムを計画する上で重要なことだった。これら女性たちの成果たるや、たとえ彼女たちが行った予防接種プログラムがその成果のほどを計る唯一の尺度であるにしても、絶大なものがあった。彼女たちは社会の中で積極的に活動した。一九世紀末のエジプト公教育相であったヤークーブ・アルティンが記しているように、彼女たちの活躍によって、基本的な衛生概念が普及するとともに、女性教育の価値や、女性にも専門職に就く十分な能力があるという考えが広まったのだった。医療に従事し、社会に奉仕することに加えて、母校で教鞭をとる女性たちもいた。たとえばジャリーラ・タムラハン（一八九〇年没）は母校の校長になり、一八七一年に学生のためのガイドとして産科の経験を一冊の本に著している。[15]

一八七〇年代になるまでハキーマのための学校は、政府がスポンサーとなって女性教育に投資した唯一の事業であったが、女性にヨーロッパの教育内容を学ぶ道が開かれたことで、上流階級の中にはこれを実践する家庭も現われた。ムハンマド・アリーの娘たちや彼女たちの侍女は、伝統的なアラビア語教育と宗教教育と並んで、ヨーロッパ人家庭教師からも教育を受けた。[16] 上流階級の家庭は先例に従うものだが、娘のために教師を雇うのは必ずしもお決まりの慣わしというわけではなく、どちらかといえば散発的なものだった。著名な詩人でありトルコ系エジプト人の上流階級に属するアーイシャ・タイムール（一八四〇〜一九〇二年）は自ら主張し、母の反対を押し切り、父の支援を得て教育を受けた。[17] さる王女の長女であったナズリー・ファドル（一九〇〇年代初めに没）は、エジプトで最初のサロンを主宰した女性である。一九世紀末、彼女のサロンには指導的知識人や支配階級のメンバーが足しげく通った。その彼女も、少女時代にはエジプト人あるいはアラブ人教師とともにヨーロッパ人の家庭教師の教示を受けたものと考えられる。

中流階級、下層階級では、ごく少数の少女たちがクッタータープ、すなわち読み書きとコーランの朗誦を教える伝統的な学校へ通っていた。しかし、まず一八三〇年代と四〇年代にミッション系の学校が設立され、ヨーロッパ式の教育がこれらの階層のあいだでも広まり始めた。一八七五年までには、五五七〇名の女子がミッション・スクールに通い、うち三〇〇〇名がエジプト人子女であったと推定される。一八八七年までには六一六〇名、うち四〇〇〇名がエジプト人子女だった[18]。ミッション・スクールに通ったエジプト人女子生徒の大半はコプト教徒だったが、ムスリムも若干ながらいた。とはいえ、これらの学校は生徒をキリスト教に改宗させることを目的に設立されたものであり、親たちにしてみれば、そのような学校に娘を預けるのは、必ずしも気の進むものではなかった。最貧困層から生徒を集めるためにミッション・スクールが積極的手段に訴えたような場合には、生徒の大半をムスリムが占めることもあった。ミス・ウェイトリーの学校がそうであった。メアリー・ルイーザ・ウェイトリー（ダブリン司教の娘）は、往来で貧しい者を見かけると、それが親であろうと子供であろうと積極的に声をかけ、子供を自分の学校に通わせるように説得した。シリア系キリスト教徒の女性教師の援けを得て、彼女はキリスト教、アラビア語の読み書き、裁縫を教えた。裁縫の授業は無料だったため、彼女に生徒を奪われたエジプト人裁縫教師たちの恨みを買い、これらの教師たちが彼女の学校に押し掛けて、自分たちの生徒を力ずくで取り戻そうとしたこともあった[19]。

ミッション・スクールは熱心に、キリスト教徒、ユダヤ教徒、そしてムスリムの共同体を標的に改宗を推進しようとしたが、このことが逆に刺激となって、これら共同体に、自分たちのための学校の設立を促すことになった。一八五〇年代にコプト教徒の女子のための学校が二校開校したが、これがエジプト人女子のためにエジプト人自身が設立した初のヨーロッパ式の学校だった。これに続いてユダヤ教徒の女子のための学校が、アレキサンドリアとカイロに開校した。一八五〇年代には、たとえばギリシャ正教など他の共同体も自分たちの女子のための学校をカイロとアレキサンドリアに開校している[20]。

ヘディーブ〔エジプト副王。一八六七〜一九一四年まで、ムハンマド・アリー朝の支配者の称号として用いられた〕・イスマーイールは、学校は「あらゆる進歩の基礎である」と宣言し、即位後ただちに教育委員会を設置した。同委員会はすべての者が収入に応じて教育を受けられるようエジプト中に学校を、女子のための学校も含め設立することを進言し、クッターブを近代化して、国の教育制度へ組み込むことを提案した。この委員会のメンバーであり、フランスに留学体験もあるアリー・ムバーラク（一八二四〜九三年）はとくに女性の教育を支援し、女性は可能な限り知識を追求し、働く権利があると述べた。とはいうものの、彼が女性の第一の義務として信じていたのは、子供を育て、夫のよき相談相手となることではあったが。(21)

委員会はアル＝タフターウィーに、男女双方の学生に適した教科書を執筆するよう依頼した。七〇年代に出版されたアル＝タフターウィーの『アル＝ムルシド・アル＝アミーン・リル＝バナート・ワル＝バニーン（女子と男子のための信頼のおける導き）』は、その標題からして、教育が両性のためのものであることを明瞭に示している。この教科書はさまざまな内容の文章を集めたもので、その中には女性教育に関するものもあった。同書では男子と同じように、女子をも教育することは調和のとれた結婚を可能にし、必要な場合には「男性が就いているような職に女性も就き、その力と能力の限界までその仕事に従事することを可能にする」と述べている。女性と男性は単に「女らしさや男らしさを与えるような」身体の特徴が違っているに過ぎない。女性の知性は決して心の問題だけに限定されるものではなく、反対に、もっとも抽象的な概念にまで及んでいる。夫婦関係についてアル＝タフターウィーは、夫婦は互いを完全に愛するように努力すべきであると書いている。「どちらも相手に対して声を荒げたりしてはいけない。そしてどちらも相手の意向に添うようにすべきである。男性は愛情から、女性は服従心からそうすべきである。

（中略）どちらも、過去の過ちについて相手を責めてはいけない。（中略）しばらく離れなければならないときは別れの際に、不在のあいだに思い出せるような愛のことばを交わすことなくして、一日たりとも離れてはいけない。（中略）そして（夫も妻も）怒ったまま夜を迎えてはいけない」[22]。特筆に値するのは、アル＝タフターウィーはこの当時すでに高齢であったが、自ら著書で説いている相互主義の理想に恥じない生き方を、契約という形で自身に課していたことだ。彼は妻に、「彼女が愛情と貞節さをもって子供たちと、召使いや奴隷たちの世話をしてくれるならば」、別の妻や愛妾をもったり、彼女を離婚できるという法律上の権利を行使しないという旨を約束した文書を渡していたのである[23]。

一八七三年、政府は女子のための最初の小学校を、翌七四年には中学校を設立した。一八七五年までに五三六二名の生徒が官立の小学校に通い、うち約八九〇名が女生徒だった[24]。イスマーイールは女子校の増設を計画したが、国家の財政難とその結果イスマーイール自身が退位したことで実現しなかった。

一八八二年にイギリスがエジプトを占領した結果、女子教育を含む教育の拡大は、全般的に勢いをそがれた。国家財政が改善され、イギリスの行政当局は歳入の増加分を灌漑その他のプロジェクトに注ぎ込んだ。教育に対する要請が着実に強まっていったにもかかわらず、イギリス行政当局は財政的、政治的理由により意図的に、教育に対する支出を抑えた。ジャマール・アル＝ディーン・アル＝アフガーニー（一八三九～九七年）やムハンマド・アブドゥ（一八四九？～一九〇五年）のような民族主義的知識人は教育の重要性を主張し、男性たちはこぞって社会的上昇の手段および行政職や教職への道として教育を求めた。このように教育に対する需要が増大していったにもかかわらず、イギリスはこれに対してほとんど応えようとしなかったばかりか、むしろそれを抑制するような措置を導入した。エジプトを占領するとただちに、イギリスは、従来の行政政策を継続し、官費による男女の教育を提供したが、教育の需要が増大すると、授業料の徴収を制度化したのだった。エジプトが占領される直前の一八八一年、七〇パーセントの学生が政府から授業料や衣類、本などの援助を受けていたが、それからわずか一〇年後の一八九二年には、すべてを自費でまかなう学生は七三パーセントにも達していた。同様に、イギリス総領事エヴリン・ベアリング(のちのクローマー卿)は一九〇一年、小学校を卒業した男子の多くが中学校に進学できず、その結果、行政機関に就職するのが困難であるという指摘を受けると、中学校を増設する代わりに、小学校の入学者数を減らすために授業料を増額したのだった。[25] 女子校に関しても同様の政策がとられた。教育の需要が高まった結果、授業料が値上げされたのである。男性、女性双方にとり、教育はより上の職業へ通じる道であり、男子校だけでなく女子校に対する公的な需要が口々に叫ばれたが、政府が後援する女子のための中等教育が広がりを見せるようになるのは、一九世紀も末になってのことであった。さらに、女性のための教員養成学校が開設されたのは、ようやく二〇世紀を迎えようとするときであり、このとき、一三人の定員に対して一三八名もの応募があった。[26]

教育に対する切迫した需要に応え、これを切り崩そうとするイギリスの政策に対抗して、ムハンマド・アブドゥをはじめとする人々は、学校をつくるため「ムスリム慈善協会」や私設の委員会を設立した。これらの組織は官立の学校以上に、男女双方の学生の需要に応えた。女子に比して男子のための場所はとかく超過密気味ではあったが。一八九七年に政府系の学校が教育を提供した学生数は男子で一万一〇〇〇名、女子で八六三名であったのに対し、同慈善協会は男子一八万一〇〇〇名、女子一一六四名だった。一九〇九年までに、同慈善協会がエジプト全国の地方に女子のための学校をさらに設立したのに対し、政府が女子のための最初の小学校をアレキサンドリアに開校したのは一九一七年になってのことだった。一九一四年には、国立の学校の女子生徒の数は七八六名であり、一八九〇年代の数を実際に下回った。その一方で私立の学校やミッション・スクールは増え続け、一九一二年にはアメリカ系のミッション・スクールだけで五五一七名の女子生徒が通っていた。増大する需要に応えるために、ありとあらゆる種類の外国の学校が数多く登場した[27]。

女性の教育という問題に関する国家のレトリックと、その結果、国家がとった行動は、アル＝タフターウィーやムバーラクといった男性知識人が、彼らの議論や著作の中で表明していた意見にそったものだった。同じような見解は中東の他の地域、中でも、社会改革、教育改革という問題に関してエジプトの後を追うように一連のコースを進んでいたトルコでも表明されていた[28]。これら二つの社会の知識人たちは、同じような考えを共有し、相互に影響しあっていた。アル＝タフターウィー、ムバーラク、ムハンマド・アブドゥらが女性、教育、改革に関して自分たちの意見を主張していた数十年のあいだ、トルコではナムク・ケマル（一八四〇〜八八年）が女性教育を擁護し、また一八八〇年には百科事典編纂者シェムセッディン・サーミー（一八五〇〜一九〇四年）が『カドリナル（女性）』と題した本を上梓し、やはり女性教育の重要性を強調するとともに、一夫多妻を見直すよう主張した。一夫多妻は確かにコーランにおいて許されてはいるが、推奨されてはいないと彼は主張し、その見解を具体的に実証するコーランの章句を引用した[29]。

女性に関する改革の中でもっとも影響力をもった思想家の中に、エジプト人ムハンマド・アブドゥがいる。アブドゥは偉大な知識人であり、（エジプト以外にも）多数の弟子がいた。彼は一八八〇年代のはじめにまず、『アル＝ワカーイウ・アル＝ミスリーヤ〔エジプトの出来事〕』紙の記者として名を馳せた。アブドゥはエジプトおよびトルコ、そしてイランその他のイスラーム世界に絶大な知的影響力をもった一大知識人ジャマール・アル＝ディーン・アル＝アフガーニーの弟子だった。アル＝アフガーニーがその教えや著作の中でとくに関心をもって主張したのが、イスラームはいつしか「無知と無力」な状態に陥ってしまい、その結果イスラームの土地が西洋の侵略の餌食となってしまったが、この「無知と無力」な状態から、イスラームを改革し復興するということだった。イスラームの国々が西洋の侵略と搾取をうち破ろうとするならば、内発的な改革、近代科学の獲得、近代世界の要請への適合、ムスリム間の団結、これらすべてが不可欠だと彼は考えた。「外国による支配」という悪夢から解放されたならば、ムスリムは、「ヨーロッパの国々に依存したり、これを模倣したりするのではなく、新たな、輝かしい秩序を創り出すことが」できるだろう(30)。

師と同じくアブドゥも熱烈かつ明確な意識をもった宗教思想家だった。彼は、「近代」科学の獲得や「近代化」、教育の普及の促進、知的、社会的分野の改革、そして女性の地位の向上と結婚にまつわる慣行の変革を主張し、イスラームに関して何世紀ものあいだに蓄積した無知と過った解釈を捨て去ることの必要性と、その重要性を強調した。アブドゥはその人生のあらゆる段階で、女性に関する改革の必要性を説いた。一八八〇年代に『アル＝ワカーイウ・アル＝ミスリーヤ』紙に掲載された論説と、一八九〇年代から一九〇〇年代はじめにかけて出版された週刊紙『アル＝マナール（灯台）』がその主な舞台だった。女性の人間性というものを最初に全面的に認識したのは、ヨーロッパ人は西洋人であると主張しているが、そうではなく、実はイスラームであるという、今日なおムスリムのフェミニストによってなされている主張を最初にしたのは、おそらくアブドゥだろう。労働に対する平等な報酬に関するコーランの章句は「男性と女性が、その仕事において平等ならば、報いにおいても神の前では平等である。（中略）それゆえ人間性に関して、両者のあいだにはいかなる違いもなければ、その仕事においてどちらか一方が他方よりすぐれているということもない」ことを示していると、アブドゥは主張した。さらに彼は次のように主張した。

イスラーム以前のすべての民族が女性よりも男性を尊び、女性を単なる家財、男の玩具として扱い、宗教の中には、単に男が男であり女が女であるがゆえに、男性を優位におき、人々の中には女性は宗教的責任を果たすことができず、不死の魂ももっていないと考えている者もいた、ということれらのことすべてを知っている者なら、これらの民族の信仰と、彼らの女性に対する待遇を改革しようとしたイスラームの真価を理解するだろう。さらにその者にとっては、ヨーロッパ人こそが最初に女性に名誉を与え、平等を与えたのだという主張が誤りであることは明らかとなろう。なぜなら、イスラームこそ、西洋人がそうする以前にそれを実行しているからであり、西洋人の法律や宗教的伝統はいまだに男性を女性の上位に位置づけてさえいるからである。（中略）確かにムスリムもまた女性に教育を与え訓練し、彼女たちに自己の権利を認識させるという点で間違ってしまった。我々は、自らの宗教の導きに従わず、これと正反対の主張をするようになってしまったことを認める。[31]

イスラームの国々に嘆かわしい無知の状態をもたらした、その他の「後進的」で「堕落した」習慣と同じように、一夫多妻や離婚など女性に関係する諸規定の源泉は、イスラームそれ自体にではなく、何世紀ものあいだにイスラームをみまった退廃や過った解釈にある、とアブドゥは主張する。イスラーム国家が全体として再生するには、イスラームの本質に回帰しなければならない。そうすれば、「離婚や一夫多妻や奴隷制といったものが、決してイスラームの本質にはないこと」が明らかになるだろう。[32] たとえば一夫多妻が許容されたのは当時の状況ゆえのことであり、一夫一妻こそがコーランの理想であることは明白であるとアブドゥは主張する。ところがコーランの真意は無視されてしまった。したがって、発展してしまったこれら有害な慣行を是正するために、法改革をはじめとする諸改革を遂行することが必要である。

アブドゥは、その当時の主だった他の世俗的知識人や改革者とは異なって、宗教思想の根本をなす知識に徹底的に知悉していたため、改革や近代化を「真実の」イスラームと対立するものとしてではなく、調和するものとして論じることができた。それゆえイスラームや近代化について彼が表明する公式は、ほかの知識人にとっても権威あるものとなった。そして実際、アブドゥは近代化の指導的政治家や改革者のひとりとして想起されたり、数えられたりもするが、彼はおそらく他の者たちよりも慎重で保守的であったと思われる。彼は、民族とイスラームの復興のためには、近代西洋の知識や技術、知的その他の進歩を取捨選択して取り入れることを唱えた。だが、純粋な知識の移転や本物の社会改革を追求する代わりに、衣装や家具、建築や高価な奢侈品の消費などに見られるように、西洋のやり方がただ安直かつ無分別に模倣されていることを嘆いた(33)。

一八九〇年代になると、女性教育の拡大と女性の地位の改革を要求する声が目立つようになった。九〇年代には女性のための新聞や雑誌が登場し、女性たちは自分たちの問題をこれらのメディアで訴えるようになったが、実際は一九世紀のもっと早い時期に、活字となって現われた主張もあった。たとえば詩人アーイシャ・タイムールは一八七四年に、上流階級の男性たちの妻の扱いを批判した『ミルアト・アル＝タアンムル(熟考の鏡)』という作品を発表している。

一八九二年に、最初の女性誌が女性によって編集され創刊された。一八九八年には、やはり女性が編集する二番目の雑誌の出版が始まった。最初の雑誌『アル＝ファタート(若い娘たち)』の創刊者は、シリア系キリスト教徒の女性、ヒンド・ナウファルだった。彼女はエジプトで働いていたジャーナリストの家庭の出身だった。その最初の論説で同誌は、ヨーロッパの女性たちが歩んできたのと同じ道を邁進するエジプト女性に献辞を捧げ、女性がこの雑誌を自分たちの擁護者とみなして雑誌に寄稿するよう、そして自分の考えが公けになることを恥と思わないよう説いている。ヨーロッパでは、ジャーナリズムは尊敬すべき職業であり、多くの著名な女性がジャーナリズムに携わっていると、論説は主張する。ジャンヌ・ダルク、ヒュパティア〔三七〇?～四一五年、アレキサンドリアの女性哲学者〕やアル＝ハンサー〔アラブの女性詩人〕の名を挙げながら、同誌の関心は政治や宗教にあるのではなく、女性が興味を持つものすべて――科学、文学、マナー、道徳、教育、衣服、ファッション、裁縫、絵画、家事、育児など――であると主張した。創刊された最初の年、同誌はレバノン系キリスト教徒の作家、ゼイナブ・ファウワーズの「知識は光なり」と題された文章を掲載した。著者はその中で、男女両性にとって教育がいかに重要であるかを強調した。カスル・アル＝アイニー病院で医療に従事していたラビーバ・ハビーカは、ジャーナリズムや書くことを、女性が自分たちの姉妹に対して負っている責任であると主張し、またタンター〔ナイル・デルタに位置する中規模都市〕のモフガ・ブーロスは、女性には教育を受ける権利があると語った。刊行を開始した二番目の雑誌『アニース・アル＝ジャリース〔傍らの友〕』の初期の記事の中には、一八九八年に掲載されたものだが、エジプトの識字率――女性〇・五パーセント、男性三・六パーセント――を引用し、イギリス行政当局に対してこのような状況の改善を要求したものまであった(34)。

一八九〇年代までに女性はまた、男性が編集し出版する雑誌に寄稿したり、自分たちの作品を出版したりもしていた。ゼイナブ・ファウワーズは、一八九〇年に『アル＝ニール〔ナイル川〕』誌に、教育に関する文章を寄せ、その中で、イギリスはすべてのエジプト人に教育の機会を与え、卒業者に対して職を提供すべきだと要求した。[35] 一八八八年、『アル゠ラターイフ（機知）』の編集長の妻であったミリヤム・マカリウスは、夫の雑誌に育児に関する記事を載せ、女性教育の重要性を強調し、女性は育児という大切な務めにとって死活的に重要な（衛生や栄養に関する）技術と知識を得るべきであると説いた。その三年後、やはりシリア出身のサルマ・クサトリーが同誌に寄せた文章は、より挑発的な表現で女性教育を訴えた。彼女は、女性は学校で学び、「自分たちの些末な務めを」打ち捨て、「自分たちの思考やすべての努力をただひたすら家事のみに捧げるのをやめようと」心に誓っていると表明した。一八九一年に同誌は、カイロ・アメリカン女子大学の試験結果と、卒業生たちのスピーチを掲載した。クラスを首席で卒業するアドマー・シュクラーは「東洋の女性がこの五〇年間に獲得したもの」というタイトルで、マリヤ・トゥーマは「社会における女性の役割」というタイトルでそれぞれスピーチした。一八九六年、『アル゠ムクタフ（選りすぐりのもの）』誌は、ナズリー・ハーニム王女による、女性の権利に関するエッセイを掲載した。[36] 女性の役割の見直しや女性すべてが教育を受ける必要性と、同時代の男性が関心を持つあらゆる領域の問題について、アラブ人女性の声が、女子学生の声に至るまで、上がったのである。一八九〇年代になると彼女たちの意見や考えは、出版界および知的生活の一部を形成した。

変革の必要性が単に議論の俎上に載っただけでなく、西洋式のスタイルや西洋のやり方が実際にも受容され、広まっていった。一八四三年という早い時期に、カイロ在住のイギリス人東洋学者エドワード・ウィリアム・レインは友人に宛ててこう記している。家具や建築や振る舞いや衣装に関するかぎり、「カイロは急速に、かつてとは違うものになりつつある」。そのわずか三年後、彼は街がいかに変貌を遂げたか、そして西洋化が進行し、西洋のファッションの受容を憂慮する者もいると再びコメントしている。「当地におけるヨーロッパの新機軸の〝行進ぶり〟についていくつか例をあげよう。その行進は今や駆け足になった。コンスタンティノープル〔当時エジプトが政治的に属していたオスマン帝国の首都。イスタンブル〕のまねをしていた政府の役人たちは、頭の先から足の先まで、西洋風の衣装で身を包むようになった。フロック・コートにヴェストにズボン。それも我々が穿いているのと同じくらい細身のズボンである」。ウラマーはこれらすべてに対して「怒り心頭に発している。彼らがこの事態を決定的な変化を示唆するものと受けとめているのは正しいことだ[37]」。

同時代人のエジプト人は、社会がこのように目に見えて変化してゆくことに対して不安を表明している。アル＝アフガーニーの弟子のひとり、アブドゥッラー・ナディームは一八九一年、今や至る所で西洋のやり方の安直な模倣が明らかとなったことを、アブドゥ同様、激しく非難した。彼はとくにアルコール飲料の消費、ヨーロッパの衣装や外来語の受容、そして女性の振る舞い方の変化、女性の自由の増大について記している――「美しさを見せびらかした」女性たちの姿を日増しに戸外で目にするようになった[38]。カースィム・アミーンは一九世紀末に、「ここ数年」男性の意識の向上により、女性に対する男性の支配が軽減し、今では女性が自分の用事を行うために外出したり、新鮮な空気を楽しむために公園をしばしば訪れるのを目にするようになったと書いている。彼が記しているところによれば、今や多くの女性が夫とともに海外へ旅行している[39]。ムハンマド・アブドゥの弟子であったラシード・リダーも同年、女性の生活に生じた変化についてコメントしている。ヨーロッパのやり方の模倣は、上流階級のあらゆるところと「上流階級をまねする人々」のあいだで観察することができる。ヴェールでさえ次第に消えつつある、と彼は述べている。このようなヨーロッパ化はシェイフ〔信仰や人格が認められた者の尊称〕や宗教者の家でさえ広まっており、そのことは女性たちの服装にも現われている。「これがどのような結果をもたらすか、誰に分かるだろう」と彼は結んでいる[40]。

二〇世紀初頭、女性の服装の変化に関する言及が数多く登場するが、これらの変化のいくつかは明らかに一八九〇年代からすでに進行していたものだ。二〇世紀初頭になされたコメントでは、ヨーロッパに旅行する上流階級の女性たちにとっては、ヴェールを着用しないことはすでに当たり前となっており、彼女たちがヴェールをするのは唯一、エジプトにいるときだけであると指摘されている。上流階級のあいだでは、ヴェールはより薄く、より透けて見えるようになった。それは明らかに、イスタンブルの流行をまねたものであった。(41)

女性に生じつつあったその他の変化は、服装の変化と同じくらい、同時代の者たちの目には明瞭に看取されていただろう。とはいえ、変化の指標として指摘したり要約したりするのはおそらく、さほど容易ではなかったものと思われる。女性たちは、今や以前にも増して公共の場に姿を見せるようになったが、それは単に新鮮な空気を味わおうとそぞろ歩いているのではなく、アミーンがいみじくも述べているように、「自分の用事を行うために外出している」のだった。ハキーマの学校が一八三〇年代に開校して以来、女性は医療に従事し、政府から俸給を受け取るようになり、そして女性や子供を家庭や病院や検疫所で診察するようになった。一九世紀半ばに最初のミッション・スクールが開校し、一九世紀後半にその数を増してゆき、あらゆる種類の学校が開校するにつれ、女性は専門職に就いて活動するようになった。それは外国人教師、家庭教師、修道女に始まり、次にシリア系のアラブ人女性、コプト教徒の女性、ユダヤ教徒の女性、最後がムスリムのエジプト人女性だった。一九世紀も終わり頃になると、一連の専門職に就く女性の存在が社会の特徴となり始めた。彼女たちは多様な衣装に身を包み、ヴェールをつけている者もいればつけていない者もいた。女子学生の存在も世紀の転換点には社会の一つの特徴となった。エジプトで、読み書きのできる女性の数は、ヨーロッパ人も含めて、一八九七年には三万一二〇〇人と推定される。(42)事実、彼女たちの数は一〇〇〇万と推測される国全体の人口から見ればとるに足りない。とはいえ、都市部ことにカイロでは、彼女たちは、人々の大半、中でもとりわけ時代を代表する男性知識人が見逃そうにも見逃すことのできない社会の諸要素を構成していたのである。

第八章　ヴェールに関する言説

一八九九年、社会が目に見えて変化し、知的興奮に沸き立ったこの時代に、カースィム・アミーンの『タフリール・アル＝マルア（女性の解放）』が出版された。同書は、激しい憤激をかい、一大議論を巻き起こした。この書物が憤激をかうことになった原因は何か。同書が引き起こした論争や抗議の集中攻撃に関する分析は、一般に、女性に関するアミーンのラディカルさにその原因があったと考えている。だが、アミーンが女性に関して主張した主だった実質的提言とは、女性に初等教育を与えることと、一夫多妻と離婚に関する法の改正であり、当時であってさえ、これらはほとんど革新的とはみなし得なかった。前章ですでに見てきたとおり、アル＝タフターウィーやアブドゥといったムスリム知識人は一八七〇年代から八〇年代にすでに、女性の教育を唱え、一夫多妻や離婚といった問題の改正を主張している。にもかかわらず、これらの早い時期でさえ、彼らの主張は何ら激しい議論を巻き起こすことはなかったのである。実際、一八九〇年代ともなると、女性教育の問題は初等教育どころか、それ以上の教育であってももはや議論の余地はなく、そのため国や、「ムスリム慈善協会」も女子校を設立していたのだった。

アミーンの著作が引き起こした怒りと情熱は、彼が主張した女性のための実質的改革ではなく、むしろ、何よりもまず彼が情熱的に主張した象徴的な変革、すなわちヴェール着用の廃止、次いで彼が社会全体に対して主張し、エジプトの国家、ムスリムの国々全般に対して不可欠であると考えた文化と社会の根本的な諸改革というものを考慮してはじめて理解することができる。文化と社会の全般を変革することの必要性が、同書の中心テーマとして主張されており、女性に関する議論も、まさにこのテーマの中でなされたのだった。女性に関する慣行の変革、女性の服装の変革、中でもヴェール着用の廃止は、著者の論点の中で、著者が望む全般的な社会変革をもたらす鍵であった。女性に関するアミーンの提言がいかに、彼の全般的な論点の一部を形成し、彼がなぜ、ヴェールを着用しないことが社会変革の鍵であると考えていたかを検討することは、この本が巻き起こした議論の重要性を解明するのに不可欠である。

アミーンの著作は伝統的に、アラブ文化におけるフェミニズムの誕生を告げるものとみなされてきた。その刊行とそれに続く議論はたしかに、アラブ女性史の重要な瞬間、すなわちアラブの報道機関を動揺させる、ヴェールをめぐる最初の闘争を構成している。この闘争は、ヴェールが単に女性の地位だけでなく、より広範な意味を含み持つものであるという新たな言説の幕を切って落とした。ヴェールが意味するものは、今や階級と文化の問題、すなわち社会の異なる階層間で広がりゆく文化的ギャップ、植民者と被植民者の文化のあいだの、相互に関連する対立までをも内包するようになった。この言説こそが、アラブの言説の中で初めて、女性と文化の問題を絡み合った一つのものとして浮上させたのだった。アミーンの本の出版によって、アラブの言説の中に入ってきたこの新たな言説は、ヴェールの含意を大幅に拡張したことと、女性と文化の問題を融合したことの二つを重要な特徴としているが、これら二つの特徴は、ヨーロッパ社会の諸言説に由来している。エジプトでは、ヴェールをめぐる新たな言説が登場する状況において、イギリスの植民地主義的プレゼンスとその言説的なインプットが決定的な構成要素となった。

エジプトでは経済的傾向としてすでに、ヨーロッパ、とくにイギリスの工場で加工するための原材料の生産、主に綿花の生産が進行していた。一八八二年に始まるイギリスのエジプト占領は、この経済的傾向に関して何ら根本的な変化をもたらさなかった。イギリスの利益は、エジプトがこれまでどおり、イギリスの工場の原材料供給者として機能することにあり、イギリスの行政当局が実施した農業計画や行政改革が意図していたのは、エジプトをより効率的な原料生産国にすることだった。こうした改革や、エジプトがヨーロッパの資本主義に急激に巻き込まれていったことで、ますます富み、恩恵を享受した階級があった一方で、これによってさらに状況の悪化した階級もあった。イギリスによる改革政策や、ヨーロッパの資本主義へさらに組み込まれることで主に恩恵を得たのは、エジプト在住のヨーロッパ人、エジプト人上流階級、地方の名望家などの新中流階級、そして西洋式の非宗教的な学校で教育を受け、公務員や新しい知的エリートになった男性たちだった。西洋で教育を受けたにせよ、エジプトに設立された西洋式の機関で教育を受けたにせよ、新しい知識を獲得したこれら新「近代」人は、行政官や国家公務員、教員、社会の価値ある知識の保持者として、伝統的、宗教的訓練を受けたウラマーにとって代わっていった。伝統的知識それ自体が、時代遅れなものとして価値を失い、古い「後進的な」やり方となってしまった。ウラマー層に否定的な影響を与えた変化はそれだけにとどまらなかった。一九世紀に施行された土地改革の施策によって、ウラマーの収入が減少した。一九世紀後半の法改革、司法改革では、ウラマーが〔実質的な〕立法者や裁判官として統括していたシャリーア法廷の裁判権から多くの問題が取り上げられ、これら「新人類」たちが裁判長を務める民事裁判所に委譲された。

イギリスによる占領前から進行していた法改革は、女性の地位に影響を与えなかった。なぜなら、改革の主たる目的は、ヨーロッパ人が彼らの領事裁判権のもとに、エジプトの法廷では裁かれないというキャピチュレーション制度のあからさまな不公正に取り組むことだったからだ（キャピチュレーションはヨーロッパ列強によって獲得された、植民地主義に先行する特権だった。ヨーロッパ商人の活動を規定し、彼らの領事や大使の増大する影響力によって一九世紀には、ヨーロッパ人住民は事実上、法の埒外に置かれるという制度となった）。改革の結果、混合裁判所が設置され、すべての共同体に適用される民法典、刑法典が公布された。新しい法典は概ねフランスの法律に基づいていたが、シャリーアを改良したというよりは、むしろこれにとって代わったものだった。だが、たとえば殺人に関してはシャリーアも、エジプトで支持されていたハナフィー派の支配的な意見ではないイスラームの法的見解に従って改良された。イスラームの別の学派の法的見解を参照することでシャリーアを改正するというこの方法は、一夫多妻や離婚に関する法を、男性の権利を抜本的に削減するという方向で再規定し修正する措置を導入するために、トルコでも、また二〇世紀後半にはイラク、シリア、チュニジアで実施されたが、エジプトでは行われなかった(1)。

ウラマーの他にも、西洋の侵略と西洋の力が地元を侵食することで被害を受けたグループがいた。職人や零細商人は、西洋製品と競合することができなかったり、西洋の権益の代理人たちに取って代わられたりした。イギリスの行政政策によって状況が悪化し、経済発展が阻害された者は他にもいた。地方の労働者がそうだった。土地を奪われた農民たちが街に集中した結果、都市の日雇い労働者の人口が肥大したためだった。西洋式の世俗教育を初等教育段階まで受け、下級の行政職に就いた、増大する中流下層階級の者たちも、中等、高等教育の機会が得られないため、それ以上、出世することができなかった。イギリス行政当局は中等・高等教育の機会を提供しなかっただけでなく、入学者の数を減らすために初等教育の授業料を増額するという手段で、この問題に対処した。富裕層に有利なように露骨な差別をし、それ以外の

者たちの希望や意欲を抑えつけるこのような措置は、階級差をきわだたせた。(2)

大衆は男女の教育を要求し、知識人たちは政治信条の別なく、国家の発展における教育の重要性に鑑みて、最優先課題として教育機会をさらに提供すべきであると要求したにもかかわらず、イギリス行政当局は、こうした教育政策を続行した。イギリス行政当局が教育を規制する政策を支持したのには、いくつかの政治的理由もあった。イギリス総領事クローマーは、教育の助成は政府の職分ではなく、また、教育は危険な民族感情を醸成するものと考えていたのだった。(3)

西洋とイギリスの植民地支配の経済的重要性が増大した結果、生じた事態をごく簡単にスケッチしただけでも、文化や西洋のやり方に対してどのような態度をとるかといった問題が、どの階級の出身か、また、経済資源、ポスト、地位にどれだけアクセスできるかといった問題と、いかに絡み合っていたかが分かる。中流下層階級や下層階級は、西洋の経済的、政治的プレゼンスによって全般的な被害を受け、いかなる恩恵にもあずかりはしなかった。植民者の文化や生活様式に対して、こうした者たちは、西洋式の教育を受け西洋文化と結びつくことでさらなる利益を享受し、イギリスのプレゼンスによって恩恵を得ていた上流階級や新興中流階級知識人とは異なる見方をしていた。後者のグループが経済的利益にあずかるとともに、教育によって西洋文化を自ら選択する者として形成されていったのとまさに同じように、それほど利益にあずからなかった階層は、同じく経済的土壌の上で西洋文化を拒否し、これに敵意を覚える者として形成されていったのだった。このような態度は、エジプト在住のヨーロッパ人が享受していた経済的、法的特権という露骨な不公正によってさらに強まった。先に触れたように、キャピチュレーションによって、ヨーロッパ人はエジプトの司法権から除外されただけでなく、税金の支払いも免除された。ヨーロッパ人は結果的に、エジプト人の競争相手よりも有利に商業に従事することができ、より成功したのだった。

知的、政治的シーンをより顕著に特徴づけ始めた政治的、イデオロギー的対立の下には、このような階級的、経済的利益の対立があった。それはヨーロッパの様式や制度を、個々人あるいは国家の進歩のための手段とみなして、これを熱心に受け入れようとする者たちと、異教徒たる西洋の猛襲に抗してイスラームの遺産と民族的遺産を守ろうとする者たちとのあいだの対立だった。このことは、当時のエジプトの政治思想内部にあった二つの幅広い対立傾向の両極を、やや単純にではあるが表している。植民地主義、西洋化、イギリスの政策、国の政治的未来といった山積した問題についての政治的見解や、際だった活況を呈していたさまざまなジャーナリスティックな報道の中に表現された政治的見解のスペクトルは事実、広範囲にわたる分析と眺望を内包していた。

アミーンの著作が出版された時代にメディアを通して主張を展開した支配的な政治グループの中に、イギリス行政当局を強力に支持し、「ヨーロッパ的外観」を選択することを主張した一つのグループがある。そのメンバーの中でもきわだっていたのが、親イギリス系の日刊紙『アル゠ムカッタム〔カイロ市の東に位置する丘の名前〕』を創刊した一群のシリア系キリスト教徒たちだった。その対極にいたのが、シェイフ・アリー・ユースフによって刊行された『アル゠ムアイヤド〔支持される者の意〕』紙で表明されているような、いかなる形であれ西洋の侵入に対して激しく反対するという見解のグループだった。このグループはあらゆる分野においてイスラームの伝統を保持することの重要性を強調した。ムスタファー・カーミル率いる国民党〔アル゠ヒズブ・アル゠ワタニー〕も同様に、イギリスや西洋化に激しく反対したが、イスラーム的なナショナリズムよりも世俗的ナショナリズムを支持していた。このグループは、機関紙として『アル゠リワー〔旗〕』を発行し、イギリスを追放して初めてエジプトの発展が始まると主張した。二〇世紀前半に政治的に支配的な政党として登場するウンマ〔祖国〕党をはじめとするその他のグループは、政治的、文化的目的を同定する上で、中庸と分別ある区別を唱えた。第七章で論じたムハンマド・アブドゥは、ウンマ党に多大な知的影響を与えた人物であるが、ウンマ党のメンバーたちは、アブドゥよりも世俗的だった。アブドゥは、西洋の科学技術と知識の獲得と同時に、イスラームの遺産の復活と女性に関係する分野の改革をはじめとするイスラームの遺産の改革を主張した。ウンマ党が主張したのは、共同体の基礎として宗教に代わってヨーロッパの国民国家の概念を選択することだった。彼らの目的は西洋の政治制度を導入し、同時に、イギリス支配からエジプトを徐々に独立させることだった。ウンマ党のメンバーは、ムスタファー・カーミルのようなウルトラ・ナショナリストやイスラーム的なナショナリストとは異なり、結果的にイギリスに対して敵対するのではなく、むしろ協力的とも言える態度をとった。その主要なメンバーとしてアフマド・ルトゥフィー・アル＝サイイドとサアド・ザグルールがいる。

植民地主義のプレゼンスと植民者の経済的、政治的アジェンダ、そして階級間ギャップを拡大させた文化的同化、これらがこの時期、一大論議を呼ぶ重大な文化的問題を浮上させる肥沃な土壌を提供することになった。しかし、文化に関する議論がなぜ女性やヴェールに集中するのか、なぜアミーンはこれらの問題を文化的、社会的変革の鍵としてとらえたのかは、植民地主義者たちの社会から現地社会へ輸入された考えを参照してみて初めて理解することができる。これらの考えは、ヨーロッパの考えに触れたムスリム男性がそれらを再生産し、反応し始めるにつれ、言説の中に取り込まれ、さらにその後、ヨーロッパ人——帝国の下僕やエジプト在住の諸個人——がこれらの考えを唱え、広めるにつれてより普及し、より際立つようになった。

女性にまつわるイスラーム特有の慣行は、西洋のナラティブにおいてつねに、イスラームとは本質的に西洋にとって他者であり、西洋より劣ったものであることを典型的に指し示すものとして語られてきた。(4)

イスラームの女性を西洋がいかに表象してきたか、そして、イスラーム女性について西洋人がどのように考えているか、その考え方の源泉がどこにあるのかについては、詳細な歴史が書かれるべきであるが、大ざっぱに言って、一七世紀以前、イスラームについての西洋の考えは、旅行者や十字軍に参加した者の話から得られ、貧弱なアラビア語力でテクストを読んだ聖職者の推測がこれに加わった。その後一七、一八世紀を通じて徐々に、アラビア語のテクストの理解はわずかながら改善した。旅行者が、自分の目にしたものをどう解釈するかも、彼らが訪問した土地の社会の男性メンバーが、観察されたそれらの習慣や現象について考えている意味に近づいてくる（ムスリム社会を旅行する男性が女性に近づくことは極度に制約されていたため、彼らが持ち帰った説明や解釈はしたがって、ネイティブの見方を完全に反映していたとしても、そのテーマが何であれ本質的に男性の見解を表していた）。

このようにして派生した、イスラームの女性についての西洋のナラティブは、一八世紀になる頃には、男性による女性支配のイスラーム的形態と外見的には確かに類似する複数の要素を含むようになっていた。しかし、同時にそれは（一）しばしば、そこで述べられている習慣の特定の内容や意味を誤って伝えたり、誤った解釈をしたり、（二）それらのヨーロッパ人が遭遇したり、あるいは程度の差はあるものの、彼らがこれらのムスリム社会を支配した時期に、その社会で実践されていたイスラームを、イスラームという宗教の唯一可能な解釈であると考えたり、そう表したりしていた。これまでの章でもすでに指摘したとおり、イスラームの内部にも、違った解釈の可能性をめぐって意見の相違がある。西洋人の誤った解釈によって、ムスリムの信仰についてある種の歪曲や誤解が生じているという感覚が、西洋人自身なかったわけでもない。ムスリムに関する自分たちの記述を改める必要があると感じていた、若干の、より洞察力のある西洋人の旅行者もいたことはいた。たとえば一八世紀のイギリス人のあいだでは、ムスリムは女性に魂がないと信じている、と広く考えられていたが、一八世紀の作家であり旅行家でもあったメアリー・ウォートリー・モンタギュー夫人は、こうした考えを強く批判し、それが本当ではないことを説明した（彼女は、自分と同時代の人々のイスラームに対する誤解は、ギリシャ正教の司祭の「極端な悪意によって捻じ曲げられて」訳されたコーランに起因すると考えていた）。彼女はまた、ヴェールをつけた女性を観察し、また彼女自身ヴェールをつけてみて、ヴェールというものが、同時代の人々が信じているような抑圧的な慣行ではなく、ヴェールをつけることによってその女性が誰とは分からなくなることで、むしろ女性にある種の自由を与えるものであると主張できる、とも述べている。(5)

だが、このような反駁にしたところで、西洋で広く流布していたイスラームに関する通念にはほとんど何の影響も与えなかった。とはいえ、女性に関するイスラーム特有の慣行やイスラームの女性「抑圧」が当初より、イスラームに関するヨーロッパ人のナラティブの一要素であったにしても、女性の問題がイスラームに関する西洋のナラティブの中心的な要素として浮上するのは、一九世紀になってからのことであり、とくにヨーロッパ人が植民地主義勢力としてムスリムの国々に定着する一九世紀後半のことである。(6)

一九世紀後半までに、イスラームに関する西洋や植民者たちのナラティブにおいて、女性の問題が際立つようになり、ついには、その中心を占めるようになったが、それは、一九世紀後半に西洋世界内部で発展した多くの一連の思想が融合した結果、生じたものと思われる。女性に対し新しく焦点を当てて再構成されたナラティブは、これまで述べてきたような（そしてエドワード・サイードが『オリエンタリズム』（邦訳は『オリエンタリズム』、板垣雄三・杉田英明監修、今沢紀子訳、平凡社）で詳細に述べているような）イスラームに関する古いナラティブと、一九世紀全般を通じて、すさまじい勢いで成長したナラティブ、すなわちヨーロッパ文化と比べれば「他の」文化や社会はすべて劣っているのだという植民地主義支配の、幅広い、多目的なナラティブが癒着した結果、生み出されたものと思われる。そして最終的に、いくらか皮肉なことでもあるが、イスラームに関する植民地主義的な言説の中で、この時期、ことに勢いよく発展したフェミニズムの言語が、女性の地位というものが新たな中心性を獲得するために、これらのナラティブと結びついてしまったのだった。(7)

植民地時代に、植民地主義勢力、とくに(私の議論の焦点となる)イギリスは、自分たちの人種と文化についての理論、そして社会進化の因果説を発展させた。その理論によれば、ヴィクトリア朝イギリスの中流階級や彼らの信仰、慣行こそが、進化の過程の頂点に立つものであり、究極的な文明モデルを表象していることになっていた。この図式の中で、ヴィクトリア朝の女性らしさや女性に関する道徳は、植民地主義の中心を占めるこの社会のその他の側面とともに、文明の理想、その尺度であるとみなされた。他の社会を支配することを正当化するために生み出された、ヨーロッパの優越性という理論は、これらの社会で宣教師やその他の者たちが収集した「証拠」によって簡単に補強され、彼らの観察は、人類学という新たな研究を生み出すことになった。この、新しく登場した、人類学という学問が――そして、人間に関するその他の学問が――、同時に、イギリス内部におけるもう一つの支配の企てを規定していた、植民地主義的、男性中心主義的秩序の構築に貢献した。これらの学問は、女性は生物学的に男性より劣っているのだとするヴィクトリア朝の理論と、女性の本来的役割は家事にあるとするヴィクトリア朝の理想がいかに自然に適ったものであるかを補強する証拠を提供した。このような理論は、イギリス社会の内部でいや増すフェミニズムの声に直面していた、ヴィクトリア朝の体制を政治的に大いに助けたのだった。(8)

ヴィクトリア朝の体制派男性は、フェミニズムの主張を論駁すべく理論を編み出し、自分たちについてはフェミニズムの理念や男性の女性抑圧といった考えを嘲り、拒絶する一方で、**他者**である男性や**他者**である男性の文化に対しては、植民地主義に奉仕すべく、フェミニズムの言語を手に入れて、これを植民地の男性に向けて使った。まさにこの点、すなわち植民地主義の言語とフェミニズムの言語が結びつくことで、女性の問題と文化の問題が融合した。より正確に言えば、このとき、女性の問題、女性の抑圧という問題と、**他者**である男たちの文化が融合したのだった。**他者**である男性、植民地化された社会の男性、文明化した西洋の境界の向こう側にある社会の男性が女性を抑圧しているという考えが、植民地化された人々の文化の土台を切り崩し、根こそぎにしようとする企てを道徳的に正当化するために、植民地主義のレトリックとして利用されたのである。

植民地主義のテーゼの中では、植民地にされた社会は一様に劣ったものとされているが、どのように劣っているかについては社会ごとに異なっている。植民地主義的フェミニズム、すなわち植民地主義に奉仕するため、異文化に対して利用されたフェミニズムも同様に、植民地主義支配が直接標的とする特定の文化——たとえばインド、イスラーム世界、サハラ以南のアフリカ——にそれぞれフィットするように、似たような構造を持つ多様なフェミニズムが仕立てあげられ、形づくられていった。イスラーム世界に関して言えば、十字軍以来敵と(実際、唯一の敵と)みなされてきたが、植民地主義は、すでに指摘したように、偏狭な情報や誤った情報を有り余るほど持っており、引用する文献には困らなかった。

男性支配と深く関わる植民地主義とフェミニズムが混淆した、イスラームに関するこの言説のテーゼ——女性を中心に据えた植民地主義的言説のテーゼ——とは、概して言えば、イスラームは本質的かつ不変的に女性に対して抑圧的であり、ヴェールや女性隔離がその抑圧の典型である、そしてこれらの慣行こそイスラーム社会が全般的、包括的に遅れていることの根本原因であるというものである。イスラームにとって「本質的な」(ということはイスラームそれ自体ともいえる)これらの慣行がひとたび打ち捨てられたならば、ムスリム社会は文明への道を上り始めることができるであろう。ヴェールの着用――それは「西洋人」の目には、イスラーム社会の異質性と劣等性を何にも増してはっきりと表しているものと映る――は、今や女性の抑圧（あるいは当時の言葉で言うなら、イスラームによる女性の地位の格下げ）と、イスラームの後進性の両方の象徴となり、植民地主義者がムスリム社会を攻撃する格好の標的となったのだった。

今、概略を述べたテーゼ、すなわちヴィクトリア朝の植民地主義の、父権主義的な体制は、自分たちの社会内部ではフェミニズムと闘っていながらまさにその同じときに、**他者**である男性の宗教や文化、なかんずくイスラームを攻撃するために、そしてその攻撃を道徳的に正当化する雰囲気を与えるために、フェミニズムの言語を流用したというテーゼは、植民地主義者たちの行動やレトリックを参照すれば、すぐに実証できる。クローマー卿の活動はとくにこの件を明らかにしてくれる。彼の活動は、**他者**である男性の文化という問題に関して、白人至上主義の考えと、男性中心主義的で父権主義的な確信およびフェミニズムがいかに一体となって調和し、論理的に完全に一致して、帝国の理念に奉仕していたかを完璧に例証している。

クローマーはイスラームやイスラームの女性たち、そしてヴェールについて断固たる考えを持っていた。彼はイスラームという宗教やイスラーム社会はヨーロッパの宗教や社会より劣っており、それゆえに劣った人間が育つと実に単純に信じていた。イスラームの人間の劣等性は多くの点で明らかであるとして、クローマーは長々とその例を挙げている。たとえば、「ヨーロッパ人は理性的であり、事実に関する彼の発言には曖昧さがない。たとえ論理学を学んでいなくても、彼は生まれながらにして論理的である。彼はあらゆることにおいて対称性を好み（中略）彼の訓練された知性は機械の一部のように働く。一方、東洋人の精神は、その画趣に富んだ街路と同様、著しく対称性に欠けている。彼の理性はいい加減な描写をするのが関の山だ」[9]。

クローマーは、「社会制度としてイスラームが完全なる失敗である」理由は「多岐にわたっている」と説明する。だが「何よりもまず、そしてもっとも重要な理由は、イスラームにおける女性の待遇にある」と彼は主張する。そしてこの見解を確証するために、彼は、当時の著名な東洋学者スタンレー・レイン＝プールの言葉を引用する。「東洋における、女性の貶められた地位は害毒である。その破壊的作用は幼年時代というごく初期に始まり、イスラームという制度全体を蝕むのである」（第二巻一三四頁、注134）。

キリスト教が女性を尊敬することを教え、ヨーロッパの男性はその宗教の教えるところに従って女性の地位を「格上げした」一方、イスラームは女性の地位を格下げした。ムスリム男性がなぜ劣っているのか、その理由は、ヴェールの着用や女性隔離などの慣行にもっとも露骨に現われている、女性のこの貶められた地位を見れば理解できるとクローマーは記している。ヴェールや女性隔離の慣行が「東洋社会に致命的な悪影響を」与えていることは疑う余地はない。「この問題に関する議論は実際、あまりに当たり前すぎて、わざわざ解説するにも及ばないくらいだ」（第二巻一五五頁）。エジプト人が「西洋文明の精髄を吸収するよう、彼らを説得する、あるいは無理にでもそうさせることが」不可欠である（第二巻五三八頁）とクローマーは述べている。そしてそれを達成するためには、イスラームにおける女性の地位を変えることが肝要だとしている。なぜなら、ヴェールの着用や女性隔離などの慣行に表れている、イスラームにおける女性の貶められた地位こそ、エジプト人が「西洋文明を導入するにあたって伴わねばならない、思想や民族性の向上を達成するための致命的な障害」となっているからである（第二巻五三八～三九頁）。これらの慣行を打ち捨ててはじめて彼らは「彼［クローマー］」が彼らに対して望んでいるような精神的、道徳的発展を達成することができるだろう[10]」。

自らこのような見解を披瀝していたクローマーであったが、彼が実施した諸政策は、エジプト人女性にとって有害なものだった。官立の学校に対して規制を設け、授業料を値上げしたことは、男子だけでなく女子の教育をも阻害した。彼は女性医師の養成も邪魔をした。医科大学で男性が教育を受けるのと同じように、長年にわたり女性に医学を教えてきたハキーマの学校はイギリス支配下で授業内容が産科に限定された。女性は女性の医師に診察を受けることを望んでいるという現地感情についてクローマーは「女性が同性の医師に診察を受けたいという場合も例外的にあるかもしれないが、文明世界全般では、男性医師による診察が原則であると思われる」と述べている[11]。

しかし、女性が男性に従属してしかるべきだというクローマーの父権主義的な確信と信念は、本国イギリスで彼が女性に関してとった行動の中に、もっとも明瞭に現われている。エジプト人女性のヴェール着用反対については右に出る者のいないその彼が、イギリスでは女性参政権に反対する男性連盟の創設メンバーであり、その会長も務めているのだ[12]。銃後のフェミニズム、白人男性に対抗するフェミニズムには抗戦し、これを抑えつけねばならないが、それが国外の、しかも植民地にされた人々に対して向けられたフェミニズムであるなら、白人男性による支配という企てに見事に寄与し、これを進展させるようなやり方で推進され得るのだった。

帝国官僚以外にもこういった類の考えを推進した者たちがいた。その一例が宣教師である。彼らにとって、イスラームにおける女性の貶められた地位は、ネイティブの文化に対する攻撃を正当化するものとしてであった。一八八八年にロンドンで開催された宣教師会議で、ある宣教師は次のように発言した。預言者ムハンマドは確かに模範的青年ではあったが、後年多くの妻をめとり、「女性すべてを無力化すること」

を目的とする宗教を説き始めた。そして「すべてのマホメット教徒〔西洋人はイエス・キリストとキリスト教との類推から、イスラームをマホメット教と呼ぶが、ムハンマドはあくまでも預言者に過ぎず、イスラームに対するこのような呼称自体が西洋人のイスラームに対する誤解を示している〕の知的、道徳的、精神的歴史に対して、もっとも恐ろしく、かつ有害な影響を与えることになった」ヴェールを導入したのだ、と語った。女性宣教師も同じような見解を述べている。ムスリム女性は、キリスト教徒の姉妹らによって、彼女たちが生きている「無知と貶められた地位」から救われて、キリスト教に改宗されるべきだと書いている者もいる。彼女たちの惨状の原因は、「好色」を認める彼女たちの宗教にある。イスラームにおける結婚は、「愛情ではなく、肉欲に基づいている」、そして「ヴェールの陰に生き埋めにされた」ムスリムの妻は「伴侶や配偶者ではなく、むしろ囚人、奴隷」である。ミッション・スクールの教師たちはヴェール着用の習慣を積極的に攻撃し、女子生徒に対して家族に逆らってでもヴェールを着用しないように説得した。クローマーにとってそうであったように宣教師にとっても、ムスリム社会を文明的なキリスト教社会に変えるための鍵を握っているのは女性だった。ある宣教団は公然と、女性こそターゲットであると表明した。なぜなら子供の人格は女性によって作られるからである。イスラームは青年層のあいだで巧妙かつ間接的に土台を切り崩されねばならない。そして子供たちが成長したとき、「イスラームの邪悪さはより直接的に打ち捨てられるだろう」。このようにして「火薬」が「イスラームの心臓部へと」敷かれるのである。(13)

官吏や宣教師に加えて同じようにこれらの考えを推進したのが、たとえばエジプト在住の諸個人だった。(若きホダー・シャアラーウィーを庇護した)善意のヨーロッパ人フェミニスト、ウジェニー・ルブランは、若いムスリム女性たちに、ヨーロッパ人がヴェールの意味をどのように解しているか、そして女性解放の闘いの本質をなす第一歩として、ヴェールを投げ捨てることの必要性を熱心に説いた。

改宗を勧める西洋人が植民地主義的な父権主義者であろうと、宣教師あるいはフェミニストであろうと、その全員が本質的に、ムスリムはその宗教や習慣や服装を捨て去らねばならない、少なくとも推奨される線にそうように宗教や習慣を改めねばならないという主張を展開し、彼らの全員がヴェールや女性にまつわる慣行を、何をおいてもまず改革しなければならない問題であると考えていた。そしてこれら全員がネイティブのやり方、中でもヴェールを弾劾し、彼らが身を捧げていると主張する大義、すなわち社会を文明化し、キリスト教化すること、あるいは女性が不幸にも生まれついてしまったこの唾棄すべき文化や宗教から、彼女たちを救い出すことの名において、この文化の土台を切り崩す権利があると主張した。

西洋フェミニズムの考えは父権主義者の掌中にあろうとフェミニスト自身の手の中にあろうと本質的に、現地社会に対する攻撃を道徳的に正当化し、ヨーロッパの包括的優越性という概念を支えるものとして機能した。したがって西洋社会においてフェミニズムが、白人男性による支配にいかに反対していようと、西洋社会の境界の外にあっては、フェミニズムは白人男性支配という制度に対する批判者の立場から、その従順な下女に明らかに変容したのだった。人類学が植民地主義の侍女として奉仕するものであったことは、これまでにもしばしば指摘されてきたが、おそらくフェミニズムあるいはフェミニズムの諸理念も、もう一人の侍女として植民地主義に奉仕したと言えるにちがいない。

クローマーや宣教師たちによって表明された考えが、アミーンの本の底流を形成している。フランスで教育を受け、中流上層階級出身の法律家であったアミーンにおいて、女性の地位の変革とヴェールの着用廃止の訴えの理論的根拠となったものは、本質的に彼らと同じものであった。アミーンのテクストも、西洋文明の本来的優越性とムスリム社会の本来的後進性を認め、これを表明している。「東洋」についてなじみのある者なら、「東洋世界のどこであろうが、ムスリムの後進性に」気がつく、と彼は記している。もちろん、土地ごとの違いはある。「たとえばトルコ人は清潔好きで、正直で、勇敢である」が、他方エジプト人は「その反対である」[14]。エジプト人は「怠惰で、つねに仕事を忌避し」、子供を「不潔なまま、獣の子供のように埃にまみれて通りを徘徊するにまかせている」、そして無力感にうちのめされ、アミーンの言葉を借りれば「神経麻痺」を患っており、「そのため、どんなに美しいものや恐ろしいものを目にしても、心を動かされることはない」(三四頁)。だが、ムスリムの民族間のこのような違いを越えて、観察者はトルコ人もエジプト人も「無知、怠惰、遅れているという点では同じであること」に気がつくだろう、とアミーンは述べている(七二頁)。

アミーンが採用した文明のヒエラルキーによれば、ムスリム文明は、西洋文明と比較するなら半文明ということになる。

ヨーロッパ文明は蒸気や電気のスピードでもって前進しており、地球のあらゆる場所にあふれて、今や彼[ヨーロッパ人男性]が足を踏み入れていないところはないくらいだ。彼が行くところはどこでも、彼がその資源を管理し(中略)それを利益に変える。(中略)そしてもし彼がネイティブの住民に害を与えるとすれば、それはただ、彼がこの世において幸福を追求し、幸福があるところならどこでも、彼がそれを探そうとするからなのだ。(中略)たいていの場合、彼はその知性を用いるが、状況に応じて力に訴えることもある。彼がその財産や植民地から得ようとしているのは栄光ではない。なぜなら栄光ならば彼はすでに知的業績と科学的発明を通して十分、手に入れてしまっているからだ。イギリス人をしてインドに住まわせ、フランス人をしてアルジェリアに住まわせているものは(中略）利益であり、現地住民がその資源の価値も知らず、その資源によって利益を得る方法も知らないような国で、その資源を自らの手に入れたいという欲求である。

彼らは野蛮人に遭遇するとこれらを滅ぼすか、その土地から追放する。かつてアメリカで起こったように、（中略）そして今、アフリカで起きているように。（中略）我々のようにある程度の文明と過去、そして宗教、（中略）慣行、（中略）制度をもった国に遭遇した場合には、彼らはその住民を丁重に扱う。だがすぐに彼らはもっとも価値ある資源を手に入れる。なぜなら彼らこそよりすぐれた富と知性と知識と力に恵まれているからである（六九〜七〇頁）。

アミーンは、ムスリム社会がその後進的な様式を捨て、西洋の道を歩んで成功と文明に至るためには、女性を変えねばならないと語る。「成人男性も、幼年時代は母親に育てられたのである」。そして「**これこそが本書の核心である。**（中略）**子供を立派な人間に育てることのできる母親がいなかったなら、彼を立派な人間に育てることなど不可能である。**これこそ進歩した文明が我々の時代の女性たちに与え、進歩した社会で彼女たちが果たす高貴な務めなのである」（七八頁、強調原文）。

アミーンは自身の主張を展開しながら、ムスリムに対する一般的軽蔑だけでなく、特定グループに対する軽蔑をさかんに、ふんだんな罵倒とともに表している。彼がもっとも侮蔑し、罵倒の標的とした中には、イギリス支配以前のエジプトの支配者たちもいる。アミーンは彼らを腐敗した、不正の専制君主と呼んだ。彼らの子孫は、依然として国の名目的支配者の座についており、ムスタファー・カーミルの党をはじめとするいくつかの民族主義的な反英グループは、イギリス支配に代わる望ましい代案として彼らを擁護していた。アミーンの攻撃はしたがって王族だけでなく、イギリスに敵対しているナショナリストの怒りもかった。イギリスの意向によってエジプトを治めていたヘディーブ・アッバースが、アミーンの本が出版されると、彼に会うのを拒否したのは当然のなりゆきだった。また、アミーンが熱烈にイギリスを賛美したことも、反英組織の怒りをかき立てた。彼はイギリスのエジプト支配を評して、かつて例を見ない正義と自由の時代がもたらされたと書いた。「知識が普及し、国民の絆が誕生し、治安と秩序が国中にゆき渡り、進歩の基礎が手に入るようになった」(六九頁)。

アミーンの著作で天井知らずの称賛を享受しているのはイギリスの行政当局とヨーロッパ文明だけだった。アミーンの攻撃の標的として選ばれた中にはウラマーもいる。アミーンによれば、粗野なまでの無知、貪欲、怠惰が彼らの特徴である。彼はウラマーの荒涼とした知的地平、性格の欠陥を誤解の余地のない言葉で詳述している。

われらがウラマーは(中略)知的な学問には(中略)露ほどの関心もない。なぜなら、このようなものは彼らには何の意味もないからだ。彼らにとって学問の目的とは、ビスミッラー[「神の名において」の意の決まり文句]を一〇〇〇通りものやり方で文法的に解析する方法を知ることである。そしてもし彼らに、手に持っているものがどのように作られたか訊ねたならば、あるいは彼らの属している国やその隣国、彼らの国を占領している国が地理的にどこに位置し、その国力の強さ弱さについて、あるいは、ある身体器官の機能は何か等を訊ねたならば、そのような質問を軽蔑して彼らは肩をすくめるだろう。もし、彼らの政府の組織について、その法律や経済的、政治的状況について彼らと話をしたならば、彼らがそれらの事柄について何も知らないということが分かるだろう。彼らは貪欲なだけではない。(中略)彼らはつねに、重労働を逃れようとしている(七四頁)。

そのアミーンが、表面上は女性の大義を擁護していたはずのこの著作において、もっとも憎しみに燃えて、軽蔑を抱いていたのは、皮肉にもエジプト人女性に対してであった。アミーンは、エジプト人女性の身体的習慣や道徳的資質についてかなり詳細に描写しているが、実際、社会において女性が隔離され、またアミーン自身、肉親の女性とその侍女、そしておそらくは娼婦以外には極端に制約された形でしか女性に近づくことができなかったことを考えれば、アミーンの詳細な記述ぶりはむしろ、彼が一般化し、その豊かな見識を正当化するために引っ張ってきている女性の性格や行動の概念というものが、女性社会の広範かつ多数の観察に基づいたものではなく、この問題に関する彼や他のヨーロッパ人やエジプト人男性の自己表現であることを示唆している(15)。アミーンのエジプト人女性の一般化には次のような一節もある。

エジプト女性の大半は、毎日、髪をとかす習慣がない。(中略)入浴も週に一度がいいところだ。彼女たちは歯ブラシの使い方も知らなければ、どのような服装が魅力的に見えるかということにも頓着しない。彼女たちのこのような魅力ぶりと清潔ぶりは、男性の傾向に著しく影響を与えている。彼女たちは、夫の中に欲望をかきたてる術も知らなければ、その欲望を維持し、高める術も知らない。(中略)無知な女性は、内面的な感情の機微や好悪を助長する術を理解しないからである。(中略)彼女が男性の欲望をかきたてようとすれば、たいていその逆の効果を生むことになる(二九頁)。

アミーンのテクストには、ムスリムのあいだの結婚が愛情ではなく、無知と肉欲に基づいているという、宣教師たちと同じ言説が述べられている。しかしアミーンのテクストで非難の的となっているのは、男性ではなく女性である。女性こそが、ムスリムの結婚を特徴づけている「好色さ」やみだらな肉欲と物質主義の主たる源泉である。唯一、崇高な魂だけが真の愛を経験できるのだが、それはエジプト人の妻の能力を超えている。彼女に分かることと言えば、自分の夫が「背が高いか低いか、色が白いか黒いか」だけである。夫の知的、道徳的資質や感受性、知識は、他の男性たちがいかに彼を称賛し尊敬していたとしても、彼女には理解することができない。エジプトの女は「名誉ある男性ならば決して握手などしたくもないような男を褒めそやし、我々が誉める男たちを憎む。なぜなら、彼女たちは自分たちの無知な精神に従って男性を評価するからである。彼女にとって最良の男性とは、自分のことを一日中かまってくれる男であり（中略）金を持っている男であり（中略）彼女に服やらきれいな物やらをいろいろ買ってくれる男である。そして彼女にとって最悪の男性とは、職場でずっと働いている男である。夫が読書しているのを目にするたびに、彼女は本や知識を呪うのである」（二九〜三〇頁）。

エジプト人女性に関する文章でもう一つ、その内容の妥当性がまったく疑わしいという点で引用に値するものがある。そこに滲み出ている女性に対する偏執狂的とさえいえる憎悪も興味深い。

我々の女たちは家事など何もしない。するにしてもそこには何らの技巧もない。彼女たちは知識を追求するということもない。本も読まなければ、神も崇拝しない。では彼女たちはいったい何をしているのか？　教えてあげよう。金持ちの妻も貧乏人の妻も、教育を受けた男の妻も無学な男の妻も、主人の妻も下男の妻も、その心を占めているものはただ一つ。（中略）それは形こそ違え、夫との関係である。彼女はあるときは夫に嫌われていると思ったり、あるときは夫に愛されていると思ったりする。隣近所の夫たちと自分の夫を比べてみることもある。（中略）親族に対する夫の感情を変えてみようとすることもある。（中略）若い女中に対する夫の振る舞いを監視し、女性客があれば夫がどんな様子をするか必ず観察する。（中略）ぞっとするような女中でなければ、彼女の気に入るということはない。（中略）彼女が隣人や親類の者と一緒にいると（中略）彼女と夫、夫の親類や友人のあいだに起きたこと、悲しかったこと、嬉しかったこと、彼女の秘密のすべてを、心の中に秘密の一かけらも残らなくなるまで、挙げ句の果ては閨房の秘めごとに至るまで大声で話している（四〇頁）。

当然のことだが、家事を免れるような富に恵まれた女性が、アミーンが指摘するほど大勢いたわけではないし、たとえ富裕であっても、女性は家事を行っていた。育児を監督し、これまでの章で述べたように自分自身の事業を行い、この後の章で述べるように、慈善組織を設立したり、その運営に当たったりしていた。しかし、女性の心を占めているものについて、アミーンが想像し、（男性読者に向けて）記した内容に驚きを禁じ得ないのは、彼女たちが夫や、夫の顔色をうかがい、分析し、議論することに執心し、夫が自分を嫌っているのかどうか、夫が女中や客に色目を使っていないかどうか心配するのに腐心していると描きながら、実に男性こそすべての権力を掌中にしている以上、女性には夫の機嫌やむら気を逐一気にかけ、分析しなければならない十分な理由があることにアミーンがただの一言も触れていないことだ。機嫌がよかろうが悪かろうが、女中や客が夫の気に入ろうが、彼女たちはいくつになっても、いつ離婚され、打ち捨てられても不思議はないのだ。だから、男性がいないところで、女性が何を話しているかについてのアミーンの推測は、まさにそのとおりだが――自分の夫について際限なく話し続ける女性もいることだろう――、女性がなぜそうするかといえば、それは実際に夫の機嫌や振る舞いに絶えず用心していなければならず、同性の友人たちの知恵を借りねばならないからなのだ。

アミーンが主張した女性「解放」のための特別な施策や、彼が解放という言葉で意味していたことについてさえ、テクストは誇張に満ち、矛盾している。その矛盾は、まず著者自身が知的混乱に陥っていること、アミーンが選択した西洋のナラティブに固有の内在的混乱と見かけ倒し、そしてこの著作自体がおそらくは、この問題に関する複数の人間の議論の結果生み出されたものをアミーンがまとめたものであるという可能性など、さまざまな要因に帰すことができる。実際、この著作に対する他の者たちの貢献は、単に口頭で述べられた言葉以上のものであることは明白である。アミーンやアブドゥの作品の編集者であったムハンマド・アマーラは、いくつかの章がアブドゥによって書かれたと指摘している。アマーラがアブドゥの手によるものだと主張する章の一つについては、そのトーン、内容ともに如実に異なっているため、後で別に論じたい。同書が出版された際、同書がクローマーに急き立てられて執筆されたという噂が囁かれたことも、文脈上、指摘しておくべきかも知れない。植民地主義者の書きものと共通の見解を全身全霊をこめて再現している同書であることを考えれば、その噂もあながち嘘とばかりも言えまい[16]。

女性の問題に関する多量のレトリックにもかかわらず、女性に関してアミーンが特別に提言していることは、ごく限られている。彼の焦点の一つは女性の教育である。「自分は教育における男女平等を主張するような輩の仲間ではない」と彼は断固として述べているが、初等教育が女性にも必要であるとは考えていた(三六頁)。女性は、妻として生きる上でその機能と務めを果たせるよう、ある程度の教育が必要である。アミーンはこう記している。「家計を考え(中略)使用人を監督し(中略)帰宅した夫がくつろぎ、家にいるのを好み、家で食事したり寝たりするのを楽しみ、家から逃れて近所や公共の場で時を過ごしたりしないように、家が夫の目に魅力的に見えるように整えるのが妻の務めである。そして、子供を育て、子供のからだや精神や道徳に気を配るのは、彼女の第一にしてもっとも重要な義務である」(三二頁)。

たとえ、もっとも保守的な父権主義者であろうと、この定義にただちに同意するだろうことは明らかだ。女性も初等教育を受けるべきであるというアミーンの考えも同様に、当時の知識人や官僚たちのあいだの、リベラルな見解というよりは、むしろ保守的な見解を表している。結局のところ、アミーンの本が出版された一八九九年というのは、政府が、男女双方に官立の学校教育を提供することに同意してからすでに三〇年がたっており、また初等・中等教育に対する需要がその定員をはるかに超えてから一〇年がたたんとするときだった。一八九〇年代には女子はすでに学校──ミッション・スクールや、「ムスリム慈善協会」によって設立された学校や官立の学校──に通っており、一九〇〇年に女性の教員養成学校が開校されると、応募者が殺到したことを思い出そう。一八九一年には、アメリカン女子大学の大学院生二人による、女性の役割に関する論文を掲載した雑誌もあった。とすれば、女性にも初等教育を、というアミーンの主張は、いささかもラディカルなものではなかった。彼の本が引き起こした議論において、この主張に対し公然と異議を唱えた者はただの一人としていなかった。

アミーンの要求の中で、もっとも激しく、そして大勢の人間から非難されたのは、女性隔離とヴェール着用の廃止という主張だった。アミーンの主張は、植民地主義者の言説と同様に、ヴェールの着用や女性隔離は、クローマーの言葉を借りるなら「東洋社会に致命的に有害な影響を与えた」習慣であるという仮定に基づいている。ヴェールは「女性が進歩するための巨大な障壁を、そしてその結果として国が進歩するための障壁を」形成している、とアミーンは書いている（五四頁）。残念なことに、ヴェールに対する彼の攻撃は、合理的な内省や分析の結果ではなく、植民地主義の認識を内面化したものであり、それを反復したものだった。

レトリックを取りのぞけば、女性隔離とヴェール着用に反対するアミーンの主張はただ、女子はせっかく教育を受けても、その後ヴェールを着用し強制的に隔離されているうちに、学んだことすべてを忘れてしまうだろうから、というものに過ぎない。女子がヴェールをつけ、隔離に移される一二歳から一四歳という年齢は、才能と知性の発達にとって決定的に大切な年齢であり、ヴェール着用と女性隔離はこの発達を阻害してしまう。女子は男子と自由に交流する必要がある。なぜなら、学習とはそのような交流からもたらされるからである（五五～五六頁）。このような立場は、初等以上の教育は女子には「必要ではない」という彼の先の意見と明らかに両立しない。知的発達や知識の獲得が、女性にとって本当に大切であるならば、女性が男性と交流できるように女性隔離とヴェール着用を廃止するというような間接的手段ではなく、女子の学校教育を促進することで直接、知的発達や知識の獲得という目標を追求すべきであると提言するほうが合理的であろう。

ヨーロッパ人男性に対してアミーンが寄せる無批判かつ無条件の尊敬や、ネイティブの慣行が本来的に劣ったものだという前提を共有しない者にとっては不愉快であると同時に見かけ倒しなのが、彼が提唱した、もう一つの主張であるヴェールの廃止についてだった。ヴェール着用と女性隔離は古代のすべての社会に共通のものであると主張した後で彼は述べる。「蒸気と電気の力を発見することができるような知性と感情の完璧さを獲得したヨーロッパの男性、（中略）人生の快楽よりも知識と名誉を追求して日々、命を危険にさらすこれらの精神、（中略）我々がかくも賛嘆してやまないこれらの知識人、これらの精神が、女性を護り、女性の貞操を維持する手段を知らないとでも、エジプト人は想像するのだろうか？　彼らもまた、かつてはヴェールの着用を習慣としていたのだ。もし、ヴェールというものに何らかの長所があったとしたら、彼らがこれを廃止してしまうなどと想像できようか？」（六七頁）

しかし、同書には一ヵ所だけ、ヴェールの着用反対が合理的に主張されているところがある。アマーラが、アブドゥによって書かれたと指摘している章である。アブドゥは、女性隔離とヴェール着用の真の欠点を指摘している。これらの慣行ゆえに、女性は、法や事業を仲介者を介して行わなければならない。日々の糧を稼ぐために商売や家内労働に携わらなければならない貧しい女性は、男性と直接取引するのを公的に禁じる社会によって、男性と取引するのが誤ったこととされ、仕事ができない立場においやられてしまう（四七〜四八頁）。

この箇所は全体的に、そのトーンや考え方において同書の他の部分と著しく異なっている。そして、女性およびイスラームの遺産の両方に言及している部分は、侮蔑的どころかむしろ人間的愛情に満ちてさえいる。その結果、そこで表されている見解の中には、同書の他の箇所で表明されている見解と矛盾したり、適合しないものもある。一方で「女性はその精神においては欠けているが、狡知には長けている」、そして、女性に初等以上の教育は必要ないというアミーンの見解（三九頁）と、他方、次のような一文に表現された、両性の可能性に対する感情のあいだには、明らかにある種の不一致がある。「教育は個人が各人の精神的、物質的幸福を獲得するための手段である。（中略）なんぴとも、その才能を可能な限り発展させるのは、人間の生得的な権利である」。

「宗教は、男性に対してと同じように女性に対しても向けられている。（中略）芸術、技術、発明、哲学、（中略）これらのすべてが男性を引きつけるのと同じように、女性も引きつけるのだ。（中略）子供は男であろうと女であろうと等しく、その視野に入った物すべてに対して好奇心に満ちている。この欲求において、男性と女性のあいだにいかなる違いがあるというのか。もしかしたらこの欲求は男子よりも女子のほうがもっと強いかもしれない」（二二一〜二二三頁）。

しかしながら、深い思考の形跡をとどめる一節は、同書の中ではむしろ例外的である。[17] 同書はもっぱらムスリム、中でもエジプト人の文化や社会に対する非難をわめきちらしている。女性の解放を主張しながら、徹底して父権主義者であるアミーンが唱えているのは実際のところ、ムスリム社会を西洋モデルに変えることであり、社会の概観をイスラーム式の男性支配から西洋式の男性支配に置き換えることだった。女性「解放」の訴えに偽装して、彼はネイティブの文化や社会に対する植民地主義者たちの攻撃を、その根本で再生産しながら、彼もまたネイティブの文化と社会を攻撃していたのだ。植民地主義者にとってそうであったように、アミーンにとっても、ヴェールや女性隔離はイスラーム社会の後進性と劣等性の象徴だった。それゆえ植民地主義者の言説同様、彼の言説の中でも、ヴェールと女性隔離がもっとも直接的な攻撃の対象となったのだった。クローマーと同じくアミーンにとっても、女性のあり方や女性がどのような服装をしているかは、男性のさまざまな社会や文明、そして男性支配のいろいろなスタイルの中で、どれが相対的にすぐれているか決定する上で重要な材料だった。クローマーにとって、女性や、女性の解放などどうでもよかったのと同じように、アミーンにとってもそれは、大した問題ではなかった。

したがってアミーンの本は、ネイティブとムスリムの劣等性と、ヨーロッパ人の優越性という植民地主義のテーゼをネイティブの声であらためて表現したものである。植民地主義のテーゼは、ネイティブの中流上層階級の声、すなわち植民者と経済的に同盟し、すでに植民者の生活スタイルを選択した階級の声によって再分節化されることで、階級主義的色彩を帯びることになった。広範な攻撃を繰り広げながら、アミーンの本が攻撃しているのは実質的に、中流下層階級と下層階級の習慣だったのである。

同書は、アラビア語のメディアにおいて、大々的な論議を引き起こした最初のものと見なされている。同書の出版に対し、三〇以上の本や記事が現われた。大半が同書に批判的なものであったが、同書に快哉を叫んだ者もいた。中でもイギリス行政当局の人間と、親英グループの者たちがそうだった。親英派の

『アル＝ムカッタム』紙は、同書をここ数年間で最高の作品と賞賛した。[18] 同書には明らかに、ムスリムからもエジプト人からも、またあらゆる立場のナショナリストからも憎まれる多くの理由があった。イギリスやヨーロッパの文明に対するアミーンの追従、ネイティブや、ネイティブのやり方に対する彼の侮蔑、支配者一族や（彼の本の中で批判されている中でも筆頭に立っている）ウラマーをはじめとする特定のグループや階級に対する侮辱的な言及、そして下層階級の習慣に対する彼の言外の、そして実際あからさまなまでの軽蔑。しかしながら、アミーンが社会を全般的に攻撃するのに、女性の問題やヴェール着用廃止の主張を利用したのとまったく同様に、彼の著書に対する批判も、彼が攻撃した習慣、つまりヴェールと女性隔離の習慣を肯定するという形で登場した。ある意味で、それがアラビア語の抵抗のナラティブの典型ともなったのである。抵抗する者も、植民地主義の言説によって最初に設定されたタームを、それを否定するために流用したのだった。

従来の分析では、この議論は、「フェミニスト」すなわちアミーンおよび彼の支持者と、「反フェミニスト」すなわちアミーンの批判者のあいだのものとして扱われてきた。そのような分析では、アミーンと西洋起源のナラティブが編み出した等式が、額面どおりに受け取られている。すなわちヴェールは抑圧の象徴であり、したがってヴェール着用の廃止を訴える者はフェミニストであり、その廃止に反対する者は反フェミニストである、という具合に。[19] しかし、すでに指摘したとおり、イスラームの文明やその人々、その習慣が劣ったものだとする西洋の見解を是認することが、アミーンの著作の根本的な前提となっており、その前提については議論の余地がある。女性に関する著者の立場は実に父権主義的であり、いくぶん女性嫌悪的でさえある。同書が主張しているのは、単にイスラーム式の男性支配を、西洋式の男性支配に置き換えることに過ぎない。アミーンはアラブ・フェミニズムの父であるどころか、クローマーと植民地主義の息子と呼ばれたほうがふさわしいだろう。

それゆえ、アミーンがフェミニストでないのと同じように、民族主義的な見地からアミーンの主張に反対した者たちも、必ずしも反フェミニストというわけではなかった。民族的な習慣を擁護する者の中には、女性に関してアミーンよりもはるかに「フェミニスト」と考えられる見解を持つ者もいたし、民族主義的、イスラーム的理由により、ヴェールの着用廃止に反対するほかの者たちの中は、女性に関してアミーンに劣らず父権主義的な者もいた。たとえば、ムスタファー・カーミルの政党の機関紙『アル＝リワー』に掲載された、アミーンの著書に対する攻撃は、男性が教育を受ける権利を持っているのと同じように、女性も教育を受ける権利を持っており、女性の教育は男性の教育がそうであるように、国家にとって不可欠なものであると表明しており、これはアミーンの立場よりもはるかにリベラルでフェミニストの立場である。これらの筆者たちがヴェールの着用廃止に反対するのは反フェミニストだからではなく、社会の現状に対して納得のゆくような分析をしているためであったと思われる。彼らは、ヴェールの着用が不易のイスラームの習慣であるなどとは主張していない。それどころか、将来の世代は、その反対の判断を下すだろうとさえ言っている。ヴェールの着用は現に行われている慣行であり、アミーンのヴェール着用廃止の訴えはただ性急に過ぎ、何事も西洋を模倣しようとする無分別な衝動に過ぎないと、彼らは主張したのだった。[20]このような視点から、ヴェールの問題に対して洞察力に富んだ、純粋にフェミニストの分析が待たれることになる。そして事実、次章で論じるように、その数年後にマラク・ヒフニー・ナーセフによってこの議論が俎上に載せられるのである。

これとは対照的に、アミーンに対するタラアト・ハルブの民族主義的な反応は、イスラームの慣行を擁護し支持しながら、社会における女性の役割と義務についてアミーンに劣らぬ父権主義的な見解を主張している。しかし、アミーンが女性解放を訴えながら西洋式の男性支配を選択しようとしているのに対して、ハルブが主張するのはイスラームの父権主義であり、彼は自分の意見を、伝統的で素朴な、神が定めた父権主義の見解であると実に単純に提示している。ハルブは、キリスト教徒やムスリムの聖典、西洋人やムスリムの男性の学者たちを引用しながら、夫や子供の肉体的、精神的、道徳的要求に気を配ることこそ妻の務めだと主張しているが[21]、それは、アミーンが女性に帰しているのとまさに同じ務めである。女性がいかなるものであるべきかについての彼らの規定は、文字どおりその外観が異なるに過ぎない。すなわちハルブの女性たちはヴェールを着けなければならないが、アミーンにおいては女性たちはヴェールをしてはならないのである。ハルブとアミーンのあいだの議論の焦点は、フェミニズム対反フェミニズムにあるのではなく、西洋的様式かネイティブの様式かの対立である。どちらの側でも、男性が女性を支配することの是非は争点にさえなっていない。

したがってアミーンの本は、アラブの主流の言説の中に、女性とイスラームに関する植民地主義的な言説、すなわちイスラームの劣等性はひとえにヴェールと女性の待遇に要約されるという言説の登場を刻印するものである。そして、アミーンの本が生み出した反対派も同じように、植民地主義的言説に抵抗して発展したアラブのナラティブの登場を告げている。この抵抗のナラティブも、もとのナラティブの象徴的なタームを、それを否定すべく流用している。抵抗のナラティブにおいてヴェールが象徴するようになったのは、文化の劣等性や、西洋の文化や習慣を是として自分たちの文化を放棄する必要性ではなく、反対にネイティブのすべての習慣、中でもとりわけ、植民者から激しい攻撃を受けることになった習慣、すなわち女性に関する習慣の尊厳と有効性であり、西洋支配に対する抵抗の一手段としてそれらを執拗に肯定する必要性であった。後にフランツ・ファノンが、ヴェールをめぐるフランス人とアルジェリア人のあいだの闘争について語っているように、アルジェリア人は「伝統が両性の断固とした隔離を要求し」、そして**「占領者がアルジェリアのヴェールを引き剝がそうとする」**（強調原文）がためにヴェールを肯定したのだった。[22] テーゼとアンチテーゼの関係に立ち、抵抗のナラティブはこのようにして、植民地主義者によって最初に用いられたタームを結果的に受け入れ、これを逆転したのだった。それゆえ、最初にヴェールに新たな意味を見いだし、抵抗のシンボルとしてのヴェールの出現を促したのは、皮肉なことに西洋の言説であったということになる。

アミーンの本と同書が巻きおこした論議、そしてその論議が刻みつけた階級と文化の問題は、それ以来、多くのムスリムとアラブの国々において多様な形態をとりながら繰り返される、ヴェールをめぐる議論の先駆的存在、原型とみなし得るだろう。エジプトで、アミーンによるヴェールの着用廃止の訴えを擁護した者たち（たとえばホダー・シャアラーウィー）について言えば、上流階級や中流上層階級の出自と、ある程度の西洋文化への同化が、ヴェール着用廃止を主張するようになったこれらの者たちの典型となった。トルコではたとえば、女性に関する法律の改正をはじめとする西洋化政策を導入したアタチュルクは、アミーン同様、西洋のナラティブを反復し、このような習慣がいかにトルコ人男性の体面を傷つけ、彼らを「後進的」に見せ、「嘲笑」の的にしているか、懸念を表し、繰り返しヴェールを非難した。ある演説でアタチュルクは次のように表明した。「女性が布きれだか手ぬぐいだか何だかで顔を隠して、男性が通るたびに背を向けたり地面に縮こまったりするような姿をあちこちで見かけるが、このような振る舞いはいったい何を意味するのか？　紳士諸君、文明国の母や娘がこのような奇矯な振る舞い、このような野蛮な態度を示してよいものだろうか？　このような光景は国を嘲笑の的にする。ただちに改善されねばならない[23]」。

同様に一九二〇年代、イランの統治者であり、やはり積極的に改革と西洋化を推進したレザー・シャーにいたってはヴェールの禁止宣言さえ公布したが、この運動は上流階級の女性だけでなく、上流階級の男性の中にも支持する者たちがいた。禁止令は、西洋化をめざして社会を導こうとする支配階級の方向性を象徴し、自分たちが「文明化されている」のだということを示したい上流階級の者たちの気持ちを表していたが、庶民階級での受け取り方はまったく違っていた。ヴェール廃止の動きは、その噂が流れただけで、社会不安を引き起こした。デモが起きたが、無情にも鎮圧されてしまった。あるイラン人の女性歴史家が述べているように、大半のイラン人女性にとっても男性にとっても、ヴェールは上流階級が主張するような「後進性の象徴」ではなく、「礼儀のしるしであり、見知らぬ男の脅迫的な視線から身を護るための手段」であった。警察は、ヨーロッパ式の帽子以外のものを被っている女性を見つけたら、誰であろうと、厳しく扱うようにという指示を受けており、多くの女性が外出して警官にヴェールを剝ぎ取られる危険を犯すよりはと、家に留まるほうを選んだのだった[24]。

ヴェールに対する刺のある軽蔑や、ヴェールを攻撃する際の野蛮さにおいて、トルコとイランのこれら二つの支配階級は、アミーン同様、彼らの真の動機を露呈している。彼らはヨーロッパのやり方に同化し、「彼らの」女たちがヴェールをしているために自分たちが文明化されていないと言われる屈辱感に身を焦がし、この慣行を根絶することを決意した階級の男性たちである。言ってみれば、彼らの言葉や行動は、西洋の言説にさらされ、自分たちの文化、その慣行の劣等性、ヴェールの意味が西洋によって表象されることを容認した男性たちの言葉であり、行動である。なぜ、ムスリム男性がこのような発言をし、法律を制定してまでヴェールを禁止しなければならなかったかは、西洋世界の地球規模の支配と、その言説の権威、そして経済的利益と文化的希求から、植民地主義者である西洋に自らを重ね、自らの社会を部分的に西洋人の視点で見るようになったムスリム社会のメンバー、上流階級の男性、女性双方の曖昧な立場という背景を考えてみて初めて理解できるものである。

以上述べてきたような、西洋植民地主義の言説と二〇世紀のアラブの議論を伝えるヴェールに関する見解の起源と歴史は、多くの示唆に富んでいる。まず、文化と女性の問題のあいだの関係、より正確に言えば**他者**である男性の文化と女性抑圧のあいだの関係が、西洋の言説によって生み出されたということは明白である。女性の地位を向上させるにはネイティヴの習慣をどうしても放棄しなければならないという(今日なおアラブ文化やムスリム文化、そして非西洋世界の文化における女性に関する議論をしばしば特徴づける)考えは、特定の歴史的動機の産物であり、特定の政治的目的に奉仕するため、男性支配を目指す男性中心主義的な植民地主義体制によって構築されたものである。それが(少なくともフェミニストの視点からすれば)いかに馬鹿げた、本質的な誤謬であるかは、最初にこれを主張した者たちがヴィクトリア朝の道徳や服装、ヴィクトリア朝のキリスト教こそムスリム女性が憧れるべき理想を表していると信じていたということを考えてみれば、一層明瞭である。

次に、これらの歴史的起源はもう一つの現象、一見したところ何がしか驚くべきことのように見える現象をも説明してくれる。その現象とは、ムスリム社会における文化と女性の問題のあいだには本質的関係が存在する、という植民地主義の、そして現在なお反復されている西洋の見解と、イスラーム主義者がその抵抗の立場を強調するために主張する、そのような根本的関係は事実、存在するのだ、という見解の特異な類似性である。これら二つの立場の類似は偶然ではない。これらは互いの鏡像なのだ。抵抗のナラティブは植民地主義のテーゼを逆手にとることで、これに異を唱えた。それによって皮肉にも、植民地主義のテーゼの前提に釘づけにされてしまったのである。

イスラームにおける女性に関する植民地主義のナラティブの発展についてこれまで述べてきたことは、イスラームの女性抑圧に関する植民地主義の記述が、誤解と政治的操作に基づき、不正確であるということとともに、ほかにもいろいろなことを示唆している。私はここで、イスラーム社会が女性を抑圧してこなかったなどと主張しているのではない。イスラーム社会は女性を抑圧してきたし、今でも抑圧している。それは議論の余地のないことだ。しかし、私がここで特記しておきたいことはむしろ、イスラームが女性を抑圧してきたという考えが、政治的に利用されたということと、父権主義的な植民地主義者がイスラーム社会における女性抑圧の源泉、その主要形態として認めたものが、ムスリム社会に関する曖昧で不正確な理解に基づいているものだったということである。このことは、同様に、ヨーロッパ人によって設定されたムスリム女性にとってのフェミニズムのアジェンダ――それは、最初、クローマーのような人物によって考案された――が、不正確かつ見当違いも甚だしいということも意味している。ムスリム女性がその地位を向上させるためには、ネイティブの習慣を捨て去り、西洋のやり方を取り入れねばならないなどと広く仮定している点において、それは間違いである。明らかなことだが、アラブ女性もムスリム女性も(西洋女性がそうしようと努めてきたように)自分たちの文化や伝統がどのようなものであろうと、男性中心主義と女性嫌悪を拒絶しなければならない。だからといってそれは即、彼女たちが西洋文化に同化し、アラブ文化やイスラームをすべて拒否するなどということを意味するものではない。ヨーロッパ人によって規定されたフェミニズムのアジェンダは、ヴェールに焦点を当てたことをはじめ、その個々の点においても間違っている。ヴェールをめぐる闘争の歴史ゆえに、ヴェールは今や多様な意味を孕んでいる。しかし、あれやこれやの衣類のアイテムを社会がどう規定するかが、西洋の女性の実質的問題の闘争と関連しているのと同じように、衣類の一アイテムとしてのヴェールそれ自体、そしてヴェールを着用するかどうかは、女性の権利という実質的問題に関連している。ブルマーであろうとブラジャーであろうと衣服のアイテムが西洋社会においてフェミニズム闘争の論争の焦点および象徴として短期間ではあるが現われたとき、争点になっているアイテムの持つ重要性を認識し、それを闘争の一つの場として規定する責任を持っていたのは、少なくとも西洋のフェミニストの女性たちであった。これに対し、ムスリム女性のヴェールの場合には、悲しいかな、それがフェミニズムの闘争に重要であると表明したのはクローマーやアミーンのような植民地主義、父権主義の男性であった。

ムスリム男性、次いでムスリム女性がヴェールを廃止するため、そして他の者たちがヴェールを肯定しこれを守るために、膨大なエネルギーが費やされたことは、意気阻喪させられると同時に滑稽でさえある。だが、さらに始末の悪いのは、文化と階級の問題をめぐるさまざまな意味と闘争の遺産である。このような歴史の結果として、そして植民地主義が、女性の問題とフェミニズムの言語を取り込んだ結果として、ヴェールだけでなく包括的な女性の権利の闘争がこの遺産とともに、他者の文化を切り崩そうとする企ての中に書き込まれてしまったのである。

この歴史、そして文化と階級のあいだの闘争は、今日なおヴェールと女性をめぐる議論において健在である。イスラームにおける女性をめぐる議論には、かなりの程度、あるときは公然とあるときはまた隠然と、偶然あるいは意図的に、アカデミズムの内外で、ムスリムの国々あるいはその他の国で、抑圧者としてのイスラーム、そして解放者としての西洋という西洋のナラティブと、このナラティブの、ネイティブ階級主義者ヴァージョンが再び書き込まれ、あるいはその逆に、帝国主義に対する植民地主義あるいはポスト植民地主義の抵抗の本質的な徴として、ムスリムの慣習、ことに女性にまつわる慣行の維持があるというアラブの抵抗のナラティブが再び書き込まれている[25]。

さらに植民地主義が、植民地主義者の文化を推進し、ネイティブの文化を切り崩すためにフェミニズムを利用したことで、以来、非西洋社会におけるフェミニズムには、植民地支配の道具として奉仕したという汚点が生じてしまった。アラブ人はフェミニズムを疑いの目で見るようになり、フェミニズムは植民地主義的利益の同盟者であったという科を受けやすい。この汚点がムスリム社会におけるフェミニズムの闘争の障壁となっていることは疑いない。

加うるに、文化と女性の問題が関連しているという仮説、すなわちイスラームにおける女性をめぐる西洋の議論を特徴づけてきた、そしていまだにある程度特徴づけ、植民地主義の言説を出処としてアラブの言説の中に入り込み、そこに定着してしまった仮説は、女性の権利のための闘争を、文化をめぐる闘争といっしょくたにしてしまった。すなわち、女性の権利を主張することは、しばしば、それに反対する者から、イスラームやアラブ文化が本来的にすぐれているかどうかをめぐる包括的な議論として受け取られ、そのように表現されることがある。だが、もちろん、批判の的や改革の対象として主張されているのは包括的なイスラームでもなければアラブ文化でもなく、男性中心主義の利益や女性に対する無関心や女性嫌悪を表しているムスリム・アラブ社会のこれらの法律や習慣なのだ。肝心なことはただ、女性を人間的に、そして公正に扱うことにこそあり、それ以下でもそれ以上でもない。イスラームやアラブ文化、あるいは西洋が、本来的にすぐれているかどうかといったこととは何の関係もない。

前章で私は、西洋経済が中東に進出し、中東社会が西洋の政治思想にさらされたことが、女性にいくつかの否定的影響を与えたことは疑いないとしても、それでもなお、女性を締めつける社会的制度を分解させ、女性に新たな機会の道を開いたことを指摘した。本章で再検証したいくつかの証拠に照らしてみて、明らかに、次のように言える。ムスリム社会が西洋に開かれ、西洋の科学技術と政治的達成に競おうとするアラブ社会内部の利害によって、社会的な変化が生じ、知的地平を拡大した。それは女性にさまざまな結果をもたらした。他方、女性の問題を標的とし、支配戦略の一環としてフェミニズムの言語を勝手に流用した西洋の父権主義的な言説が構築され、伝播することで生じた変化は、上記の結果とは根本的に異質であり、本質的に、明らかに否定的なものであった。その違いは、明確に区別されねばならない。

まさしく西洋の言説を内面化させた上流階級、中流階級の政治的指導者によって進められた改革の結果、ある国々、とりわけトルコにおいては、女性に利するような法改革が実施された。アタチュルクの取り組みによってシャリーアの家族法はスイスの家族法に触発された法に置き換えられ、これによってただちに一夫多妻は違法とされ、女性にも離婚する権利が与えられ、両親の双方に親権が与えられた。これらの改革の恩恵を享受したのは主として、都市部のブルジョワジーの女性であり、それ以外の階級が影響を受けることはほとんどなかった。さらに、より重要なことには、これらの改革が目に見える結果を残したとしても、このトルコにおいてさえ、イスラームやヴェールが蘇っているということだ。戦闘的なトルコ人女性は座り込みやハンガーストライキという手段に訴えて、ヴェールの権利を要求している。[26] 一九六〇年代と七〇年代にイランで導入された婚姻や離婚を規定する法の改革は、トルコにおける改革にははるかに及ばなかったにもかかわらず、すでに逆転されてしまっている。もしかしたら、異文化のやり方を流用するような形ではなく、ネイティブ固有の言語《イディオム》で追求された改革であったならば、上流階級、中流階級だけでなく、すべての階層にもっと理解され、説得力があったのではないか。それゆえ、そのような改革であったならば、もしかするともっと持続し得たのではないだろうか。

第九章　最初のフェミニスト

二〇世紀初頭、急激な変化が生じた。それは、誰の目にもただちにそれと分かる変化だった。女性も男性も服装が変わり、女性の姿を外で見かけるのが、ますます当たり前のことになった。交通網が整い、まず主要都市間が結ばれ、次に小規模な農業の中心地が結ばれた。今や、路面電車や舗装道路が都市の各地区をつなぎ、下水道も敷かれた。都市人口は一九〇七年から一九一七年までのあいだに二〇パーセントの割合で増加し、地方部の人口増加率もこれをわずかに下回る程度だった。電話がエジプトで導入されたのは一八八四年、最初の映画館がオープンしたのは一九〇六年のことだった。これらの品々をはじめとする舶来の文物によって、ヨーロッパの文明は、人を虜にせずにはおかないような魅惑に包まれたものとなったにちがいない。そして、これら新奇な発明は、胸躍らせるような進歩を予感させたにちがいない。それによって、その魅惑はいやがうえにも高まった。当時の著名なジャーナリスト、サラーマ・ムーサーは次のように記している。「その当時、カイロの街は、意気高揚させるような時代の予兆の中を生きていた。わたしたちは初めて自動車というものを目にした……」[1]。

エジプト社会には、イギリスの支配当局が実施したいくつかの政策によって恩恵を受けた階層もあった。たとえば、灌漑プロジェクトによって可耕地の面積が増大したことは、ヨーロッパ人植民者や製造業者は言うまでもなく、地主や農民たちを助けた。とはいえ同時に、イギリスの植民地主義的な姿勢や差別的な行動がよりあらわになり、反英感情も高まった。イギリスによる支配のお蔭で物質的には繁栄したにせよ、政治はイギリス人によって独占的に支配された。鍵となるあらゆる行政ポストや公務員のトップの地位は、イギリス人官吏が占めた。いかに有能なエジプト人であろうと、その前には乗り越えがたい障壁が立ち塞がっていた。イギリス人とエジプト人のあいだの溝は、時とともにより一層深まっていった。たとえば学校では、イギリス人職員とエジプト人職員はおのおの別の部屋を使った。イギリス人がエジプト人と交わったりするのは「ふさわしからぬ」ことと考えられていた(2)。

自分たちのことを侮蔑している外国勢力によって支配されていることに対し、エジプト人の憤懣は激しさを増していった。この憤懣にさらに拍車をかけたのが、不均衡な経済発展だった。繁栄を享受していたのは農業、治安関係など本来、イギリスや海外投資家に利益をもたらす分野であり、ヨーロッパの産業と競合する可能性のある現地産業はむしろ抑えつけられていた。エジプト人のあいだでは、政府や統治関係により多くのエジプト人を起用せよという要求がますます激しくなり、一九〇〇年代の最初の数年頃にはすでに、外国による支配に終止符を打とうという圧力も生まれていた。このような圧力の誕生には、教育の普及が一役買っていた。一九一七年までに主要都市の男性識字率は三三パーセントに達するという一大成功を収めた(3)。一九〇六年から七年にかけて三つの政党が結成され、それら三政党のすべてが、独自のやり方で、イギリスによる支配からエジプトの独立を勝ち取る計画を練っていた。ムスタファー・カーミルによって結成された国民党、アリー・ユースフによって結成された憲法改正党は、いずれも熾烈なまでに反英的だった。三つ目の、世俗的知識人の政党であるウンマ党は漸進的な国家改革を主張し、イギリスと協力して漸次、国家を改革しながら、最終的な政治的独立を目指すべきであると訴えた。

イギリスに対する公衆の憤激をかき立てるような事件が頻発した。その一つ、激しい民族的な熱情をあおったデンシャワーイ事件は、イギリス支配が鉄拳政策に他ならぬことを、そして、その結果生まれた緊張を余すところなく伝えてくれるだろう。一九〇六年六月、英軍の一分遣隊が下エジプト〔ナイル下流地域であるエジプト北部を指す〕をアレキサンドリアに向かって行軍中だった。タンター近郊で野営した折り、兵士たちの何人かが、デンシャワーイ村の近郊へ鳩を撃ちに出かけた。鳩撃ちはイギリス人には人気のあるスポーツだったが、鳩を家禽と考えているエジプト人農民たちはこれに憤激した。兵士たちが鳩を撃ち始めるとすぐ、村民たちと諍いになり、そのさなか、一人の兵士の銃が、彼が主張するところによれば過って発射され、農民の女性を負傷させた。村民は兵士たちに襲いかかり、兵士たちが武器を手放すのを承知した後でさえ、杖で彼らを殴った。兵士たちは、自分たちが鳩を撃つという報せを受けた村長が、村人にそのことを知らせ、鳩撃ちを妨害することは当初から計画されていたことにちがいないと考えた。一人の兵士が辛うじてその場を逃れ、救いを求めに走ったが、暑さと頭に負った傷のせいで昏倒し、死亡した。

この知らせがイギリス総領事クローマーの耳に達すると、彼はことの詳細もまだ不明な段階で、この事件を審理するために特別軍事法廷を招請した。占領軍に対するこの種の攻撃が頻発していたため、こうした重大な攻撃を審理するため、一八九五年に特別軍事法廷が設けられていた。法廷は一九〇六年六月下旬に開かれ、五二名の村民が審理され、三一名が無罪判決を受け、釈放された。それ以外の者たちは、程度の差こそあれ有罪と判断された。法廷は、彼らの行為が計画的なものであったと考え、彼らを厳罰に処した。四名に絞首刑、二名に終身刑、そして残りの者たちは罪状に応じた懲役と鞭打ち五〇回という判決が下された。死刑と鞭打ちはデンシャワーイ村のすぐ外で、村人たちの目の前で執行された。(4)

苛酷な判決はエジプト人に衝撃を与えた。カースィム・アミーンのような、イギリス統治を支持する者でさえ次のように記さずにはいられなかったほどだ。「私の出会った誰もが、うちひしがれ、胸ふさがれる思いでいる。(中略) 顔という顔が悲嘆の色を浮かべている。(中略) 絞首刑になった者たちの魂が、街のいたる所をさまよっているかのようだ」。サラーマ・ムーサーはこの事件がエジプト人全般に、あたかも彼らが「眠りから今、目覚めたかのように」民族的感情をかきたてたと書いている(三二頁)。[5]

ムーサーによれば、人々が民族主義やイギリス統治と同じくらい激烈に論じた問題がもう一つだけあった。「カースィム・アミーンの女性解放運動」である(二九頁)。ムーサー自身としては、この運動にさしたる関心がなかったと述べているが、回顧録の別の箇所で、一九〇七年から一九一二年までのあいだに「何条かの光」が射したと述べ、その中で女性の進歩に関して彼が画期的と考えている二つの事件を挙げている。「ダンロップがさまざまな障害を設けて妨害したにもかかわらず、ナバウィーヤ・ムーサー嬢が、若い女性として初めて、高校の卒業資格を取得したこと」(二七、五〇頁)。文部省のイギリス人顧問ダグラス・ダンロップは、ナバウィーヤ・ムーサーが女性であることを理由に、彼女の受験を認めなかった。[6] しかしナバウィーヤ・ムーサーはあくまでも意志を貫き、一九〇八年に受験すると見事合格を果たしたのだった。この出来事は大いに世間を騒がせ、新聞でもさかんに報じられた。

ムーサーが報告している二つ目の「光」は「新聞に執筆する女性が初めてエジプトに出現した」ことである(四九～五〇頁)。それはマラク・ヒフニー・ナーセフのことだった。彼女は、リベラルな世俗主義者の政党であるウンマ党の機関紙『アル゠ジャリーダ』に、バーヒサ・アル゠バーディヤ(沙漠の探求者)というペンネームで多くの文章を執筆した。だが、新聞に執筆した女性はナーセフが初めてというわけではない。すでに見てきたように女性たちは、一八九〇年代から雑誌に寄稿したり雑誌を編集しており、女性誌の数が増大した一九〇〇年代初頭になると、こうした活動は大いに盛り上がっていた。したがって、ナーセフは主流プレスに定期的に執筆した最初の女性であったと言えよう。

個々の女性たちや彼女たちが抱いている考え、そして彼女たちが成し遂げたものが教養ある人々の意識の一部を形成するようになるにつれて、女性に影響をもたらすその他の変化が進行した。目に見えて変化するものもあれば、微妙なものもあった。衣装のスタイル、とりわけヴェールは、厚手のものから透けるように薄いものまで実に多様なものとなり、もっとも明瞭に看取された変化だった。一九一〇年頃までには、エジプトではヴェールをつけない女性たちの姿が目立って増え、他のアラブ諸国からエジプトを訪れた者は、この現象の流行ぶりに驚愕している。(7) コプト教徒であったムーサーの家庭の女性たちは、一九〇七年頃からヴェールをつけなくなっており、また、他の資料が示唆するところでは、ムスリム女性も時期を同じくしてヴェールの着用をやめ始めた。加えて、女子学生や女子校の増加にも目を見張るものがあった。一九一三年にカイロを訪れたアメリカ人は、フレンチ・スクール、イングリッシュ・スクール、イタリアン・スクールなど、女子のためにありとあらゆる種類の学校が創られていることには驚きを禁じえないと記している。(8)

事実、女性の文学的、知的、社会的生活にとって実に活力の漲る時代が始まり、この時期、さまざまなフェミニストが積極的に活動した。女性たちは当時刊行されていた『アニース・アル＝ジャリース』(『傍らの友』一八九八～一九〇八年)、『ファタート・アル＝シャルク』(『東洋の娘』一九〇六～三九年)、『アル＝ジンス・アル＝ラティーフ』(『たおやかな性』一九〇八～二四年)、『アル＝アファーフ』(『美徳』一九一〇～二二年)、『ファタート・アル＝ニール』(『ナイルの娘』一九一三～一五年)など多くの女性誌に執筆したほか、主流プレスに執筆することもあった。彼女たちは、女性の知的向上を目指す組織を創った。一九〇八年に設立された「女性前進協会」は、もっとも早い時期に創られた団体の一つであり、保守的なイスラーム主義をとった。[9] 一九一四年に設立された「女性知識人協会」の設立者には、一九二〇年代から三〇年代にかけて、フェミニズムの指導者としてもっとも名を馳せたホダー・シャアラーウィーや、フェミニスト知識人であり作家でもあったマイ・ズィヤーダも名を列ねている。その他、「エジプト女性復興協会」、「未来の母協会」（一九二一年設立）、「新しい女性協会」（一九一九年設立）などがあった。一九〇八年、上流階級の女性たちの支援を得てホダー・シャアラーウィーは、エジプト大学で（男子学生や教員が来ない）金曜日に毎週、女性のための連続講座を始めた。それは、カーネギー財団の後援でエジプトを訪問していたマルグリット・クレマンにシャアラーウィーが、女性のための講座ができるかどうか訊かれたのがきっかけだった。シャアラーウィーはその問いに応える形でこの連続講座を開始した。シャアラーウィーは、「東洋と西洋の女性の生」を比較し、「ヴェールといった社会的慣行について話を」してもらうためクレマンを連続講座の最初の講師に招いた。ナーセフをはじめとするエジプト人女性やその他ヨーロッパ人女性も、のちに招かれて講師を務めた。[10]

二〇世紀の最初の一〇年間に女性たちはまた、施療院や看護学校、女性のための慈善協会（男子や男性のために奉仕することもままあった）なども設立した。上流階層の女性たちが創設し運営した組織の中には、国の医療に大きく貢献したものもいくつかある。たとえば、一九〇八年に二人の王女によって始まったマバッラ・ムハンマド・アリーは、診療所や病院、施療院を創った。地方や都市部の宗教的背景を異にする上流階層の一群の女性たちが同組織の運営にあたり、バザーやパーティや宝くじ、あるいは会員や友人たちからの寄付によって組織の財政をまかなった。最初、小さな一診療所からスタートしたこの組織は成功を続け、一九六一年にはエジプト国内に一二の病院と一八の診療所および施療院を持つに至った。そのうち四分の一のベッドが無償だった。そこでは患者たちは無料もしくは、有料の場合もあくまでも名目的な額で診察を受け、薬をもらうことができた。二一年余のあいだにマバッラ・インスティテューションが診た患者は一三〇〇万人以上にのぼった。一九六四年、同組織の病院は国営化された[11]。

女性は政治の舞台にも登場するようになった。著名な男性政治家に協力したり、主義主張を同じくする男性政党を活発に支援する女性政治組織のメンバーとなったり、また政治的な暴動やデモにも参加した。一九一〇年代、そして、それに続く数十年間こそまさに、政治的混乱と反英アジテーションの時代だった。このアジテーションには、上流階級、庶民階級の別なく、女性たちも等しく参加した。第一次世界大戦末期、イギリスはエジプトの主要政党の指導者であったサアド・ザグルールと著名な党員二名を追放処分にした。このため、国じゅうで暴動、ストライキ、イギリス人に対する暴力行為が巻き起こり、これにはあらゆる階層の女性たちが公然と参加した。農民女性の行動は男性に引けをとらなかった。彼女たちは鉄道線路を切断し、電線を破壊し、地方全土で掠奪、焼き討ちを行った。女生徒さえもがデモに加わり、首相に抗議の電文を送りつけた。彼女たちの暴れ方は、男子生徒を凌いでいたので、イギリス人の女性教師たちは、手のつけられない生徒たちのせいで「極度に不愉快な時」を余儀なくされたという報告もある。一九一九年三月一五日、インバーバのカフル・エル゠シャウムで、さらにファイユームで、反乱の鎮圧に当たったイギリス人兵士たちが発砲し、男性だけでなく女性も殺された。翌週にはカイロをはじめ多くの県でさらに多くの死者が出た[12]。

追放された指導者の妻サフィーア・ザグルールは、夫が逮捕された日の晩、自宅に集まった群衆に向けて演説をした[13]。ザグルールが率いていた政党は当時、「ワフド」〔アラビア語で「代表団」の意。エジプトの独立を訴えるため、国際連盟に代表団を送ろうという同党の主張から〕の名で呼ばれていた。三月一五日、追放された指導者およびワフド党員の妻や親族たちが、ホダー・シャアラーウィーの家に集まり行動計画を立てた。彼女の夫、アリー・シャアラーウィーはワフド党創設メンバーのひとりだった。可能なかぎり多くの女性たちに周知し、彼女たちは翌日、抗議のデモ行進を行った。アレキサンドリア、ファイユームなどから馳せ参じた三五〇名もの女性たちがデモ行進の列に加わった。[14] この一群の「姿を隠した」上流女性たちの出現は、視覚的にも政治的にも、人目を引きつけずにはおかない新たな要素を状況につけ加えた。ロンドンの『タイムズ』紙の特派員によれば、女性たちが「いくつもの大規模な集団となって、通りに繰りだしている。街の最下層の地域から来た売春婦たちが伝染性の流行病に感染し、ヴェールもつけず、多少慎みに欠ける衣装で着飾っている一方で、いまだにヴェールをつけ、黒のゆったりした蔽いに身を隠した、この尊敬されるべき階層の女性たちが、である[15]」。

同年、これら騒擾事件の調査に任命されたミルナー委員会がエジプトに到着したときも抗議行動は再現し、今回もまた女性たちが登場した。『タイムズ』紙の特派員が書いているところによれば、ある女性の「お気にいりのやり方」は路面電車を占拠して、紙の旗を振りながら「打倒ミルナー」を叫んで街じゅうを走ることだった。[16] 上流階級の女性たちは通りを行進し、イギリス当局に決議文を手渡した。一九一九年、ワフド党の女性支部、ワフド党員女性中央委員会はホダー・シャアラーウィーを委員長に選出した。

今世紀の最初の三〇年間において、フェミニズムは知的なものとして、次いで組織的、政治的なものとして登場した。フェミニズムの言説がこの時期、創出され、複雑で洞察力に富んだ、フェミニストによる最初の分析が現われた。その主要な言説をマラク・ヒフニー・ナーセフの仕事に見ることができるが、それはまた言説としても、もっとも巧緻なものであった。フェミニズムの言説内部でも重大な緊張が生じた。二つのあい異なるフェミニズムの潮流の中で、そのうちの一つがエジプト、および中東アラブ世界で、ほぼ一世紀にわたりフェミニズムの声として優勢を誇った。一方の流れは、今世紀の最後の一〇年を迎えるまで、あくまでも選択肢の一つとして、周縁的な声にとどまり、一般的にはフェミニズムの声とさえ認識されないでいた。優勢なフェミニズムの声は総じて、慎重さを伴ってはいたが、上流階級、中産階級の上・中クラスにおいて支配的傾向であった社会の西洋化、世俗化の傾向と関連し、西洋型社会に発展することが望ましいとするフェミニズムを促した。これに代わる声は、西洋的なやり方には慎重を期し、最終的にはこれに反対して、ネイティブの、その土地固有のイスラームの言説の中で、女性の主体性と主張を模索するというもので、とくに社会、文化、宗教を総合的に革新することを典型的特徴とした。その革新は単に女性だけのものではなく、社会全体を革新するものと理解されていた。それゆえ女性の権利は改革の唯一の目的でもなければ、もはや主たる目的でもなく、複数ある目的の中の一つに過ぎなかった。一九〇〇年代初頭に芽生えた、このあい異なる声をそれぞれもっとも良く表しているのが、おそらくシャアラーウィーとナーセフであろう。ナーセフが夭逝したことと、シャアラーウィーのエジプト・フェミニスト連合が組織的にも、政治的にも成功をおさめたことが主要な要因となって、この当時、西洋化を志向するフェミニズムが、アラブの文脈の中でほかに比肩するもののないフェミニズムの声として流布することになった。

二〇世紀全般に関して、公表されたもの、されていないものを含め、さまざまな記録や文献、口承の歴史など、実に大量の資料を手に入れることができる。何らかの本格的な研究がなされて初めて、エジプトはじめ他のアラブ社会の女性をめぐる言説に関し、豊かで重層的なその声の多様性と複雑さについて多少なりとも公平に記述することが可能になるだろう。そのとき初めて、階層を異にする女性たちがこうむった、経済的、社会的、そして政治的開発の衝撃と、そこからさらに、これらの言説が根を下ろしている社会は、いったいどのような力によって形成されていたのか、その力の本質を的確に測ることが可能となるだろう。私はここで、いくつかの主要な潮流に限って述べ、一層の研究に値する問題を明らかにしたい。

一九世紀に広範に生じた社会の変容と女性に関する言説の発展について分析した章でも、焦点を当てたのはエジプトだったが、ここでも再び、当時、中東における発展の鏡、あるいは先駆的存在と正当にも評価されているエジプトに焦点を当てる。とはいえ、いずれの国にも特異性があり、その国固有の要素によって、その国を特徴づけるような特殊な発展をしている。二〇世紀のエジプトの発展は、いくつかの特徴において、中東の他のアラブ諸国における発展とは異なったものとしてきわだっているが、中でもとくに次の二点が指摘されるべきだろう。女性の問題に関してエジプトは知的、社会的側面ではパイオニアの役割を果たしてきたものの、家族法という領域では、法的改革を実行するための闘争、とりわけ一夫多妻と男性の離婚の権利を制限することに関しては、実質的には何ら成功しなかった。それとは対照的に、他のアラブ諸国の場合、中でもチュニジア、シリア、イラクでは、一夫多妻や一方的な離婚をより実行しにくくするための方策が講じられた。チュニジアはアラブ諸国の中で唯一、一夫多妻を全面的に禁止した。一九二七年、エジプトはこうした問題の改正に、今一歩で成功するところだった。内閣が一夫多妻と男性の離婚権を制限する（主にムハンマド・アブドゥの見解に基づいた）法案の立法化を承認したのだった。だが、フアード国王がその承認を拒否した。[17] エジプトと他のアラブ諸国のあいだに見られる違いの中で二番目に重要な領域は、宗教によってではなく文化的に認められた慣行、とくに陰核切除の慣行に関わるものである。概して、この習慣はエジプトの複数の階層にまたがって実施されているが、地理的にはアラブ諸国の中でエジプト、スーダン、アラビア半島のいくつかの地域に限定されている。これがイスラームの慣行でないことは、たとえばエジプトではイスラーム教徒だけでなくキリスト教徒のあいだでも一般に行われていることでも分かる。

ホダー・シャアラーウィーとエジプト・フェミニスト連合（ＥＦＵ）のメンバーたちによって指導された組織的、政治的なフェミニズム運動の成功は、女性にいくつかの重要な勝利をもたらした。ある記述によれば、ワフド党が女性の参政権付与に消極的であることに刺激されたシャアラーウィーは一九二三年三月一六日、ＥＦＵを創設した。ワフド党は一九二三年、イギリスからの「独立」を勝ちとったとはいえ、イギリスは国防や外国人の権益保護など特定の問題に関しては依然、絶対的な支配権を確保していた。一九二三年四月に公布された憲法は参政権を男性だけに制限しており、シャアラーウィーは女性の参政権獲得のために闘うという目的でＥＦＵを創設したと言われている。

ＥＦＵの創設はワフド党の逡巡に刺激されてのことか、あるいは別の記述が示唆するように、エジプト人女性がローマの国際女性同盟に招待されたことに刺激されてのことであったかもしれない。ＥＦＵの代表団はシャアラーウィーと彼女の友人であり、また彼女が後見人をしていたサイザー・ナバラーウィー、そして高校の卒業資格試験の権利のために闘ったナバウィーヤ・ムーサーから成っていた。彼女たちは、一九二三年五月、ローマ会議に出席した。シャアラーウィーとナバラーウィーが、身につけていたヴェールを脱ぎ捨てるという女性解放の象徴的行動に出たのは、この旅の帰路、カイロ駅で列車から降り立ったときのことだった。シャアラーウィーは、その行動によっておそらく少女時代から抱いていた願望を実現したのだろう。上流階級に属していたシャアラーウィーの思考や読書において、幼い頃から彼女を導いたのは、彼女の友人であり、また師でもあったフランス人女性、ウジェニー・ルブランだった。ルブランはエジプト人のルシュディ・パシャと結婚していた。彼女はシャアラーウィーに「彼女たち［エジプト人女性たち］の進歩を妨げているのはヴェールである」というヨーロッパ人一般の信条を伝えており、それがシャアラーウィーの中に、いつの日かこの習慣を投げ捨てたいという決意を固めさせたことは間違いない。(18)

ＥＦＵは、エジプト人女性の「知的、道徳的」レベルの向上と、女性の政治的、社会的、法的平等の達成をその目的としていた。そして、これらの目的を追求すべく憲章を起草し、理事会役員、執行委員会を選出した。具体的な目標として掲げられたのは、あらゆるレベルにおいて女性が教育を受ける権利を獲得すること、婚姻法、とりわけ一夫多妻と離婚に関する法の改正、女性の最低結婚年齢を一六歳に規定することなどであった。ＥＦＵの資金調達の務めを担ったのは、主に、そしてある一時期にはもっぱらシャアラーウィーだった。彼女は莫大な個人資産を持っていた。連合の会員数は一九二〇年代後半には約二五〇名であった。[19] 一九二三年、ＥＦＵの請願に応えて議会は最低結婚年齢を女子一六歳、男子一八歳と定める法案を可決した。しかし、その後は婚姻法の改正に関して何ら成功を見なかった。

けれども教育の分野では、女性は大きく前進した。一九二三年、エジプト憲法は教育を最優先することを宣言した。一九二五年、政府は初等教育を男女双方にとって義務教育と定めた（政府はこの宣言を遂行するだけの財政基盤を持たなかったものの、この件に関していくつかの大きな前進が見られ、この原則は以後決して後退することはなかった）。政府はまた、高校の門戸を女性にも開放した。一九二〇年代後半、女性は初めて大学入学が認められた。ホダー・シャアラーウィーとＥＦＵが女性の入学を認めるよう圧力をかけたのだが、女性の大学入学はルトフィ・アル＝サイイド総長のもとでむしろ平穏かつ劇的な要素もなく実現したのだった。マイ・ズィヤーダの友人でもあったルトフィ・アル＝サイイドはまた、ナーセフの作品が『アル＝ジャリーダ』紙に掲載されていた当時、同紙の編集長を務めていた人物でもあった。最初の女子学生の一群が官立の高等学校を卒業する頃、アル＝サイイドは彼女たちがフアード大学（のちのカイロ大学）に入学できるよう計らったのだった。[20] 一九三三年、エジプトの大学初の女性卒業者が学位を取得した。だが、彼女たちはエジプト人女性初の学士というわけではなかった。この頃すでに、女性たちはイギリスや合州国の大学で学位を取得していた。[21]

ＥＦＵ自体も、一九二〇年代から若い女性に奨学金を支給してヨーロッパに留学させた。また、女子のための小学校も運営し、生徒は無償もしくは最低限の授業料で学ぶことができた。寡婦救済プログラムも実施され、寡婦に対して一定期間、毎月援助を支給したり、子供たちの学費を負担したり、彼女たちに医療サービスを行った。ＥＦＵはまた、経済的に恵まれない女子の職業訓練のために作業場を運営し、彼女たちに裁縫や敷物の織り方を教え、女性や子供のための施療院を運営した。一九二八年までに同施療院が扱った症例は、内臓疾患から眼病、女性や妊婦特有の疾病など一万九〇〇〇件に及んだ。これらのプログラムの運営費用はシャアラーウィーをはじめＥＦＵの会員たちや篤志家の援助によってまかなわれた。

西洋のフェミニストとコネクションを持っていることがシャアラーウィーの強みであり、ＥＦＵは設立以来、定期的に国際的な女性会議に代表団を派遣した。このようにして獲得された組織運営の実践手腕が、のちにアラブのフェミニズムを前進させる際に活用された。一九三〇年代、パレスチナ紛争が激化すると、パレスチナの大義を訴えこれを守るために、シャアラーウィーはアラブの女性たちを「東洋」フェミニスト会議に招聘した。会議は一九三八年一〇月一五日、カイロで開催され、アラブ七ヵ国の代表が出席した。彼女たちはパレスチナ支持を断固表明した決議文を採択し、行動レベルでは、パレスチナ人に支援金を調達するための催しを組織した。一九四四年に開催された第二回アラブ女性会議では、アラブ・フェミニスト連合が設立され、シャアラーウィーがその代表に選出された。一九四七年、彼女の死去に伴い、レバノンのイブティハージュ・カッドゥースが代わって代表に就任した。[22]

シャアラーウィーのフェミニズムは当時、政治的には民族主義的だった。イギリス支配については、彼女が属する上流階級や中流の上層階級のリベラルな知識人たちがこれに反対するのと同じ意味において反対した。庶民階級に基盤を持っていた他のグループや政党が表明していたような極端さで、イギリスや西洋のものなら何であろうと反対するというわけではなかった。言ってみれば、イギリス支配から政治的に完全に解放され、西洋的な政治機構および世俗主義者の国家観が受け入れられるようになることを目指して、斬新な改革を支持することを意味していた。文化的に、彼女のフェミニズムを特徴づけていたのは、西洋的な系譜であり、また、西洋化をめざすような展望であり、そして明らかに西洋的な方法がネイティブの方法よりも進歩的で「文明化されている」という見方だった。ヴェールを脱ぎ捨てることが、重要で不可欠な行為であると彼女が解釈していたという事実——とはいえ、彼女がヴェールを脱いだ頃にはすでに、彼女と同じ階層の女性たちのあいだでは、ヴェール着用の習慣は明らかに急速に消滅しつつあったのだが——や、西洋の女性たちや西洋のフェミニズムに対して彼女が親近感を持っていたことからも、そのことはうかがえる。

このような傾向は、彼女が自伝で詳らかにしている事柄から確認することができる。流暢なアラビア語を操ったナーセフとは対照的に、シャアラーウィーには、自分で回顧録を綴るだけのアラビア語の力がなかったため、秘書に書きとらせたのだった。したがって、彼女はある意味で、アラビア語という世界の異邦人であり、アウトサイダーだった。シャアラーウィーがおそらくはネイティブよりもヨーロッパ人を高く評価していたであろうことは、彼女が公的な場においても、自分の人生の形成期にもっとも重要だったものとして、西洋の影響を前面に出して語っているという事実が示唆している。たとえば、彼女によれば、フランス語の本（おそらくは小説）を読んだことと、フランス人やフランス式の教育を受けた若い女性たちとの交友こそが、大切な時期、すなわち彼女が強制された結婚から解放され、音楽や読書や交友関係に没頭し、自己「形成」に専心していた時期の知的な滋養源であったという。また、自らの思想を導いたものとして、ヴェールや女性の地位をめぐってのウジェニー・ルブランとの議論に多くを負っていることを慎重に認めてもいる。そうしたことが、自分の力や決意の根源にあったのだと、シャアラーウィーは公然と認めているが、彼女が夫や家族に逆らってまでも婚家を出るという、人生の中でもっとも果敢で威厳に満ちた行動をとったのは、彼女がわずか一三歳のときであり、この頃はまだ、西洋的な考えは彼女の中にほとんどなかったということも彼女自身の発言から同様に明白である。このことは、自分には自立する権利があり、たとえ年長者たちが何と言おうとも、倫理的に正しいと自らが考えるものに従う権利が自分にはあるのだと彼女に確信させたものの源泉が、西洋的な発想に触れる以前から彼女の背景の中に明らかに存在したことを示している。したがって、シャアラーウィーが、西洋的な考え方の影響を強調すべきものとして選択したことは、彼女の人生の実際の状況について説明しているだけでなく、彼女の目に、そして彼女が想定していた読者——おそらくは彼女と同じ階層か、中流上層階級の人々であり、彼らにとって西洋化することは、より「文明」化することととらえられていた——の目に、西洋によって影響を受けたと映ることがどのような価値を持っていたかを説明してくれる。私はここで、彼女がフランスの小説を読んだことや、フランス人あるいはフランス式教育を受けた娘たちとの交友が彼女の人生に影響を与えなかったなどと示唆しているのではない。ルブランの考えがシャアラーウィーの人生形成にとって重要でなかったと言っているのでもない。私が言いたいのは、シャアラーウィーのフェミニズムや彼女の人格、動機の源泉は、彼女が公共の場で自分自身を提示する際（そしておそらくは、彼女が自分の中で自己の姿を形づくっていく際にも）はっきりと認めているよりもずっと、複雑で微妙な陰影に富んでおり、もっと計り知れないものである、ということだ。さらに私が示唆したいのは、彼女が、西洋的なるものを志向するものとして、自分の過去を再構成しているということは、おそらく、ネイティブよりもヨーロッパ人を賛美することという心理的傾向があったことを物語っており、さらなる研究を要する複雑で曖昧な領域があることを示しているということだ。

カースィム・アミーン以来、植民地主義の内面化および、ヨーロッパ人がネイティブよりも生得的に優れているという意識の内面化——端的に言えば意識の植民地化である——はフェミニズムを錯綜させた。フェミニストの中には、たとえば、異論もあるかもしれないが、ドリア・シャフィークのように、明らかに内面化された植民地主義によって生じたと思われる曖昧さと破壊的な自己分裂によって心理的な障害を負った者もいる。またゼイナブ・アル゠ガザーリーにもっともきわだって現われているように、最初はシャアラーウィーのフェミニストとしての指導力に期待を寄せていたが、彼女のフェミニズムが根ざしている、西洋的なるもののほうがアラブ的なるものよりも優れているという潜在的な評価に反発し、彼女から離反して、固有の文化の中でフェミニズムの道、あるいは女性の主体性と主張の道を模索したフェミニストもいる。

シャアラーウィーが西洋的外観を呈したフェミニズムを信奉していた一九〇〇年代から一九一〇年代にかけてすでに、マラク・ヒフニー・ナーセフ（一八八六〜一九一八年）は、無条件に西洋化とは結びつかないフェミニズムの基礎というものを表していた。ナーセフはヴェールの着用廃止には反対だった。この問題についての彼女の考えは、フェミニズムや文化に対する彼女の展望とシャアラーウィーの展望の違いを示唆すると同時に、ナーセフの思想がいかに洞察力に富んでいたか、そしてヴェールをめぐる当時の男性の言説と、またそうした言説を通じて生起する新たな男性支配のあり方を、彼女が的確に理解していたことを教えてくれる。

ナーセフがヴェールというテーマを取り上げたのはアミーンの著作が刊行されて一〇年とたたないうちであり、アミーン同様、ヴェールの着用廃止を主張したアブドゥル＝ハミード・ハムディの一連の文章に触発されてのことだった。女性に対し著者が関心を示してくれたことに感謝の意を表した後でナーセフは、あえて筆をとらねばならないと感じたと語っている。なぜなら、このテーマはこのような「ペンの闘い」を招き続けるであろうから。彼女はヴェールの着用廃止に反対であったが、それは通常あるような保守的な理由によるものではなかった。彼女は、宗教がこの問題について何ら特別な規定を設けているなどとは信じていなかったし、ヴェールをつけている女性が、ヴェールをつけていない女性よりも慎み深いなどとも考えてはいなかった。なぜなら真の慎み深さとは、ヴェールをつけているかどうかで計られるべきものではないからだ。ヴェールに関する男性の意見は「探求と思索（字句どおり解釈すれば「空想」）」に基づいているが、彼女は自分の意見の基礎を「観察と経験と、多種多様な女性たちの経験（に関する記述）」においている。まず彼女は、女性たちはヴェールを着けることに慣れており、突然これを脱げと命令すべきではない、と指摘している。さらに、彼女は訊ねる。「教養ある男性諸兄、あなたがたはどうして私たちにヴェールを着けるな、などとお命じになれるのですか。私たちの誰であろうと通りを歩けば、汚い言葉を投げかけられ、淫らな目つきで眺められたり、卑しむべき言葉を浴びせかけられて、私たちは恥ずかしさのあまり額に汗を浮かべるというのに」。「現在いるようなこうした一群の男性たちの罵倒や厚顔無恥な振る舞いに、女性たちがさらされてはなりません。そして現在いるようなこうした一群の女性たちの理解力とは、赤ん坊にも等しいものであり、女性がヴェールもつけず男性と交わるような変革は、必ずや悪しき結果を招かずにはおかぬでしょう[23]」。

ナーセフはまた次のようにも述べている。ハムディその他の主張に応えてであろう、女性の中にはヨーロッパ人の衣装に身をつつんで、自らが現代的であることに満足し通りに敢えて出ていく者たちもいる。だが、ヴェールをしていない者たちはそのほとんどがファッションのことしか頭にない上流階級の女たちである。彼女たちの動機は自由を希求することでもなく、知識を追求する上でヴェールが障害になっているからでもない。「実際、もしこれらが彼女たちの理由であるなら、彼女たちの要求するものを無条件に与えてやるべきです」。ことほどさように、エジプトの女性たちはあまりに「無知」であり、男性たちはかくも「頽廃」しているので、ヴェールの着用を廃止し、男女が交わるなどは目下のところ悪しき考えである(第一巻二二六頁)。

西洋の考え方を取り入れることは、それ自体では良くも悪くもないが、一定の環境においてそれが適切なことかどうか考えることなく、西洋のやり方を無差別に取り入れたりすることは賢明ではない。それゆえ肝心なことは、知識人たちがヴェールについて議論するのではなく、「あなたがた［男性］が女性に本当の教育を与え、彼女たちを健全に育て、人間教育のありようを正し、あなたがたの道徳性を向上させることで、ひいては国全体が教養を高め、行儀もよくなるのです。そうなって初めて、彼女にとって、そして国にとって何がもっとも良いことなのか、彼女自身に選択させたらよいのです」(第一巻二二五〜二二八頁)。

ナーセフの言葉は入念に吟味されており、彼女の指摘はでたらめでも思いつきでもなく、無駄のない議論の一部である。彼女は、同時代の男性のテクストに女性嫌悪が現われ、ヴェールをめぐる議論を通じて男性支配という目的が再生産されていることに自分は気がついているのだ、ということも表明していた。彼女は、女性が何をすべきかについて男性が命じることの傲慢さを暴き、これを拒否し、西洋的な習慣を取り入れるという問題に対し、批判的でこれを峻別する目をもたらした。エジプトの男性の後進性の原因は、女性の無知や卑しく怠惰な女性の性格にあるというアミーンのテクストとは決定的に異なって、ナーセフのテクストでは、男性こそ頽廃的で堕落しており、女性たちに口汚い言葉を浴びせかけるものとして描かれている。女性の無知は邪気のないものであり、赤ん坊のような無知である。向上を必要としているのは男性の道徳性のほうである。女性にヴェールを着けるべきかどうかを命じるのではなく、女性が教育を受けられるようにし、自分たちのことは自分たちで決められるようにすることを、彼女は男性に提言したのだった。

ナーセフの文章に凝縮して現われているヴェールに関する彼女の意見と、この問題をめぐる男性作家たちに対する批判は、若きフェミニスト、マイ・ズィヤーダに宛てた公開書簡において詳細に展開されている。この往復書簡を始めたのはズィヤーダで、『アル＝ジャリーダ』紙に何回かにわたって掲載された。ズィヤーダは、若い女性たちがいかにすれば自分たちの運命を向上させることができるか忠告してくれるよう、ナーセフに依頼した。ナーセフはそれに応えて次のように語った。目下、すべての者が「女性の進歩と、彼女が良き妻、良き母となるべく準備することを訴えて」おり、いずれ（の男性）も、これがどのようになされるべきかということについて一家言持っている。「あらゆる後進性と無知はヴェールのせいであり、それゆえエジプトの女性はただちにヴェールを脱ぐことが肝要である」と決意した男性もいる。「これまでなれ親しんだ暗い状態から、目も眩むほど魅惑的でまばゆく見えるいまだ知られざる状態へ移ろうと欲するときには、慎重さが必要だという知恵が忘れさられている」（第二巻八頁）。また、ナーセフによれば、ヴェールとは絶対に必要なもので、教育は女性を駄目にすると信じているグループもいる。「どちらの道を私たちは選ぶべきでしょう？　どちらのグループに私たちは従うべきでしょう？　私たち女性の大部分は男性の不正によって依然、抑圧されています。男性はその専制によって私たちに命じたり、禁じたりした結果、私たちは今や自分自身のことについてすら、自分の意見を持つことができないでいます。（中略）もし、男性がヴェールをつけろと命じたなら、私たちはヴェールを着けるでしょう。もし男性が着けるなと命じたなら、つけないでしょう。もし男性が、女性も教育を受けるべきだと望んだなら、私たちは教育を受けさせられるでしょう。男性が私たちに望むことのすべてが、私たちのためを思って、私たちに良かれと思ってのことなのでしょうか。それとも、私たちに良くないことを願ってなのでしょうか？　過去において、私たちの権利を定めたとき、（中略）男性が私たちに対して重大な誤りを犯したことは間違いありません。今、私たちの権利を定めようとするとき、（中略）男性が重大な誤りを犯すであろうことは間違いありません」（第二巻八頁）。女性について書いている男性がみな、熱心な改革者であるなどと結論することはできない、と彼女は続けている。彼らの言葉は入念に検討されねばならない。そして男性が「私たちを奴隷にしたとき専制的であったのと同じように、私たちを解放するときも専制的であること」に気づかねばならない。「私たちは男性の横暴にもう我慢できないのです」（第二巻八～九頁）。

ナーセフが最優先課題としたフェミニズムの問題は教育――彼女はサニーヤ教員養成学校の卒業生で、結婚前には教師をしていた――と教育改革、そして婚姻法と婚姻関係の改正だった。とりわけ彼女は一夫多妻、男性が無条件に妻を離縁できる権利、女子の早婚、夫婦間に極度の年齢差のある結婚などの害悪を糾弾した。これらの慣行に反対する彼女の言葉は、こうした習慣が人間を、女性だけでなく子供も犠牲にする忌むべきものであるという感覚に満ちている。たとえば「あるいは別の妻たち」という副題のついた一夫多妻についての文章で、彼女は次のように書いている。

それ［別の妻］は、おぞましい言葉です。この言葉を記そうとすると、私の筆は凍りついたように動かなくなってしまいます。女性の永遠の敵。（中略）いったいどれだけの心が苦しんだことでしょう、どれだけの精神が混乱をきたし、どれだけの家庭が破壊されたことでしょう、どれだけの害悪がもたらされ、どれだけの罪のない者たちが犠牲になり、どれだけの者が、彼女の悲劇の張本人のもとで囚われ人となっていることでしょう。（中略）［それは］野蛮さと我欲に満ちたおぞましい言葉です。（中略）よく覚えておいてください。あなたが新しい花嫁と戯れているとき、あなたはもう一人の妻を絶望のあまり涙の底に沈ませているのだということを。（中略）そして、あなたは子供たちに悲しみを教え、彼らは母の涙に啜り泣くのです。（中略）あなたに聞こえるのは［結婚の宴の］太鼓や笛の音ですが、彼女たちが聞くのはただただ惨めさの響きだけなのです。

彼女が話をした女性は次のように語っている。「彼女たちは、夫が二番目の妻と結婚するのを目にするよりは、夫が棺台に載せられて運ばれていくのを見たほうがましだと考えている」。そして、彼女は、夫のわがままが妻子にもたらした悲惨について詳細を綴っている（第一巻四一頁）。

一夫多妻についてはナーセフ自身がよく知っていた。彼女が二一歳で学校を卒業したとき、彼女に勉学を奨めてくれていた父親が、ある遊牧民の有名な指導者であったアブドゥル＝サッタール・アル＝バーシル・パシャの求婚を、明らかに娘のことを考えてふさわしいと思ったのだろう、承諾したのだった。ナーセフの父親は知識人であり教養もあった。ムハンマド・アブドゥの友人でもあり、ウンマ党創設者のひとりでもあった。ナーセフの作品が初めて掲載されたのは、ウンマ党の機関紙『アル＝ジャリーダ』だった。夫にすでに妻がいたことをナーセフが知ったのは、結婚後、ファイユームにある夫の住まいに行ってからだった。彼女にとって状況は拷問にも等しいものだったが、彼女はその苦しみを誰にも明かさなかった。もっとも身近で、彼女を誰よりも守ってくれていた家族にさえも秘密にした。ナーセフの家庭は母親が病弱であったため、長女のナーセフが家事の責任をもち、兄弟姉妹の世話をしていた。彼女が両親にも結婚の不幸を打ち明けなかったのは、彼らに心配をかけまいとしたからであり、また他の人々にも秘密にしたのは、彼女の結婚の「失敗」が、女性が教育を受けたからだと解釈され、それによって女性の前進の妨げとして利用されるのを恐れたからだった。

マイ・ズィヤーダはナーセフの文章を読んで、情熱的な賛嘆に溢れた公開書簡を書くことを思いついたが、書くことは痛みから生じたものだとナーセフは答えている。それは個人的な痛みではなく──自分は誰も亡くしたことはなく、悲しむような個人的理由もないと彼女は明言している──倫理的な苦しみだった。彼女の心は社会の頽廃に「打ち砕かれている」──苦しんでいる者たちみなに対し彼女は共感を覚え、「エジプトの女性たちを救うことを」誓った。「それは私にとっては、なんとしても実現させねばならない大切な誓いでした。それを実行するのは至難であり、それをとり囲んでいる困難は私の道を絶望的に暗くします」(第二巻七頁)。ズィヤーダは返信で文学的粉飾をこらしながら、ナーセフにもっとそのような痛みを感じてほしいと書いている。なぜなら、その苦しみこそ「聖なる炎」、「燃え輝く翼の上の魂を意味の天空へと翔び立たせる炎」をかきたてるものであるから、と(第二巻一〇頁)。ナーセフは答えている。「でも、マイ、あなたはどうして私にもっと苦しめなどと望んだりできるのですか? 肉体的な苦痛のほうがまだ楽です。まだしも耐えることができます。(中略)私はそのいずれも経験したことがあるのです。(中略)なぜならそれは〝聖なる炎〟だからとあなたは言います。ええ、たしかにそれは私に、私などにはふさわしからぬ聖性を与えてくれました。そして、私と、聖性など微塵もないこの世との隔たりをあまりに大きくしたのです」(第二巻一七頁)。

今世紀を通じて、女性の大義に身を捧げ、女性の領域を定義し、女性の主体性についての言説を分節化することにおいて重要な役割を果たしてきた一群の女性たちがいる。ナーセフ、マイ・ズィヤーダ、ホダー・シャアラーウィー、ドリア・シャフィーク、ナワール・エル＝サアダーウィー、アリーファ・リファアト。彼女たちの生をきわだたせているのは、痛みである。彼女たちはみな同じ制度の、直接的な被害者だった。そのような制度が女性にもたらす破壊性、のみならずナーセフがいみじくも指摘したように子供たちに対する破壊性は、男性の快楽の前では取るに足らぬものとして公然と無視されてきた。彼女たちが書いたものや社会的な活動、また彼女たちが設立し、その精力を傾注した慈善組織は典型的に、不正に抗し、過ちを正し、自らが生きぬき、そして他の者たちが生きぬくのを援け、この制度によって打ち砕かれ破壊された人々のために尽くしたいという情熱的な希望の徴を伴っていた。それに比べれば、女性をめぐる男性のあいだでの議論は、ヴェールの問題に限定されていることといい、抽象性にとらわれており、アラブ社会の法律や機構に後生大事に温存されてきたこの男性支配の制度が、女性や子供たちに、そしてひいては男性自身にも、人間として痛ましい代償を強いてきたのだということを本質的に失念しているように思われる。

ナーセフは精力的に講演し執筆した。彼女の文章に現われた見解は明晰で洞察力に富んでおり、今世紀の最初の一〇年代におけるフェミニズム運動の中でもっとも重要な知識人と呼ばれるにふさわしい資格を彼女に与えている。彼女はスペイン風邪のため三二歳という若さで亡くなった。その悲劇的な死は、女性の権利闘争にとって深刻な損失であり、またアラブの文学世界全般にとっても真に重大な喪失であった。同時代の者たちは彼女の才能を認めていた。彼女の葬列には第一線で活躍するフェミニストたち、教育大臣をはじめとする政府の指導者たち、そして保守的なウラマー層の男性たちが参列し、彼女を讃える演説をした。[24] 一九二四年、ナーセフの七回忌には追悼集会が、今やフェミニストの第一人者となったホダー・シャアラーウィーの主宰によって営まれた。とくにナバウィーヤ・ムーサー、マイ・ズィヤーダ、詩人のハリール・ムトラーンらによって哀歌が誦まれ、スピーチが行われた(25)。

講演、執筆活動だけでなく、ナーセフは政治の分野でも行動的で、複数の慈善協会を設立し、これらの運営にあたった。一九一一年、第一回エジプト国会が召集され、国の目下の急務について審議し、勧告を出した。検討されるべく議会に提起された問題が、重要な諸問題を網羅しながら、女性の問題が等閑視されていることに気づいたナーセフは、急遽リストを作成すると議会に提出した。そのリストには、高等教育のあらゆる分野が女性にも開放されること、また女性も公に礼拝に参加できるよう、モスクの中に女性のためのスペースが設けられることなどの要求が折り込まれていた。彼女は、女性を一堂に集め、情報を伝えることを目的に女性協会を設立したのをはじめ、救急施療院、赤十字をモデルにした緊急救助のための看護サービス、女性のための看護学校なども設立した。看護学校は彼女の自宅に設けられ、その費用も彼女が負担した(26)。

シャアラーウィーもナーセフも、社会は女性が自己の能力の限界まで教育を追求するのを可能にすべきだと主張した。そして両者とも、婚姻を規定する法の抜本的な改正を求めた。実際のところ、彼女たちが目標としていたものに実質的な相違はなかったように見える。ナーセフは西洋に対して慎重であり、アラビア語やアラブ文化の世界に深く根を下ろし、その中で快適さを享受し、固有の文化に本質的な形で改革を追求する傾向があったとはいえ、社会における女性の地位や権利を根本的に改革しようとしたことにおいてはシャアラーウィーにひけをとらなかった。中流上層階級の出身であったナーセフの教育が、おそらく、上流や中産階級のあいだではめずらしくネイティブの文化に根ざしていた一方、シャアラーウィーはアラブ文化とフランス文化という二つの文化の中で育てられ、少なくとも一〇代以降はフランス文化のほうがアラブ文化に増して強調され、高く評価される環境の中にいた。

入手可能な、あるいは可能になりつつある資料の性質のお蔭で、この種の正確で詳細をきわめた研究、中でもアイデンティティや自己意識がどのように構成され、政治的な見解や帰属が心理的、個人的な次元ではどうであるかについての研究がまもなく可能になるだろう。今や女性の多くが読み書きができ、自分たちの考えや経験を記録することができ、さらに、日記や自伝といった新たな文学形式が、個人的な事実や意見を記録するのを可能にし、また奨励しているという点で、それらの記録はそれ以前の世代に関して入手可能であった記録とはまったく異なるものとなっている。

その結果、女性同士の関係がどのような性質のものであったか、フェミニスト同士の関係はどうか、そして一般的にはエジプトやアラブの文化的文脈において友情がどのような意味を持っていたか、女性の人生における個人的なものと政治的なものとの相関といった問題が探求されるであろうことが期待される。女性の友情、文字どおりの友情について、そして女性の支援ネットワークやフェミニストの教育指導のパターンがいかなるものであったかについて最初の記録が書かれたのは、おそらく二〇世紀のこれら最初の数十年のあいだだろう。たとえば友情や師妹の絆は、ホダー・シャアラーウィー、ナバウィーヤ・ムーサー、マイ・ズィヤーダそれぞれと、ナーセフを結んだだけにとどまらず、これらの女性の何人かを、フェミニズムの言説と女性の主体性をさらに発展させることにおいて重要な役割を果たすことになる、次世代の女性たちとも結びつけた。世代を越えたこの絆は、ナーセフとズィヤーダのあいだに見られたように、相互扶助的な関係であったかもしれないし、シャアラーウィーとナーセフのあいだのように、師妹的な関係であったかもしれない。殊にシャアラーウィーは多くの女性たちから師と仰がれたが、とくにのちに著名なジャーナリスト、作家、ひたむきなフェミニストとなったアミーナ・アル＝サイードや、ジャーナリストであり、活動家、作家、フェミニスト知識人となったドリア・シャフィークらにとってはなおさらそうであった。シャアラーウィーはまたイスラーム女性協会を設立したゼイナブ・アル＝ガザーリーにとっても師、より正確に言えば反面教師であった。

結婚が持つ意味や、拡大家族の関係や家族を越えた関係のバランスにおいて婚姻関係がどのような感情的影響を与えるか、女性を支え、感情的な充足を与える源として家族が持つ意味、自己確認、そしておそらくは親密さと情熱の関係等も、今後さらに探求すべき課題である。私たちは、少なくとも先に述べた女性のひとり、ホダー・シャアラーウィーにとって、彼女と弟との関係が、彼女の人生においてもっとも強固で重要なものであったことを彼女自身の証言から知ることができる。そして、彼女の社会の女性たちが語っているところによれば、姉妹と兄弟のあいだの強い感情的絆はごく普通にみられるものであるという(27)。研究に値する分野として他に、性の問題や、異性愛にせよ同性愛にせよ性的でエロティックな経験が、意識やより根源的には性の意味をどのように形成するか、そしてエジプトやアラブ社会における感情的な、エロティックな、性的な経験のスペクトルが、「ヘテロセクシュアル」、「ホモセクシュアル」あるいは「レズビアン」といった西洋的な用語で的確かつ正確に表し得るのかどうか、といった問題などがある。これらの用語は、それらを形成している社会文化的な枠組みやその主体の情緒的、心理的世界の特殊な構造を無視して経験に適用することができるとか、これらの用語が示唆する経験の範囲があらゆる社会で同じものであるといった仮定は大胆にすぎる。

女性同士の恋愛、エロティックな愛、そして性愛というテーマはいまだほとんど触れられていない。レバノンからエジプトに移住した有名なキリスト教徒の文学者の家庭に生まれ、ズィヤーダによって伝記も書かれたワルダ・アル＝ヤーズィジー（一八四九〜一九二四年）は、文法的には女性形の恋人にあてた詩を書いている。批評家たちは、これを文学的な仕掛けと解釈し、それゆえこの明白にエロティックな詩を

「非現実的」であるため説得力がないと評価した[28]。女性形を用いたのは文学的仕掛けであったかもしれないが、それはまた実際の経験に基づいたものであったかもしれない。女性同士の性的な関係に公然と言及した唯一のものは、上流階級の中でももっとも高位の人々に関するものだった。エジプトのヘディーブ・アッバース二世の伯母であった、ジェミーレ・ハーニムは「怒れるサフィスト」と形容された。彼女の「淑女たち」との関係は、彼女の夫が下男たちに寄せる情熱に匹敵するものであった[29]。

性的に度を越したあらゆる類の行為が、男女の如何を問わず支配者の一族に帰せられた。ヘディーブ・イスマーイール（在位一八七二〜七九年）の母は、「ハンサムな若い男に目がない」と噂された。彼女はカイロを馬車でドライブしていると、「しばしば男性に目を惹かれた。宦官が至急、適当なメッセージをもって送られた。不可思議な失踪をめぐって、妙な、当惑させるような噂が広まりだした[30]」。行きすぎた行為の他の例としては、ムハンマド・アリーの娘ナズリーの場合がある。彼女は夫に関して非常に嫉妬深く、夫がある女奴隷の長い波打った髪について何か言ったところ、彼女は翌日の晩、蓋をした皿を夫に差し出した。皿の上にのっていたのはその女奴隷の首だった[31]。この種の逸話は支配者一族の男性メンバーについてはなおのこと日常茶飯事となる。しかし、どこまでが権力の行使でどこまでが境界の侵犯なのか定義しても、これらの記述をより広範な社会に関する考察の基礎に用いることはできない。

女性たちの心理的生活や愛情生活の詳細についてはほとんど知られていない。たとえば、シャアラーウィーは並はずれて裕福な上流階級の出身だったが、子供の頃は女の子であるために自分は受け入れられていないと感じており、そうした拒絶感が人間の世界から疎外され、放逐された感覚を培い、彼女は動物や自然の世界に避難所を求めた。彼女は一二歳で、自分の後見人であった四〇代の男性と無理やり結婚させられた。結婚の朝、彼女は自分の人生が荒涼とし、孤独なものに感じられた。夫との別離に成功したのち、彼女の言葉を借りるなら彼女が自分自身を「創り」出そうと闘っていたとき、友情とくにヨーロッパ人女性たちとの友情が、自己自身の感覚と自己の全体性を再び取り戻すのに決定的な役割を果たした。(32) これらの事実は知られてはいるものの、その心理的な意味についてはまだ解明されていない。

同様に私たちがマイ・ズィヤーダ(一八八六〜一九四一年)に関して知っていることと言えば、彼女が幼い頃、キリスト教徒のアラブ人であった彼女の家族とナザレからエジプトに移住したこと、一度も結婚しなかったことなどにすぎない。生涯を独身で通すことは、男性であろうと女性であろうと珍しいことだった。ズィヤーダは作家として、知識人として、フェミニストとして、エジプトの知的世界でも卓抜した存在だった。彼女は一九一二年頃から週に一度サロンを主宰し、著名な知識人や政治家、アラブ世界の文学者らが大勢訪れた(実際、西洋世界からの出席者もあった。一例としてはヘンリー・ジェームズもズィヤーダを訪ねたことがある)。エジプトの知識人であり、ズィヤーダの友人でもあったサラーマ・ムーサーは、ズィヤーダが生涯結婚しなかったのは、彼女がサロンを主宰していたために、求婚する男性がいなかったからだと暗に示唆している。「我々のレバノン人の友人たちは、たとえいかに現代的であろうと、この件に関しては依然東洋的なままである。彼らには、自分の妻が文学サロンに客を招き、議論と社交でヨーロッパ的な伝統を広めるなどという考えは耐えられないのだ」(一五八頁)。だが、少なくとも二人の卓越した男性が彼女を愛したと言われている。

知的なフェミニスト女性に対し、社会が報復として剝奪や罰を与えた問題も同様に探求されねばならない。女性が教育にあずかるようになるにつれ、こうした罰はなお一層彼女たちの経験の一部となったと思われる。彼女たちの状況は心理的な疎外感や孤独、排除、内的な追放感も培っただろう。なぜなら、作家や知識人となって、女性として許された行動の境界を破り、フェミニズムを主張することは、アラブにおいて支配的な男性中心的な文化に反対する立場に公然と自らを置いてしまうからである。マイ・ズィヤーダはこの感情について語っている。「私は生まれ故郷の国をたいへん愛していたにもかかわらず、追放者のように感じていました。故郷をもたぬ難民であるかのように[33]」(その発言にしかし、曖昧なところはない。ズィヤーダはパレスチナで生まれ、パレスチナとレバノンで学校教育を受けた。そして一八のとき、家族とともにカイロへ移り、そこで残りの生涯のほとんどを過ごした)。興味深いことに、ヴァージニア・ウルフも同じような言葉を残している。イギリスはイギリス人男性の国だが、イギリス人女性には国がない、と。[34]

マイ・ズィヤーダはウルフや実に大勢の英米世界の知識人女性と同様に、「狂気」を患って亡くなった。反戦主義者であった彼女は、彼女を暗殺しようとするスパイに監視されていると確信するようになった。一九三四年にファシスト国家イタリアを訪問し、法王の謁見を待っているときに批判的な発言をした彼女は、イタリアで歓迎されていない、首領が彼女を監視させている、と言われたことで、そのように信じるようになった。一九三六年、恐怖と失意にとり憑かれた彼女は自殺をはかる。入院中、彼女は一切の面会を拒んだ。「なぜなら、私を見舞う誰もが、まるで私が正気ではないかのように話しかけるのです」。徐々に彼女は人間不信に陥り、召使たちを解雇し、友人も信じなくなった。一九四一年、彼女は亡くなった。遺体は彼女の一人暮らしのアパートで、死後三日を経て発見された。[35] ドリア・シャフィークもまた精神衰弱を幾度か経験し、ウルフやズィヤーダと同じく、一九七六年に自殺した。このような悲劇の例がさらに発見されたとしても驚くにはあたらない。

精神的な衰弱や自殺には当然のことながら多くの理由がある。それらの理由の中に、女性らしさの境界を逸脱して作家や思想家となり、男性支配をはじめとする文化の支配的ドグマに反対する立場をとった女性に対して社会が与える社会的、心理的な懲罰の影響があることに疑念を差し挟む余地はない。男性支配は宗教的に是認された法として、社会的習慣として、結果的に女性や子供たちに対する感情的、心理的、物質的な暴虐をもたらし、そのような虐待が文化に対する忠誠の名によって正当化されることを要請しているのである。

第十章　さまざまな声

一九二三年、憲法が教育に優先権を宣言し、その後まもなく政府が初等教育を男女双方にとって義務教育と定めたものの、政府には実際に教育を全般的に可能とするような手段はなかった。しかし、既存の建物や教師は最大限拡大され、教育はこれに続く数十年のあいだに急速に拡張した。都市部は地方部よりも順調に運んだ。なぜなら都市部では教員数も設備もより多く、いずれも二部制で利用された。とはいえ、給与は不十分であり、女性教師たちは不満を述べていた。(1)

女子の就学率は一九一三年に三万一〇〇〇人、全就学者数の一〇パーセントであったのが、一九三〇年までには二二万八一六五人と格段に増加し、全体の二四パーセントを占め、それ以降も継続的に上昇した。一九二九年にエジプト人女性として初めて五名の女性が正式に大学に入学したのを皮切りに、大学に進学する女性の数も当時、あるアメリカ人がいみじくも述べたように、まさに「驚嘆すべき」比率で伸長した。一九三七年までには一九七九名の女性が学士号を取得した。一九四七年にその数は四〇〇〇名となり、一九六〇年には二万四八〇〇名となった。高等学校と大学における教育は一九五〇年代に無償となった。(2)

学生数が増大したとはいえ、非識字率は依然として高いままだった。一九三七年の非識字率は男子七四パーセント、女子九一パーセントと推定される。一九四七年には多少改善され、男子六七パーセント、女子八七パーセントになった。教育の拡張は、人口増加に追いつかなかった。人口は、衛生施設の改善や、幼児や母親の生存率が高まったことにより、一九世紀末以降確実に上昇を続け、一八九七年には九〇〇万強であったのが、一九三七年には一五〇〇万以上に増加した(3)。

大卒者の数は就職可能な職の数を上回り、教育を受けた男性のあいだで失業が無視できない問題となった。一九三七年までには、一万一〇〇〇人におよぶ高卒者と大卒者が失業していたと推定される。学校を卒業し就職口を探す女性たちは、すでに女性であるがゆえの偏見に直面していたが、就職難がこの状況に拍車をかけた。女性が男性から職を奪うというテーマは一九二九年という早い時期に、すでにプレスで議論されている(この議論にはナバウィーヤ・ムーサーが参加している(4))。

学校を卒業し職を求める女性たちは、家族の反対にも遭遇した。(女性の大学進学者の圧倒的多数は進歩的な中流、上流階級の出身だったが)これらの階層は、娘たちが教育を受けることに吝かではなかったものの、働くために娘たちが外に出るとなると、ことはまったくの別問題だった。外で働いたりするのは、食うに困っている貧しい女性だけがすることであり、良家の子女にはふさわしからぬことだった。それでも多くの女性たちが、ソヘイル・アル゠カラマーウィーが主張したように、自分たちが働きたいのはお金欲しさからではなく、働きたいからだと主張することで、社会の抵抗とともに家族の反対をも克服した(5)。

一九三〇年代初め、最初の女性たちがフアード大学を卒業したときから、彼女たちは法律、ジャーナリズム、医学、大学教師などの専門職に就き始めた。これら目を見張る数のパイオニアたちが各自の分野で専心し、指導的存在となり、人々にその名を知られるところとなった。若干名前を挙げただけでも、たとえば、アル゠カラマーウィーと言えば作家にして学者、アミーナ・アル゠サイードと言えばジャーナリストかつ著述家、ビント・アル゠シャーティーはアーイシャ・アブドゥル゠ラフマーンのペンネームであり、作家、人気のある歴史家である、といった具合だった。

しかし、より大きな困難に直面したのはおそらく、専門職に就くことを求めていたこれらの大卒女性ではなく、下級公務員や事務職員、工業労働者などの職を求めていた高卒女性であったろう。これらの職業は失業率も高い上に、給与も低かったからだ。第二次世界大戦はこれらの障壁を打ち壊す助けとなった。連合軍の存在が雇用を創出した。彼らは、八万人の男性事務員、四〇〇〇人以上の女性職員をはじめとする二〇万人のエジプト人を雇用した。働く外国人女性の存在、また、戦災救助や一九四〇年代にエジプトを襲ったコレラやマラリアの伝染病に対処する災害救助において、上流階級、中産階級のエジプト人女性たちがボランティアで医療や社会奉仕を行い、その決定的な重要性をまざまざと見せつけることで、女性が仕事をすることを社会的に認めさせるのに貢献した。[6]

女性はまた、一九二〇年代、三〇年代に発展した煙草、紡績、製薬産業でも働いた。産業は小規模なままで、一九四七年までに雇用されたのは一〇〇万人の男性と女性で、女性は労働力の三パーセントにすぎなかった。女性労働者のほとんどは、農業に従事していた。農業に次いで大きな女性の雇用カテゴリーは、家政婦をはじめとするサービス業だった。[7]

この時期、大多数の高学歴者は、制度によって昇進の希望を絶たれ、裏切られた期待にフラストレーションを募らせ、また、産業発展に応えて地方部から都市部への移住が増えたことをはじめ、人口による圧力が増大したことから、社会不安が生じ、ますます深刻化していった。一九一七年から一九三七年までに、カイロの人口は六六パーセント増大し、七九万一〇〇〇人から一三一万二〇〇〇人に増え、アレキサンドリアでは、五五パーセント増大し、四四万五〇〇〇人から六八万六〇〇〇人になった。今や完全に世界経済に組み込まれ、農産物の輸出に依存していたエジプトは、一九二九年の大恐慌の影響を受けて、他の国々と同様、経済的動揺を経験した。農産物の輸出が低迷したことが現地工業の発展を刺激し、エリートのあいだに工業化は近代化と進歩の本質であるという認識を育むことになった。現地資本が工業に投資を始め、政府は民族主義指導者の圧力により、初期段階の工業を保護するべく関税制度を改正した。工業成長自体が労働者を引き寄せ、移住を促進し、人々を住み慣れた土地から引き離し、社会不安の一因を担った。戦争と連合軍の存在も、都市部への移住に拍車をかけた。都市人口は一九三七年の二二四万九〇〇〇人から一九四七年には三四一万六〇〇〇人に増えた。またさらに政治不安を煽ったのが、戦争末期に結成された兵力二五万から成る失業者の軍と、連合軍の撤退という事態だった。(8)

政治的レベルでこの数十年間を特徴づけるのは、ワフド党の勢力減退である。ワフド党は諸々の事件をコントロールする力を喪失し、大衆に対するアピールを失い続けた。同時に、強硬な反英、反西洋的傾向をもった大衆的な民族主義グループが台頭し、結果的にワフド党をはじめとする体制グループに挑戦するようになった。一九二三年の選挙以来ワフド党は、国王フアード一世との絶えざる権力闘争に巻き込まれていた。憲法、議会政治、人民の力を侵害せんとする君主に抗する市民の自由の闘士を任じていたワフド党は当初、大衆の共感を動員することができた。一九三五年には、ワフド党は内部分裂し、いろいろな分派が結成された。一九三六年に政権復帰したワフド党は、スエズ運河地域に英軍の駐留継続の条項をもった英エ条約を取り決めたことで、もっとも過激な反英、民族主義分子をさらに排除し、民族主義的な大義における指導力の独占を喪失する結果を招いた。

そのあいだ、他の政治グループが登場し、その中には小規模ながら共産党もあった。とくに勢力と重要性を獲得したグループが二つあった。「青年エジプト」と「ムスリム同胞団」である。「青年エジプト」は一九三三年に結成されたファシスト・グループで、エジプトの過去の栄華とエジプトの帝国的な未来を説いた。宗教、道徳の重要性を強調し、若者に武人精神を鼓舞した。ヨーロッパのファシスト運動と同じく、英雄たちの母として女性を重視した。そしてこの栄光ある義務を遂行するため女性の教育の重要性を強調した。[9]「青年エジプト」は「グリーン・シャツ」という準軍事的な青年組織を開発し、その反英、反西洋は過激をきわめた。

しかし、当時においても、またその後にわたっても比類ない影響力をもったのは「ムスリム同胞団」（アル＝イフワーン・アル＝ムスリムーン）である。ハサン・アル＝バンナー（一九〇六～四九年）によって、一九二八年に創始された「ムスリム同胞団」（以下「同胞団」）は「青年エジプト」と同じく熾烈なまでに反英、反西洋であった。モスクのイマームであり説教師も務めた父親を持つアル＝バンナーは、ムハンマド・アブドゥの時代にアズハル大学で学び、アブドゥを大いに尊敬していた。アル＝バンナーは、卒業後、スエズ運河沿いの町イスマイリーヤに教師として赴任し、組織を結成した。彼は当時すでに、カイロで「青年ムスリム協会」の設立を手伝っていた。アル＝バンナーは外国人の瀟洒な邸宅と、エジプト人の「惨めな」家屋のあまりの落差を目のあたりにして愕然とした。道路標識さえもが「経済的支配者の言語」で書かれていた。[10]彼の新組織の最初のメンバーとなったのは、英軍キャンプで働いていた六人の男性だった。彼らは自分たちのことを次のように表現した。「この屈辱と規制の生活に倦み、（中略）我々は、アラブ人もイスラーム教徒もいかなる地位ももたないことに気づいた。（中略）彼らは外国人の雇われ者にすぎないのだ」（八頁）。

組織は急速に成長し、アル＝バンナーは、純化されたイスラームへと人々を導く最高指導者としての地位を確立した。この純化されたイスラームこそが、人間の個人的そして民族的な生のあらゆる側面を特徴づけ、国を西洋の支配から解放するだろう。「同胞団」は政府や諸政党を西洋イデオロギーの輸入品、イギリス支配の道具とみなし、これらと対立した。政党は外国の経済支配の恩恵に与る上流階級によって独占されていた。西洋による支配に対する怒りと独立を達成しようという決意が「同胞団」の運動の中核をなしていた。

「同胞団」の見解がアル＝アフガーニーおよびアブドゥの思想に端を発しているのは明瞭だった。これら前世紀の民族主義者と同様、「同胞団」は倫理的な浄化と内的改革、そして外的侵略に対する抵抗と拒絶を通して信仰を守ることを説いた。実際、西洋による外的侵略の拒絶を成功させるには、内的改革と再武装が不可欠だった。それゆえ教育は、アブドゥにおいてそうであったように、彼らのプログラムでも重要な部分であり、彼らは熱心に学校を建設した。だが、彼らはアブドゥよりもさらに徹底して反西洋的であり、イスラームの法的伝統により頑なに執着した。イスラーム的な立場の内部においてさえ、彼らは知的多様性に対しては不寛容だった。

一九四〇年代を通して、パレスチナ問題に関する苦渋が反西洋感情に拍車をかけ、「同胞団」や「青年エジプト」のようなグループのアピール力を高め、汎イスラーム的かつ熱烈な親パレスチナの「同胞団」がさらに多くの信奉者を獲得するのに寄与した。「同胞団」にとって、パレスチナの状況の進展は、アラブ人、ムスリムに対し西洋人が決して諦めようとはしない、西洋の帝国主義とシオニズムの十字軍を象徴していた。彼らはアレンビー将軍の言葉を引用して、自分たちの見解が正しいことを確認した。第一次大戦でエルサレムに入ったアレンビー将軍は「十字軍は今、ようやく決着した」と語ったのだった（二三〇頁）。

「ムスリム同胞団」の団員数については諸説ある。「同胞団」側は一九四九年のピーク時で二〇〇万であったと主張するが、反対者は約二〇万という数を挙げる。[11] メンバーの規模について正確なところは知られていない。というのも、「同胞団」員であるということはしばしば秘密にされるからだ。だが、彼らの数がどうであろうと、一九四〇年代初期までに「同胞団」は、侮りがたい勢力を持つに至っていた。一九四〇年代を通して、彼らの準軍隊的な組織は、当局に対して次第に暴力的な戦略に訴えるようになった。都市の中流下層階級、労働者階級、および地方の労働者階級が、「同胞団」のさまざまなプロジェクト、中でも学校建設やモスク、家内工業の建設という活動に共感する一方で、無産階級は、外国による搾取に終止符を打って、公正な社会で繁栄する未来を築くという「同胞団」の約束に希望を見いだした。組織と「同胞団」員たちのあいだは堅い絆で結ばれ、この変化の時代にあって、慰撫するような共同体的感覚を生み出した(12)。その信奉者の多くは主に下層階級の出身だったが、指導者たちは大部分が都市新興中産階級の出身だった。彼らは、国が外国によって経済的に支配され、国内の支配階級と西洋人居住者というマイノリティが西洋と同盟していることで、個人的な出世を阻まれていた者たちだった。

「同胞団」のメッセージは男性にとっては大いに魅力的であったものの、女性にとっても同じくらい魅力的であったわけではなかった。女性も、「同胞団」員の妻、家族としてその活動に組み込まれていたが、支部である「ムスリム姉妹団」の活動メンバーはわずかだった。イスラーム改革における女性の役割の重要性を初期のアル゠バンナーが強調し、一九三三年には母親のための協会を設立することで、女性のあいだの会員数の拡大を図ったにもかかわらず、最高時の一九四八〜四九年でもその数は約五〇〇〇人にとどまった。男子学生のあいだの勧誘は多かったが、これも女性にはあてはまらなかった。女子大生のあいだの支持者の数は「微々たるもの」にとどまった。「同胞団」が「女性の真の解放」への道だと主張している「イスラーム・フェミニズム運動」が、教育を受けた女性たちの目には、「ハーレムへ戻れ」という運動と映り、彼女たちを惹きつけるのに成功しなかったことに「同胞団」は気づいた(一七五頁)。

支部組織である「ムスリム姉妹団」（アル＝アハワート・アル＝ムスリマート）に加入した女性たちはヴェールをかぶってはいたが、「ムスリム同胞団」における女性の地位の位置づけには、実際はアブドゥの近代主義の跡があった。たとえば一夫多妻について、彼らはアブドゥに近い立場をとり、コーランに書かれているようにすべての妻を厳密に平等に扱うということは困難を極めるがゆえに、一夫多妻によってさまざまな問題が生じ、その結果、結婚は愛情や優しさ、寛容さを伴うべしというコーランにおける他の指示に背かざるを得ないと主張した。彼らはまた、離婚はハディースで表明されているように、「法的に許されたものの中でも、神がもっともお嫌いになること」であると主張した。人々がこれらの慣行を濫用したのは、彼らが真のイスラームから堕落してしまったからだ。「許されていることを禁止する」のではなく、イスラームの根源へ回帰することに答えはある（二五八〜五九頁）。

「ムスリム同胞団」は、西洋女性はムスリム女性のモデルにはならないと主張したが、そこで展開された批判は、今日なおムスリムが主張するのと同じものである。すなわち、西洋は女性や女性の性を金儲けのために利用している。美人秘書、モデル、セールスウーマンなどを伴った広告は、資本主義に奉仕するため女性を搾取しているという主張である（二五七頁）。西洋女性をまねしなくても、西洋女性が教育において達成したことを模倣することはできる。「同胞団」は、教育が男性同様女性にとっても不可欠であることを強調した。その主たる理由は、彼女たちが妻、そして母としての役割を十分に果たすためである。だが、それが女性にも教育が必要であるという唯一の理由ではない。「同胞団」は、イスラームが女性に禁じている学問はない、という立場をとった。女性がその振る舞いや服装さえきちんとしているならば、「商人にも、医者にも、弁護士にも」そのほか、正当な報酬をもたらすいかなるものにもなることができる。しかし、許されているからといって、仕事や教育は、女性にとって必ずしももっとも望ましい目標というわけではない。女性の真の責務とは、家庭であり、家族である。「同胞団」の指導者としてアル＝バンナーを継いだハサン・イスマーイール・フダイビーは、女性に関する彼らの立場を次のように要約している。

女性の自然な場というのは家庭であるが、彼女が家庭における自分の義務を果たしてなお時間に余裕があったならば、彼女の尊厳と道徳性を保持するという法的限界の中でなされるという条件で、その時間的余裕の一部を社会のために役立てることができる。私は娘たちに、自分にふさわしいと思う教育を自由に選択させた。長女は医学部に進学し、現在は医者になり、それを専門の職としている。次女は理学部を卒業し、現在は同学部で教鞭をとっている。二人とも既婚者で、二人が家庭と仕事のあいだに調和を見いだしてくれることを私は願っている（二五八頁）。

労働者階級出身のフダイビーは「同胞団」の指導者になる前、弁護士と裁判官を務めた。したがって彼は、「同胞団」を支える新興中産階級の典型であり、女性をめぐる問題に関する彼の意見は、「同胞団」の典型的意見でもあった。ここで明らかなことは、彼が宗教や宗教政治に熱烈に参与しているからといって、そのことが女性の雇用や、ましてや教育に対して否定的な態度を生み出しもしなければ、労働力において女性が男性にとって代わるという脅威も、この問題に対する根本的態度の形成にあずからなかったということだ。むしろ、有給の職、副次的な収入、中産階級の地位をより強固にするという利点のほうが、主たる決定要素であったと思われる。

フェミニストであろうとなかろうと政治的な女性のあいだに見られた進展は、国の政治の広範な発展と平行し一致していた。今世紀中葉の数十年間、女性たちは、公式あるいは非公式に幅広く政治活動に参加していた――民族主義とフェミニズムの大義の両方においてイスラームを信奉するラディカルな保守主義者として、女性の権利と民族の問題を追求する民族主義者として、左翼知識人そして共産主義者として。フェミニズムは西洋女性だけに関わるもので、ムスリム女性が女性の自己主張を追求するのは他の形で行われるべきであるというイスラーム主義者の立場も含め、女性の権利の問題に対する多様なアプローチが登場した。しかし、今までのところ、これらの女性たちが実際にどのような活動をし、どのような展望を持っていたのかは、ほとんど記録にとどめられていない。人々にインタビューしたり、新聞や雑誌を丹念に調べたり、出版されていない資料を渉猟したりする作業は今、緒についたばかりだ。

近年になって進展を見た研究で、活字になったものがわずかだがあり、人をじらすように、当時のきわだった活力を垣間見せてくれる。たとえば一九四〇年代にその行動主義を体現した左翼の女性とのインタビューは、女子大生の知的、政治的大胆さについて、彼女たちの情熱と理想主義について、彼女たちが当時の社会政治的な生活に、行動的にも身体的にも関わっていたことについて教えてくれる。のちに著名な芸術家、政治活動家、雄弁なフェミニストとなったインゲ・アフラートーン(一九二四~八七年)は共産主義者の女性組織であった「エジプト女子学生・卒業者連盟」の代表として、一九四五年にパリで開催された世界女性会議に参加した。彼女はそのときの興奮を次のように生き生きと語っている。

私はエジプト代表団のリーダーに選ばれ、とても興奮しました。私は大勢の勇敢で有名な女性たちに会いました。ソヴィエトの代表団は軍服に身を包み、勲章を輝かせていたのを覚えています。彼女たちは戦場からやってきたのでした。目にしたもののすべてが強烈な印象を残しました。私はたいへん力強い演説をしました。その中で私は、エジプトにおける女性の抑圧を、イギリスによる支配と帝国主義と結びつけました。私はイギリスを糾弾しただけでなく、国王と政治家たちも非難しました。それはたいへん政治的な演説で、私は民族の解放と女性の解放を訴え、その考えは拍手をもって迎えられました。(13)

のちに著名な小説家となったラティーファ・アル゠ザイヤートはファアード大学の学生活動家だった。イギリス大使館の報告によると、共産主義は大学で「急速に広まり、ことに芸術学部の女子大生が共産主義に傾倒した」(14)。そのダイナミズムと雄弁で有名であったアル゠ザイヤートの演説は、女性だけでなく男性にも向けられた。彼女は「学生共産主義者機構」の事務局に立候補して当選したが、その活動のゆえに「イスラーム原理主義者」に悩まされた。彼らはすべての共産主義者を非道徳的と非難し、とくに「彼らは私を娼婦とかその類の言葉で呼んで、私の評判を貶めようとしました」。彼女は家に帰って涙を流したが、自分の仕事はどうしても続けねばならない「公的な仕事」なのだと考えて自らを励ました。一九四〇年代に活動したもう一人の共産主義者ソラヤ・アドハムは、その政治活動のため指名手配され、のちに逮捕され一〇ヵ月にわたり投獄された(15)。

女性の問題にエネルギーを傾注した二人の女性が、今世紀中葉の数十年間にライバルとして、対照的な形で登場した。そのひとり、ゼイナブ・アル゠ガザーリーはイスラーム的な形で女性と民族のために運動し、かたやドリア・シャフィークは女性の権利と人権のために世俗主義と民主主義的な形で運動した。彼女たちの展望の相違は、世紀の転換点における初期フェミニズムの相違を反復しており、エジプトとアラブの「フェミニスト」――女性と女性の主体性を自己主張するという意味でのフェミニスト――の言説における、永続的で、つねに拡大しつつある分岐を分節化している。特定の道が選択されるとき、その道の形成にはつねに多様な社会的力や個人的状況が一定の役割を果たすものである。それゆえ、この二人の女性の政治と人生を簡単に振り返って見ることは、どのような要因が二人のあいだの相違を形成していたのかについての予備的研究でもあり、二〇世紀のエジプトおよびアラブの文脈の中で、女性が自己と主体性を主張する二つの、主要かつ対照的な経路の根底にある相違をもおそらくは示唆してくれることだろう。今世紀も終わり間近になるにつれ、「ムスリム女性協会」の創設者であるイスラーム主義者アル゠ガザーリーによって発展したイディオムは、エジプト文化の主流を現在形成している者たちのあいだで、予想だにしなかった大きな反響を呼ぶものとなっている。ドリア・シャフィークのフェミニズムは、シャアラーウィーやアミーナ・アル゠サイードをはじめ西洋化した世俗主義者のフェミニズムと同じように、今世紀のほとんどにわたってアラブのフェミニズムを支配する声であったことに異論の余地はないが、これらの声は今や徐々に、周縁的なものになり変わりつつある。

アル゠ガザーリー（一九一八年生）の政治生活は、ホダー・シャアラーウィーのもとで働くことから始まる。アル゠ガザーリーはこれを（一九八一年に行われたインタビューでは）「女性解放を訴える女性運動」と呼んでいる(16)。彼女はすぐに、その目的が自分自身と相容れないことに気がつき、一八歳で自分の組織、「ムスリム女性協会」を結成するため運動を辞めた。協会は女性がイスラームについて学ぶのを助け、孤児院の経営や貧困家庭の援助、また、失業中の男性や女性が有用な職を得るのを助けるなど福祉活動を行った。協会の設立後六ヵ月もたたない頃、ハサン・アル゠バンナーがアル゠ガザーリーに、「ムスリム同胞団」の運動に対して協会の協力を求めてきた。彼は「同胞団」本部での講義のあと彼女に会い、「同胞団」に対して協力的な立場をとらせようと相当な圧力をかけた。彼女や協会のメンバーたちがどのようにそれを拒否したかを思い出しながら彼女が語ったところによると、彼女たちが他の方法で全面的に協力することを申し出たにもかかわらず、アル゠バンナーはこの件に執着し、彼女たちがそれを拒否したことに「憤慨した」[17]。彼女がこれらの出来事を『アイヤーム・ミン・ハヤーティ（私の人生の日々）』に書く頃には、「ムスリム同胞団」は集中的な弾圧を受け、アル゠バンナーは殺され（一九四九年）、彼女自身もナセル体制の手により、「同胞団」の活動幇助の廉で一九六五から七二年まで六年にわたり投獄され拷問を受けた。

「同胞団」が試練を体験していたときも、アル゠バンナーに忠誠を誓った後でも、アル゠ガザーリーと彼女の協会は自立性を維持した。一九四〇年代後半、「同胞団」対策の一環として政府が「ムスリム女性協会」に解散を命じたとき、アル゠ガザーリーはその命令に対して法廷で争い、勝利した。この頃すでに、彼女は無視できない人物となっていた。彼女は、アル゠バンナーと、彼女の友人でもあったワフド党の指導者ムスタファー・アル゠ナッハースのあいだをとりもったり、一九五〇年代と六〇年代初期を通じて、社会の古老の指導者たちに相談し、彼らとともに社会の将来的プログラムを考えた。「ムスリム女性協会」は活動を続けたが、一九六五年、彼女の投獄に伴い解散した。協会は再結成されなかったが、アル゠ガザーリーはイスラームの大義のために講演や活動を継続した。

アル゠ガザーリーが四五年後、インタビュアーに語っているように、彼女が自分自身の組織を結成するためにシャアラーウィーの協会と袂を分かったのは、シャアラーウィーのアプローチが「誤りである」と彼女が確信したからである。イスラーム社会で「女性解放について語るなど深刻な誤りである」と彼女は考えた。イスラームは女性に「すべてを、すなわち自由、経済的権利、政治的権利、社会的権利、公的そして個人的権利」を与えていると彼女は信じていた。しかし、これらの権利は不幸にもイスラーム社会の中では表に現われていない。協会の目的は、「ムスリム女性に自分の宗教について教え、彼女たちが学習することで、女性解放運動がムスリムの後進性ゆえに誤って生み出されたものであると確信できるようになることです。（中略）私たちはムスリムが遅れていると考える。ムスリムはこの後進性を自分たちの肩から取りのぞき、自らの宗教が求めるところに従って、起ち上がらねばなりません」(二三五頁)。女性がイスラームを学ぶのを助け、慈善活動を行うのに加えて、協会は政治的な立場もとった。「エジプトは実定法的な憲法によってではなく、コーランによって治められねばならない」。女性が自由と人権を持つ社会を生み出すことは、「世界の三分の一を占める」イスラーム国家を再興することでもある。「私たちはなぜ遅れているのか? なぜなら私たちが、私たちの宗教に従わないからだ。私たちの憲法と法に従って生活していないからだ。もし私たちがコーランと預言者のスンナ〔慣行〕に立ち返るなら、私たちは真にイスラームを生きるだろう、そして全世界を支配するだろう」(二三五〜三六頁)。

アル゠ガザーリーはこれら包括的な権利がどのように女性に回復されるのか、また、通常シャリーア〔イスラーム法〕として適用されているものでは、これら女性の権利が保証されていないが、新しいイスラームの法がこれらを保証するために考案されるのか、ということについては詳細を語っていない。さらに、これらの権利を賦与するという彼女の宣言と、イスラーム社会における女性の役割に関する彼女の発言とのあいだに、内在的な、あるいは潜在的な矛盾がある。イスラーム社会の女性の本質的役割に関する彼女の定義は、「同胞団」の修正主義者によって表明されたものと一致する。すなわち、女性の第一義的な役割は家庭であるが、専門的な職業生活や政治生活に専念してもかまわない、というものである。アル゠ガザーリーは語っている。

女性たちは(中略)イスラームの義務の中で根本的な役割を果たす。(中略)イスラームが要求する地位を満たすのは男性たちであり、女性たちはそうした男性をつくる者たちである。それゆえ、女性は十分教育がなければならないし、教養もあり、コーランやスンナの戒めについてもよく知っていなくてはならない。国際政治や、なぜ私たちが遅れているのか、なぜ私たちはテクノロジーを持っていないのか、についても知らなくてはならない。ムスリム女性は、これらすべてのことを学ばなければならない。そして、自分の息子に、その時代の科学的な手段を持たせると同時に、彼がイスラーム、政治、地理、そして最近の出来事を理解しなければならないという確信のもとに、育てなければならない。彼はイスラーム国家を再建しなければならない。私たちムスリムだけが、平和を広めるために武器をとるのである。私たちは、この不信心で、無神論で、抑圧的で、迫害に満ちた世界を浄化したい。(中略)イスラームは、女性が公的生活に行動的に参加することを禁じてはいない。イスラームは女性が働いたり、政治の世界に入ったり、自分の意見を表明したり、あるいは何かになることを禁じてはいない。その何かが、彼女の第一の義務、すなわち母親、イスラームの義務において子供たちをしつける者たることを邪魔しないならばの話だが。したがって、彼女の第一の、聖なる、そしてもっとも重要な使命とは、母となり妻となることである。彼女はこの優先順位を無視することはできない。そしてもし、彼女に自由な時間があるならば、彼女は公的活動に参加することができる。イスラームは彼女にそれを禁じてはいない(二三六〜三七頁)。

ここで不明瞭なのは、女性が自分の第一の、聖なる、そしてもっとも重要な使命を実現するようにいったい誰が注意を払うのかという問題である。少なくともこの意見と、イスラームは女性に自由と包括的な権利を与えているという趣旨の発言のあいだには潜在的な矛盾がある。アル゠ガザーリーは、女性の「第一の、聖なる、そしてもっとも重要な使命」の実現を意図するかどうかについて女性自身が決定を下す自立性と権威を持っていると考えているのか、それとも、男性が女性に対して権威を有し、男性がこれらの問題について決定する権利を持っているという、男性によって規定されたイスラームの一般的な考えを受け入れているのかどうか、ということについて明らかにしていない。「同胞団」や、サウジアラビアのアブドゥッラー・ファイサル王子が彼女をわざわざエジプトに訪ねるなど、アラブ世界の明らかに父権主義的な指導者たちの多くから彼女が高く評価されたことを考えても、彼女が男性の権威や男性支配という考えに挑戦していたとは考えにくい。これらの発言は、その広大かつ理想主義的な曖昧さとともに、あい矛盾する展望を示しているが、その矛盾を誰も問題として指摘していない。

アル゠ガザーリーにおける女性の立場をめぐる矛盾は、言葉だけにとどまらない。アル゠ガザーリー自身の人生が、イスラーム社会における女性の役割に関する彼女の発言の価値を目にあまるほど切り崩している。一方で、彼女の人生はまた、女性にとって法的に最大の危険性がある領域、婚姻を規定する法において、イスラームについて知る女性にはすべての権利があることを示してもいるように思われる。アル゠ガザーリーは二度結婚しており、結婚を決めたのは彼女自身であり、それが結婚の継続に対する支配力を自分に与えたと彼女はインタビューで語っている。彼女が最初の夫と離婚したのは、彼女の結婚が「自分の時間のすべてをとってしまって、（妻として母としてではなく、イスラームの活動家としての）自分の使命を果たすことができなかったから」だった。彼女は、彼と結婚する前に、彼女の使命が第一であり、もし二人のあいだに大きな不一致が生じたら離婚することを明文化していた。(イスラームのいくつかの法学派で)女性が結婚契約において法的拘束力のある条件を明文化する権利を持っているということをアル゠ガザーリー自身が例証してみせたわけであるが、これに加えて、自身の結婚に関するこれらの発言は、女性がどのような場合であろうと、家庭を支え夫に尽くすという義務よりも、仕事を優先することが許されているだけでなく、それを選ぶのは女性自身であるということを示唆している。彼女の二度目の結婚の条件も、最初のときと同じだった。実際、彼女の二番目の夫は、彼女が仕事をするのを妨げないということだけでなく、伝統的な役割を完全に逆転すると明文化するのも認め、「彼が私を助け、私のアシスタントになること」にも同意したのだった(二三七頁)。

アル゠ガザーリーの自伝に見られる記述は、インタビューでの発言にまさるとも劣らず明瞭に、彼女がいかに結婚よりも自分の使命のほうを優先させたかを物語っている。彼女は夫に対して以下のことを明らかにしたと書いている。

もし、あなたの個人的あるいは経済的利益が私のイスラームの仕事と対立し、結婚が私の使命とイスラーム国家の樹立を実現する障害になると私自身が考えたなら、私たちは別れます。(中略)私は、自分の人生で結婚という事柄を考えまいと決めていました。私が自分の使命に完全に専心するために、(中略)あなたもこの努力に加わってくださいと、今日、お願いする権利は私にはありません。けれども、私が神のために闘うことを継続するのを、一八のときから自分を捧げてきたこの闘いを私が継続するのを、どうか邪魔しないでくださいということを明文化する権利はあります。[18]

明らかにアル＝ガザーリーは、イスラーム的指導者となることを期待されて育てられた。ことに彼女の父親はそのような大志を彼女の中に育んだ。アズハル大学を卒業した父親は大規模な綿花商人で、綿花のオフ・シーズンには国内を廻って、金曜日にモスクで説教するのに時間をあてていた。娘をイスラーム文化の遺産の中で学ばせながら、神の助けがあれば彼女は指導者になるだろう、ホダー・シャアラーウィーのようなタイプではなく、ムハンマドの時代の女性指導者のような伝統的タイプの指導者になるだろうと娘に語っていたと、彼女は伝えている。

アル＝ガザーリー自身の記述から、彼女がアブドゥル＝ファッターフ・イスマーイール、フダイビー、サイイド・クトブといった「同胞団」の指導者たちと次第に緊密に協力するようになったことがうかがわれる。彼女は、いかに「この国にその栄光と信条を回復させるか」を検討するために頻繁にイスマーイールに会っている。彼女は、彼らがいかにして自分たちの大義を広めようとしたか書いている。パンフレット、勉強会、（メッカにおける布教期間に相当する）一三年間にわたる講義、そして「この老若男女に対するイスラーム教育」の年月が終わったら実施するはずの調査。もし、これらの「収穫」の中で、イスラームについて「宗教と国家」の両方を信じている者たちが七五パーセントいれば、彼らはイスラーム国家の樹立のための布教を開始する。もし、「収穫」がそれ以下であれば、もう一三年間教育活動を更新する。何世代かかるかは問題ではない。大切なことは最後まで働き続けることであり、イスラームの旗を次の世代に渡すことだった。(19)

宗教革命の告白として見ると、アル＝ガザーリーの記述には多くの点で驚きを禁じ得ない。まず、イスラームに対する精神的関与が欠けていることが特筆に値する。イスラームはエンパワーメント、栄光、きちんと規制された社会への道として具体化されてはいる。だが、精神的な道ではない。同様に、宗教的使命にたずさわる者に期待される内省的な意識や、倫理的理解の鋭さといった性質とも彼女は無縁であるように見える。公正を期せば、彼女も「神との良き夜、忘れがたき日々、聖なる瞬間」についてたしかに書き記してはいる。これらの言葉は、読書会にみなで集まってコーランの章句を読み、その意味するところや示唆するものを検討しているときに現われている。それらは、アル＝ガザーリーが書いているところによれば、「甘美で良き」日々であり、「私たちが学べば学ぶほど、私たち自身を学ばせ（中略）大義のために青年たちを準備すればするほど、神の祝福が私たちを包んだ」[20]。だが、ここでも、これらの言葉がほめたたえているのは、大義と、共通の大義のためにともに働く精神的高揚であるように思われる。

第二にアル＝ガザーリーの記述は、イスラーム復興の必要性を帝国主義の屈辱をこうむっている国の再興の必要性に結びつけ、イスラームが力と栄光への道であると説くその率直さにおいても驚きである。イスラームの布教は、魂を神のもとへと招いたり、根源的な真理を主張するためではなく、力を復活させ、イスラーム国家に「全世界を支配する」力を与えるためのものとしてあるのだ。

最後に彼女の記述は、「私たちイスラーム教徒だけが、平和を広めるために武器をとる。私たちは、不信心、無神論者、抑圧、迫害のこの世界を浄化したいのだ」という発言に現われているように、非寛容なアジェンダを表明するその明らかなナイーブさ、盲目的な無邪気さという点でもきわだっている（二三六頁）。他宗教を信仰している者、あるいは無神論者は言うまでもなく、ムスリムであったとしても、このような発言に恐怖を覚えて不思議ではない。なぜなら、彼らのイスラームが、おそらくは望まれるようなタイプと完全に一致することはないだろうからだ。アル＝ガザーリーは、歴史上もっとも残虐なことのいくつかは、社会の浄化の名のもとに行われたということに気づいていないか、この問題に関心がないかのどちらかである。

アル＝ガザーリーと同時代のドリア・シャフィーク（一九一四〜七六年）は、多くの点でアル＝ガザーリーの対極に位置している。アル＝ガザーリーの家庭環境が彼女の中にイスラームの遺産に関する豊かな資質と強力な充足感を培ったのに対し、シャフィークの家庭環境は、西洋の優越性あるいは少なくともネイティブの劣等性を密かに強調している。シャフィークはイタリアの修道会が運営していた幼稚園に通い、八歳のとき地元のアラブ系の学校ではなく、タンターにある、シャフィークの母親も通ったフランス系ミッションスクールに通うために親元を離れ、タンターの祖母のもとで暮らした。シャフィークの母親の実家は、娘によれば「エジプトの上流ブルジョワの旧家で、その資産のほとんどを失っていた」。彼女の父親は「それほど有名ではない家」の出で、公務員だった[21]。優秀な成績で卒業すると、シャフィークはソルボンヌに入るため留学するが、この頃、すなわち一九三〇年といえば、女性もすでにエジプトの大学に入学し始めていた。彼女の父親は留学費用を工面することができなかったが、娘がシャアラーウィーに相談するというと、そのアイデアを実行に移すよう励ました。シャアラーウィーはシャフィークに会いにくるよう返事し、彼女のために奨学金を工面すると伝えた。

インタビューにおけるシャフィークの発言は、彼女の希望が、単に勉学の継続だけでなく、海外すなわち西洋で学ぶことに主眼があったことを明確にするとともに、西洋に対する彼女の賛辞がいかに感情的な激しさをもっていたかについても明らかにしている。シャアラーウィーは彼女を「あの魅力と気取りのなさ」で迎えた。一一歳のときに母親を亡くしたシャフィークはたちまちシャアラーウィーの中に「母親にも似た暖かさ、（中略）私の手をとり、私を未来に導いてくれる母」を感じる。その場面の描写はまだ続く。「彼女は私があまりに感激しているのを見て、私を落ち着かせようといろいろ気を遣ってくれた。（中略）『あなたがたいへん聡明だと分かって嬉しく思います』と彼女は言ってくれた。『あなたのように優秀なお嬢さんが海外でエジプトを代表してくれるのは、素晴らしいことです』。『では、私は留学できるのでしょうか？』私は訊ねました。『もちろんです。明日、教育大臣に話をするつもりです』。私があまりに感激し感謝の表情をしていたので、彼女は訊ねました。『どうしてそんなにも熱烈に、海外で勉強したいのですか』。（中略）私は今にも泣き出さんばかりでした。彼女はそれに気がつき、私の答えを待たずに、すぐに話題を変えました」（一八頁）。

シャフィークは勉強のため留学し、一九四〇年に博士号を取得して帰国した。彼女は短期間アレキサンドリア女子大学とサニーヤ・スクールで教鞭をとったのち、教育省のフランス語監督官になった。この職を辞したのち、ジャーナリストになり、三つの女性誌を創刊した。その一つが、イブラーヒーム・アブドゥ博士とともに創刊したフェミニズムのジャーナル、『ナイルの娘』（ビント・アル＝ニール）誌で、この雑誌は、一九四五年から継続的に刊行されたが、一九五七年にナセルによって発行停止になり、シャフィークは自宅拘禁された。シャフィークが書いた論説は当初、女性の平等を要求することに躊躇していた。このような要求は、男性の経済的支援を得るという女性の権利を危うくするかもしれないこと、そして誰が家庭に対して責任があるかという問題を最終的に解決することを必然的に伴う、ということに彼女が気がついていたからだった（二〇〜二一頁）。しかし、一九四八年までに彼女の答えは固まっていた。彼女は「女性の完全な政治的権利」の獲得という目的のため「ナイルの娘連盟」を設立する（二二頁）。彼女はただちに新しい組織を「エジプト女性民族評議会」の名で国際女性評議会に加盟させ、その際、母体団体の執行委員に選出される。この時点でエジプトにはすでに多数の女性組織があり、シャフィークと彼女の組織が全女性組織を代表するという出しゃばった振る舞いに他の者たちは怒って抗議した。この問題は当時のマスコミで公に報じられた（三〇頁）。

「ナイルの娘連盟」は一九五一年に最初の軍事行動をとる。シャフィークは一〇〇〇名の女性を率いてエジプト国会でのデモを行い、三時間にわたって議事を中断させた。両院の議長から、彼女たちフェミニストの要求を支持するという約束をとりつけてようやく、彼女たちは解散した。この行動はイスラームの保守派のあいだの憤激をかった。エジプト・ムスリム協会連盟（「ムスリム同胞団」も含む）の長は、国王に抗議の電報を送り、政治参加を要求するような女性組織を廃止し、女性は家庭に戻るよう強制し、女性にヴェールの着用を強化することを要求した（二二三頁）。

シャフィークの連盟は、軍事訓練を受けた二〇〇名の女性からなる準軍事的な部隊さえもっていた。一九五二年一月一六日に始まった一連のストライキやデモにおいて、学生や他の者たちが反政府、反国王、反イギリスを鮮明化すると、この準軍事的部隊も行動に加わり、バークレイ銀行を包囲して職員らが建物に入るのを阻止した。シャフィークは以前、インドの女性についての講演で、女性の解放は民族解放の闘争を伴い、これに従うという点が強調されるのを聞き、反英のジェスチュアが幅広い支持を得るものと考えたのだった。学生が公然と武器を所持し、これを警察に対し行使したこの全般的な騒擾に対し、イギリスはカイロ占領を決定した。イギリスが警察に武器の引き渡しを要求すると、警察がこれを拒否したので、イギリスは警察の建物を破壊し、エジプトの防衛者たちを多数殺した——五〇名以上の警官が殺され、それを上回る数の警官が負傷した。翌一月二六日、暴徒がカイロに火を放った。

政府は戒厳令を敷き、支配権を再び掌握しようと急いだ。国王はアル＝ナッハースを国の軍事長官に任命したが、突如彼を解任した。もう一人の強腕政治家、アリー・マーヘルが独立政府を作ったが、五月一日に辞任した。国会は解散し、選挙は無期延期された。このような全般的な不安定な状況の中で一九五二年七月二三日、軍事クーデタが王政に終止符を打ち、ファールーク国王を追放し、ナセルを権力の座につけた。

革命を遂行した自由将校団は、権力の獲得について明確なイデオロギー的、あるいは政治的アジェンダを持っていたわけではなかったが、支配力が強固なものになるにつれ、権力を掌握していった。彼らが最初に表明した目標はイギリスの追放であり、彼らはただちにスエズ運河地域の撤兵について交渉を始めた。国内的には彼らの政策の方向性は、一九五二年に、個人の土地所有を二〇〇フェッダーンに制限する農地改革法を導入することで示された。「同胞団」とワフド党の反対が予想され、これを排除するため一九五三年、すべての政党は解散させられ禁止された〔ただし、「ムスリム同胞団」は政党ではなかったため、例外となった〕。王政は廃止され、エジプトは共和国を宣言した。一九五四年にはスエズ運河からの英軍撤退をめぐって、イギリスと調整するが、有事の際には基地としての使用を許可するという合意に調印した。一〇月にナセルがこの合意について演説したとき、「同胞団」員の一人がナセル暗殺を謀った。「同胞団」は一貫してナセルを批判し続けていた。指導者たちが逮捕され、六名が処刑され、何千名もの団員が投獄された。一九五六年、新憲法が公布された。新憲法はそれまでの議会制を、大統領による共和制に置き換えた。憲法はエジプトを民主的な共和制そして――これまでにはなかった新たな要素としては――アラブ民族の分かちがたい一部を形成するアラブ国家と規定し、社会主義的な経済的、社会的政策を約束した。(22)

一九五六年にはまた、英米がハイダム計画に対する財政援助から突如手を引いたことから、ナセルはスエズ運河を国有化した。その結果、三国干渉という事態を招き、イギリス、フランス、イスラエルがエジプトに侵攻した。国際的な抗議がまき起こり、合州国は西洋の列強が植民地主義的なやり方で行動していると言って非難し、ロシアは武力行使の可能性を示唆して脅した。これによって三国干渉は終結した。これらの事件からナセルは、アラブ世界とさらに、より広範な第三世界にとって西洋支配に対する闘争のシンボルとなった。

シャフィークはこのあいだも、女性の政治的権利のために運動を続けた。一九五四年三月、提案された新憲法を受け入れるか否かを検討する憲法制定会議が発足したが、その中に女性は一人もいなかった。シャフィークは女性の排除は女性にとって脅威となると感じた。「女性を欠いた会議は、女性の権利について何ら保証しない憲法を採択してしまうかもしれない。(中略)私は最後の切り札を使うことを決めた。私は『女性の完全な政治的権利』のために、死ぬまでハンガーストライキを打つことにした」(二五頁)。彼女は、広く関心が集まるように腐心しながら、ハンガーストライキを決行した。エジプト国内の主だった指導者や内外の通信社に電報を送り、自分の目的は女性の完全な政治的権利であると述べ、「私は女性の代表のいない憲法制定会議の発足に抗議する。準備において自分に発言権のなかった憲法によって支配されることに私は絶対同意しない」と宣言した。彼女のストライキにはカイロの女性たち一四名とアレキサンドリアの「ナイルの娘連盟」のメンバーも加わった。カイロ県知事がシャフィークのもとに派遣され、エジプトの新憲法は、女性にも完全な政治的権利を保証する旨を彼女に伝えた。シャフィークは知事にそれを明文化するよう頼んだ。彼は答えた。「だが、マダム・シャフィーク、私は政府にそれを明文化するよう頼むことはできない。それは不可能だ」。そこで彼女は知事に、彼が何を伝えるために派遣されたかを書いてくれるよう頼んだ。知事は同意し、ストライキは終わった。シャフィークはこの成果と、彼女の行動が国際的なプレスのコメントを引き出したことで満足した。彼女は翌月『ナイルの娘』誌に、彼女の行動が「女性の権利よりももっと大きな、もっと深い意味を示唆するもの、(中略)エジプトにおける民主的な潮流の力、新たな大衆意識の根、(中略)議会もなく、憲法もなく、自由もないような支配をもはやこれ以上我慢できないという意識として」プレスに受けとめられたと書いた(二六頁)。

一九五六年、憲法は女性に投票権を与えたが、それは、投票権を要求した女性だけに限定されており、この条件は男性には適用されなかった。シャフィークは合法的に抗議し、「ナイルの娘連盟」は政治的権利の「断片」を受け入れることを拒否すると発表した。一九五七年、彼女はさらに劇的な抗議を行う。彼女はナセル大統領、エジプト国民、外国プレスに対し、「(一)エジプトの国土に対するイスラエルの占領〈イスラエルは三国干渉のあとも、シナイ半島からの撤退に関して時間稼ぎをしていた〉、(二)エジプトを破産と混沌に至らしめる専制主義の攻撃、というエジプトの外と内の二つの面における、私の人間としての自由に対する侵害に」抗議するため死に至るまでハンガーストライキを実行すると告げ、この脅迫を実行するためインド大使館に赴いた。これがシャフィークにとって最後の公的な抵抗となった。「ナイルの娘連盟」の彼女の仲間たちは、彼女に辞任を強要し、エジプトの他のすべての女性協会とともに、彼女を裏切り者と非難した。ナセルは彼女を自宅拘禁し、「ナイルの娘連盟」を解散させ、その機関誌の発行を停止させた(二七頁)。シャフィークは執筆を続けたが、幾度か精神衰弱をわずらった末、衰弱が最高潮となった一九七六年、自殺した。

シャフィークのジェスチュアはあまりに劇的で、不釣り合いのように見える。そして彼女のナセルに対する傲慢で侮蔑的な態度にいたっては、驚くほど社会の政治的現実を計り損ない、読み違えている。ナセルは西洋、ことにイギリスでこそ忌み嫌われ、成り上がりの独裁者と見做されていたが、国では国民的英雄であり、彼の独裁主義に抵抗することでシャフィークは間違った観客、すなわち西洋の観客に受けることを狙ってしまった。ナセルを英雄視するエジプトでは、そのドグマに対して少なくともリップサービスをしないことは政治的自殺にも等しかった。シャフィークの多くの政治的ジェスチュア、とくに最後のものは、西洋の観客を念頭において演じられたものと思われる。自分の仲間から即座に非難されたことは、体制による抑圧的な環境を反映しており、思うに彼女たちは、自分たちの政治的延命のためにはただちに彼女を裏切り者として非難しなければならないと見なしたのであろう。だが、そこにはおそらく政治的延命よりももっと致命的なものがあった。なぜなら彼女を非難することは、ラディカルな批判を沈黙させることで結果的に体制と協力することになるからだ。シャフィークのジェスチュアと批判が政治的に目先のきくものであったにせよ、なかったにせよ、それらは自らを批判する者を抑え込もうと、日増しに情け容赦なくなっていく体制側による本物の侵犯に対して注意を惹起した。もしも、ドリア・シャフィークのような人間がもっと大勢いたならば、社会は間違いなくもっと健全で、国家による権力の濫用も若干抑制されていたのではないだろうか。

シャフィークとアル＝ガザーリーはいくつかの明瞭な点において対照的な人物である。アル＝ガザーリーは執拗なまでに固有の文化や、固有の言語におけるフェミニズムあるいは女性の主体性に関わったが、シャフィークは一貫して、教育と西洋的スタイルのフェミニストの目標の追求、そして公的な行動において西洋の優越性を体現していた。両者は人格的にも両極端であったと思われる。それはおそらく、彼女たちの少女時代を染めた固有の文化に対する彼女たちのあい異なる態度と多くの点で無縁ではあるまい。アル＝ガザーリーの人生が投獄や拷問を生き延び、そのたびにさらなる決意を固めて登場するなど、断固たる自信や、新たな状況に向かって立ち上がり、自分の目的に近づくため機敏に交渉し、つねに確信をもって働くという能力を物語っているとすれば、シャフィークの人生はほとんどすべての点でその対極を体現している。シャフィークの態度は傲慢と臆病のあいだを揺れ動いていた。彼女が聡明であったことに異論の余地はないが、彼女はなぜか自分の世界の政治的、社会的現実を正確に測るということでは的外れで、しばしば世界を相手に独り相撲をとっていたように見える。最後に彼女は、ナセル体制が彼女に課した試練に直面し、人格的に崩壊してしまったと思われる。シャフィークは確かに内省的な人物であり、知識人であり、作家であり、詩や散文の本を何冊も書き（フランスで出版され）評判を呼んだ。ここで指摘したこの二女性のあいだの相違は、脆弱で、内省的で苦悩した意識と、それとは対照的に、自信に溢れ決意に満ちた者の賛美に矮小化されるのではなく、おそらく植民地化がどのような潜在的、心理的結果をもたらすのか、一個の女性が抱き、表現するフェミニズムのヴィジョンにそれがどう影響を与えるのか、という点について対照的なモデルを表していると考えたほうが良い。自己の文化の優位を露ほども疑わないアル＝ガザーリーの確信、子供時代に積極的に培われたこの確信は、彼女自身についての不動の価値観、断固たる内面の強さ、そしてイスラームの中にフェミニズムを発見するのだという決意として心理的に反復された。それは、シャフィークの背景を形成し、その幼年時代を形づくった密かなあるいは公然とした西洋の賛美とネイティブに対する侮蔑が、おそらくは（ネイティブである彼女自身に対し）内面化された自己嫌悪や自己拒否として、分裂し統合性を欠いた自己感覚として、引き裂かれた自意識を生み出し、そして不可避的な苦悩を伴って心理的に反復されたこととときわだった対照をなしている。

だが、植民地化された人々における二文化主義が必ずや植民者の文化の優越性の内面化を生じさせたり、あるいは不安定な自己の分裂感覚を招来するなどと結論するべきではない。さらに、二文化主義を伴うフェミニストが必ずや植民地主義的な優越性を内面化させたり、不安定な自己感覚を生じるとも結論するべきではない。インゲ・アフラートーンの人生においてはそのいずれの要素も見られなかった。彼女もまた二文化を共有し、彼女の場合は共産主義活動によって、体制による困難にさらされた。彼女は獄中にいるあいだ（一九五九〜六三年）も絵を描き続け、仲間の囚人たちをテーマに獄中の女性たちの力強い記録を残したのだった。

第十一章　未来に向けての闘い

二〇世紀も後半になり、エジプトの女性が従事する職業の種類は飛躍的に増加し、変化してきている。女性はさまざまな分野に進出した。デスクワーク、専門職、その中には飛行士やエンジニアもいる。そして経済界に政界。議員になる者もいた。従事したことのない仕事があるとすれば、裁判官と国家元首ぐらいのものである。女性たちが、経済や政治の分野、あるいは主要な文化の動きにどのように関わっているのか。それはどのような意味をもつのか。見極めるのは、とてつもなく難しくなってきている。女性たちはさまざまな職業に就き、労働人口に占める割合も増加し、一般的な中流家庭では、男性の収入と並んで女性の収入も頼りにされている。このような中で女性に関する言説も影響を受け、複雑化し、変化している。エジプト国内の社会変化は、女性に関する問題を複雑にしている。エジプト国外の錯綜する状況がそれに拍車をかけているといえる。たとえば、エジプトが西洋とどのような関係をもつのかとか、地域の、あるいは地域を越えた軍備が重要になってきていることなど、これらすべてのことが、エジプト国内の出来事にさまざまに影響してくる。たとえば、一九六〇年代以降、産油国が豊かになったおかげで、男性と並んで女性にも雇用機会が提供されることになり、イスラームが社会的イディオムとしてより大きな影響力を持つようになったのではないだろうか。このことがまた、女性に大きな影響を与えている。

同様にイラン革命や、中東、遠くはパキスタンで、イスラームが政治的イディオムとして広まっていることも、エジプトの状況に（そしてもちろん、他のアラブやムスリムの国々の状況にも）同じような影響を及ぼす可能性がある。これらのことすべてが、さまざまに影響しあって、アラブ世界全般そしてエジプトにおける今日の言説が形づくられている。ここ何十年かに焦点をあてた綿密な研究を行えば、今日の現状がいかに複雑であるか、今日の言説がどのようなものであるのか、明らかにすることができるであろう。ここでは、いくつかの主要な流れを見てみることにする。

エジプトの一九五二年革命は、社会的平等と女性の地位向上をうたい、女性にとって新たな時代の幕開けとなった。平等な社会の実現に向けて、政府が行おうとするさまざまな政策がどのようなものだったかは、一九五二年九月に発布された土地改革法に示されている。これによって、一人当たりの土地所有は二〇〇フェッダーンに制限された。土地改革法の主な目的は、地主の権限を弱めることであった。革命前にはわずか二〇〇〇人の地主が農地の二〇パーセントを所有していた。土地改革法によって二〇〇フェッダーンを超える分の地主の土地は、土地を持たない者や小作農民に分配された。平等主義の政策を追求する政府の姿勢の現れだった。一九五六年以降、政府は力をつけ、「アラブ社会主義」を提唱し、一連の政策に着手した。社会的、経済的に平等な社会をめざし、政府主導の経済改革を行った。政府は貿易の利潤を国有化し、産業界の巨大企業を統制し、地代を管理し、最低賃金法を施行し、福祉政策の導入も行った。これらの政策により、エジプト社会の階級構造は根本的に変化した。古いタイプの特権階級はいなくなり、かわってさまざまな階級の人々が、新興勢力として中産階級の仲間入りをしたのである。

階級構造の変化は、男性同様、女性に多大な影響を及ぼした。政府は、全国民に平等に機会を与えると宣言していた。そこには当然のことながら女性も含まれている。エジプト議会は一九六二年、国民憲章を草案し、承認している（憲章により、エジプトの政治、あるいは憲法は、再規定された）。憲章によると、女性と男性は、対等な立場で働くことができることになっている。社会主義の理想と社会的自由は、「機会均等の下で、国民が誰でも、国家の富を公正に獲得」してはじめて実現することができる。言い換えれば、すべての国民には、男女を問わず、働く権利と義務があるのだ。「女性は男性と対等であると見なされねばならない。ゆえに、女性の自由を奪うような障害が残っているならば、これを取り除かねばならない。そうすれば女性は、建設的で意味のある役割を、人生において果たすことができる」[1]。エジプトではすでに一九五六年、選挙権と被選挙権が女性に与えられていた。一九五七年には、二名の女性が国会議員に選出され、一九六二年には、ヒクマト・アブー・ザイド博士という女性が、ナセル大統領によって社会問題相に任命されている。

教育政策と、教育分野における政府の強力な平等主義的決定によって、女性の役割は大きく変化し、拡張したことは間違いない。第一段階としては、一九五二年に政府の出した法令がある。それによって、六歳から一二歳までの子供の教育は無償となり、義務となった。また、初等教育における男女共学が実行され、現在まで続いている[2]。一九五二年以降は、大学も含め、どのレベルの教育も無償とされている。大学では、男女共学の学部への入学は、性別に関係なく成績によって選抜されることになった。経済的援助が必要な学生や成績優秀者は、国が援助した。大学を卒業すれば実質的に就職は保証され、大学院への進学も奨励された。

国が行う奨励策としては、それで十分だった。教育を受けたいという気持ちは、女子、男子、女性、男性を問わず大きかったからだ。とくに都市部で、その傾向が顕著だった。しかし、教育に対する、これ程までの要求に応えるだけの状況が、十分整っていたわけではなかった。設備も教授陣も酷使され、二部制は当たり前だった。教師一人当たりの学生数は、限界に達していた(3)。一九五二年にわずか四五パーセントだった小学校の就学率は、一九六〇年には六五パーセント、一九六七年には八〇パーセントになっていた。その後、男女とも就学率は、わずかながら下がっている。教育機関の不足を反映しているのだろう。一九六七年にイスラエルに敗れ〔第三次中東戦争〕、政府が防衛費を増加させたことも関係していよう。だがこの時期に、女性の入学者は、男性よりも早いペースで上昇を続けた。そして、男女の就学率の差はだんだん縮まっていった。一九七〇年代、男性と女性の比率は、どの教育段階でも二対一となり、その後あまり変化していない(4)。

教育の分野において、女性がとくに著しく増えているのは、大学やその他の高等教育においてである。女性の入学者数は急激に増加し、増加率では、男性をはるかに上回った。男性と女性の比率は、一九五三年度には、一三・二対一だったものが、一九七六年度には、一・八対一となっている。一九五三年度には、六一二一人の女性が大学などの高等機関に在学していたが、一九六二年度には、一万九七六二人にふくれあがった。一九八〇年までに一五万四〇〇〇人程の女性が学士号を取得しており、女性の学位保持者は、エジプトの大卒者人口の四分の一を占めるに至っている(5)。

多くの女性が教育を受けるようになったことで、働く女性が増え、女性の雇用パターンにも劇的な変化がもたらされた。一九六二年には、女性は賃金労働者の四パーセントを占め、その数は、六一万八〇〇〇人にのぼっていたが、その多くは読み書きができず、農村部で農業に従事していた。一九八二年にはエジプト人女性の一五パーセント以上にあたる一〇〇万人が、家庭外で正規の仕事に就き、その多くは都市部に集中している。教育を受けた女性が働くようになり、働く女性の割合が増えたといえよう(6)。多くは、専門職、技術職、科学の分野に従事している。このような分野では、二六パーセントが女性で占められている。

教師や医療関係の従事者がもっとも増えている。事務員、公務員も、女性の職業として著しい増加を示している。それだけではない。女性は、あらゆる職業に就くようになってきた。飛行機の操縦士から、エンジニア、政治、農業、医薬、法律、ジャーナリズム、映画、ビジネス、ラジオにテレビ（ラジオとテレビは、女性が著しい成功をおさめている分野の一つである）。

このような際立って好ましい状況がある一方、エジプトは、深刻な経済問題と人口問題に直面している。政府は、読み書きのできない者を一掃すると宣言しているが、まだまだ先の話のようだ。まず第一に、人によってこの教育制度の恩恵を受ける程度が違うということが挙げられる。たとえば、都市部の教育設備は、農村部よりもずっと充実している。さらに、この教育制度は、富裕層にとって有利に、極貧層にとって不利にできており、都市部でも農村部でもある程度は、階級によるひずみを永続化している。というのも、よくあることだが、収入の少ない家庭では、子供が六歳を過ぎた後ずっと、本や洋服を与え続けることなど無理な相談であり、それどころか、子供たちは、家計を助ける働き手として、経済的に期待されているのだ。農作業を手伝ったり、子供たちは立派な働き手だ。子供の労働力の代わりとなるようなものが初等教育によって得られるのか、家庭のほうではまったく分からないのだ。(7)

教育を受けることでどのような見返りがあるのか。女子の場合は、男子よりもさらに理解されにくい。したがって、学校へ行かせてもらえない女子の割合は男子よりもずっと高く、とくに農村部で大きい。一九五〇年代以降の識字率は、上向いてはいる。しかしこれは、エジプトが直面していかなければならない非識字者の問題がいかに大きなものかを示してもいる。女性と男性の識字率の違いもあらわになった。非識字率は一九六〇年から一九七六年までに、全体としては、七〇パーセントから五六パーセントに下がってはいる。その内訳は、男性が五六パーセントから四三パーセントに、女性は八四パーセントから七一パーセントに、と男女で違いを見せている[8]。

非識字率が思うように低下しない重要な要因の一つは人口増加にある。教育制度の改善が進み、就学率が増えても、人口が同じように増加したのである。一九六〇年と一九七六年の間に、二六〇〇万人から三八〇〇万人に増えた。一九八〇年代になると、四〇〇〇万人を突破し、年二・三パーセントの割合で増加している[9]。一年間に一〇〇万人もの人口が増えていることになる。教育設備を拡充させようにも追いつくすべがない。

革命後に初めて、国家は人口増加を抑える対策を始めた。産児制限を奨励し、一九五五年には、家族計画のための最初の診療所が設けられた。一九六〇年代には、政府は家族計画を大々的に推進したが、それも一九六七年の戦争までのことであった。その後は軍事費が拡大し、他の予算同様、家族計画のための予算も削減された。一九七〇年代初め、政府の顧問は、人口増加の脅威は強大であり、エジプトの敵、シオニスト〔パレスチナにユダヤ人の国家を創ろうとする運動（シオニズム）の支持者〕にも匹敵すると述べ[10]、サダト大統領も、家族計画に賛意を示していた。しかし、家族計画に対して再び予算がまわってくるようになったのは、やっと一九七〇年代も後半になってからだった。こうして、国内に三六七五の診療所のネットワークができた。まだまだ十分とは言えないが、多くの開発途上国と較べれば整っているといえよう。産児制限のための諸手段はしかしながら、広く受け入れられているとはいえない。統計によると、わずかに五パーセントから八パーセントの夫婦が使用しているにすぎない[11]。その理由も、まだ十分に研究されているわけではない。診療所の運営方法に問題があるのかもしれない。正しい産児制限の方法を、より多くの人により効果的に伝えていく必要もあろう。宣伝活動が適切に行われていないからかもしれない。多くの人が、産児制限はイスラームの教えに逆らうものだと（誤って）考えている可能性もある。

あるいは、産児制限を望まない、ということもあろう。乳児死亡率がかなり高いため（一九六七年には出生一〇〇〇当たり一一九。農村部ではもっと高率であると思われる）、多くの子供を産んでおきたいと願うのだ。家族が大きくなっていく一因である。子供たちは、まさかの時や年老いたときの助けになり、しかも、とくに農村部では、子供の労働力は重要だ。現行の法の下では、男性は簡単に妻を離婚することができるので、女性たちは、子供が多ければ多いほど、男性を心理的につなぎ止めることができると考える。また、父親には子供の養育費を支払う義務がある以上、子供が多ければ、男性にとって離婚が経済的に難しくなるということもある。エジプトその他の国々についての研究がはっきりと示しているように、識字率と産児制限の間には密接な関係がある。エジプトについての研究によれば、都市部の有識者層では、避妊具の使用頻度が高く、家族は少数である(12)。ただ現在、人口増加は、識字率の増加を上回っており、問題を解決するためには、教育と産児制限計画の両方の予算を大幅に増やす必要がある。もっとも、エジプトの沈滞した経済状況を考えると、目下のところまったく望み薄のように思われるが。

教育の普及が人口増加に追いつかないため、非識字率は依然、高いところにとどまっている。しかしそれと同時に、教育の機会が広がっている階層や地域もある。教育を受ける人々は、数の上では増えているのであり、社会的にも文化的にも大きな変化をもたらしている。女性も男性も、この変化と無縁ではいられない。誰でも分け隔てなく教育が受けられるようになり、識字者が増加した。今までなら働いていたような子供たちが学校へ行き、卒業して、専門職、あるいは事務職に就くことで、エジプトの階層構造に重大な変化がもたらされた。革命後の最初の二〇年間で、エジプト社会は大きく変化し、人々の生活は向上している。今世紀、このような変化がもたらされた時期は他にない(13)。

高等教育を受け、上昇志向を持った男女の出現。都市部の労働力として大きな存在となってきた女性。

もう一つ、統計上の変化を付け加えておこう。人口の移動である。他の多くの開発途上国同様、エジプトでは過去何十年かで、農村部から都市部へ、多くの人口が流入した。その理由はさまざまだが、その一つは農村部における人口増加と余剰人口である。農村部では人口増加に見合うだけの働き口もなく、また、せっかく教育を受けても、教育を受けた者に適した働き口、施設を農村部では望むことができないからだ。一九六〇年から一九七六年のあいだに、エジプトの人口は倍加した。カイロ、アレキサンドリア、ポート・サイード、そしてスエズなどの主要都市部の人口は三倍にもなった。とくに中東最大の都市である首都カイロの変化は著しかった。一九六〇年から一九七六年のあいだに人口は倍になった（四八〇万人から八〇〇万人となった）。労働者とその家族が仕事を求めて来る。同じくらい多くの学生もやって来た（たとえば一九七五年には二〇万人）。学生と一緒にしばしば家族や職を求める人々も押しかけてくる。[14]カイロの人口密度は今やニューヨークよりも高いが、カイロには高層ビル群がそびえ立っているわけではない。混雑の度合いの激しさが分かるというものだ。カイロの人口がこのように膨れ上がったのは、人口の自然増加のためでもあるが、主な原因は農村部からの人口流入だ。当然ながら、カイロ市民の中には人口増加を憂慮している者もいる。カイロにはいろいろな施設が不足しているということもある。だが、カイロ市民がもっと心配しているのは、洪水のように押し寄せる移住者たちのほうだ。カイロ市民が「農村の群れ」と呼び、すさまじい勢いでやって来るこの移住者たちは、都市の暮らしに馴染む前に、都市を農村化してしまうのではないかという恐れを抱かせる。都市の習慣が農村の生活様式に染められてしまうのではないかという不安である。[15]

多くの人が教育を受けるようになり、識字率も増加し、上昇志向の社会が出現したことで、かつてないほど多くの人々が、政治的関心をもつようになってきている。[16]農村、都市などの出身地にかかわらず、教育を受けた人々は新興中産階級を形成し、社会のあらゆるレベルで、主流の文化とその言説を形成し、それらは、文学、政治そして思想、習慣やファッションとして表されている。今やかつてないほど広範な社会層から、社会に向かって発信されている。それだけではない。歴史上初めて、相当数の女性が発言を始めているのである。[17] テレビ、映画そして文学、ファッションをみると、文化や言説の生産者が変化してきているのが分かる。

女性および女性が直面している問題に関する文化テクストの生産や言説化は、一九五〇年代から一九八〇年代のあいだで、はっきりと二つの段階に分かれている。最初の時期は、活発なフェミニズムに象徴される。組織的な活動や文学に表現方法を模索し、心理的領域など従来研究されたことのない領域において男性支配の政治学を批判的に意識化した。法や社会の慣行として、堂々と認められている女性に対する不平等。今世紀最初のフェミニストたちのもっぱらの主張は、これら女性の権利が侵害される状況と闘い、事態を改善していくことだった。一九六〇年代と一九七〇年代には、個人身分法（結婚を規定する法律）を改正する運動も続けられた。現在は第二の時期に入っている。女性たちは、行われているにもかかわらず、表立つことのないさまざまな心理的、肉体的差別、虐待を明るみに出そうとしている。タブーとされる問題、避妊や陰核切除についても発言し、取り組んでいる。[18] 現在進行中の研究が言及しているように、公式、非公式な組織的活動を指す言葉としても、文学上の時代区分としても、一九五〇年代、六〇年代、七〇年代はダイナミック・フェミニズムの時代とされている。[19]

文学では五〇年代、六〇年代に成人した女性たちの中から、多くのフェミニスト作家が登場した。多くは都市中産階級の出身で、中流の女性たちがその生活において、心理的にいかに操られているかを描いている。女性が、社会通念上は問題のないやり方で、いかに簡単に傷つけられていくのかを批判するのも忘れてはいない。この一連の女性作家たちの中で、描写の正確さにおいて傑出した二人の作家がいる。二人とも、中産階級の家庭に見られる男性中心主義のやり方で、女性たちがいかに傷ついているのかを見事に描きだしている。アリーファ・リファアトとアンドレ・シェディードだ。リファアトの作品はアイロニーに満ち、冷徹で情け容赦がない。無味乾燥なまでの正確さで描かれるのは、エジプトの男性がいかに自己中心的であり、女性を脅かす存在であるかということだ。当然、それを容認している社会全体も批判の矢面に立たされる。シェディードは同じく鋭い分析眼を持ち、より詠嘆的な口調で、女性がいかに蔑ろにされ、権利を剝奪されてきたかを歴史を追って物語っている。もう一つ述べておきたいのは、リファアトはムスリムで、アラビア語で書き、シェディードは、キリスト教徒でフランス語で書くということだ。しかし、二人の描く女性像に違いはない。搾取される存在としての女性。女性を蔑ろにしているという点において、二人が描くところのキリスト教共同体もムスリム共同体も同じなのだ。

女性が心理的被害を受けている状況をシェディードは描いているが、その他に彼女が関心を持っているのは、少女の結婚と広く文化的に認められている野蛮な行為、すなわち「名誉」のために女性を殺害することである。『解き放たれた目醒め』(*Le Sommeil délivré*)では、たとえば、一〇代の少女が自分の意志に反して、中年の男性と結婚させられる。この小説には、サイエダという女性が殺される場面がある。分量としてはごくわずかだが、文学的にも読者の意識においてもこの小説の核心部といえる。サイエダは未亡人で、ある夕刻、棗椰子の林で男性と話しているのを目撃される。それは、「不名誉」なことであり、「サイエダの父と兄は激高し、サイエダを殺した[20]」。

隠蔽されている身体的虐待を白日のもとに晒すこと。すなわち文化的に容認され、公然と行われている陰核切除の慣習、あるいは表立って行われていないが隠れて行われ、そんなことはなかったかのようにされてしまう、子供の性的虐待などを、隠し立てなく描くこと。この重要な任務において、ナワール・エル＝サアダーウィーの右に出るものはいない。これまでのどんなフェミニストよりも雄弁で、誰よりも手厳しく、女性嫌悪と男性中心主義を告発している。最新作では、エル＝サアダーウィーは売春や私生児も扱い、女性がいかに精神的に虐待されているのかに言及している。

公然と口に出されることもなかったが、女性はまるで人間でないかのように扱われている。ナワール・エル＝サアダーウィーは、これを言葉にしたのだ。だが、これはほんの氷山の一角である。女性たちは、もっとさまざまな形での虐待に晒されている。社会的に認められているかのような行為、認められていないにもかかわらず日常的に行われている行為。これらさまざまな種類の虐待を、女性は受けている。多くは、虐待とも思われず、記録されることもない。たとえば、一九四六年、マハッラ・アル＝クブラーの紡績工場の報告によると、女性労働者の九〇パーセントが結核を患っている。文章の形で記録に残されていなくても、このような短い記述を見ただけで、多くの女性が権利を剥奪され、虐待を耐え忍んでいることが想像されよう。(21) もちろん、女性だけが、結核、栄養不良、虐待に悩んでいるわけではない。貧困と人権に関する事柄は、社会全体の問題である。中東では男性も女性も、少年も少女も同じ問題に直面している。しかし、経済的に恵まれない者の中でも、女性たちは男性に比べ、権利を剥奪され、虐待を受けることが多い。法の場でも女性は不当に扱われ、公平な裁きを受けることがない。ましてや法廷以外の非公式の場ともなれば容易に想像がつこう。

ただ、考えておくべきこともある。確かにエジプト社会には、女性を虐待する多くの慣行が、表立つことはないにしても存在している。しかし、それだからといって西洋の男性に比べてエジプト人やムスリムやアラブ人の男性だけが特別に、女性に対して残虐であるとか女性を嫌悪しているというわけではない。

ナワール・エル＝サアダーウィーの『イブの隠れた顔』〔アラビア語原題は『アラブ女性の素顔』。邦訳は『イブの隠れた顔』村上真弓訳、未来社〕には、女性や少女の虐待が目を覆いたくなるような生々しさで描かれている。彼女が医師として実際に目にした出来事で、近親相姦なども含まれる。この本を読んで、これがエジプトのごく普通の女性の運命であり、まことに悲惨なものであると結論づけたとしたら、どれほど信憑性があるだろう。別の角度から見てみるとよく分かる。アラブ文化圏の人が、アメリカでのレイプや近親相姦を扱った作品、あるいはアメリカの女性嫌悪の極限状態に焦点を当てた本を読んで、そこに書かれているのが一般的なアメリカ女性の運命で、いたく同情されるべきだと結論づけたとしたら、おかしな話であろう。

ここで論じられた世代の作家たちは、フェミニストの言説をさらにおしすすめ、女性が男性にどのように支配されているのかという性の政治学を、あるいは表立つことのない私的な場面で女性がいかに犠牲になっているのかを、白日のもとに描きだした。それは明らかにフェミニズムを意識したやり方だが、このような意識は、次の世代、七〇年代、八〇年代の女性たちには全く欠如しているようだ。この世代、すなわち第二期の女性たちのあいだでヴェールの着用が流行っているからだ。

今世紀中頃の何十年かのあいだ、顔を覆うものであれ、頭を覆うものであれ、ヴェールをエジプトの都市部で見ることは、まったくといってよいほどなかった。小さな街や農村部では、ヴェールを頭の飾りとして着用する習慣が残ってはいたが、カイロなどの都市の上流階級、中産階級の人々は、ナセル時代以前からヴェールを着用しなくなっていた。革命後、市民として、また労働者としての女性の地位が向上し、都市部でヴェールを見かけることはほとんどなかった。人が大勢集まるようなところでは見かけることもあったが、そこですら次第になくなってきていた。

一九六七年、エジプトがイスラエルに敗北を喫したことが、エジプトでイスラーム主義が力を得ていくきっかけになったとされている。エジプトはなぜ負けたのか、その理由が必要だった。敗北など考えられないことであり、さまざまな理由づけが行われた。たとえば、軍隊では、少数の者に権力が集中し、腐敗して官僚的になったためとか、エジプトの科学技術が遅れていたためであるとか。その中でもとくに人々の共鳴をよんだ一つの理由があったといわれている。それは、神がエジプトを見捨てたというものだ。神はエジプトを敗北に導いた。なぜならエジプトが神を見捨てたからだというのである。社会の宗教的な気分を象徴していたのだろう、カイロ郊外の小さな教会に聖母マリアの姿が顕現した。そこは、聖家族がエジプトに逃げた時に休息を取ったとされる場所だった。国中から何十万もの人々が訪れた。キリスト教徒だけでなくムスリムも、聖母マリアを見ようと集まった。マリアの顕現は、数ヵ月のあいだ続いた。コプト教の聖職者がマリア顕現の意味を説明した。マリアは語っている。「エジプト人よ、悲嘆にくれる気持ちはよく分かります。もうエルサレムへの巡礼ができないのですから。そこで、私のほうからやって来たのです〔六七年の第三次中東戦争でイスラエルはエルサレムを含むヨルダン河西岸地区を占領した〕」。[22]

イスラエルに敗北したことで、国民はナセルと、彼の徹底した世俗主義に対する信頼を失い、「社会主義」計画は失敗であったとされた。政府にとっては、もっとも難しい局面で戦争に負けてしまったといえる。さまざまな理由で経済はうまくたち行かなくなっていた。イエメン内戦(一九六二〜六七年)における戦費。浪費、経済政策の失敗、国内組織に蔓延する腐敗。長期計画の成果が現われるようになるのは、まだ先のことだった。これらのことが原因となって、一九六四年から六五年にかけてエジプトは経済的苦境に直面していた。一九六七年の対イスラエル敗北により、スエズ運河地帯の街を追われた難民は約五〇万人にのぼった。エジプトはまずこれらの難民問題に対処しなければならなかった。運河地域の建て直しの費用、再軍備のための倍加する軍事費もあった。それだけではない。敗北により、何よりもナセル政権は力を失っていったのだ。人々は信頼を失っていた。もはや人々の不評を買うような、厳しい経済政策を実行できる状態ではなかった。ナセル政権は、最終的局面を迎えていた〔ナセルは敗北の責任をとり辞意を表明するが、慰留される〕。この時期、エジプト国内の経済政策は大きな転換を示す。政府は、影響力のある富裕層に譲歩し、社会主義政策をとりやめていった。一九六九年にナセルが死に、一九七〇年代にサダトが政権を握ると、社会主義からの撤退は一層明白になった。

一九七〇年代には、イスラーム勢力は大衆の支持を得て社会に浸透し、以後、着々と地盤を固めつつある。男女を問わず広がりを見せているイスラーム式服装は、それを目に見える形で表している。そして、イスラームの特徴は男性よりも女性の服装によく示されており、また、女性の間でより広く普及していると言える。さまざまな要因から、イスラーム勢力は広まっていき、それと共に、新しいタイプのイスラーム式服装が目立つようになった。社会主義から撤退したサダト政権は、ナセル主義者や左翼の批判にさらされた。そうした批判に対抗する基盤作りのために、サダトは「ムスリム同胞団」を支援した〔おそらくサウジアラビアの強い要請があったのだろう〕。「同胞団」の活動はナセルによって禁じられていたが、サダトはその再開を認めた。「同胞団」の出版物は、多くの人々に読まれるようになり、宗教的イディオムが、政治的言説を語るイディオムとして広がっていった。しばらくすると、「同胞団」系出版物は、ナセル主義者や共産主義勢力だけでなく、サダト政権に対しても批判を始めた。とくにサダトがイスラエルとの平和条約に調印すると、批判は激しさを増した。同胞団の宗教的イディオムは、ついには政治的不満や異議を表明するものとなったのである。左翼の出版が禁じられたり、反体制の言説がことごとく沈黙させられている中にあって、イスラームのイディオムは体制への抗議を表明する唯一の手段であった。いったん合法化され大衆レベルに浸透してくると、イスラーム的な立場を制約することは難しかった。サダトは、左翼やナセル主義者なら弾圧することはできた。しかしイスラーム主義者が大衆の間に根づいてしまった以上、自らに反イスラームの烙印を押すような真似はできない相談だった。サダト自身イスラームのイディオムを活用し、民衆の支持と政権の正統性を取り戻そうと考え、イーマーン（信仰）とイルム（科学）の二つの柱に基づいて、国家に忠誠を誓うと宣言している。(23)

別の点から言えば、イスラームが政治的言説の媒体として、また社会状況を表明する手段として広まっていくにあたって、エジプト国外におけるさまざまな政治的利害が直接的な影響を及ぼしたことは間違いない。たとえば、こんな噂が流れた。サウジアラビアとリビアが石油で得た富を使って、エジプトやその他の中東地域にイスラームのグループを作り、イスラーム式服装をするようしむけているというのだ。数多くの男女が報酬と引き替えにイスラームのグループに入ったり、他人を勧誘することを勧められたという。ヴェールを着用させることができた女性の数だけ、お金をくれるともちかけられた女性たちもいた。あるいは、イスラーム式服装をしないと離婚するぞ、と妻を脅かしている男性たちがいるという噂もある。(24)

この間エジプトでは、政治不信がつのっていた。サダト政権はインフィターフ、すなわち門戸開放政策をとり、一連の新しい法律を公布した。その中には、外国資本に有利な条件を与える法律も含まれていた。これらの法律の目的は明らかだ。西側諸国やアラブ諸国からの資本導入を容易にし、エジプト経済を復興することである。結果としては、外国資本に与えられた優遇措置で肥え太ったのは、外国人と一部のエジプト人中間商人であった。それも旅行業、金融業や、ケンタッキーフライドチキン、ウインピーといったファーストフードなどサービス業だった。そして、ぜいたくな消費物資がエジプト国内を洪水のように満たしていった。その陰で、地場産業である織物、繊維、たばこ業界は沈滞していく。莫大な財産を築くエジプト人もいた。政府とコネがあり、自分や取引先の外国資本の利益になるように、事を運べる地位にある人々である。権利は乱用され癒着が起こり、腐敗が横行し、金持ちは見せびらかすために物を買った。このような癒着の実態を暴露して、大きなスキャンダルを国民のあいだに巻き起こした事件も、いくつかあった。そのうちの一つでは、考古学者のニイマト・フアード博士という女性が、国民的英雄として称賛されている。博士はたった一人で癒着の実態を暴露し、金目当ての無謀な計画を踏みとどまらせたのだ。その計画というのは何億ドル相当のもので、海外の土地開発会社と、新しくできたエジプトの旅行会社が関わっていた。外国資本への優遇措置を利用し、ピラミッドの近くの土地を安く手にいれ、ディズニーランドのような巨大な観光スポットを造るというものだった。これは、博士にとっては、考古学上貴重な場所が破壊されるということを意味する。しかも、ディズニーランドのような代物が、スフィンクスとピラミッドの隣に並んで立っている状況などもっての外だった[25]。

腐敗や癒着、モラルの低下がはびこり、それはアラブ産油国や西側諸国の人々のせいだ。一部のエジプト人はこんな風に考えるようになった。こうした放縦さは、ビジネス界だけでなく、個人の生活にも影響を与え始めてきた。イスラームの文化に反することとして、いままでにはなかったこと、つまり男女の交流が盛んになる。一緒に酒を飲み、デートをし、セックスをすることがファッショナブルと考えられた。こんな噂もあった。物質主義の風潮が蔓延したので、良家の子女さえも、小遣い稼ぎに金持ちのアラブ人に身体を売っているというのだ[26]。

低所得者層の生活を改善し民主化への道を歩む代わりに、開放経済政策の下、政府はソ連から離れ西側諸国や保守的なアラブ産油国と歩調を合わせた。イスラエルとも譲歩の道を探った。一連のスキャンダルには、貪欲なエジプト人のブローカーたちだけでなく、アラブ産油国や他の国々の利害も絡んでいた。アラブ人たちは大手を振ってやって来て、資産を獲得していった。アラブ産油国からの旅行者は増大する。そして物質消費主義が蔓延した。

さまざまな規制が緩和された。出国に対する規制も緩和され、専門職が恩恵を受けた。この機に乗じて、エジプトからアラブ産油国に出稼ぎに出たのだ。一九八〇年までには、およそ一五〇万人のエジプト人が他のアラブ諸国で働いていた。おそらく女性は、その三分の一にものぼっていたであろう。ほとんどは専門職(教師、看護婦)だったが、家政婦や養育係として働く者もいた[27]。政府は出稼ぎを奨励した。失業者を減らし、必要な外貨の獲得に貢献すると考えたからだ。確かに外貨の流入はあった。海外のエジプト人からの送金は、まもなくエジプトの外貨獲得の主要手段となっている。しかし失業者を減らすことにはならなかった。むしろエジプトからの頭脳流出を招く結果となった。技術があり、職に就ける能力のある者がエジプトを後にし、失業者は国内に止まったのだ(この時期の頭脳流出の影響、とくに教育への影響は、まだ正確に調査されてはいない)[28]。海外では、エジプト国内で同じ仕事をしたときの何倍もの給料がもらえる。海外労働者は帰国すると、羽振りのいい消費者の仲間入りをし、テレビ、冷蔵庫や洗濯機を購入する。カイロやポート・サイード〔地中海岸にあるスエズ運河の街。関税のフリーゾーンがある〕の市場には、まばゆい消費財が並んだ。エジプト人の大半には、とても手のでない代物であった。

開放経済政策により、ごく一部の者が思わぬ富を手にし、腐敗と貪欲な物質消費主義が横行した。しかしほとんどのエジプト人にとって、開放政策は歓迎されるべきものではなかった。政府が国内開発を止め、国営事業から手を引いていたからだった。インフレは悪化し、物不足は深刻だった。とくに住宅は不足していた。低い賃金、雇用機会の縮小、そして労働条件の劣化。大学入学者数はこれまでどおりか、あるいはそれ以上の率に達していたにもかかわらず、大卒者に最大の雇用を提供していた国営事業は削減されていた。これは、雇用機会の減少を意味する。結果として就職は遅れ、就職しても給料は安く、労働条件もよくなかった。教育を受けた者が就くような職業では、就職口はどんどん減少していった。サダトが約束した「繁栄の時代」、すべてのエジプト人に一軒家と車を、というのは、まったく実現の見込みのない幻想となってしまった。このような風潮を象徴するのが、一九七七年の「食糧暴動」である。この年、パンに対する巨額の政府補助金が大幅に削減され、これが引き金となって暴動が起こった。サダトは、暴動を「盗人の仕業」で、共産主義者たちの煽動によるものとしたが、それまで開放経済政策を支持していた有力紙、『アル＝アフラーム』紙の編集者も、サダトに批判的な論説を書きはじめた。編集者は皮肉をこめて書いた。開放経済政策は非常な成功だったと。お蔭で、ドイツ、オランダ、デンマークのビールが飲めるようになったし、外国の煙草も手に入る。ケンタッキーフライドチキン等の外国のファーストフードのチェーンは、瞬く間に普及し、一般のエジプト人は食習慣を変えることができた。「フール」(豆)の代わりにハンバーガーを味わえるようになったと。他の論説では、困っている人が満ちあふれているのを尻目に、お金をまき散らす人々について論評している。(29)

ヴェールを最初に被りだしたのは、カイロ、アレキサンドリア、アスユートのような主要な都市の大学生たちだった。男性、女性にかかわらず、大学生や若くして専門職に就いている者たちが、このイスラームの流行に敏感に反応し、外見的には女性のヴェール着用という形で現れた。通常「ヴェールを着用する」という英語が意味しているのは、新しいタイプの「イスラーム」式の服装のことだ。彼女たちはアラビア語で「ムタハッジバート」、すなわち「ヴェールを被った女性たち」と呼ばれるが、実際に女性が着ている服を見ると、顔をすっかり隠してしまう、という意味でのヴェールではないことが分かる。それは、どちらかというと、さまざまな被り物やさまざまな仕方で顔を蔽う物といった具合だ。ほとんど顔を隠してしまう者もいれば、まったく隠さない者もいて、人によってさまざまである。どんな恰好をしようと、イスラームの教えに忠実な服装、すなわち控えめで、性的アピールのない服装である。それは男性にも女性にも当てはまる。ローブやゆったりした恰好、長袖、くるぶしまで隠れる服。体の線を強調しない恰好である。このような決まりを守りながら、男性も女性もまったく新しいスタイルを考えだした。伝統的なエジプトの服装でもなければ、アラブ世界のどの地域の服装でもない。西洋の服装でもない。これら三つを融合した服装だ。イスラーム式服装(「アル＝ジーユ・アル＝イスラーミー」)と呼ばれはするが、これは、この新しい服装が、イスラームの教えに従った控えめな服である、という意味であり、過去のイスラーム社会から受け継がれた服装ということではない。

たとえば、男性がイスラームの教えに則った控えめな服装をしようと思ったら、(エジプト式ではなくアラビア式の)ローブを着て、サンダルを履くだろう。時には大判のスカーフを頭に巻いたり、ゆったりしたズボンやだぶだぶのシャツを着るかもしれない[30]。女性も、さまざまなスタイルのローブを着ている。それは西洋的な服装で、農民の昔ながらの服といった感じではない。ただスカートの丈はくるぶしまでで、長袖である。そして、ローブに合うような被り物をする。スカーフ、帽子、ボンネットといったものから修道女風のヴェールや登山用のバラクラバ帽みたいなものまである。控えめであるとはどういうことか、その個人的な解釈の違いにより、中には、ヴェールで顔を覆ってしまう者もいる。もちろん、そのような場合でも、ヴェールにはさまざまなスタイルがあり、厚さも長さもまちまちだ。手袋をする者もいる。手袋をするのは、いささか奇妙に感じられるかもしれない。控えめな服装とはこうあるべきだ、ときちんと決められていたムハンマド時代のアラビアでは、手袋をする習慣などなかったからだ。おそらく手袋をしている女性たちは、イスラームは、控えめであるためには、現代の最新のアイテムを取り入れて可能な限り肌を隠すよう女性に要求していると解釈しているのだろう。

このような考えの女性たちが、カイロの通りを一種華やいだものにしている。女性たちは、自分流に解釈したイスラーム式の服で装っている。もちろんいまだに西洋風の服装をしている者もいる（女性にとって西洋風の服装は、これまでもある程度そうだったが最近はとくに、素肌をなるべく晒さないという観点から、保守的に解釈されている）。次のように言う人もいる。「驚いたのは、多くの女性たちが、第二バチカン公会議より前の時代のカトリック修道女のような服装をしていることです。ただ修道女の頭巾や被り物はもっと淡い色ですが。とても古めかしいヤシュマク〔目だけ残して顔を蔽うヴェール〕をつけているのを目にすることもあります。まあ非常に稀なことですが。パンツスーツを着こなし、長めのジャケットを着ている女性もいます。頭には修道女風の被り物か、少なくとも大きなスカーフをしています。顔と手以外の素肌を見せることはないのです[31]」。伝統的な衣装は、イスラームが要求するすべての控えめさに適ったものであるが、現代のイスラーム式の服装はそれとは似ても似つかない。これは重要な点だ。現代では、昔ながらの伝統的衣装を身につけているのは、下層階級、農民に限られるようになってきており、伝統的衣装を着ていれば、このような階級の出だとすぐにわかってしまう。ところが、現代のイスラーム式服装をしているだけでは、どのような階級の出身か知ることはできないという点で、民主的である。

研究によると、若者や高等教育を受けた者が、イスラームの信奉者となっている。男性については、よく研究されデータも多い。男性がイスラームのグループに加わる年齢は、一七歳から二六歳とされている。大学でイスラーム式服装をしている女性は一〇代後半から二〇代初めであり、それより上ということはほとんどない[32]。女性も男性もだいたいは、大卒もしくは現役の大学生である。専攻分野は、医学、工学、軍事科学、薬学などであり、いずれも入学の難しいところだ。中には、大学ではなく高校や専門学校の卒業生もいる。

さらに二つの要因を重要な変数として考えることができる。イスラーム運動に公式あるいは非公式に加わっている青年たちに共通することだ。一つは、これら青年たちの多くが、新興中産階級出身であるということ。そしてもっと言うならば、中産階級でも下層のほうで、たいていは農村出身、あるいは最近都市部へ移ってきた一家の出ということだ（ここで言う階級は、いろいろな要素によって決定されている。両親が、どの程度の教育を受けているか、どんな職業に就いているのかなども含まれる）。

カイロ大学で、ヴェールを着用している女性と着用していない女性について、調査が行われた。それぞれ二〇〇人ほどの女性に対するアンケートによってはっきりしたことがある。ヴェールを着用している女性の両親は、おおむね教育程度が低いということだ。両親がどの程度の教育を受けているかを見れば、娘がヴェールを着用しているかいないか見当がつくほどだ。たとえば、ヴェールをしている女性の父親は、そのほとんどが読み書きができる程度の教育に終わっていた。あるいは良くても中学程度だ。それに対して、ヴェールをしていない女性の父親は、たいてい高卒か大卒であった。同じように、ヴェールを着用している女性の母親は、着用していない女性の母親と比べると、最低限の教育しか受けていない者が多く、非識字率も高い（ヴェールを着用していない女性の母親の非識字率が四七パーセントであるのに対して六七パーセントになる）。重要な点は他にもある。ヴェールを着用している女子学生のうち、多く（七七パーセント）の家では、彼女の他にもヴェールをしている女性がいるということだ。とくにその多く（八二パーセント）では、母親もヴェールをしている。(33) つまり、なぜイスラーム式の服装をしているかといえば、それが斬新で社会的にも認められた新しい服装だからというわけではない。家族が慣れ親しんできた昔ながらの服装を、「現代的に」着こなしているにすぎないのだ。
どんな階級の出身で、両親がどのような教育を受けたかが、女性がヴェールを着用するかしないかと関係があるように、男性がイスラーム・グループに加わるかどうかにも同じことが言える。イスラーム式服装をしている男子学生はだいたい、自分の父親よりも高い教育レベルに達したか、あるいは、現在そのレベルで学んでいる最中である。母親のほうは、非識字者であったり、最低限の教育しか受けていない者がほとんどだ。男性も女性も主に母親から、「伝統的」、「イスラーム的」価値観を教えられる。この意味で、母親の存在は重要である。たとえば、イスラーム・グループの「典型的な」男性を想定してみると、まず両親は田舎の村の生まれで、「とくに母親は、村の習慣とか価値を」身につけていく。そしてその母親から、子供たちは「まるで強い薬でも飲むかのように、宗教的な教えや昔ながらの習慣を吸収していく」。[34]
まとめると、これらの研究によって、イスラームの流行に加わっていく人々の心理を構成しているもの、社会でどのような立場に置かれ何を感じているのか、どのような問題をかかえているのか、どのようにそれを解決しているのか、といったことに関して、いくつかの共通点が浮かび上がってくる。たいていの場合、教育の場でも職業に就いても、上昇していくタイプである。運悪く上昇していない場合でも、そうするだけの能力をもち、上昇志向は強い。そして、社会の中でストレスを感じることもそれだけ多い。初めて経験する大都会で名も知らぬ人々に紛れ、うろたえ、とまどいながら暮らしている。不平等がまかりとおり、次から次へと物が消費され、物こそすべてのような風潮。あるいは、外国の習慣や金さえ儲かればいいというような商売のやり方に触れることにもなる。アラブであろうと西洋諸国であろうと海外資本がもたらしたものだ。女性の場合はたいてい、家族の中で最初に男性社会に進出した世代にあたる。大学キャンパス、混雑した交通機関、仕事場。男女は今やさまざまな空間を共有している。かつてない事態にストレスを感じながらも、自分の家族がしているように、女性たちは昔ながらに服装の基準を守っている。その一方で、教育レベルや職業が上昇したことを表すような服装もすべきだと考えている。何とか折り合いをつけるために、折衷的な服装をすることになる。男女が作りだす新しい社会状況の中でうまくやっていきながら、今まで教えられてきた伝統的な価値観も大切にすることができるからだ。

実際にイスラーム・グループに加わる女性もいるが、大半は、イスラーム運動の潮流を非公式に支持している。家庭で子供の頃教え込まれた価値観を反映しているため、居心地の良さを与えてくれるのだ。都会の生活の中でも、そのような価値観に触れることで、初めて経験する都会のやり方に押しつぶされずにすむ。このような心理的、社会的な要素は、イスラームの趨勢を考えるとき、何にも増して重要だろう。落ちついて迷いがなく、安らかでしっかりとした心持ちでいること。イスラームを信奉するときにもたらされるとよく言われる、この心の平安をえるために信者になっているのだと、男性も女性も述べている。[35] イスラーム主義を信奉することによって、何かに属しているという安心感を得ることができる。男性グループの場合、しっかりとした組織があり、兄弟愛や互いに助け合い、分かち合うことが実践されている。組織は、大きな家族として機能している。家族から離れ、都会で根無し草のように生きている者にとってはとくに魅力的に映るわけである。[36] 男性の場合のように、公の組織となることはあまりないが、姉妹のようなつながりをもった女性の集まりがある。帰属感を持ち、お互いに助け合い、価値感を分かち合うことができるようになっている。

イスラーム式服装をしてイスラーム主義を信奉すれば、つまりは現在の倫理的、社会的慣習——とくに異性が空間を共有すること——に従うことになる。これは、彼女たちにとってごく自然で居心地がよいことなのだ。女性がイスラーム式服装に魅かれるのは、実際、さまざまな恩恵を受けることができるからでもある。まず、すぐ分かることだが、イスラーム式服装のほうが倹約でき、経済的である。次から次へと流行を追うことなく、二つか三つの服装で間に合うのだから。イスラーム式服装をしていれば、男性の性的いやがらせから身を守ることもできる。女性へのアンケートによれば、イスラーム式服装をしていると、公共の場での扱われ方がまるで違うということだ。(37)

実際、このような利点があるため、女性はイスラーム式服装をしているともいえる。大学生や専門職に就いている場合はとくにそうだ。毎日、都市の混雑した交通機関を使い、男女共学のキャンパスや男性と一緒の職場に出掛けるからだ。都市の住民の多くは伝統的な農村部の出身である。そして男女が空間を共にすることを、男性も女性もいまだに奇異なもの、落ちつかないものと感じているのだ。イスラーム式服装は、男女隔離の思想に基づいている。イスラーム式服装をすると、これを思い出すことができる。つまり、男女が混在した生活空間に心理的な仕切りを設けることが可能となり、ストレスやぎこちなさを避けることもできる。あるいは、女性はイスラーム式服装をすることで、公共の場での自分の存在が、イスラーム社会に根づいている倫理観にも背くものでないことを示すことができるのだ。

イスラーム式服装をしていれば、生活していく上で、他にもいろいろな恩恵を受けることができるのは確かである。たとえば、イスラーム式服装をしていれば、イスラームのモラルや性のコードに忠実な人間と見なされるため、逆説的なことだが、男性と友達づき合いをすることもできる。男性と一緒のところを見られても、モラルに反すると言われて評判を落とす心配もない。男性と話しているのを見られるのを、今までは避けてきた。イスラームの服装をしてからは違う。今では何の抵抗もなく、男性と同じクラスで勉強したり、駅まで一緒に歩いていく。それでいて評判を落とすこともないと彼女たちは言う。(38) 今や見合い結婚はなくなりつつあり、女性もパートナーを自分で探す時代。このような時代にイスラーム式服装は確かに便利である。男性と比較的自由につき合うことができ、しかもイスラームの厳しい道徳基準に従っている（妻として魅力的な要素である）ことも示すことができるからだ。

イスラーム式服装をすることで女性たちは、ある研究者の言葉を借りれば、要するに「公共の場に自分たちの居場所を獲得しよう」としているのだ。そして、このような戦術により、女性は社会生活の場を獲得しつつある。[39]イスラーム式服装をしているからといって、女性は家の中にいるべきだと宣言しているわけではない。反対に、家庭の外での居場所を要求することになるのだ。イスラーム式の着こなしをこのような戦術として使いはじめたのは、一九七〇年代、八〇年代に成人に達した女性たち、つまり第二世代の女性たちだった。第一世代の女性たちは、女性の自立や主体性をかち取っていた。第二世代がイスラーム式服装をしたからといって、第一世代の成果を無に帰してしまったというわけではない。あからさまにフェミニズムについて語ることはなく、多分、自分たちをフェミニストだとは思っていないだろうが、第二世代の女性たちが進歩的でないとは言えない。かつてないほど多くの女性が大学に進学し、職業に就き、社会生活を営んでいる。今までになく多くの階層の人々が、教育を受け、職業に就いている。いかに保守的に見えようと、彼女たちにとってイスラーム式服装は、これらの進歩をスムーズになし遂げるための制服なのだ。

他にもイスラーム式服装の利点が考えられよう。女性の自立や主体性を求める場合、どんな言語を使うのかという点が重要だ。「フェミニズム」のイディオムと「西洋の」服装という組み合わせを選ぶか、「イスラーム」のイディオムと「ヴェール」にするかによってだいぶ違ってくる。第一世代、第二世代、いつの時代でも、使われる言葉が階級分化や都市と農村部の分化を引き起こしてきた。女性の自立という同じ目的を追求するのにも、西洋の服装という言語や世俗主義、とくに「フェミニズム」の言葉を使うと、明らかに主に都市部の中産階級の人々のためのこととなってしまう。つまり、「フェミニズム」が、政治運動として表現されるときには、「エリートのための、排他的な、社会の草の根からはほど遠い代物」ということになってしまう。同じ目的を追求しても、イスラームという言語やヴェールといった言葉を使えば、草の根レベルでの自立を要求することになる。[40] 第一世代のフェミニストは都市部の中産階級出身だった。彼女たちが「ヴェールを見直そう」とする次の世代を批判するのでは昔ながらの階級問題をむしかえすことになってしまう。

ここ何十年かの間に、イスラーム式服装が目立つようになり、イスラーム主義に共鳴する者も増えてきた。生活様式を表す言説の主流を形づくるこのような一連の動きを説明するには、人口統計上での大きな変化について語るのも、一つのやり方である。主流文化や社会的しきたりが民主化され、その結果、ファッションや生活様式は次第に下から、つまり新興の中産階級が定義するようになったのである。以前には、このようなことは文化を支配していた上流階級や中産階級から起こってきたものだった。社会や文化に関する民衆の言葉がこのように変化したことにより、新興階級である、都市部の教育を受けた中産階級の人々が、近代的な、男女が共存する社会的現実を受け入れやすくなってきているといえよう。このような点からイスラーム式服装は、ある種の制服とも考えられる。反動的な意味での制服ではなく、過渡的な意味においてである。伝統的な服装に戻るというのではなく、西洋の服装を取り入れ変化させ、自分たちにふさわしいものにしている。このような服装をしているからといって、伝統や過去にどっぷり漬っているということにはならない。イスラーム式服装とは制服である。それを着ることは、新天地へ向かい、さらに前進するという決意表明なのだ。目指すところは現代性である。

ヴェールをしたり、イスラーム主義に近づくということは、個人や家庭のしきたり、どんな服装をして、どんな倫理的価値観をもっているのかといったことを表している。また、一般の人がイスラームをどのように理解しているのかといったことも反映している。そのように考えるならば、第一世代のフェミニストをはじめ、ヴェールに対して批判的な人々に、ヴェールを攻撃する正当な根拠があるわけではない。それは、アミーンやシャアラーウィーが根拠を持っていなかったのと同じことである。問題なのは、体制化しているイスラーム（制度化し、法として機能しているイスラーム）の主張するところは違うという点だ。それは、一般の人々がコーランの中に読みとり、聞きとっている倫理的なメッセージとは異なるものだ。現実には、そのようなイスラーム、つまり宗教的に非寛容で、度しがたいまでに男性中心的で、女性に対して敵対的なイスラームが正統派イスラームとして制度化し、政治権力を持っているのだ。このようにまったく違った二つの意味が、イスラームには同時に存在している。伝統的環境で育った者にとっての倫理的、精神的な支えという意味が一つ。もう一つは、法律や支配のシステムとして政治権力が押しつける、政治的、歴史的な意味である。第一世代のフェミニストとイスラームの服装をしている現代の女性たちでは、イスラームに対する考え方が根本的に違うのは、この二つのイスラームの違いのせいだ。それぞれの世代の女性たちが議論の対象としているのは、イスラームが持っているまったく違った二つの意味なのである。

イスラーム主義に共鳴する女性たちが忠誠を誓っているイスラームと、体制派イスラームとはまるで違うのだが、今までこの点については、ほとんど研究されていない。従来の研究では、女性がイスラーム式服装をしていればもうそれだけで、「伝統的」な倫理的、社会習慣に従っていると、判で押したように見なされてきた。そして、そのような服装をしていることは即、女性たちが男性による支配と女性の従属を認めているのだと当たり前のように言われてきた。そのため、イスラーム式服装をすることに、「フェミニスト」の主張が存在するかもしれないなどということは考えられもしなかった。女性の自立や平等について、西洋のフェミニストや、あるいは西洋と結びついたフェミニズムの言葉を使わずに語ることができるかもしれないといった可能性については、今まで一つも研究されてこなかった。

女性は、社会の中でどのような役割を果たすべきか。これについて「ヴェールを着用している」女性たちがどう考えているかについては、まとまった研究があまりなされていない。その数少ない研究の一つが、先に引用したゼイナブ・ラドワーン他による共同研究だ。ラドワーンは、ヴェールを着用した大学生と、着用しない大学生にさまざまな質問をした。女性はどのような教育を受けるべきかとか、家庭、結婚、職場や公共の場所、あるいは政治において、どのような役割を担うべきかといったことが訊ねられた。寄せられた回答をもとにラドワーンが強調しているのは、ヴェールを着用している女性は、着用していない女性に比べて、どんな質問に対してもより保守的で、「フェミニスト」的ではないということだ。たとえば、女性にとって教育を受けることは重要であると考えているのは、ヴェールを着用していない女性のほうが多い（九三パーセントに対して八八パーセント）。女性も大学院レベルの教育を受ける権利があると考えている割合（九八パーセントと九二パーセント）も、女性が家庭の外で働いてもよいと考えている割合（九五パーセントと八八パーセント）も、そして、卒業後働きたいと思っている女性もヴェールをしていない女性に多い（八八パーセントと七七パーセント）。女性が仕事をすることについては、どちらのグループからの回答にも注目すべき点がある。女性一般については家庭外で働くことを認めても、自分自身はそうはしないだろうと思っている者が多いことだ。どちらのグループでも数多くの者が認めていることがある。女性が教育を受けるのは、良い妻になるためということである（ヴェールを着用していない女性の五四パーセント、着用している女性の七六パーセント)。教育の目的が就職であると考えているのは、どちらのグループでもほんの僅かである(五パーセントと二パーセント)。しかし前述したように、どちらのグループでも多くの者がそうしたいと思い、また必要があれば女性には働く権利があるのだと考えているのも事実である。実際、自分自身も仕事を探そうと思っている者が多い。どちらのグループでも女性に適した職業として第一に挙げているのは、教育関係の仕事だ(ヴェールを着用していない女性の四三パーセント、着用している女性の五一パーセント)。その次には医療関係(ただし看護婦は除く)が挙げられている(ヴェールを着用しない女性の三一パーセント、着用している女性の四八パーセント)[41]。

政治に関しては、女性と男性は同等の権利と義務を持つべきであると考える割合は、やはりヴェールをしていない女性のほうが多い(八一パーセントと五三パーセント)。女性は国家機構における最高位の職に就く権利があると考える割合も、ヴェールをしない女性のほうが多い(九〇パーセントと六三パーセント)。結婚において女性と男性は平等であるべきかの問いに対しては、六六パーセントのヴェールをしない女性と三八パーセントのヴェールをした女性がイエスと答えている[42]。

ヴェールをした女性の回答のほうが保守的でフェミニスト的ではないという、ラドワーンの指摘は正しい。しかし、アンケート結果がより雄弁に物語っているのは、なににもましてその「類似性」だ。ヴェールを着用している女性もしていない女性も、多くの点で似ている。ヴェールをした大多数の女性も、女性が教育を受け、働く権利を認めている。多くの者が、社会的、政治的男女平等を支持している。相当数のものは、結婚における男女の平等も認めている。これらのさまざまな問題に関して、ヴェールをした女性の意見は、今までの研究が明らかにしてきたものとは違う。女性の場所は家庭であるとか、女性は二級市民であり、参政権や家庭の外で働く権利もないなどと彼女たちは考えてはいない。多くの女性が、教育を受ける目的は良い妻になることだと考えている。しかし、女性の役割や権利についての回答を総合すると、別の側面も見えてくる。教育、職業に就く権利、専門的な仕事で成果をあげる道が女性に開かれていること、政治的に平等な権利があることには、ほとんどのものが賛意を示している。ただし、結婚における平等については、ヴェールを着用している女性の半数以上が、賛意を示していない。

言うまでもなく、これらの回答は、女性は家庭にいるべきであるとするイスラームの伝統的考えとは一致していない。そればかりではない。シャリーアに規定されている女性像とも一致しない。女性はどんな役割を果たすべきかについて、「ムスリム同胞団」やゼイナブ・アル゠ガザーリー等が示している意見にある程度近いとも言える。現在のエジプトでは、ムスリム法は昔ながらに解釈され、法的拘束力を持つものである。これによると、男性には一夫多妻と簡便な離婚手続きがまず認められている。結婚において男性と女性では持てる権利に違いがあるという考え方は、法律として明文化されている。ヴェールをつけた女性が、結婚での平等について信じる余地などないのである。平等であるべきと答えた三八パーセントの女性についても同じことだ。

ヴェールをした女性が考えていることと、伝統的に解釈されたシャリーアやイスラームの見解は異なっている。体制派イスラームやシャリーアが後生大事にしている専門的教義で女性がどのように扱われているのか、ヴェールをした女性たちは漠然としか知らないということだろう。彼女たちはイスラームについての自分の考えをまとめるのに、自分の理解や感情に頼るしかない。あるいは多分、伝統的に解釈されている専門的教義がどのようなものであるか、気づいているかもしれない。しかし、その場合は闘おうとする。ゼイナブ・アル゠ガザーリーが、人生を賭して闘ったように。ヴェールをした女性の中には、積極的に行動を起こしている者もいる。モスクで礼拝する権利を主張するといったようなことだ。ヴェールをした女性の中にも、体制派イスラームが女性に対して行っていることに、何らかの形で異議を唱えている者もいるのだと言って間違いはないだろう。しかし、なぜ一部のムスリム女性がモスクに回帰しているのか、その意義が何なのか、についてはまだほとんど研究されていない。

残念ながらラドワーンのアンケートが訊ねていない項目がある。伝統的なイスラームの解釈によっても、また法的にも認められている一夫多妻について。あるいは、男性には離婚する権利があるのに、ごく普通の結婚においても女性には多くの権利が認められないままであることなどについて、女性がどう思っているのかという点である。社会全体を「より高い次元でのイスラーム意識」にまで高めるための一連の政策の一環として、シャリーアの法律を全面的に課すことについてどう思うかという質問はあった（一連の政策には子供や大人についてのより徹底した宗教教育も含まれる）。シャリーアの法の遵守を含む一般的な改革案の導入を、ヴェールを着用している女性の六七パーセントが肯定している。驚くべきことにヴェールを着用していない女性の五二・七パーセントもこれに賛成している。

ヴェールを着用している女性も、女性のあり方に進歩的な意見を持っている。仕事を持つこと、政治に携わること、あらゆるレベルの教育を受けること、政治的にも社会的にも平等であることに賛成している。結婚においても男女は平等であると、少なからぬ者が思っている。このようなことを考慮すると、シャリーアの法を認めるという行為は、イスラームに本来的に備わっている正義を信頼し、イスラームの法的解釈にもそれが反映されることを信じているということを意味しよう。シャリーアが実際はどのようなものなのか、はっきりと知らないということもあるかもしれない。ヴェールをしていない女性も、シャリーアの法が課せられることを認めるのにやぶさかではないというのも驚くべきことだ。というのは、ヴェールをしない女性の大多数は「フェミニスト」的見解を持ち、女性の自立に対しても進歩的な意見を表明しているからだ。イスラームは本質的に正しく、その正義は法のどこかに必ずや反映されているにちがいないという信念、イスラーム法の内実についての曖昧さとも相俟ったこの信念は、ヴェールを着用している女性だけでなく若い女性一般のあいだに浸透しているということが、ラドワーンたちのアンケート結果からうかがえよう。女性に関してシャリーアの法がどのようなことを述べているのかを理解しているかどうかといったようなことは、残念ながら、どちらのグループにも質問されなかった。もっと分かりやすく言えば、自分以外の妻を持てる男性と結婚することをどう思うか訊ねられなかったということだ。

ヴェールをしていようといまいと、一般に女性が、イスラームの法や教義の専門的内容については良くは知らないといっても、何も驚くべきことではない。男性に対する調査でも同様の結果が出ているからだ。イスラームの専門的な部分に関しては、男性の考えるところも結局は曖昧である。イスラーム系の男性グループに属する多くの者は、イスラームに身も心も献身しているのに、「教義の多くについて、わずかな知識しか持ち合わせていない」のである。そればかりではない。もっとも積極的、戦闘的に政治に関わっている者でさえそうなのだ。一九七七年に大臣暗殺のかどで逮捕された、あるイスラーム系の男性グループの場合、戦略を練っていた組織の中核メンバーでさえ、「イスラームの教義的内容について、特別に多くの知識があるわけではない」という。政治的に強い憤りを感じていても、自分たちの政治的な目的や計画について明確な考えがあるわけではないのだ。[43] イスラームの戦闘家たちとのインタビューをしたある研究者は、次のように述べている。

戦闘家たちが自分たちの信条、態度や感情について述べ始めると、彼らが何に反対しているのか良く分からなくなった。権力を握ったら、どんなすさまじいことをするかは、おぼろげながら想像することはできた。西洋や共産主義、イスラエルに根強い敵意を抱いているのは確かである。これらと取引をしたり友好関係を結ぶ為政者は誰であれ、イスラームの裏切り者ということになる。極端な富、贅沢、貧困、搾取、暴利の貪りは、本来のムスリム社会とは無縁である。戦闘家たちは、アラブやムスリム世界のほとんどすべての政権を認めていない。エジプトに頽廃的な風潮を蔓延させているのは、西洋の影響あるいは産油国の金のせいであり、「真実のイスラーム」が育てば、エジプトやムスリム世界は独立して、自由で、繁栄し、正義あふれる全き社会になると思っている。(44)

若い女性と同様、イスラームを信奉する青年たちも、イスラームの持つ倫理的側面に魅かれている。この倫理的側面はムスリムに対し、つねに正しく公平に行動することを要求し、人間の平等を繰り返し主張している。彼らが魅かれているイスラームのこのような側面は実際には、体制派イスラームの権力者たちによって無視されている(四章、五章参照)。体制派イスラームというのは専門的、法的、教条的イスラームであり、青年たちはこれについてほとんど知識を持っていない。

政治的にみれば、現在の状況は好ましいものとは言いにくい。中東の社会が政治的に安定し、民主的な多元主義を認め、個人を尊重し、言論、思想の自由が認められているのなら、現在は重要な変化、知的革命の時となりえたであろう。教育を受けた若者が登場してきたからだ。彼らの中には、イスラームの倫理的で、人道主義的な側面に注目する者もいれば、宗教的イディオムをとくにもっているわけではなく、ヴェールの問題についても無関心だが、現代社会に生きる者として、さまざまな考え方を身につけようとしている者たちもいる。体制派イスラームが、命令したり、当たり前だと思っていることに根本的な質問状を叩きつけることもできたかもしれない。イスラームの遺産を正当に評価し、捉えなおし、宗教として、法制度として、イスラームの概念を再規定し得たかもしれない。今日、多くの国でキリスト教が果たしているような役割、つまり知的に開かれた制度に、イスラームもなり得たかもしれない。

しかし残念なことに、政治的な状況を見ると適切な時とは言いがたい。同じように残念なことに、青年たちは教義に関する知識を持たないままに、社会風潮としてのイスラームに心理的に引きつけられており、イスラームの政治的グループの勧誘にのりやすいといえる。これらのグループは青年たちと違い、明確な政治的意図を持っており、権力を持った神権政治体制を作り上げ、純然たる男性中心主義の教義、あるいは法的規定によって現在の体制派イスラームを強化しようとしている。体制派イスラームの内部では、曖昧さなどない。法律も同じだ。男女の待遇についても曖昧さはいっさいない。過去のどのような事例をみても、男性が女性の上に君臨するのは明らかだ。法の下で女性は男性に劣っていることなど自明の理である。体制派イスラームは昔も今も、いったん政治的権力を掌握したならば、反対者を排斥することに疑問の余地はない。自分たちの権威に対する挑戦やイスラームについての解釈の違い、たとえば原理よりも倫理を尊重するムスリムを彼らは許容することができないのだ。

この点において、フェミニストを含む多くのアラブ人女性には、イスラームの趨勢、ヴェールへの回帰を警戒する正当な根拠がある。だが、今日の若い女性たちがイスラーム式服装をしているからといって責めるのはお門違いだろう。それでは、まるで服装そのものが本質的に抑圧的だと言っているようなものである。昔の植民地時代の支配者や、その価値観の影響を受けたエジプトの上流階級、中産階級の人々が、服装とは言わずとも少なくともヴェールについて考えていたことと同じことになってしまう。もっと的外れなのは、それまで身につけていた社会的規範の基準を混乱させるような世界、男女が生活空間を共にする世界で、教育をうけ、仕事をしている女性たちが、自分たちが慣れ親しんできた倫理的、社会的習慣に従うようがにするためにイスラーム式服装をするのを責めることである。事実、新しいタイプの女性が現れている。たとえば、ヴェールを着用している女性たちのように、政治でも、教育でも、専門の分野でも、そして経済的にも自立している女性たちだ。自分たち社会の大多数の者にとって理解でき、意味を持つようなイディオムを自ら実際に作り上げている。そのこと自体、ムスリム女性にとって、かつてないほど可能性に満ちたときが到来していることを物語っている。だが、女性たちが意図していない結果も生じている。文化の点で、あるいは倫理的にイスラーム主義と歩調を合わせることは、イスラーム主義者の政治勢力に力を貸すことにもなってしまうということだ。政治勢力の理想とするところは、独裁的な神権政治の樹立であり、女性にとってまことに致命的な結果をもたらすことは確かなのだ。

女性を支配すること。女性が経済的に進出するのを制限し、政治など社会のさまざまな分野から女性を排除すること。法の名のもとに、根本的に不平等で、時には残酷な仕打ちに「合法的に」従わせること。こういったことはすべて、過去のムスリム社会で行われたこともあった。現代では、政治のイスラーム化を目指している神権政治体制の社会やグループの姿である。現代のムスリム国家では、西洋の技術やシステムを使ってパスポートを作り、コンピュータが銀行口座も管理している。これによって法律は強化され、女性をめぐる状況も今までになく厳しくなっている。女性が居住地域の中を自由に動き回ること、自由に服装を選び、旅行し、仕事をし、働く場所を決める権利。これらは今日、中東のいくつかの国では、ことごとく監視され制限されている。もっとも厳しいのはサウジアラビアだが、他の国々でも、通常の警察ばかりでなく、特別の任務を帯びた「道徳」警察によって、女性は何を着て、どこへ行くのか監視されている。女性は車を運転してはいけないとか、長袖の服を着ろとか、被り物をしないで通りを歩いてはいけないとかいったような法律が、確実に守られているか目を光らせている。このような国の女性は、法律によって、個々の男性の権力に服従させられているといえよう。結果として、女性たちは囚人なのである。保護者、両親、夫、そして国家のもとに囚われている。

多くのアラブの国々では男性でも、政治的に体制と意見を異にする者は管理され、自由を奪われる。不当な扱いをうけ、国家の名の下にさまざまな理不尽な目にあう。男性にとっても女性にとっても人権に関わる自由、政治的権利のない状況が、今日ほとんどのアラブ社会をすさんだ場所に変えてしまっている。アラブからの亡命者の言葉を借りれば、「文化的にも政治的にも、すさみきり、息苦しい」[45]。女性の場合はもっと悲惨だ。抑圧され、権利を剝奪されるのは、反体制だからというわけではない。女性であるという事実だけで十分なのだ。男性を不当に扱ったり抑圧したりする場合は、たいてい表立たないようにこそこそと行われる。しかし女性の場合は違う。家庭に閉じ込められ、国家からは不当な扱いを受け、自由を奪われるのは、法律に従ったことなのだ。働いて自立する権利を奪われ、政治活動を拒まれ、離婚すると子どもに会うこともできない。国家の法律として明記されているからだ。つまるところ多くのムスリム国家では、市民は、法律を施行する国家から我と我が身を守らねばならない。人権や政治に関する権利については抜本的な改革が必要だ。しかし、女性たちを抑圧から解放し、国家の専横や個々の男性から守るには、それだけでは十分とは言えない。男性が、女性たちの生活をあれやこれやと指図し支配できるのも、国家が認めているゆえなのだ。

最近、イスラームのグループが権力の座に就きイスラーム法を復活させた国では、女性にとって厳しい制限がついた法を新たに押しつけている。中には、残酷で非人間的な仕打ちを女性に課すようなものまである。法によって女性にさまざまな制約を課し、男性が「自分たちの」女性を今まで以上に好き勝手にできるようにするのが、イスラーム勢力が権力を握ったとき真先に行う典型的な「イスラーム」の施策である。だが、驚くには値しない。不満や摩擦がさまざまな所から生じている社会だからこそ、イスラーム勢力が台頭してくることができるのだ。女性のさまざまな権利を制約し、教育や仕事を得る機会を制限することで、男性のほうは教育、仕事のチャンスが増える。男性のために家庭を守り、男性に尽くす女性を増やすことで、男性に「自分たちの」女をますます好き勝手にさせる。これは不平不満をもった男性の気をそらせ、機嫌をとり、一時的にせよ経済的不安を取り除く、手っ取りばやい方法である。

イスラーム主義者の勢力が政権を掌握すると、女性の身にどんなことがふりかかってくるのか。中東のアラブ以外の国で現在起こっていることを見てみればよい。イランとパキスタンだ。イラン女性についての革命後の研究が示すように、イラン女性の苦しみについていくつかの記述を残しているハーレ・アフシャールの記録は信頼できるものといえよう。(46) イスラーム革命の後、イランでは新しく法律が施行された。アフシャールの言葉では、この法律が女性から奪ったのは、「苦労してかち取った市民権（中略）そして、女性は、家庭でいつでも手に入る性の対象、モノとして貶しめられている。そして新宗教秩序なるものによって、どんな時でも夫の意のままになるように仕向けられ」ているという。(47) 権力を握るとすぐに、アヤトッラー・ホメイニーが行ったのは、「女性を家庭のなかへ連れ戻す」ことだった。何ヵ月もしないうちに、女性は「下等」で「衝動的」で、生物学的にも生まれつき劣っているものになってしまった。「公衆の面前にいるだけで〝煽動的〟とされ、イスラームのヴェール（ヒジャーブ）で頭の先から足の先まで覆い隠され、家庭へ戻らされる」（二五八頁）。ヒジャーブをつけるという規則に逆らうものなら、七四回の鞭打ちが待っている。さらに悪いことには、男性が女性に対して攻撃的になったとしても、法令の下で許されるのだという風潮になってきている。ある狂信的なグループは、ナイフと銃で女性たちを襲った。肌がちゃんと隠されていないから、というのがその理由だった（二六四〜六五頁）。

イランの新しい法律によれば、男性と共同で行ったのでない限り、女性は法廷で証言することが認められていない。証言を強く主張する女性は、（アフシャールの説明によれば）嘘をついているとされ、名誉棄損で罰せられる。女性の裁判官は解雇され、女性は法律学校へ通うことができない。科学系、あるいは技術系のほとんどの学部への入学も許されることはない。そればかりではない。女性を会社組織から追放しようという運動もある。女性が看護婦や教育分野といった、女性にとって「適当」とされる場所以外で働くことは反対される。といっても、労働市場から公に締め出されているわけではない。イランでは戦争の痛手も大きく、労働力が不足しているという事情があるからだ。

革命前には、結婚に関してさまざまな権利が獲得されたが、これも無効となった。女性の結婚年齢は、一八歳から一三歳に引き下げられた。男の子なら二歳、女の子なら七歳に達していれば、父親や父方の親族が、離婚や父親の死に際して後見人になれるようになった。妻が働くのを禁じる権利が、夫に再び与えられた（二六九頁）。男性が複数の妻をもったり、思いのままに離婚する権利が以前同様に認められるようになった。結果としては、まず、「短命な一夫多妻が蔓延することになった。年上の男性は、自分の欲望のために若い女性をめとり、前の妻とも離婚せずに、そのまま働かせる」（二七三頁）。イランは、シーア派の国だが、中東のアラブ諸国の多くはスンナ派である。こと女性に関する限り、上に挙げたような具合で、どちらの体制派イスラームも大差ない。

同じようなことが、スンナ派のパキスタンでも起こっている。一九七七年に、ジア・ウル＝ハック将軍が権力を握り、戒厳令を敷いた。ハックは、刑法を手始めにイスラーム化を押し進めることを宣言した。一九八〇年には、最初の指令が出され、政府の女性職員はすべてヴェールを着用することになった。その結果、女性は、ヴェールをするか仕事を止めるかの選択を迫られることになっただけでなく、女性が実際にいかに謙虚であるかを、男性の目によって判断されるようになってしまった。男性が女性に対して支配力をもつことが、こと服装に関しては暗黙裡に認められたといえる。職場や往来での女性への嫌がらせも増えていった。

研究者によるとパキスタンでは、「女性を誹謗中傷することが多くなった。(中略)ちょうどイスラームの新しい秩序が高らかに宣言され、広まっていくのと時を同じくしている」。たとえばテレビ番組は、女性を「腐敗の根源であり、そのよって来るところ」と表現するようになった。女性は、「男に無理やり賄賂を受け取らせたり、密輸をさせたり、ちょっとした盗みを働かせたりする」とされ、働く女性は「モラルの低下を促し、家庭の、ひいては社会の価値を低下させる」元凶として描かれている。(48)政府の著名なイスラーム主義者が、ムスリム社会の中で女性はどのような存在であるべきかについて述べた意見がテレビ放映され、新聞記事となった。そこには、このイスラーム主義者の信じるところがあますところなく含まれていた。女性や非ムスリムは、すべての決議機関から締め出されるべきであるとか、「働いている女性はすべて引退し、年金で暮らすべきである」とか、女性は「緊急の場合を除いて、家庭という枠の外へ出るべきではない」とか。公共の場で女性の姿を見ることがまったくなくならない限りは、何人もレイプで罰せられてはならないなどというのもあった。(49)

男女別々に大学教育を受けるべきだ、という考えも主流となり、政府は、家政学の短大を大学に格上げしようとしている。女性を特定の学問領域、つまり家政学のように女性に適していると考えられている分野に閉じ込め、主流の学問領域を教える大学から遠ざけようとするものだと、女性活動家は見ている。男性にこそ開かれているべきである著名な大学に、女性が行けて自分たちが入れないのはおかしいじゃないか、という男性の不満を解消しようとしているともいえる。(50)

一九七九年、刑法がイスラーム化された。中でも、どんな場合に姦通、あるいはレイプといえるのか、その罪状はどうあるべきかといったことを定めた法律は、女性にとっては言語道断の代物となった。姦通やレイプを立証するためには、四人の成人ムスリム男性の証人が必要とされ、どちらの場合にも女性の証言は認められていない。女性が男性をレイプで訴えたり、妊娠したりすれば、姦通の罪で容易に罰せられてしまう。ところが男性のほうは、証拠不足で無罪というわけだ。多くの研究者が明らかにするところでは、極悪非道とも言えるほど残忍で正義にもとることが、イスラーム法廷では刑法の名のもとに行われている。それも一つや二つというわけではない。

以上述べたようなイランやパキスタンの法律や法令は、体制派イスラームが解釈したシャリーアの見解を直接反映しているか、あるいは、それと矛盾がないようになっている。間違いなく言えることは、どんな政府であれイスラーム化を推進しているところでは、スンナ派、シーア派を問わず、女性に関して同様の法を導入するだろうということだ。

エジプトでアンケートに答えたヴェール着用の女子大生のうち六七パーセントが、シャリーアが国家の法律になることに賛成している。ヴェールをしていない女性でも、五三パーセントが賛成した。どちらのグループの女性も、支配や差別、不公正の究極の形を思い描くことはできないだろう。野蛮な行為など思いもよらないだろう。だが現在の状況下では、そのようなことがイスラームの名において合法的に行われてしまうのだ。

結論

地政学的な言説において、ヴェールの復活には多くの象徴的意味があるのだが、中でも際立っているのが、「西洋の拒否」の意味である。二〇世紀も後半になってなぜヴェールがこのような意味を持つのかと考えると、次のことが明らかになる。すなわち、地政学的な言説の中でヴェールの意味を初めて定義し、それが抵抗の象徴として登場する準備を整えたのは、皮肉にも、西洋における言説、とくに植民地支配の言説であった。言い換えれば、ヴェールの復活は、抵抗の象徴としてヴェールが抱え持つまさにその威力ゆえに、我々のこの時代において、西洋の言説が異論の余地がないほどまで覇権主義的に広まっていることを立証している。それはまた、少なくともイスラーム世界に関する限り、抵抗と拒否の言説はなぜか、西洋が創りだし広めた言語と観念によって形成されているという事実も示している。西洋を模倣することを公然と唱道する者の言語や、フランツ・ファノンやナワール・エル＝サアダーウィーなど、西洋に対して批判的な立場を取りながらも、西洋のブルジョワ資本主義によって形成され、西洋の覇権の結果として全世界に広まった、個人の権利をはじめとする知的仮説や政治的観念を信奉する者たちの言語がそうであるように、西洋に対する抵抗と拒否の言語もまた、西洋に起因しているのである。

アル＝アフガーニーやアブドゥなどのイスラーム改革者たち、今日の戦闘的イスラーム主義者たち、フアノン、サミール・アミーン、エル＝サアダーウィーなどのようなマルクス主義者を含む、西洋をラディカルに批判する知識人たち、そして西洋が優越しているとする植民地主義のテーゼを心から信奉し、西洋を模倣することの重要さを唱道している自由主義的知識人たち――こうした人たちは、その政治的スタンスにおいて根本から異なってはいるが、本人たちが気づいているかどうかは別にして、彼らが西洋の思考と、西洋の政治的、知的言語に依存しているという点ではみな、変わりがない。イスラーム活動家あるいはアブドゥや彼の同時代の人たちによって再生され、再構想されたイスラームとは、西洋からのさまざまな攻撃に対して自らを再規定するイスラームであると同時に、西洋の言説によって使用可能になった言語と観念を摂取することで力を得た結果、新生し、再構想されることのできたイスラームである。アラブ世界全体における言説に関しても、その言説が西洋と協調的なものであれ反抗的なものであれ、その中で語られる目標と理想、および西洋に対する拒絶としばしば十分道理のある憤激は、我々の地球社会において支配的な――西洋起源の――言説の中で形成されてきたものである。

　このことは、とりわけイスラーム主義者に関しても当てはまる。マルクス主義者、世俗主義者、フェミニストたちは、公然とはいわないまでも暗黙のうちに、自らが因って来たるところが西洋流の思考法であることを了解している。しかし、イスラーム主義者は、彼らの唱えるところの「本来の」イスラームとか、「真性の」、「固有の」文化を復権せよと主張し、イスラーム主義とは固有の伝統を復活させるものだとして、世俗主義、マルクス主義、フェミニズムなどが、自分たちとは異質な西洋の輸入物であるとして攻撃している。しかしながら、インド人心理学者のアシシュ・ナンディーが指摘しているように、今日、西洋文化の影響は、建造物であろうが人間精神であろうが、いたるところに入り込んでいる(1)。そして、西洋流の政治観念、工業技術、知的体系は、すべての社会に広範に行き渡っているのである。西洋的要素を一切消し去り、汚されていない文化的純潔状態の過去に戻ろうとすることは、古い歴史と、古代より多元的文化を有するこの地域においては、妄想だとは言わないまでも、可能であるとは思えない。

女性に関するイスラーム主義者の立場は、本来それが反動的なものであるのに加えて、最初の植民地主義の言説がそうであったように、女性の問題を文化間の闘争の問題に帰着させてしまっている点で問題がある。典型的に「女性」は——それに加えて女性に関する固有の習慣の再確認、過去のイスラーム社会で行使されていた女性に関する慣習と法の復権などの問題は、政治的なイスラーム主義者の中心的議題なのである。この問題が中心的議題となったのは、少なくとも一つには、それがイスラームやアラブ文化を攻撃する植民地主義的言説の中心をなしていたからである。私はこれまでに、一九世紀後半において植民地支配の言説が、ムスリム社会を攻撃するためにフェミニズムの言語を盗用した、と指摘した。本国社会において、フェミニズムに対して強硬に反対運動を展開した男性の帝国主義者たちが、ムスリム社会における女性の「格下げ」に対する攻撃を率いたのであり、彼らこそがヴェール廃止運動の最強の唱道者であった。彼らの言い方を借りれば、ヴェール着用の習慣とムスリム社会における女性の地位は、イスラームの劣等性を示すものであり、イスラームの宗教と社会の崩壊をめざす彼らの目論見の正しさを示すものだというのである。このテーゼとヴェール廃止という社会的目標は、植民地主義列強と利害をともにしていたアラブの上流階級によって採用され、奨励されたものである。やがてこうしたテーゼに反対する者が現れ、その抵抗の言説においては、このテーゼに用いられた言葉が逆転し、ヴェール着用とイスラーム固有の習慣が是とされ強調されるようになった。

「固有の」イスラーム文化、「真性の」土着文化を保持し、それに回帰しようとする観念はそれ自体、植民地主義の言説、およびイスラーム、アラブ文化を弱体化して、西洋の習慣と信念に置き換えようとする植民地主義の企てに対する反動として生まれたものである。しかし、いま必要とされている対応とは、非西洋世界の文化に対する植民地主義、あるいはポスト植民地主義の攻撃に対して、植民地主義のテーゼに用いられた言葉を単純に逆転させて、その逆を肯定するといった形で応じることではない。本当に必要な対応とは、こうした言葉の拘束を乗り越えることであり、西洋のものであれ、非西洋のものであれ、土着の習慣、観念、制度であれ、そうしたものがどこに起因するかではなく、それらがどのような長所を持つかという視点から、取り入れたり排除したりすべきだということである。結局のところ、西洋、非西洋を問わず、今日繁栄している文明、文化のうちで、元はといえば他の国の、他の民族のあいだに生まれた思考方法とその伝統に、決定的に依存していないものがあるであろうか。政治的なものであれ、科学技術的なものであれ、どのような領域のものであれ、なにか有益な創意工夫が、他の民族によって生み出されたからという理由で、その恩恵を享受すべきでないということはない。あるいはまた逆に、何人も、土着のものだという理由だけで、何の取り柄もない習慣を強制させられるべきでもないのである。

よろず西洋的なものを拒否し、西洋社会に憤激する気持ち——軍備や工業技術だけは例外であるようだ——は、よく分かる。アラブ人は植民地時代もポスト植民地時代も、西洋の国々によって不公正な扱いと経済的搾取に苦しめられ続けているのだから。しかしながら、一つの政治手段として憤激の念を明らかにすることも、また、西洋の技術に対する依存状況が内包している自己欺瞞や二重構造的思考法（現代生活のあらゆる面で西洋世界の知的、技術的装置に依存しながら、純粋な文化的伝統に立ち戻ることを熱っぽく唱えるあり方）も、あるいは、過去の習慣の中でどのようなものを現代でも保持すべきかを注意深く選び出すこと（たとえば、女性を支配する法律など）も、アラブ世界を無力感と経済的依存状態から脱却させるには、説得力に欠けるものである。

同様に、より遠い過去に戻り、「本来の」ないしは「真正な」女性のあり方を模索し、復権させようと公然と発言するイスラーム主義者の立場は、これまた問題が多いのである。彼らの立場によれば、まず第一に、最初期のイスラーム社会やムハンマドの言行におけるジェンダーの意味は本質的に曖昧なところがなく、正確で絶対的な意味において確認可能であるとし、第二に体制的イスラームの諸文献の中で明確に述べられているジェンダーの理解は、イスラーム世界の中で反論の余地のない唯一の理解だとしている。しかしながら、これまで考察してきた経過を振り返ってみても、これらのいずれの仮説に関しても、信じるに足る根拠はどこにも見当たらない。アラビアにおける最初のイスラーム社会を構成していた特有なジェンダーの意味と社会的表現は、その直後の複数のムスリム社会(その中にはアッバース朝イラクという、支配的なイスラームの制度的、法的、宗教的言説を創出するのに中心的役割を果たした社会もある)のものとは、相当な違いがある。アッバース朝に特有なジェンダーの意味と、その社会(ユダヤ教徒、キリスト教徒、イラン人の多様な宗教と文化が抜き差し難く混じり合って、イスラーム的思考様式を生み出してきた社会)の「女性」という観念が持つ意味は、その時代の文学的、法律的、社会体制的な産出物(今日の体制的ムスリム社会の思考様式の基礎と正統的体系を生み出す原動力となった産出物)の中に刻み込まれた。この社会の男性支配的で、女性を嫌悪する偏見が、イスラームの教訓のなかにもともとあった二つの異なった傾向の一方に、不均衡な加重を与えた。以前論じたように、イスラーム社会は、その最初期の社会において、男女間の関係の基盤として階級的構造を取り入れたが、同時に倫理的観点からは、すべての人間のあいだで、道徳的、精神的に平等であることを説いた(これは、ユダヤ教やキリスト教においても言えることだ)。したがって、イスラーム社会は性差間の階級差を制度化したが、倫理的には、その階級差を打ち消す根拠をおいた、ということができる。ところがアッバース朝のもとでは、性的な階級差を制度化する規制は重点事項の扱いを受ける一方で、万人の平等と公平を強調する倫理的教訓は顧みられず、公的な法と制度のもとで、この教訓は、女性に対して、ほとんど何の意味も持つことはなかった。

この倫理的な声は、支配階級やイスラーム体制の建設者たちに顧みられることはなかったが、支配的な政治秩序や、ジェンダーの理解、女性の待遇などをどう解釈するかについて挑戦的であった周辺的下層階級のグループによって強調された。支配的な社会におけるジェンダー解釈や、ムスリム社会における適正妥当な政治的社会的組織のあり方などの重要な問題に対して、そもそものはじめから異議が表明されていた。唯一の合法的な解釈として生き残った体制的イスラームの解釈は、それが唯一可能な解釈であったからではなく、他の解釈を「異端」として決めつけ、抹殺する権力を握っていた政治的支配者の解釈であったからにすぎない。

今日、政治的に有力であり続けているのは、専門的に杓子定規に解釈された体制派のイスラームであり、それは、イスラームの教えの倫理的要素を捨象したものである。しかし、一般のムスリムがはっきりと聞き取っているのは、この杓子定規な声ではなくて、あくまでも、倫理的、平等主義的なイスラームの声なのである。ムスリムの女性がしばしば、イスラームには性差別主義はないと明言して、非ムスリムの人々を驚かせるのも、それは彼女たちが、この平等主義的な声を聞いているからである。ムスリム女性の立場が万古不易に従属的であるとされているのは、ひとえにこの、政治的に有力なイスラーム（と、西洋のオリエンタリストの著述に反映されたイスラーム）においてのことである。しかし、この解釈こそが、イスラームの唯一可能な解釈であると主張するのは、あたかも、ローマ・カトリックのキリスト教がキリスト教の唯一の解釈であると主張するにも等しいことだ。他の一神教と同じように（そして、実際のところ、一神教でない宗教もそうなのだが）、イスラームの持つ意味は何なのか、人間社会に及ぼすその意味は何なのかという問題は、過去において多様な解釈を生み出し、今日ではフェミニストの解釈も含めて、さまざまな解釈を生み出している(2)。

このようなわけで、遠い過去に関するイスラーム主義者の立場は、第一に、最初のイスラーム社会を特徴づけるジェンダーの意味は、明確で絶対的な形で確認可能であり、単純で矛盾のない意味に収斂し得ると仮定しているという点で、第二にジェンダーに関する伝統的解釈は一つしかなく、その正しい解釈とはすなわち、ムスリムの思想体系の中に保たれていて、中東のいくつかの社会でムハンマドの死後数十年、いや、実際には数世紀を経て創り出された体制イスラームの遺産を構成しているものだと仮定している点で、完全なものとはいえない。このように仮定することでイスラーム主義者が見落としているのは、ジェンダーのシステムは複雑で多様であり、それは、社会的習慣や言語的規定、およびそれらの解釈という批評的行為のあいだの相互干渉によって総合的に分節されるものである、という点である。彼らがこのように仮定し、とりわけ、アッバース朝やその他の初期イスラーム時代の諸社会で発達した法は、イスラーム本来の純粋な意味をそのまま保存し、正確に伝えていると信じているのは、ジェンダーを意味づけるシステムやジェンダーの概念が他のいくつかの社会を経て、伝わってくるとき、通過する社会の習慣や文化の色に染まったり、その社会のジェンダー・システムの影響をまったく受けることなく伝えられると考えているからだ。同様に字義的な解釈によって、イスラーム主義者は、最初のイスラーム社会に見られたジェンダーに関する諸規定を同定し(彼らによれば、これらの諸規定は、誰にも異論の余地のないやり方で確認可能とされている)、これらを現代のムスリム社会に当てはめて適用することは、最初のイスラーム社会において継承され、分節されていたジェンダーの意味を、現代において再構築することになると考えている。だが、そのような考えは、次の二点を認識し損なっている。まず、ジェンダーというような問題に関するある社会の諸規定は、分割できない包括的な体系の一部を形づくるものであり、ジェンダーに関してさまざまに分節される社会の言説（社会的、法的、心理的言説）の分かち難い一部であるということ。そして、それゆえ、アラビア人ムスリム社会の言説のある断片（仮に、その内容が完璧に確認可能であったとしても）を、何から何まで根底から相違している現代世界のムスリム社会に移植することは、最初のアラビア人ムスリムが理解していたジェンダーを再構築するのではなく、その紛いものを構築する結果になるだろうということだ。

体制的イスラームによって練りあげられたジェンダーの意味づけは、一九世紀初頭まで中東ムスリム世界の支配的な言説であった。そこで作り上げられた社会システムは、文化、法、社会、制度のあらゆるレベルで、あからさまなまでに女性を支配し、従属させ、経済的に軽んじ、人間として男性より劣った存在と概念化するものであった。このシステムのもとでは、女性などとるに足らない存在と考えられており、神学者アル＝ガザーリーのような体制側代弁者の目には、ラービア・アル＝アダウィーヤのような精神的に高い水準にある女性でさえ、精神的にほとんど未発達な男性よりも劣っているとみなされるほどであった。しかし、この支配的な見解に同意しない者たちも確かに存在した。

そのような者たちの考えは、スーフィーやカルマト派、そしてイブン・アル＝アラビーなどの類稀なる哲学者の思想の中に公式に表明されている。支配的な文化に対して、家族、または、個人のレベルで非公式の反抗が存在したことも確かである。娘を嫁がせる際、彼女の家族が、夫になる男性に対して結婚の条件をつけられるような経済的立場にあったなら、一夫多妻を禁じたり、そうでなければ娘の利益を守るような諸条件を明記した者たちもいた。それは、女性の地位と権利に関する支配的文化の見解に対する、家族や個人の抵抗の表れだといえる。同様に、女子教育の正式な道などなかったにもかかわらず、娘に教育を受けさせた家族もあった。それも、単に読み書きができるといった程度ではなく、娘たちの中には、傑出した学者になった者や博学で知られるようになった者もいる。これもまた、女性に関する支配的見解に対する民衆の抵抗の姿勢の表れ、といえる。

このシステムの解体は、一九世紀初頭、ヨーロッパの経済侵略とともに始まった。この時点から、中東ムスリム社会では、体制的イスラームによって支持されていたジェンダーに関する言説と、その具体的表現としての社会制度とのあいだの調和が崩れ始めた。これは旧来の秩序と体制の漸層的崩壊につながるものであるが、今日もなお進行している。

ムスリム女性にとって、それまでのムスリム社会の習慣としきたりが廃れ、旧秩序や女性を管理し排除していた諸制度が崩壊していくのを残念に思わねばならない理由など一つもない。この一〇〇年のあいだに、相当な数のアラブ諸国において女性は、市民権や政治的権利を獲得し、少なくとも公的な政策に関する限り、実質的な教育の機会均等の権利を獲得した。とは言え、(西洋、非西洋を問わず、世界のその他の地域と同様〕文化的偏見や財政不足のせいで、女性の教育が阻まれている地域もある。また、相当数のアラブ諸国において、女性は、教育や看護に始まり、医学、法律、工学など、あらゆる職業に携わり始めている。このような変化の速度は、国によって微妙に異なってはいるが、概して言えば、ほとんどの中東諸国が、人権や政治的権利といった西洋の政治的言語を取り入れ、これらの権利を男性同様、女性にも適用する方向へ向かいつつある。

この傾向には、二種類の例外が認められる。その一つは地理的なものである。アラビア半島は、中東地域の中でもっとも、ヨーロッパの経済的、文化的、政治的支配を受けることが少なく、概して、他の文化や思想に接触する機会ももっとも少なかったが、そのアラビア半島の諸社会は、変化を求める潮流に抗い続けている。そのうえ、この数十年間に増え続けている全地球的影響に対応して、この地域の諸社会、とくにサウジアラビアは、これまで以上に堅固な文化的、イデオロギー的障壁を築いている。アラビア半島の諸国は、女性に対して教育の門戸を開いたが、他の多くの点では旧来制度が堅く根付いたままで、今日の政治思想の根幹をなす投票権などの近代的な観念は十分な認知を得ていない（ただし、クウェートは、イラクによる侵入の前、女性にとっていくつかの重要な変化に向けて進み始めていたところだった）。

アラビア半島諸国のものの外に、中東諸国に存在する女性の権利拡張と改善運動の傾向に抗う例外事項は、イスラームの家族法、すなわち、結婚、離婚、子供の後見における男性と女性の権利を規定する法に関するものである。これらの法律は、頑なに変化を拒んだままである。今世紀のあいだ、多くのムスリム社会で、自由主義者たちやフェミニストたちが、家族法を改革しようと幾多の試みを続けたが、イスラーム時代の最初の三、四世紀頃の、女性嫌悪がきわめて強固だったいくつかの社会で発達した法は、男女のあいだの関係をいまだに規定し続けている。国によって程度の違いはあるが、イラク、シリア、チュニジアなどほんの一部の国々だけが、体制的イスラームの法を改善する修正措置を導入したに過ぎない。

家族法こそが、体制的イスラームによって築かれた男性の特権的システムの基礎である。この家族法がほとんど修正されずに今日なお存続しているという事実は、女性に対する男性の特権と男性による女性の支配をあくまでも保持しようとする、途轍もなく強大な権力をもった諸勢力が中東社会の中に存在することを示している。イスラーム主義者による政治運動においても、こうした勢力が次第に地盤を獲得しつつある。イスラーム主義者の運動によって、イスラームが政治権力の基盤として制度化した国（イランやジア・ウル＝ハックの下でのパキスタン）では、政府は各家庭ばかりでなく、国全体を、女性にとって牢獄へと変えて行き、そこでは、女性を家庭に縛り付け、多くの職業から閉め出し、不公正で非人間的に処遇することが、国家の法とされた。加えて、社会システムの中に上手に滑り込まされた女性嫌悪のレトリックによって、女性に対する男性の暴力行為は暗に是認され、男性は、貧困や無力さによって生じるフラストレーションを、政府の腐敗や破綻を糾弾する代わりに、女性に対する暴力によって発散させることになった。さらに、女性が報酬のある職に就くのを制限したことは、単に女性に種々の犠牲を強いたばかりではなく、その社会もまた、世界中が認めている女性の創造性や生産性を喪失したのである。

このような政府が打ち立てたイスラームは、明らかに、イスラームの倫理的な声に重きをおくために再解釈されたイスラームとは何の関係もない。少なくとも、女性に関して言えることは、政治的イスラーム主義がひとたび権力を掌握したなら、それが制度化しようとするのは、それまでの体制的イスラームが作り上げた、字義通り杓子定規に解釈された遺産なのである。しかし、字義通りのイスラームを今日強制している者たちと、今日再制度化された法の基礎となった元々の法をかつて立案した先駆者たちとのあいだには、一つの違いがある。初期イスラーム時代の原典解読者たちは、女性嫌悪と男性中心の風潮を当然のものとし、それが目に見えない規範となっていた社会のさまざまな制約の中で、それでも当時においては可能な限りの手段に訴えて、イスラームの教えを反映した公正な法にしようと奮闘したのだった。これに比べて、遙か昔のまったく異なった社会で立案された法を今日再制度化しようとしている彼らの末裔たちは、生活全般にわたって現代の科学技術や言語を取り入れているにもかかわらず、こと女性の問題となると、正義と人権に関する近代的な理解を避けて通ろうとする。すべての男性が、各種の権利と繁栄を獲得できる時まで、女性に正義を与えぬままに放置したり、男性の欲求不満につけいって、今日の基準からすれば不道徳とされるシステムを再制度化したり永続化したりすることは、一方で西洋の精神的、科学技術的な成果を何の障壁も置かずに導入し、社会全体に行き渡らせておきながら、古来の文化に回帰するために西洋を否定するなどと言う、ごまかしや怒りまかせの政策にまさるとも劣らず、不毛で破壊的なものである。

アラブ社会内部の種々の言説は、西洋の諸言説と絡み合っており、とりわけ、植民地主義の歴史と、中東ムスリム世界に対して西洋が放った植民地支配の言説の中で、錯綜をきわめている。それとまさに同じように、今日、西洋で展開されているアラブ人ムスリム女性についての研究もまた、これらの諸言説と絡み合い、錯綜している。以前述べたように、家父長制的植民地主義は、フェミニズムの言語を取り込んで、イスラーム社会に対する攻撃の矛先として、イスラーム社会における女性の地位という問題を利用した。自国の社会ではフェミニズムの敵であった帝国主義者の男性たちは、国外に出ると、西洋の植民地支配を合法化し、植民地にされた人々の文化や宗教を覆そうとする植民地主義的な諸政策を正当化するために、フェミニズムのレトリックを利用して、**他者**としての男性の習慣や、彼らが女性を「蔑視」していることを攻撃したのだった。クローマー卿は、このような態度を取った典型的人物である。イギリスではフェミニズムに反対した者として有名なクローマーは、イギリス総領事を勤めていたエジプトでは、イスラームによる女性の蔑視に終止符を打たねばならないと率先して主張し、ヴェール着用廃止の重要性を先頭に立って訴えたのだった。この帝国主義者のテーゼによれば、ムスリム社会の「進歩」と「文明化」の妨げとなり、この社会の人々が「西洋文明の真の精神」を受け入れる妨げとなっているのが、他ならぬヴェール着用の習慣とイスラームにおける女性の蔑視だと言うのである。

このテーゼは、好戦的な男性帝国主義者だけでなく、西洋文明に帰属する者たちや、西洋文化の観念に馴染んだ上流階級および上層中産階級のネイティブによっても受け入れられ、唱道された。ヨーロッパのフェミニストたちは、自分が属する社会の男性の自分たちに対する習慣や信条には批判的ではあったが、ヨーロッパ人男性によって作られた**他者**の表象——**他者**としての男性像や**他者**としての男性の築いた文化像——を黙認したばかりでなく、フェミニズムの名のもとに、ヴェールとムスリム社会の一般的習慣に対する攻撃に加わったのだった。ムスリムの社会や習慣に対する攻撃、とくに女性にまつわるムスリムの習慣に対する攻撃が、男性支配を支持する帝国主義者の男性によるものであれ、宣教師によるものであれ、フェミニストによるものであれ、あるいはまた、ネイティブの「文明化」のためであれ、彼らを**キリスト教化**するためであれ、不幸にも女性たちがたまたま生まれついてしまった宗教と文化から彼女たちを救出するためであれ、女性問題を取り上げることは、支配された社会の習慣を非難攻撃し、その社会がその固有の形態を変化させて、ヨーロッパ人の優れたやり方を採用すべきだと主張する行為に、道徳的合法性という名分を与えた。

文化の諸問題と女性の地位とのあいだには、本質的な関連があり、とくに女性の進歩はネイティブの文化を廃棄することによってのみ達成されるという観念が最初に登場したのは、この植民地主義的「フェミニズム」の言説においてであった。この観念は歴史の中のある特定の時点での産物であり、特定の政治的意図を持った家父長制的植民地主義の言説によって構築されたものである。西洋の女性の歴史がはっきりと示しているように、女性の進歩が、自分たちの社会の男性中心の文化を捨て、他の文化のやり方を採用することによってのみ達成し得るとする観念は妥当性に欠ける。たとえば、ヴィクトリア朝の女性の衣装は、窒息してしまうほど肋骨を締めあげるコルセットを女性に強制して、頼りなさ、無力さの理想像を作り上げるようにデザインされており、現代風の女性の身体を締めつけるファッションと比べてもことさらに抑圧的であることは間違いないが、どこかヨーロッパ以外の文化の服装をとりいれることによってしか、ヨーロッパの女性をこの衣装の抑圧から解放することはできないなどとは、一九世紀のもっとも熱心なフェミニストであっても、主張してはいない。さらに、有史以来、西洋においてはあまねく、男性による支配と、女性に対する不正義が続いているが、彼女たちが唯一の頼りとすべき手段は、西洋文明を捨て去って、どこかよその文化に依存することだ、というような論法は、ヨーロッパの女性が何らの権利をも有することのできなかったメアリ・ウルストンクラフトの時代でも、今日においても、もっとも過激なフェミニストによっても、主張された例はない。このような見解は馬鹿げたものであるが、アラブやその他の非西洋社会の女性に関して、その地位向上の問題が提起されると決まって持ち出される見解なのである。西洋に基盤を置く文献の中ではごく当たり前のことのように、これらの社会が、他の文化のやり方を是として、自分たちの文化のやり方を捨て去ったか否か、あるいは、これから捨て去るのか否かが、女性の進歩という問題の要として議論されているのである。今日に至るまで、ヴェールに反対する闘争、後進的で抑圧的なアラブ・ムスリムのやり方を破棄して西洋化をめざす闘争（これらはムスリム女性のために追求されるべき課題として、クローマーとその同輩によって声高に提起された協議事項である）というテーマが、フェミニストによる研究も含めて、西洋に基盤を置くアラブ女性の研究の外枠を構成している。

このような考えの根底にあるのは、西洋の女性ならば自分たちの文化的伝統に批判的に対応し、挑戦し、再構成することで、フェミニズムの目標を追求できるが、ムスリム女性は自分たちの文化を捨て去り、男性中心でもなく女性嫌悪的でもない（かのようにほのめかされている）、西洋の様式を採用することでしか、そのような目標に到達できない、という仮定である。そしてまた、西洋の文化や宗教ではありえないような形で、イスラームの宗教や文化は女性に対して根本的に有害だという仮定である。しかしながら、私がすでに述べたように、イスラームやアラブの文化は、西洋の宗教や文化に劣らず、再解釈と変化に門戸を開いているのである。さらに、西洋世界と中東世界のフェミニズムの歴史は異なっているが、中東社会に先んじて西洋社会でフェミニストの声が上がるのが可能であったのは、西洋文化の男性中心主義や女性嫌悪の傾向が、他の社会より少なかったからでは必ずしもなくて、西洋社会の女性たちが、民主主義や個人の権利といった観念によって生み出された政治的語彙やシステムを利用することができたからである。これらの語彙やシステムは、白人中産階級の男性たちが、自分たちの利益を守るために発展させたものであり、そもそも女性に適用するなどとは意図されていなかった。西洋社会の女性たちが民主主義や個人の権利といった政治的言語や制度の恩恵を得ることができたのは、西洋文化が他の文化よりも男性中心主義ではなく、女性嫌悪も少なかったことを証明していると通常考えられているが、政治的語彙や、政治的、市民的権利といったものは、社会にゆき渡っている文化的、心理的メッセージや心理的コントロールの構造とはまったく異なるものである。非西洋の女性が西洋の文化、服装、その他を取り入れるならば彼女たちの地位を改善することができるはずだという考えは、これら異質な諸領域を単純に混同することから生まれてくるものである。もちろんアラブ・ムスリムの女性は、西洋の女性がそうしているように、どのような文化や伝統に属していようと、その男性中心主義を拒否すべきであるが、しかしそれは、彼女たちが西洋の習慣、目標、生活様式を取り入れなければならない、というのとは、全然違うことである。

西洋におけるムスリム女性の研究は、このような歴史、このような言説を引き継いでおり、これらの歴史や言説が伝える理念や仮定を引き継いでいる。それはまた植民地主義と、植民地支配の言説を引き継ぐものであり、西洋帝国主義を推し進めるためにフェミニズムの観念を利用するやり方を引き継いでいるのである。中東女性に関する研究という分野は、それゆえ、植民地主義の目論見や偏見によってすでに特徴づけられているのだ。したがって、このような探究の出発点として、まずアラブ女性に関する西洋の言説がすでに書き込まれている仮定事項および、ナラティブ、歴史や文化が暗黙のうちに支援している歴史的遺産や政治的目的をはっきり意識化することが必要である。少なくとももし私たちが西洋による支配の言説を再び持ち込む共犯者になる愚を避けようとするなら、そしてもし、女性学研究やフェミニズムの考えが、西洋支配という政治目的に奉仕する手段として再び利用される愚を避けようとするなら、このような意識化は、不可欠なのである。もちろん、私たちはまた、土着文化の全肯定を主張し、同時に、女性に対する不公正をも、それが土着のものだからという理由で是認するような、アラブの抵抗のナラティブの主張も、再び持ち込んだりしないよう、慎重であらねばならない。西洋で働いている研究者なら、二番目に述べた危険はほとんどない。イスラームの抵抗の言説は、中東における権力の言説の一つであるが、西洋ではほとんど権威をもたない。肝心な点は、権力の言説とは入れ子構造になっているものであり、中東における支配的な言説は、世界的規模で支配的な西洋の言説の中に入れ子になっており、結局は西洋の言説に従属しているという事実を忘れてはならない。

西洋のフェミニズムが成功したこと、あるいは少なくとも学術界で正統性を獲得することができたこと(ただしフェミニズムが経済的に恵まれない女性たち、あるいは有色の女性たちに何を獲得したかは問題のあるところだが)は、西洋の枠組みの中で生み出された女性についての学問それ自体が、他の社会に対して今やある程度、権威ある言説となっていることを意味している(3)。西洋的な基盤を持つフェミニストが他の文化圏の女性に向ける眼差しと同じように、いまや学問という援護を得た西洋フェミニズムが、新たな装いのもとに旧来の公式を繰り返し表明する著述を生み出し、アラブ人とムスリムの劣等性という旧来の物語を再び持ち込むようなことがあれば、それは悲しむべきことである。フェミニズムがそのような意図から自らを解放しようとする代わりに、不注意にも再び、西洋の政治体制と西洋スタイルの男性支配という政治目的に奉仕するようなことがあれば、残念なことである。少なくとも、このような方法を繰り返している限り、男女を問わず、アラブの若者たちをフェミニズムから遠ざけることになるであろう。西洋的言説が何を意図し、どのように操られているか、そしてフェミニズムによって他の文化を攻撃するのは、どのような政治目的あってのことなのか、といったことは、今日、もはや隠蔽し得ないものとなっている。それどころか、非西洋社会の多くの人々は、そのようなことを明らかに見抜いている。

アラブ文化やイスラーム文化の背景を持つ人々の中には、西洋の報道機関や時には学問研究さえもが、アラブ人やムスリムに対する敵意を正当化し、それどころかそうした敵意を秘かに醸成するために、アラブ人やムスリムによる女性抑圧の「実態」なるものを伝えている、そのあり方に触れて、失望している者が少なくない（その中でもとくに、アラブ系やムスリムのフェミニストが失望を味わっているであろう）。あるフェミニストの学問的著作が旧来の物語を無批判に繰り返すだけであることにも、失望させられる。このような著作は不幸にも、いまだに出版され続けているが、そこでは、アラブ女性の歴史は、クローマーが提唱したパラダイム、すなわち、ムスリム女性が解放されているかどうかを計る尺度は、彼女たちがヴェールをしているかどうか、あるいは、ある特定の社会が、「進歩し」西洋化したか、それともいまだにアラブやイスラームの様式に固執することが主張され続けているのかを調べれば分かる、というパラダイムの中でしか語られていない。この本質的にいまだに植民地主義的な（あるいは植民地主義的で階級差別的な）フェミニズムの現代版は、昔のものよりもほんのわずかだが、巧妙になっている。たとえばこの種のフェミニズムは、アラブ文化とイスラームのすさまじい圧制に抵抗する英雄的なアラブ人フェミニスト女性を賛美する、というような形式を取ることがある。これは、表向きのメッセージであるが、西洋の言説の伝統的な概念が無批判に継承された時には、植民地時代と同じく、アラブの男性も文化も、イスラーム社会も救い難く後進的であり、アラブ・イスラーム社会は、他からの支配を受けて、弱体化されるべきだ、という言外のメッセージが含まれている。

現代の地球全体の権力構造から考えて、もしも、性差別主義に劣らず、人類に残酷な打撃を与えている人種差別主義に、迂闊にも協力することになる愚を避けようというのであれば、油断なく自己批判的で、歴史的、政治的に自己の置かれた位置を確かめることのできるフェミニズムが必要なのである。さらに、西洋の全地球的支配という状況からすれば、単に女性の抑圧状況を見つけだし、これを嘆き、かつ非難することに終始するある種のフェミニズムの構えは、**他者**の社会において**他者**の男性によってなされる女性抑圧だけに目を据えて、西洋社会において女性が不公正を強いられていることや、海外において西洋資本主義が女性を搾取していることをあくまでも見ないとするなら、不可避的に西洋支配に加担することになる。

西洋社会を分析する際、フェミニズムは、あるいは、今日存在する多くの個別的フェミニズムは、女性の置かれている状況を嘆きかつ非難するという単純にすぎる方法から抜け出している。今日のフェミニストによる西洋社会の分析は、多様で微妙かつ複雑な分析的視座を持っている。中でももっとも注目すべき分析は、フェミニズムが西洋社会の支配的な政治言語にどのように巻き込まれているか、そしていつの間にか、自らが公然と批判しているはずのイデオロギーや社会システムの共犯者となっていることに対する批判である。同様に注目すべきは、高度に発達した資本主義によって、女性が被る犠牲と損害に対する批判的分析である。たとえば、エリザベス・フォックス＝ジェノヴィーズは、合州国社会について書いたとき、次のように述べている。二〇世紀の歴史上「確かなことは、近代性の勝利により、性差別主義は後退するどころかより一般化し、おそらく、いかなる単一の制度にも位置づけるのがより困難になってきている。いわゆる性革命によって、核家族制度が女性の性に及ぼす束縛の度合いを弱めたとしても、それによって、性差別主義や伝統的な性別の役割が弱まったわけでないことは、議論の余地もない」。彼女によれば、「後期資本主義社会において、何世紀にもわたる女性抑圧の状況は、複雑にねじれて苦渋に満ちたものになった。消費者運動、郊外型住居、世帯構成者数の縮小化傾向、男性の職業変動率の増加、女性の教育機会の増大、子供に対する親の統制力の弱まり、(中略) 離婚率の増加、その他さまざまな変化が、孤独と不安の濃密なネットワークを編み上げている」。個人主義の理想を無批判に取り入れたことで、フェミニズムはいつか、「資本主義の汚れた行為、すなわち、邪悪な、新たな形態の専制主義を阻んでいた、古き共同体とブルジョア的な諸制度を蝕む行為に加担した」と見なされる日が来るかもしれないと、フォックス＝ジェノヴィーズは懸念している[4]。

アラブ女性に関する研究は、まだ始まって歴史が浅い。近代性と「進歩」と西洋化は文句なしに善であり、個人主義の持つ諸価値は、疑いなくつねに有益だ、という前提で発表されることの多い、アラブ女性に関する著作の中で、このような複雑さを分析したものは、貴重である。アラブの社会も文化も多種多様であるが、その多様なアラブ社会における女性とジェンダーについて、現在知り得ることはあまりにも少ない。女性たちの生活や、彼女たちが住んでいる家屋構造の実情など、まだ研究されていない領域は広大である。そして、おそらくは、異文化を、その社会における最悪の習慣が何かを同定するために研究するという姿勢は、人間社会の理解を深めるための最上の方法とは言えないだろう。著名なインド人人類学者のT・N・マダンは、人類学のあいまいな学問的遺産について指摘しながらも、この学問方法が西洋の利益だけでなく人類共通の目的に果たし得る貢献内容を考慮して、生産的な研究の出発点は、他国の文化に対して尊敬の念を持って接することであり、それが自国文化を認知し批判するための良い機会を与えてくれるものと見做すことだ、と指摘している。文化人類学の研究は、「単に、他者がどのように生きているかを語るだけではなく、いかにしたら我々自身がよりよく生きることができるかを語るべき」なのであり、理想を言えば、「いずれの文化も、自らを批判してくれる他者を必要としている。それによって、その文化の中の最良のものが強調され、文化を越えて望ましいものとして提示することができる」[5]という主張に根ざしているべきである。おそらくフェミニズムも、イスラームの諸社会を含む、他国の文化での女性の問題を考えるための、そうした複数の判断基準をつくり出すことが可能である。それは迂闊にも西洋の利益に奉仕する共犯者となることを防ぐものであり、同時に、何らかの疑問を抱いたり、何かを追い求めたりする自由に制限をかけないものである。そして、女性が何の障害もなく、その能力を完全に発揮し、あらゆる領域で貢献できる社会を実現するという、フェミニズム的な情熱ある活動について、いかなる妥協も求めないものである。

訳者あとがき

本書はLeila Ahmed, *Women and Gender in Islam, Historical Roots of a Modern Debate*, Yale University Press, 1992の全訳である。

生物学的性別や性差を意味するセックス（sex）に対して、社会的文化的に作られた性別や性差をジェンダー（gender）という。本書は中東ムスリム社会におけるジェンダーが、どのような組織、習慣、思考様式によって作り上げられてきたかを歴史的に解明しようとする遠大な試みによって書き上げられたものである。

本書の記述はイスラーム成立のはるか以前の新石器時代の居留地、チャタル・ホユックにおける女性の社会的位置に始まり、現代のヴェール着用に関する問題点に及んでいる。著者はイスラーム社会のジェンダー観念の成立を、中東全体の習慣としきたりとの関連で考察しなければならないと主張する。たとえば、イスラーム主義者は、ムスリム社会がイスラーム古来の習慣に立ち戻るべきだと強く主張しているが、その古来の習慣――たとえばヴェール着用の習慣にしても、イスラーム以前のササン朝において用いられていたものであり、ムハンマドの生存期間中ヴェールの着用を義務づけられていたのは、彼の妻たちだけであったと指摘している。女性とジェンダーに関する種々の観念のうちで、何がイスラーム固有のものであるかは簡単に答えが出せない問題なのである。

ヴェールに関する問題は、複雑である。二〇世紀後半において、ヴェールは「西洋に対する拒否」という象徴的意味を持たされるようになった。しかしそれは皮肉にも、西欧における言説、とくに植民地支配のための言説によって準備された言説であった。イスラーム世界においても、アラブ世界においても、その言説が西欧世界に協調的なものであれ、反抗的なものであれ、ヴェールに関する言説は、今日の地球社会において支配的な言説――西欧に起源を持つ言説――によって形成されてきた。

植民地主義時代のムスリム社会において、イスラームの宗教と社会の崩壊を目指した帝国主義者は、ヴェール着用の習慣と女性の劣悪な社会的地位は、イスラームの劣等性を示すものだとして、ヴェール廃止運動を唱道したのであるが、本国において彼らはフェミニズムに対して強硬に反対した人々であった。植民地の支配権力と利害関係をともにしていたアラブの上流階級によって採用されたヴェール廃止という社会的目標は、やがてその反動勢力によって逆転された。彼らは、イスラーム固有の習慣としてヴェール着用に立ち戻ることを是としたのである。いずれの陣営においてもヴェール着用の習慣を政治的なスローガンとして利用したのである。ヴェールに限らず、今日定着している文化・習慣の起源は曖昧で、元はといえば他の民族のあいだに生まれた思考方法とその伝統に依存していないものはないのである。

著者が提唱するのは、第三の道である。今なすべきことは、社会的習慣や制度、観念など何事にしても、それがどこに起源を持っているかによってではなく、どのような利点を持つか、いかに生活を豊かにするかによって取り入れたり廃止したりすべきだ、というのである。ヴェールの問題一つ取り上げても、イスラーム社会の女性が置かれている問題は複雑である。本書はそのような複雑な問題を取り上げて、その問題の本質が何であるのかを分かりやすく説明している。日本の一般的読者にとって、これまでややもすれば関心の薄かったイスラーム社会、およびそのジェンダー観について、アラブ人自身によって解説された本格的な解説書として画期的なものであると考える。

著者のライラ・アハメド教授はエジプトに生まれ、イギリスで大学教育を終えた後、アブダビやアメリカ合衆国で教鞭をとる。マサチューセッツ大学の正教授を経て、現在、ハーバード大学神学部宗教学科女性学教授。女性学と中東研究を担当しておられる。本書のほか、下記の主著がある。

A Border Passage : A Woman's Journey from Cairo to America. New York : Farrar Straus & Giroux, 1999. (Penguin Books U.S.A., 2000).

Edward William Lane and British Ideas of the Middle East in the Nineteenth Century. London : Longman, 1978.

なお本書の刊行に際し著者のライラ・アハメド教授から日本の読者に次のような簡単な挨拶をいただいたのでご紹介しておく。

このたび私の著書の翻訳書が日本の読者に向けて公刊されることを、大変うれしく思います。本書が偉大な日本の皆様のあいだで——男性にとっても女性にとっても——より深いイスラーム理解の助けとなることを心から祈願しております。

翻訳ははじめ、静岡大学の英語教官が担当していたが、イスラーム思想、アラビア語関係に通じた研究家の協力を求めて静岡大学人文学部の嶋田義仁教授に相談申し上げたところ、東京国際大学の宮治美江子教授をご紹介いただき、宮治教授のご推薦で岡真理先生の応援を得ることができた。アラブ文学の専門家を共訳者の一員に迎えることができて、大変心強い思いで仕事を進めることができたことを感謝申し上げます。さらに岡先生のご尽力により、第三章から六章に関しては、京都大学の東長靖助教授（イスラーム思想）に、また第七章から十一章については、アジア・アフリカ言語文化研究所の飯塚正人助教授（近現代イスラーム）に、ご多忙中を無理を申し上げて訳稿を読んでいただき、いくつもの貴重なご教示をいただいた。イスラーム文化研究者のあいだのイスラーム文化に対する熱い想いが伝わってきた。英語関係者だけではなく、イスラーム思想、アラブ文化の研究者が連携して仕事をなし終えることができたことは慶賀すべきことだと手前勝手に自負している。原文は大変息の長い力のこもった文章であり、その文章の持つ熱気をそのまま伝えようとして、長大な訳文になることもあった。翻訳分担は次のとおりである。全体的な統一を図るために岡真理と林正雄が協力して、一部文体等を変更させていただいたことを、おことわりしておく。

序章、第一章、第二章、結論――林　正雄
第三章、第四章――熊谷滋子
第五章、第六章――本合　陽
第七章、第八章、第九章、第十章、原注――岡　真理
第十一章――森野和弥

纏め役の怠慢で翻訳出版が大幅に遅れましたことを、法政大学出版局元編集長の稲義人氏、編集担当の

松永辰郎氏をはじめとして皆様にお詫び申し上げます。

最後にイスラーム文化理解のためにも、女性学の発展のためにも、本書がいくばくかの貢献をなしうることを心から祈る次第です。

二〇〇〇年夏

林　正　雄

解説

後藤絵美

本書は、エジプト出身の歴史研究者ライラ・アハメド(Leila Ahmed)による *Women and Gender in Islam: Historical Roots of a Modern Debate* (1992, Yale University Press)の邦訳書『イスラームにおける女性とジェンダー——近代論争の歴史的根源』(法政大学出版局、二〇〇〇年、林正雄、岡真理、本合陽、熊谷滋子、森野和弥訳)の増補版である。二〇二一年、初版から約三〇年を経て原著が再版されるにあたり、新たに「増補版に寄せて」が加筆された。[1] これを受け、その邦訳と本解説を追加し、邦訳初版の表記・表現の一部、および索引について、法政大学出版局の奥田のぞみさんと後藤で改訂を行った。

「増補版に寄せて」を書いたのは、今を時めく米国のイスラーム研究者にしてジェンダー研究者のキーシャ・アリー(一九七二年〜)である。『性の倫理とイスラーム——クルアーン、ハディース、法学をめぐるフェミニスト的考察』(初版二〇〇六年、増補版二〇一六年)[2]や、『初期イスラームにおける婚姻と奴隷制』(二〇一〇年)[3]、『イマーム・シャーフィイー——学者・聖人』(二〇一一年)[4]をはじめ、宗教典拠やイスラーム史を読み解く際の新たな視点を提供する意欲的な著作で知られるアリーは、アハメドが切り拓いたイスラームのジェンダー史の分野を豊かに耕し、発展させてきた一人である。

アハメドの経歴や主張については、アリーの「増補版に寄せて」や林正雄による「訳者あとがき」で簡潔にまとめられているので、ここでは繰り返さない。ただ、原著の刊行から三〇年以上を経た今、本書をどう読みうるかという点について、考えたことを記しておきたい。

アリーも述べている通り、本書の最後にアハメドが語った、ヴェールをまとい始めた女性たちがつくり出す「未来」ですら、今や過去の出来事になりつつある。[5] それでも、本書がその役割を終えていないと言えるのは、「イスラームやムスリム社会においてもジェンダーをつくり出してきたのは人間である」という本書の主張が、今なお重要な意味を持ち、かつ、今こそ発信すべきものだからに他ならない。

アハメドを執筆に駆り立てた要因の一つは、「イスラーム主義者（Islamists）」と彼女が呼ぶ、回顧主義的な勢力の伸張であった。エジプトでは一九六七年、第三次中東戦争（イスラエルとの戦争）での敗北を機に、アラブ・ナショナリズムや社会主義への期待が萎み、代わりに、イスラーム主義者の存在感が強まった。かれらは、イスラーム初期時代の社会秩序を現代に再現することを求め、それこそが、「本来の」「真正な」ムスリム社会のあり方で、神の正義を実現する方法だと主張した。その中には、ジェンダー秩序の再現も含まれていた。

かれらの立論に対して、アハメドは、歴史研究の手法を用いて以下のように反証した。イスラームの初期時代（西暦七世紀前半）も、その後の時代も、ジェンダー、すなわち、人間を男と女に二分する思想は、「つねにそのようにある」ものでも、「あらかじめそのようにつくられた」ものでもない。その成り立ちや体系、男や女であることに込められた意味は、その時代と過去の時代、その地域と周辺地域との繋がりや相互作用の中にあり、複雑で多様である、と。ジェンダーのシステムは、「社会的習慣や言語的規定、およびそれらの解釈という批評的行為のあいだの相互干渉」[6] によって、つくり出されたり、つくり変えられたりするものであり、ある時期に成立したものを純粋な理念型であるかのように、別の時代にあてはめることなどできないとアハメドは強調した。

本書の原著と時を同じくして、イスラームと女性やジェンダーに関する諸分野の先駆的研究が輩出されたのは、偶然ではなく、必然だったのであろう。アフリカ系アメリカ人のイスラーム学者アミーナ・ワドゥード（一九五二年〜）は、現代に生きる女性にとって意味のあるクルアーンの読み方を模索しつつ、『クルアーンと女性――女性の観点から聖典を読み解く』（初版一九九二年、新版一九九九年）[7]を執筆した。モロッコ出身の社会学者ファーティマ・メルニーシー（一九四〇〜二〇一五年）は、女性嫌悪的なハディース（預言者ムハンマドに関する伝承）とどう向き合いうるのかと悩みつつ、『ヴェールとエリート男性――イスラームと女性の権利をめぐるフェミニスト的解釈』（仏原著一九八七年、英訳一九九一年）[8]をまとめた。イラン出身の人類学者ズィーバー・ミール＝ホセイニーは、イスラーム革命後のイラン社会とそこでの「イスラーム法規定」の変化に戸惑いながら、『イスラームとジェンダー――現代イランの宗教論争』（原著一九九九年、邦訳二〇〇四年）[9]に取り組んだ。彼女たちは皆、ムスリムとして、女性として、そして知識人として、復古的なイスラーム言説が声高に叫ばれ、社会・政治の主流的位置を取ろうとする状況に危機感を抱き、それに抗する方法を模索したのであった。

その後、イスラームと女性やジェンダーをめぐる議論は、驚くほどの広がりと深化を遂げている。それでも、アハメドが発信した「イスラームやムスリム社会においてもジェンダーをつくり出してきたのは人間である」という考えが主流になったわけではない。二〇二〇年代半ばの今も、イスラームの名のもとに、女性の教育や就業機会、服装の選択が制限されたり、性差別を伴う家族法の規定が正当化されたりしている（そして、これらの制限や正当化を自らの信仰・信念として積極的に受け入れる女性や男性が少なからずいる）。そうした構造を後押ししているのは「イスラーム主義者」ばかりではない。イスラームにおいてジェンダーは神の領域であり、不可侵であるという、大きな声をそのまま信じ、それ以上の込み入った複雑な議論、より小さな立場があることに関心を向けない、イスラーム圏の、そして日本を含む非イスラーム圏の知的状況にも責任の一端がある。その点からすれば、刊行から三〇年を経た今でも、本書のメッセージは決して重要性を失っていない。むしろ、今なお、今こそ、伝えていかなければならないことがある。それはおそらく、著者のアハメドにとって歓迎すべき話ではないのだろうが。

イスラーム圏のジェンダー史をより包括的に扱おうとする姿勢や、数多の資料を駆使し、各時代の各場面を立体的に描き出そうとする手法も、本書の価値を色褪せないものにする要素である。私が本書の原著と出合ったのは、一九九〇年代末、ムスリム女性のヴェールに関する卒業論文に取り組んでいたときだったが、以来、本書を開くたびに、多くの知的な刺激を受けてきた。とくにここ数年は、本書をきっかけに、二人の人物に関心を抱いてきた。一人は、本書の第八章「ヴェールに関する言説」の主人公、カースィム・アミーンである。彼はエジプトの法律家で、一八九九年に『女性の解放』を、一九〇〇年に『新しい女性』を出版し、「フェミニズムの父」とも呼ばれた。もう一人は、第九章「最初のフェミニスト」に登場するホダー（フダー）・シャアラーウィーである。上流階層出身の女性で、一九二三年にエジプト・フェミニスト連合を組織し、女性の政治的・社会的権利獲得のために尽力した人物として知られている。この二人についてアハメドは、「西洋」の思考様式や政治的・知的言語に依存し、その文化を礼賛し、そのナラティブを反復する、エジプトにおける「アウトサイダー」として厳しく糾弾した。アハメドの論調の辛辣さゆえに、私は二人に興味を抱き、その著作を読んでみることにした。その結果、見えてきたのは、アミーンもシャアラーウィーも、エジプトにおける「アウトサイダー」ではなかったという可能性である。かれらは、「西洋」からの文化的・思想的影響が強まっていく時代の中で、自らのあり方や、社会にとってよりよい状況とは何かを模索し続けた、近代エジプトという場における「ネイティブ」の知識人として、アハメドからむしろ、評価されて然るべき存在だと思われた。詳しい議論は、『憧れの感情史』（二〇二三年）所収の拙稿[10]と、本叢書ウニベルシタスで近刊の『アラブの女性解放論』（二〇二四年）の解説[11]を参照していただきたいが、ここでは、アハメドが残した功績がいかに偉大なものであっても、その議論が唯一の「正解」とは限らないという点を指摘しておきたい。真摯な研究者であるアハメド自身も、自らの歴史の読み方がつねに正しいなどと、決して考えていなかったであろう。

初版から三〇年を経た今、『イスラームにおける女性とジェンダー』は、中東やイスラームに関する「生の」情報源というよりも、イスラームとジェンダーをめぐる論点や課題についてのヒントがつまった「熟成した」学術的知見の宝庫とみる方がふさわしいのかもしれない。これまでの年月と同じく、今後も、ここから、新たな思考や議論が生まれ出ていくことに期待したい。

注

（1）Kecia Ali, "Foreword," in Leila Ahmed, *Women and Gender in Islam: Historical Roots of a Modern Debate*, With a Foreword by Kecia Ali（A Veritas Paperback）, New Haven and London: Yale University Press, 2021.

（2）Kecia Ali, *Sexual Ethics and Islam: Feminist Reflections on Qur'an, Hadith, and Jurisprudence*, Expanded, Revised edition, Oxford: Oneworld Publications, 2016.

（3）Kecia Ali, *Marriage and Slavery in Early Islam*, Cambridge: Harvard University Press, 2010.

（4）Kecia Ali, *Imam Shafi'i: Scholar and Saint*, Oxford: Oneworld Publications, 2006.

（5）ヴェールの着用を選択するムスリム女性の増加現象については、日本語においても（アハメドの議論も参照・発展させつつ）以下のような研究が生まれている。後藤絵美『神のためにまとうヴェール――現代エジプトの女性とイスラーム』中央公論新社、二〇一四年、野中葉『インドネシアのムスリムファッション――なぜイスラームの女性たちのヴェールはカラフルになったのか』福村出版、二〇一五年、帯谷知可『ヴェールのなかのモダニティ——ポスト社会主義国ウズベキスタンの経験』東京大学出版会、二〇二二年。

（6） 三四六頁。

（7） Amina Wadud, *Qur'an and Woman: Rereading the Sacred Text from a Woman's Perspective*, New York and Oxford: Oxford University Press, 1999.

（8） Fatima Mernissi, Translated by Mary Jo Lakeland, *The Veil and the Male Elite: A Feminist Interpretation of Women's Rights in Islam*, Cambridge: Perseus Books, 1991.

（9） Ziba Mir-Hosseini, *Islam and Gender: The Religious Debate in Contemporary Iran*, Princeton: Princeton University Press, 1999; ズィーバー・ミール＝ホセイニー著、山岸智子監訳、中西久枝・稲山円・木村洋子・後藤絵美・小林歩・斉藤正道・嶋尾孔仁子・貫井万里訳『イスラームとジェンダー——現代イランの宗教論争』明石書店、二〇〇四年。

（10） 後藤絵美「ヴェールを外すこと——《憧れ》にうつるエジプトの近代」山口みどり・中野嘉子編『憧れの感情史——アジアの近代と〈新しい女性〉』作品社、二〇二三年。

（11） 後藤絵美「カースィム・アミーンとエジプトのフェミニズム」カースィム・アミーン著、岡崎弘樹・後藤絵美訳『アラブの女性解放論』法政大学出版局、二〇二四年。

訳者

林　正雄（はやし・まさお）
東京教育大学大学院文学研究科博士課程中退。英文学。静岡大学名誉教授。論文：「ロレンスと自然」，「ハーディーのイエス像」ほか。

岡　真理（おか・まり）
東京外国語大学大学院外国語学研究科修士課程修了。現代アラブ文学，第三世界フェミニズム思想。現在，早稲田大学文学学術院教授。著書：『アラブ，祈りとしての文学』，『ガザに地下鉄が走る日』ほか。

本合　陽（ほんごう・あきら）
東京大学大学院人文科学研究科修士課程修了。アメリカ文学。現在，東京女子大学教授。著書：『絨毯の下絵』，翻訳：ヴィダル『都市と柱』ほか。

熊谷滋子（くまがい・しげこ）
津田塾大学大学院英文学研究科博士課程中退。社会言語学。元静岡大学教授。論文：「女の文体の移り変わり」，「新聞の社会面をジェンダーで読む」ほか。

森野和弥（もりの・かずや）
上智大学大学院文学研究科博士後期課程中退。身体文化論。現在，静岡大学教授。論文：「きれいになる身体」，「The Body of a Salesman」ほか。

竹村和朗（たけむら・かずあき）
東京大学大学院総合文化研究科博士課程満期退学。博士。文化人類学，中東の法と社会。現在，高千穂大学准教授。著書：『現代エジプトの沙漠開発』，論文：「Squandering Marital Movables」ほか。

解説

後藤絵美（ごとう・えみ）
東京大学大学院総合文化研究科博士課程満期退学。現代イスラーム研究，ジェンダー。現在，東京外国語大学アジア・アフリカ言語文化研究所助教。著書：『神のためにまとうヴェール』，翻訳：アミーン『アラブの女性解放論』ほか。

著者

ライラ・アハメド（Leila Ahmed）
エジプト生まれ，イギリスで大学教育を終え，アラブ首長国連邦，アメリカ合衆国で教鞭をとる。マサチューセッツ大学正教授，ハーバード大学神学部宗教学科女性学教授を経て，2020年よりハーバード大学神学部特別教授。主著は『イスラームにおける女性とジェンダー』（本書，1992，増補版 2021），*A Border Passage: From Cairo to America —— A Woman's Journey*（1999，増補版 2012），*A Quiet Revolution: The Veil's Resurgence, from the Middle East to America*（2011）など。

《叢書・ウニベルシタス　1176》
イスラームにおける女性とジェンダー［増補版］
近代論争の歴史的根源

2024年 9 月 1 日　初版第 1 刷発行

ライラ・アハメド
林正雄／岡真理／本合陽／熊谷滋子／森野和弥／
竹村和朗 訳
後藤絵美 解説
発行所　一般財団法人 法政大学出版局
〒102-0071 東京都千代田区富士見2-17-1
電話03（5214）5540 振替00160-6-95814
印刷：平文社　製本：誠製本

ISBN978-4-588-01176-4

索　引

あ　行

アーイシャ・ビント・アブー・バクル（ムハンマドの妻）　58-59, 61-62, 65-66, 69-74, 76-82, 84-85, 87-89, 104, 107, 109, 112-113, 117
アーイシャ・ビント・タルハ　113
アーティカ・ビント・ザイド　111-112
アウグスティヌス　51, 99
アカバ　69, 71
アケメネス朝　23, 26
アズダ・ビント・アル＝ハリース　103
アズハル（大学）　164, 190, 277, 290
アスマー（アーイシャの姉）　71, 79
アタチュルク，ケマル　236, 242
アッシリア法　17, 19-20
アッバース，ヘディーブ　224, 269
アッバース朝　76, 96-101, 108, 110-111, 114, 116, 120-123, 127-128, 130, 132, 137, 143-144, 146, 344, 346
アッラー　66-67, 82, 94, 110
アドゥード・アル＝ダウラ王子　124
アドハム，ソラヤ　283
アビシニア　67, 70
アブー・ザイド，ヒクマト　302
アブー・スフヤーン　67-68, 76, 83
アブー・ターリブ　68
アブー・バクル　68, 70-72, 74, 79, 81, 84, 86-87, 109, 112, 135
アブー・ラハブ　68
アフシャール，ハーレ　336-337
アブドゥ，イブラーヒーム　293
アブドゥ，ムハンマド　195-200, 203, 206, 212, 228, 231, 252, 263, 277-278, 280, 340
アブドゥル＝ラフマーン（ウンム・クルスームの夫）　111
アブドゥル＝ラフマーン，アーイシャ（ビント・アル＝シャーティー）　274
アフラートーン，インゲ　282, 299
アボット，ナビア　73, 101, 116, 122
アマーラ，ムハンマド　228
アミーナ（ムハンマドの母）　61
アミーン，カースィム　203-204, 206-207, 211-212, 221-237, 240, 245-246, 258-260, 326
アミーン，サミール　341
アムル・イブン・アル＝アース　111
アヤトッラー・ホメイニー　336
アラビア　4-6, 8, 16, 50, 57-60, 63, 79, 85, 87, 90-91, 98, 100, 102, 112, 117, 119-120, 125-126, 185, 252, 318, 344, 347-349
アラビア語　92, 136, 149, 155, 190, 192-193, 213, 232-233, 256, 266, 309, 317
アラブ・フェミニスト連合　255
アラブ女性会議　255
アリー・イブン・アビー・ターリブ（第4代カリフ）　79, 89, 110, 112, 117
アリストテレス　40-41, 49, 94-95
アル＝アスカラーニー　162
アル＝アフガーニー，ジャマール・アル＝ディーン　195, 198, 203, 340
アル＝ガザーリー，アブー・ハミード・

ムハンマド　99, 108, 144, 163, 347
アル＝ガザーリー，ゼイナブ　258, 268, 283-292, 298-299, 329
アル＝カラマーウィー，ソヘイル　274
アル＝サイイド，アフマド・ルトゥフィー　212, 254
アル＝サイード，アミーナ　267, 274, 284
アル＝ザイヤート，ラティーファ　283
アル＝サウリー，スフヤーン　141
アル＝サハーウィー　149, 154, 156-158, 161-163, 170-171
アル＝ジャリーダ　246, 254, 261, 263
アル＝スユーティー　162
アル＝タフターウィー，リファーア・ラーフィウ　190, 194-195, 197, 206
アル＝ナッハース，ムスタファー　285
アル＝ナワウィー　163
アル＝バーシル，アブドゥル・サッタール　263
アル＝ハッジャージュ　104
アル＝ハンサー　103, 201
アル＝バンナー，ハサン　277, 279, 281, 284-285
アル＝ブハーリー　61, 107, 163
アル＝マクリーズィー　157-158
アル＝ムタワッキル　122
アル＝ムハージル　86
アル＝ヤーズィジー，ワルダ　268
アルジェリア　236
アルティン，ヤークーブ　192
アレキサンドリア　193, 196, 245, 250, 275, 296, 307, 317
アレクサンダー大王　23-24, 39
アレッポ　153, 159, 161, 165, 169, 173
アレンビー，エドムンド　278
イーマーン（信仰）　314
イヴ　6, 49, 127, 145
イエス・キリスト　32, 145, 220
イギリス　195-196, 201, 207-212, 215, 219, 223-224, 232, 243-245, 249-250, 253, 255, 271, 277-278, 283, 294-295, 297, 351
イジュマー　131
イスタンブル　155, 174, 203-204
イスマーイール，アブドゥル・ファッターフ　290
イスマーイール，ヘディーブ　194-195, 269
イスラーム式服装　313-314, 318-327, 333-334
イスラーム主義　2, 4, 58, 282, 284, 314, 322, 326, 334, 336, 338, 340-342, 344, 346, 349
イスラーム女性協会　268
イスラエル　295, 312
異性愛　268
異端　48, 131, 137, 145, 345
一妻多夫　57, 60-61, 65
一夫一婦　19, 44, 59, 115, 133, 143, 153-154, 200
一夫多妻　49, 57, 59, 61, 63-65, 74-75, 90, 97, 116, 127, 129, 132-134, 148, 150, 153-156, 182, 197, 199-200, 206, 209, 242, 252, 254, 262-263, 280, 329-330, 337, 347
イブラーヒーム・イブン・アドハム　140
イブン・アル＝アラビー　144-145, 347
イブン・アル＝ハーッジ　166-167, 169, 171-172
イブン・サアド　65, 101
イマーマ（男性用頭飾り）　169
イマーム（指導者）　88, 277
イラク　4, 8, 16, 25-26, 30, 99-100, 118-120, 126, 136, 209, 252, 344, 349
イラン　4, 26, 28, 30, 63, 99, 119, 197, 237, 242, 301, 336-337, 344, 349

医療　38, 191-192, 204, 219, 248-249, 255, 274, 305-306
イルム（科学）　314
イレーネ皇帝　37
ヴァールター，ウィーブク　1
ヴィクトリア朝　215, 217, 238, 352
ウェイトリー，メアリー・ルイーザ　193
ヴェール　2, 6-7, 9, 19-20, 24-25, 37, 45, 51, 59, 76-77, 79-80, 89, 99, 103, 143, 163, 165, 176, 184-186, 203-204, 206-242, 247-248, 250, 253, 256-261, 265, 294, 311, 314, 317-321, 324-334, 336-337, 339-340, 351-353, 356
ヴェルクテ，ジャン　43-45, 47
ヴォワルカン，シュザンヌ　176-177, 191
ウクラバの戦い　102-103
ウスマーン（第3代カリフ）　89, 109, 135-136
ウフドの戦い　74, 76, 102-103
ウマイヤ朝　76, 83, 121, 129-130, 146
ウマル・イブン・アル＝ハッターブ（第2代カリフ）　74-75, 77-78, 81, 84-85, 87-89, 102, 109, 112
ウラマー（男性知識人）　162-163, 166, 203, 208-209, 224, 233, 265
ウルストンクラフト，メアリ　353
ウルフ，ヴァージニア　271
ウンマ党　211-212, 244, 246
ウンム・アル＝フサイン　154
ウンム・ウマーラ　102
ウンム・クルスーム　111-112
ウンム・サラマ（ムハンマドの妻）　88, 107
ウンム・サラム（アッバースの妻）　114-115, 122
ウンム・ジャミール　68
ウンム・ゼイナブ・ファーティマ・ビント・アル＝アッバース　158
ウンム・ハーニー　162
ウンム・ハキーム　103
ウンム・ハビーバ　67, 154
ウンム・ムーサー　114-115, 122
ウンム・ルーマーン　70
ウンム・ワラカ　88
エア，C.J.　45
嬰児殺し　40, 50, 57-58, 67, 83
エジプト　4-5, 8-9, 15, 35, 39, 41-48, 100, 111, 147, 150, 153, 155-156, 164-165, 176-177, 181-182, 184-188, 190, 192, 194-197, 201, 204, 207-208, 210-212, 220, 223-224, 226, 236, 243-254, 260-261, 264, 266-270, 275-276, 282-284, 286, 288, 292-297, 300-307, 309-312, 314-316, 329, 332-333, 339, 351
エジプト・フェミニスト連合（EFU）　253-255
エル＝サアーダーウィー，ナワール　265, 310-311, 340-341
オスマン朝　147
オッペンハイム，A.L.　23
オリエンタリズム　43, 116, 214, 345
オリゲネス　51, 99

か　行

カーディスィーヤの戦い　103, 119
カーバ神殿　66, 68, 84, 140
カーミル，ムスタファー　211-212, 223, 234, 244
カイセリ（トルコ）　159
カイロ　147-149, 152-153, 155-159, 161-162, 164-165, 169, 190-191, 193, 202, 205, 211, 243, 247, 249, 253-255, 269, 271, 275, 277, 294, 296, 307, 311-312, 316-317, 319-320
ガザーラ　104
カッドゥース，イブティーハージュ

255
割礼　103
寡婦　27-28, 58, 70, 74-75, 107, 111, 156-158, 255
家父長制　5, 16-17, 20-21, 25, 27, 35, 46, 48-49, 53, 57-58, 63, 74, 79, 351-352
カリフ　81, 87, 89, 109-110, 112, 114-115, 117, 122, 129, 135
カルマト派　96-97, 128, 137-138, 143-144, 146, 347
姦淫・姦通　19, 45, 62-63, 88, 172, 339
宦官　24, 37, 116, 122, 173, 269
キャピチュレーション制度　208-210
共産主義　276, 282-283, 299, 313
ギリシャ　4, 15, 35, 39, 41-44, 46-50, 118
キリスト教　5-6, 9, 25, 30-36, 39, 47-52, 66-67, 85, 118-119, 125-127, 158, 168-169, 172, 193, 201, 218, 220-221, 235, 238, 252, 268, 270, 309, 312, 333, 344-345, 352
近親相姦　26, 311
クウェート　349
クーファ（イラク）　119, 129-130, 136
クールサン，ノエル・J.　131
クサトリー，サルマ　202
クッターブ（学校）　162, 192, 194
クトブ，サイイド　290
クライシュ族　60, 67, 74-75, 136
クレマン，マルグリット　248
クロー＝ベイ，アントワーヌ　191
クローマー卿　196, 210, 217-221, 228-229, 232-233, 239-240, 245, 351, 353, 356
結婚　19-22, 26-28, 31-33, 37-38, 40, 42, 44, 46, 57-64, 69-70, 73-75, 81, 90-91, 95, 98, 101, 111-113, 115, 118, 121, 129, 132, 134, 142, 147-151, 153-154, 175-176, 191, 194, 198, 220, 225, 254, 262, 268, 280, 288-289, 308-309, 327-331, 347, 349
結婚年齢　37, 68, 97, 104, 112, 127, 150, 153, 175, 254, 262, 337
ケマル，ナムク　197
ゴイテイン，S.D.　147-148, 153, 157, 159, 161
強姦　19, 338-339
後見人　28-30, 42, 59, 92, 129, 157
公衆浴場　37-38, 170, 172-173, 175
コーラン　6, 57-58, 61-64, 67-68, 74, 76-77, 80, 91-95, 98-100, 104-109, 123, 126, 128-130, 132-137, 139, 156, 162-163, 192, 197-198, 200, 214, 280, 286-287, 291, 326
国家　9, 15-18, 45-46, 87, 114, 130, 137-138, 162, 181-182, 189-191, 195, 197, 210-212, 234, 244, 286-287, 289-291, 295, 298, 302, 305, 334-335, 339, 350
コット，ナンシー　11
コプト教徒　176, 193, 204, 247, 312

さ　行

サーミー，シェムセッディン　197
サイード，エドワード　214
再婚　61, 69, 83, 111-113, 122, 151, 153
財産相続　19, 21, 23, 28, 75, 92, 107, 134, 152, 159-160
ザイド・イブン・スーハーン　110
裁縫　160-161, 193
サウジアラビア　288, 313-314, 334, 349
サウダ（ムハンマドの妻）　69-70, 72, 74, 78, 87
ザグルール，サアド　212, 249
ザグルール，サフィーア　249
ササン朝　5-6, 19, 23-24, 26-27, 30, 99, 117-118, 122, 130
サジャフ・ビント・アウス　85-86

サダト，アンワル　305, 313-314, 317
サフィーヤ（ムハンマドの妻）　107, 110
サルマ・ビント・マーリク　85-86
サン＝シモン，アンリ・ド　176
ジア・ウル＝ハック　349, 337
シーア派　62, 89, 96, 103, 337, 339
ジェームズ，ヘンリー　270
シェディード，アンドレ　309
ジェンダー　1-5, 7-8, 10, 22, 63, 91-95, 100-101, 120-121, 123, 127, 132, 139, 146, 148, 182, 184, 344-348, 358
シオニズム　278, 305
識字力　162, 192-193, 201, 204, 244, 267, 273, 304-306, 320-321, 348
刺繍　157, 160-161, 165, 174
自伝　156, 267, 285, 289
ジハード　103-104
資本主義　280, 340, 357-358
ジャーヒリーヤ時代　57-59, 61-62, 65-67, 70, 74-76, 84, 89-90, 99, 112-113
シャアラーウィー，アリー　250
シャアラーウィー，ホダー　220, 236, 248-251, 253-258, 264-269, 284-285, 290, 292
社会主義　295, 302, 313
シャフィーク，ドリア（ドゥッリーア）258, 265, 267, 271, 283-284, 292-294, 296-299
シャブス・イブン・リブイー　110
シャムス　144
シャリーア（イスラーム法）　208-209, 242, 286, 329-331, 339
就学率　273, 303, 305
シュクラー，アドマー　202
出産　27-28, 31, 36-38, 42, 111, 134-135, 175, 305-306
巡礼　69, 88-89, 103, 140, 157, 162-163, 171, 312
消費者主義　316
植民地主義　4, 181-182, 184-186, 207, 209-212, 214-217, 221, 228-229, 232-235, 238-241, 244, 258, 295, 299, 340-343, 351-352, 354, 356-357
助産師　38, 123, 155-156, 165, 191, 219
処女　17, 19, 31-36, 48, 69, 111-112, 115, 122
女性医療従事者　38, 176, 191-192, 204, 219, 248-249, 266, 274, 304
女性解放　44, 220, 232, 235, 246, 253, 283-286, 356
女性嫌悪　25, 34, 44, 46-52, 57-58, 98, 108, 126-127, 133, 141, 181-183, 233, 239, 241, 260, 310-311, 344, 349-350, 353-354
女性参政権　253, 296-297, 302, 328
女性と財産　87, 115, 121, 151-152, 156-157, 159-160
女性とメディア　200-202, 247, 293, 296
女性に対する暴力　17-18, 44-45, 88, 155-156, 309-311, 336, 350
『女性の解放』（アミーン著）　206-207, 224-232, 235
女性の隔離　6, 24-25, 37-39, 45, 51-52, 59, 63, 74, 76-80, 89-90, 116, 123, 148-149, 168, 176, 181-182, 216, 218, 225, 229-233, 236, 323
女性の学校　161-162, 176-177, 191-197, 202, 204, 206, 229, 247-248, 266, 293
女性の教育　161-164, 189-197, 200-202, 206, 219, 228-231, 234, 248, 254-255, 262, 273-274, 277, 302-308, 320-321, 327-329, 338, 348, 358
女性の権利　47, 115, 134, 154, 184, 201-202, 234, 240-241, 251, 265, 282-283, 286, 293, 296, 308, 347-349
女性の地位　148, 182, 184, 198, 215, 342, 347

女性の抑圧　39, 46-47, 49, 52, 214-217, 238-239, 283, 356-358
女性の歴史　2-3, 101, 121, 147-149, 173
シリア　16, 30-31, 39, 48, 51, 58, 63, 79, 100, 103, 135, 147, 159, 164, 181, 184, 202, 209, 252, 349
新王国時代　44
親権　153, 335, 349
人口増加　243, 274-276, 304-307
神秘主義　96, 126, 138, 142
人類学　215, 221, 358-359
ズィヤーダ，マイ　248, 254, 261, 264-265, 267-268, 270-271
スーフィズム　96-97, 128, 137-142, 144, 146, 165-167, 170, 347
スカイナ・ビント・アル＝フサイン　113
ズバイダ　122
ズバイル・イブン・アル＝アウワーム　111-112, 117
スペイン　144-145
スミス，マーガレット　142
スミス，ロバートソン　60
スラファ　84
スルタン　151, 158, 166, 171-172, 174
スンナ派　100, 130-131, 337, 339
税金　119, 165, 170, 210
聖書　6, 52
ゼイナブ・ビント・アビー・アル＝バラカート　158, 164
ゼイナブ・ビント・ジャフシュ（ムハンマドの妻）　77, 81, 107, 156
青年エジプト　276-278
西洋イデオロギー　52-53, 277, 357
西洋化　202-203, 210-211, 234-235, 241-242, 258, 260, 280, 358
世界女性会議　282
セクシュアリティ　268-269
宣教師　215, 219-221, 225, 352
葬儀　170
ゾロアスター教　5, 26, 28-31, 91, 114, 118, 122, 126

た　行

タイムール，アーイシャ　192, 200
タズカライ王女　158, 164
堕胎　50, 95, 134, 155-156
タッカー，ジュディス　188-189
タバリー　29
タムラハン，ジャリーラ　192
ダリウス王　24
断食　94, 103
男性支配　16, 30, 36, 39, 46-47, 142, 167, 216, 221, 232-233, 235, 238, 258, 260, 265, 272, 288, 308, 344, 352-353, 356
男性中心主義　96-98, 101, 127, 133-134, 166-167, 182, 215, 217, 238-239, 241, 309-310, 333, 354
ダンロップ，ダグラス　246
チャタル・ホユック　15
チュニジア　209, 252, 349
帝国主義　217, 240, 278, 291, 342, 351-352, 354
テルトゥリアヌス　51, 99
伝記　64, 73, 101, 142, 170, 268
伝染病　171, 186, 191, 275, 310
ド・マトン，グロディディエ　36-37
トゥーマ，マリヤ　202
同性愛　150, 268
トムスン，ドロシー　43
トルコ　8, 147, 153, 159, 161, 173, 182, 184, 186, 197, 209, 236-237, 242
奴隷　18-23, 29, 35, 46, 79, 91, 98, 114-119, 121-126, 135, 141, 150, 152, 155, 169, 173-175, 189, 195, 199, 269

な 行

ナーセフ，マラク・ヒフニー　234, 246-248, 250-251, 256, 258-267
ナイルの娘連盟　293-294, 296-297
ナウファル，ヒンド　201
ナシュワーン　163
ナショナリズム／民族主義　52, 182, 184, 211-212, 223, 233-234, 245-246, 255, 276, 278, 282
ナセル，ガマール・アブドゥル　285, 293-295, 297, 302, 311-313
ナディーム，アブドゥッラー　203
ナバラーウィー，サイザ　253
ナンディー，アシシュ　341
二文化主義　299
妊娠　46, 155, 339
ヌーナ・ファーティマ・ビント・アル＝ムサンナー　144
農業　188-189, 208-209, 243-244
ノブルクール，クリスチアーヌ・デロッシュ　44-46

は 行

ハーニム，ジェミーレ　269
ハーニム，ナズリー（王女）　202
バーリジーヤ王女　163
ハーリド・イブン・サフワーン　114-115
ハールーン・アル＝ラシード　122
ハールーン・イブン・ムーサー　126
ハーレム　19, 24, 26, 33, 39, 73, 79, 81, 116-117, 121-123, 150-151, 165, 168-170, 173, 175, 279
売春／娼婦　17, 19-21, 45, 86-87, 165, 250
バイラム　163
ハウラ（ムハンマドの叔母）　69-70
ハキーマ（女医）　191-192, 204, 219
パキスタン　108, 301, 336-339, 349
バグダード　114, 158
ハサン・アル＝バスリー　126, 139-141
ハサン・イブン・アリー　117
パシャ，ルシュディ　253
ハジャル　162-164
バスラ（イラク）　119, 142
パタカシェー婚　27
ハディージャ（ムハンマドの妻）　58-59, 66-70, 112, 156, 158
ハディージャ・ビント・アリー　163
ハディージャ・ビント・ムハンマド　163
ハディース　61, 64-66, 80, 95, 101, 105-108, 162-164, 280
ハドラマウト　86, 88
バドルの戦い　74, 83
ハビーカ，ラビーバ　201
ハビーバ　154
ハフサ（ムハンマドの妻）　74, 81, 109, 136
ハムディ，アブドゥル＝ハミード　259
ハムラビ法典　17-19
ハルブ，タラアト　234-235
パレスチナ　45, 79, 255, 271, 278, 305
ハワーリジュ派　96-97, 103-105, 127, 138
ビアード，メアリー　11
ビザンチン帝国　5, 30, 36-39, 48, 63, 79, 99
ヒジャーブ　77, 336
避妊　50, 95, 134, 305-306, 308
平等主義　43, 45, 47-49, 91, 93-98, 198, 301-302, 330, 344-345
ヒンド・ビント・ウトバ　76, 83, 102-103
ファーティマ（ムハンマドの娘）　79, 117-118
ファード，ニイマト　315

フアード一世　252, 276
フアード大学　254, 274, 283
ファイサル，アブドゥッラー（王子）　288
ファウワーズ，ゼイナブ　201
ファシズム　276-277
ファドル，ナズリー　192
ファノン，フランツ　236, 340-341
ブーロス，モフガ　201
フェミニズム／フェミニスト　1, 9, 16, 49, 53, 176, 182-183, 198, 207, 215-217, 219-221, 233-235, 238-243, 247-248, 250, 253, 255, 257-258, 261-262, 265, 267, 270, 279, 282-284, 293-294, 298-299, 308, 310-311, 324-328, 330, 333, 341-342, 346, 349, 351-357, 359
フォックス＝ジェノヴィーズ，エリザベス　120, 357-358
フサイン・イブン・アリー　112
プセッロス，ミカエル　36-38
フダイビー，ハサン・イスマーイール　281, 290
フッバ　84
不動産　159-160
フライル　84
ブルサ（トルコ）　161
フワイラ　103
ベアリング，エヴリン→クローマー卿
ベイ・ハートゥーン　164
ペイジェルズ，エレイン　36
ペルシャ社会　118-120
法律
　イスラーム法　22, 129-135, 137, 146, 331, 335
　エジプト法　42
　ギリシャ法　42
　婚姻法　254, 262, 266, 288
　土地改革法　301
　ヘブライ法　22
　メソポタミア法　22
母系制　57, 60-61
ポメロイ，サラ　39, 41-43, 46

ま　行

マーカス，エイブラハム　159
マアムーン　123
マイムーナ（ムハンマドの妻）　84
マカリウス，ミリヤム　202
マズダク教　28-29
マダン，T.N.　358
マドラサ（学校）　164
マムルーク　150-152, 186
マルジュ・アル＝サッファールの戦い　103
マンスール（アッバース朝第２代カリフ）　115
巫女　18, 21, 45, 48, 84, 87
ミッション・スクール　192-193, 197, 204, 220, 229, 292
民主主義　283, 295-296, 319, 325, 354
ムーサー，サラーマ　243, 246-247, 270
ムーサー，ナバウィーヤ　246, 253, 265, 267, 274
ムサッラム，バーシム　134
ムスリム慈善協会　196, 206, 229
ムスリム姉妹団　279-280
ムスリム女性協会　284-286
ムスリム同胞団　276-281, 284-286, 288, 290, 294-295, 313, 329
ムトゥア婚　62
ムトラーン，ハリール　266
ムバーラク，アリー　194, 197
ムハンマド　6, 57-90, 95-99, 102-113, 117, 121, 128-129, 135-138, 157, 167, 219, 290, 318, 344, 346
ムハンマド・アリー　186-188, 190-192, 194, 244, 269, 294, 309, 353
妾　19-20, 22, 24, 42, 49, 77, 81, 104,

114-119, 121-124, 127, 134, 148, 150-151, 153, 155, 168, 174, 195
女神　5, 15-17, 45, 48, 67
メソポタミア　4, 15-17, 22-26, 35, 46-47, 49
メッカ　57-58, 60-61, 63-64, 66-69, 71-72, 74-76, 83-84, 89-90, 110-112, 120, 136, 140, 145, 153, 162, 171, 290
メディナ　61, 64, 69-72, 75, 78, 81, 111, 120, 129-130
メルニーシー，ファーティマ　183
モスク　71-72, 78-79, 87-89, 105, 109-110, 112, 116, 146, 162, 266, 277, 279, 290, 329-330
モロニー，マイケル　120
モンタギュー，メアリー・ウォートリー　149, 173-175, 214

や　行

ヤルムークの戦い　103
ユースフ，シェイフ・アリー　211, 244
ユスティニアヌス法典　50
ユダヤ教　5-6, 30, 35, 49-50, 52, 67, 91, 107, 118, 126, 148, 153, 157, 168-169, 172, 176, 193, 204, 344
ヨーロッパ／西洋　41, 43, 47, 52, 147, 149, 153, 161, 164, 173, 176, 181-184, 186-190, 192-193, 198-204, 207-218, 220-225, 230, 232-244, 248, 253, 255-260, 270, 277-280, 324-325, 340-341, 343, 348, 351-359

ら　行

ラーナー，ゲルダ　16, 20-22, 46, 53
ラービア・アル＝アダウィーヤ　126, 139-142, 347
ライオウ，アンジェリキ　38
駱駝の戦い　89
ラッセル，アレクサンダー　165, 173-175
ラドワーン，ゼイナブ　327-328, 330-331
ラピダス，アイラ　3, 5
離婚　17-18, 22, 27-28, 38, 42, 45-46, 49, 61, 80-81, 83, 91-92, 111-113, 118-119, 127, 129, 132-134, 148, 151, 153-154, 156-158, 182, 195, 199, 206, 209, 227, 242, 252, 254, 262, 280, 288-289, 306, 314, 329-330, 335, 337, 349, 358
リダー，ラシード　203
リバート（修道場）　157-158, 164-165
リビア　314
リファアト，アリーファ　265, 309
ルイス，ナフタリー　43
ルブラン，ウジェニー　220, 253, 257
礼拝　66, 88-89, 103, 105-107, 112, 126, 140, 266, 329
レイン，エドワード・ウイリアム　148, 202
レイン＝プール，スタンレー　218
レザー・シャー　237
レズビアン　268
レバノン　201, 255, 268, 270-271

わ　行

ワット，モンゴメリー　60
ワフド党　249, 250, 253, 263, 276, 285, 295
ワラカ（ハディージャの従兄）　66

原　注

序　文

1. Wiebke Walther, *Woman in Islam*, trans. C. S. V. Salt (London: George Prior, 1981).
2. Ira Marvin Lapidus, *A History of Islamic Societies* (Cambridge: Cambridge University Press, 1988). 歴史研究における，ジェンダーについての分析の有用性に関する明快な説明は，次著を参考のこと。Joan W. Scott, "Gender: A Useful Category of Historical Analysis," *American Historical Review* 91, no. 5 (1986): 1053-75.
3. Lapidus, *A History of Islamic Societies,* 3.
4. *The Translation of the Meanings of Sahih al-Bukhari* (in Arabic and English), 9 vols., trans. Muhammad M. Khan (Medina: Dar al-fikr, 1981), 7: 80.
5. たとえば，次著参照のこと。Fouad Ajami, *The Arab Predicament* (Cambridge: Cambridge University Press, 1981), 13-15.
6. 少数民族の地位に関しては，次著参照のこと。Bernard Lewis, *The Jews of Islam* (Princeton: Princeton University Press, 1984).
7. 初期イスラーム社会で定められた法律の適用は，女性がどのような階級に属しているかによって異なっていた。たとえば，夫が妻を殴打する場合，どの程度の強さまで容認するかは，妻の属す階級によって，異なっていた。とはいっても，妻の階級がどのようなものであれ，妻が夫を殴打することは認められていなかった。なお，フェミニズム理論の視点からみて，「女性」というカテゴリーを用いた分析方法に内在する諸問題については，次著（とくに第1章）を参照のこと。Judith Butler, *Gender Trouble: Feminism and the Subversion of Identity* (New York: Routledge, 1990).〔邦訳，ジュディス・バトラー『ジェンダー・トラブル　フェミニズムとアイデンティティの攪乱』竹村和子訳，青土社，1999年〕
8. Nancy F. Cott, *The Grounding of Modern Feminism* (New Haven: Yale University Press, 1987), 5.

第一章

1. 次著を参照。 James Mellaart, *Çatal Hüyük: A Neolithic Town in Anatolia* (New York: McGraw-Hill, 1967).
2. このテーマについては次著参照のこと。Thorkil Jacobsen, *Towards the Image of Tammus and Other Essays on Mesopotamian History and Culture,* ed. William L. Moran (Cambridge: Harvard University Press, 1970); Edwin O. James, *The Cult of the Mother-Goddess: An Archeological and Documentary Study* (London: Thames and Hudson, 1959); S. N. Kramer, *From the Tablets of Sumer* (India Hills, Colo.: Falcon Wing Press, 1956).
3. 男性支配の起源論に関しては次著参照のこと。Robert Briffault, *The Mothers: The Matriarchal Theory of Social Origins* (New York: Macmillan, 1931); Frederick Engels, *The Origin of the Family: Private Property and the State,* ed. Eleanor Leacock (New York: International Publishers, 1972); Rayna Rapp Reiter, "The Search for Origins: Unravelling the Threads of Gender Hierarchy," *Critique of Anthropology* 2, nos. 9-10 (1977): 5-24; Gayle Rubin, "The Traffic in Women: Notes on the Political Economy of Sex," in *Toward an Anthropology of Women,* ed. Rayna Rapp Reiter (New York: Monthly Review, 1978); and Gerda Lerner, *The Creation of Patriarchy* (New York: Oxford University Press, 1986).〔邦訳，ゲルダ・ラーナー『男性支配の起源と歴史』奥田暁子訳，三一書房，1996年〕
4. 私はここで，家父長制の制度化に関するフェミニストとその他の学者の意見を，必要に応じて，簡潔かつ要領よくまとめてみた。
5. "The Code of Hammurabi," trans. Theophile J. Meek, in *Ancient Near Eastern Texts Relating to the Old Testament,* ed. James B. Pritchard (Princeton: Princeton University Press, 1950), 170-71; and "The Middle Assyrian Laws," trans. Meek, also in *Ancient Near Eastern Texts,* ed. Pritchard, 184. これ以降，同書からの引用については本文中に記し，前著は『法典』，後著は『アッシリア法』と表記する。
6. *'seignior'*〔本文では「領主」と訳した〕は*'awilum'*の訳語であるが，'noble' や 'burgher' などと訳されることもある。
7. クレイマーによる，この部分の翻訳と，注釈は次の通りである。「女が男に……（テクストではここの肝心な部分が判読不可能である）……と言った時には，女の歯は焼けた煉瓦で打ち砕かれ，（女の罪状が刻み込まれた）その煉瓦は，（誰もが目にするように）大門に掲げられた」。S. N.

Kramer, *The Sumerians: Their History, Culture and Character* (Chicago: University of Chicago Press, 1963), 322.

8. Ilse Seibert, *Woman in the Ancient Near East,* trans. Marianne Herzfeld; ed. George A. Shepperson (Leipzig: Edition Leipzig, 1974), 18. こうした観念に関する興味深い論考は，次著参照のこと。Lerner, *Creation of Patriarchy,* 104-5.
9. Seibert, *Woman in the Ancient Near East,* 51.
10. Lerner, *Creation of Patriarchy,* 139.
11. Seibert, *Woman in the Ancient Near East,* 19.
12. Lerner, *Creation of Patriarchy,* 74 (quotation), 74-75.
13. Seibert, *Woman in the Ancient Near East,* 19-20. 巫女に関しては，次著参照のこと。R. Harris, "The Naditu Woman," in *Studies Presented to A. Leo Oppenheim* (Chicago: University of Chicago Press, 1964).
14. Seibert, *Woman in the Ancient Near East,* 19, 21, 14.
15. 次著（とくに第8，9章）参照のこと。Lerner, *Creation of Patriarchy;* Seibert, *Woman in the Ancient Near East,* 18; A. L. Oppenheim, *Letters from Mesopotamia* (Chicago: University of Chicago Press, 1967), 45.
16. Seibert, *Woman in the Ancient Near East,* 27-28.
17. A. L. Oppenheim, "The Babylonian Evidence of Achaemenian Rule in Mesopotamia," in *The Cambridge History of Iran,* vol. 2, ed. Ilya Gershevitch (Cambridge: Cambridge University Press, 1985), 572; and Oppenheim, *Letters from Mesopotamia,* 45.
18. Seibert, *Woman in the Ancient Near East,* 51 (quotation); J. M. Cook, "The Rise of the Achaemenids and Establishment of Their Empire," in *Cambridge History of Iran,* 2: 226 (quotation). アケメネス朝下のハーレムは，宦官によって警護されており，医者（通常外国人であった）を除いていかなる男性も入ることは許されなかった，とクックは述べている。"Rise of the Archaemenids," 226-27.
19. Michael G. Morony, *Iraq after the Muslim Conquest* (Princeton: Princeton University Press, 1984), 134-135.
20. A. Perikhanian, "Iranian Society and Law," in *Cambridge History of Iran,* vol. 3. (2 parts), ed. Ehsan Yarshater (Cambridge: Cambridge University Press, 1983), pt. 2: 656.
21. Ali-Akbar Mazaheri, *La Famille iranienne aux temps anté-islamiques,* Librairie Orientale et Américaine (Paris: G. P. Maisonneuve, 1938), 110.

22. Ibid., 104.
23. Perikhanian, "Iranian Society and Law," 3, pt. 2: 650.
24. Ibid., 648-49.
25. Ibid.
26. Ehsan Yarshater, "Mazdakism," in *Cambridge History of Iran,* 3, pt. 2: 991.
27. Ibid., 998 (quotations). たとえば著者のひとりは，マズダク教徒の二人の女性（マズダクの妻とされるクラーマともう一人の女性）のものとされる行動は，マズダク教徒のあいだにおける女性の地位が改善した証拠を示していると指摘している。彼はまた，マズダクの教えはおそらく自分の階級以外の階級の人と結婚することを奨励し，ハーレムの廃止，正妻以外の女性の解放，妻として完全な権利が保障されていないレビラト婚の規制の軽減などを要求した，と推測している（前掲書，1000-1001)。 正統派のゾロアスター教徒にとってこのような考えは，父系の系譜と階級区分の両方を破壊する危険があるものと受け取られた。
28. Perikhanian, "Iranian Society and Law," 3, pt. 2: 637.
29. Ibid., 634.
30. J. P. Asmussen, "Christians in Iran," in *Cambridge History of Iran,* 3, pt. 2: 946.
31. Sebastian P. Brock and Susan Ashbrook Harvey, trans., *Holy Women of the Syrian Orient* (Berkeley: University of California Press, 1987), 64-65; 同書からの引用についてはこれ以降，本文中に記す。

第二章

1. Elaine Pagels, *Adam, Eve, and the Serpent* (New York: Random House, 1988), 88-89. ピーター・ブラウンが指摘しているように，「(セックスの) 放棄とキリスト教への入信のための洗礼は，性の力が無力であることを公言する意味をもっていた」。Peter Brown, *The Body and Society: Men, Women and Sexual Renunciation in Early Christianity* (New York: Columbia University Press, 1988), 80.
2. José Grosdidier de Matons, "La Femme dans l'empire byzantin," in *Historie mondiale de la femme,* 4 vols., ed. Pierre Grimal (Paris: Nouvelle Librairie de France, 1967), 3: 28 (quotation), 28 n1, 28-30.
3. Judith Herrin, "In Search of Byzantine Women: Three Avenues of Approach," in *Images of Women in Antiquity,* ed. Averil Cameron and Amelie Kuhrt (London: Croom Helm, 1983), 169 (quotation), 171;

Angeliki E. Laiou, "The Role of Women in Byzantine Society," *Jahrbuch der österreichischen Byzantinistik* 31, no. 1 (1981): 243.

4. Herrin, "In Search of Byzantine Women," 169.
5. Laiou, "Role of Women in Byzantine Society," 249.
6. De Matons, "La Femme dans l'empire byzantin," 14.
7. たとえばド・マトンは，女性隔離の原因を「オリエントの影響」としている。Ibid., 13-15.
8. Sarah B. Pomeroy, *Goddesses, Whores, Wives, and Slaves: Women in Classical Antiquity* (New York: Schocken, 1975), 81; Helene P. Foley, "Women in Greece," in *Civilization of the Ancient Mediterranean,* 3 vols., ed. Michael Grant and Rachel Kitzinger (New York: Scribner, 1988), 3: 1302.
9. Pomeroy, *Goddesses,* 83, 69; Foley, "Women in Greece," 3: 1303.
10. Foley, "Women in Greece," 3: 1311.
11. Pomeroy, *Goddesses,* 72.
12. Aristotle, *Politica,* trans. Benjamin Jowett, in *The Works of Aristotle,* 12 vols., ed. W. D. Ross, vol. 10 (Oxford: Clarendon Press, 1921), 1. 5. 1254b.
13. Aristotle, *Historia animalium,* trans. D'Arcy Wentworth Thompson, in *Works of Aristotle,* ed. Ross, vol.4, ed. J. A. Smith and W. D. Ross (Oxford: Clarendon Press, 1910), 9. 1. 608b.
14. Aristotle, *De generatione animalium,* trans. Arthur Platt, in *Works of Aristotle,* ed. Ross, vol. 5, ed. J. A. Smith and W. D. Ross (Oxford: Clarendon Press,1912), 1. 20. 728a, 2. 4. 738b.
15. Pomeroy, *Goddesses,* 125.
16. Sarah B. Pomeroy, *Women in Hellenistic Egypt: From Alexander to Cleopatra* (New York: Schocken, 1984), 171. 同書からの引用については，これ以降本文中に記す。
17. Dorothy J. Thompson, *Memphis under the Ptolemies* (Princeton: Princeton University Press, 1988); Naphtali Lewis, *Greeks in Ptolemaic Egypt* (Oxford: Clarendon Press, 1986).
18. Jean Vercoutter, "La Femme en Egypte ancienne," in *Histoire mondiale de la femme,* ed. Grimal, 1: 119.
19. Ibid., 1: 143. 他の著者たちも同様に積極的な書き方で女性の地位を記述している。たとえば，クリスチアーヌ・デロッシュ・ノブルクールは「エジプトの女性は性的に平等な扱いがまったく自然なものだとされ，その考

えが深く根づいていて，性差に起因する問題は起きるはずがないと思われる国に生きることができた幸せな市民であった」と述べている。Christiane Desroches Noblecourt, *La Femme au temps des pharaons,* 2 vols. (Paris: Stock/Laurence Pernoud, 1986), 2: 170.

20. Noblecourt, *La Femme au temps des pharaons,* 2: 171, 216; Jacques Pirenne, "Le Statut de la femme dans l'Ancienne Egypte," in *La Femme,* 3 vols., Recueils de la Societé Jean Bodin pour l'histoire comparative des institutions, vols. 11-13 (Brussels: Editions de la Librairie Encyclopédique, 1959-62), 1: 74.

21. C. J. Eyre, "Crime and Adultery in Ancient Egypt," *Journal of Egyptian Archaeology* 70 (1984): 101-2.

22. Ibid., 95, 96. 姦通に関する議論に関しては次著を参照のこと。Vercoutter, "La Femme en Egypte ancienne," 1: 136-37; and Noblecourt, *La Femme au temps des pharaons,* 2: 215-16.

23. Noblecourt, *La Femme au temps des pharaons,* 2: 211.

24. Vercoutter, "La Femme en Egypte ancienne," 1: 121, 152.

25. この件に関しては次著参照のこと。Susan Ashbrook Harvey, "Women in Early Syrian Christianity," in *Images of Women in Antiquity,* ed. Cameron and Kuhrt; and Elaine Pagels, *The Gnostic Gospels* (New York: Vintage Books, 1981).

26. Jean Bottero, "Mésopotamie et Israel," in *Histoire mondiale de la femme,* ed. Grimal, 1: 238, 242, 243, 247.

27. たとえば，次著を参照。Judith Plaskow, "Blaming the Jews for the Birth of Patriarchy," in *Nice Jewish Girls: A Lesbian Anthology,* ed. Evelyn Torton Beck (Trumansburg, N.Y.: Crossing Press, 1982), 250-54.

28. Sarah B. Pomeroy, "Infanticide in Hellenistic Greece," in *Images of Women in Antiquity,* ed. Cameron and Kuhrt, 207; Bonnie S. Anderson and Judith P. Zinsser, *A History of Their Own: Women in Europe from Prehistory to the Present,* 2 vols. (New York: Harper and Row, 1988), 1: 30, 82.

29. Anderson and Zinsser, *History of Their Own,* 1: 82.

30. Peter Brown, "Late Antiquity," in *From Pagan Rome to Byzantium* (originally in French), ed. Phillippe Ariès and Georges Duby (Cambridge: Harvard University Press, 1987-), 1: 298-99. 次著参照のこと。Brown, *Body and Society,* 80-81.

31. James A. Brundage, *Law, Sex, and Christian Society in Medieval Europe* (Chicago: University of Chicago Press, 1987), 85-86.
32. Rosemary Ruether, "Misogynism and Virginal Feminism in the Fathers of the Church," in *Religion and Sexism: Images of Woman in the Jewish and Christian Traditions,* ed. Ruether (New York: Simon and Schuster, 1974), 157.
33. 古代地中海地域の歴史構築に関する重要な研究書として次著を参照のこと。Martin Bernal, *Black Athena: The Afroasiatic Roots of Classical Civilization* (New Brunswick, N. J. : Rutgers University Press,1987).
34. Gerda Lerner, *The Creation of Patriarchy* (New York: Oxford University Press, 1986).

第三章

1. *The Quran: The Revelation Vouchsafed to Muhammad the Seal of the Prophets* (in Arabic and English) trans. Muhammad Zafrulla Khan (London: Curzon Press, 1971; rpt. 1985) この章でのコーランからの引用は，すべてこの訳本からのものである。
2. W. Robertson Smith, *Kinship and Marriage in Early Arabia* (Cambridge: Cambridge University Press, 1885); W. Montgomery Watt, *Muhammad at Medina* (Oxford: Clarendon Press, 1956), 272-73.
3. Watt, *Muhammad at Medina,* 375.
4. *The Translation of the Meanings of Sahih al-Bukhari* (in Arabic and English), 9 vols., trans. Muhammad M. Khan (Medina: Dar al-fikr, 1981), 7: 44. ここからは，ハーンの翻訳を逐一かかげるよりも，アラビア語のものを翻訳した。可能な限り，アラビア語と英語両方の書物を参考にした。
5. Watt, *Muhammad at Medina,* 277-79, 376-77; Gertrude Stern, *Marriage in Early Islam* (London: Royal Asiatic Society, 1939), 61-62, 172-73.
6. Abu'l-Faraj al-Isfahani, *Kitab al-aghani,* 20 vols. (Bulak: Dar al-kutub, 1868), 16: 106; Stern, *Marriage in Early Islam,* 39-43. イスラーム化以前のアラビアでの結婚や離婚については，次著（とくに第2章）を参照のこと。Laila Sabbaqh, *Al-mar'a fi al-tarikh al-'arabi fi tarikh al-'arab qabl al-islam* (Damascus: Manshurat wizarat al-thaqafa wa'l-irshad al-qawmi, 1975).
7. Watt, *Muhammad at Medina,* 384 (quotation); Muhammad Ibn Sa'd,

Biographien/Kitab al-tabaqat al-kabir, 9 vols., ed. Eduard Sachau (Leiden: E. J. Brill, 1904-40), 8: 4. イブン・サアドからの引用については，これ以降，本文中に記す。

8. *Sahih al-Bukhari,* 7: 45-46.

9. 次著を参照。Nabia Abbott, *Studies of Arabic Literary Papyri,* 3 vols., Oriental Institute Publications, vols. 75-77 (Chicago: University of Chicago Press, 1957-72).

10. *Sahih al-Bukhari,* 1: 298; Ahmad ibn Muhammad ibn Hanbal, *Musnad,* 6 vols. (Beirut: Al-maktab al-islami lil-tiba'a wa'l-nashr, 1969), 6: 42.

11. *Sahih al-Bukhari,* 1: 1-4.

12. ハディージャは，同書において，「名誉と権力があり，男性の雇用主」である女性と表現されている。(Ibn Sa'd, 8: 9).

13. Gertrude Stern, "The First Women Converts in Early Islam," *Islamic Culture* 13, no. 3 (1939): 293.

14. W. Montgomery Watt, *Muhammad at Mecca* (Oxford: Clarendon Press, 1953),102-5.

15. 'Umar Ridda Kahhalah, *A'lam al-nisa: fi a'lami al-'arab wa'l-islam,* 3 vols. (Damascus: Al-matba'a al-hashimiyya, 1940), 1:280; Stern, "First Women Converts," 291.

16. 'Abd al-Malik ibn Hisham, *Al-sira al-nabawiyya,* 2 vols., ed. Mustapha al-Saqqa, Ibrahim al-Ibyari, and Abdel Hafiz Shalabi (Cairo: Al-babi al-halabi,1955), 1: 356. 引用は次著から。Alfred Guillaume's *Life of Muhammad: A Translation of Ishaq's* Sirat Rasul Allah (New York: Oxford Univeristy Press, 1955), 161.

17. Ibn Hisham, *Al-sira al-nabawiyya,* 2: 441.

18. Nabia Abbott, *Aishah, the Beloved of Muhammad* (Chicago: University of Chicago Press,1942), 3 (quotation); Maxime Rodinson, *Mohamad,* trans. Ann Carter (New York: Penguin Books, 1971), 55.

19. Stern, *Marriage in Early Islam,* 34.

20. Ibn Hisham, *Al-sira al-nabawiyya,* 1: 487.

21. Ibid., 1: 498-99.

22. William Muir, *The Life of Muhammad from Original Sources* (Edinburgh: J. Grant, 1923), 175-76, 201; Abbott, *Aishah,* 50, 68.

23. Ibn Hanbal, *Musnad,* 6: 211.

24. Abbott, *Aishah,* 2, 7-8, 31-35.

25. *Sahih al-Bukhari,* 7: 88; Watt, *Muhammad at Medina,* 381.

26 ハディージャ以外の女性は，初期の諸文献では，たとえば，イブン・サアド（8: 220）のアーイシャ・ビント・ムハリバのように，自分たちだけで商売していると書かれている。次著も参照のこと。Watt, *Muhammad at Medina,* 290.

27. *Sahih al-Bukhari,* 4: 85–86; Nabia Abbott, "Women and the State on the Eve of Islam," *American Journal of Semitic Languages* 58 (1941): 273. 次著も参照。Ilse Lichtenstadter, *Women in the Aiyam al-Arab* (London: Royal Asiatic Society, 1935).

28. Stern, *Marriage in Early Islam,* 111ff.

29. Ibn Hanbal, *Musnad,* 6: 271.

30. Abbott, *Aishah,* 25.

31. *Encyclopaedia of Islam* (Leiden: E. J. Brill, 1913–), s.v."masdjid"; *Sahih al-Bukhari,* 1: 257; Watt, *Muhammad at Medina,* 285.

32. Henri Lammens, *Fatima et les filles de Mahomet* (Rome: Scripta Pontificii Instituti Biblici, 1912), 53–54.

33. *Encyclopaedia of Islam,* new ed. (Leiden: E. J. Brill, 1960–), s.v. "hidjab"; Stern, *Marriage in Early Islam,* 108–10; E. Abrahams, *Ancient Greek Dress* (Chicago: Argonaut Press, 1964), 34; *Jewish Encyclopedia* (New York: Funk and Wagnalls, 1901), s.v. "veil."

34. Stern, *Marriage in Early Islam,* 114–15.

35. 次著も参照のこと。Abbott, *Aishah,* 45, 49–54; Stern, *Marriage in Early Islam,* 114.

36. Abbott, *Aishah,* 56–58.

37. Abbott, "Women on the Eve of Islam," 275–76.

38. Ibid., 264–66.

39. Abbott, *Aishah,* 68–69.

40. Abbott, "Women on the Eve of Islam," 279–80.

41. Ibid., 281–84.

42. F. Beeston, "The So-called Harlots of Hadramaut," *Oriens* 5 (1952): 16–17.

43. Ibid., 16ff.

44. Wiebke Walther, *Woman in Islam,* trans. C. S. V. Salt (London: George Prior, 1981), 78.

45. Abbott, *Aishah,* 11, 84, 95–97.

46. *Encyclopaedia of Islam* (1913–), s.v."Omar ibn al-Khattab" ; Abbott,

Aishah, 88; Stern, “First Women Converts,” 299.
47. 次著も参照。Abbott, *Aishah,* 94.
48. Ibid., 160–69.
49. 結婚の定式化に関してイスラームとユダヤ教のあいだにある強い平行関係の分析に関しては，次著を参照のこと。Judith Romney Wegner, “The Status of Women in Jewish and Islamic Marriage and Divorce Law,” *Harvard Law Journal* 5, no. 1(1982): 1–33.

第四章

1. *The Holy Qur'an,* trans. A. Yusuf Ali (Jeddah: Dar al-Qiblah for Islamic Literature, 1982). この章のコーランからの訳は，すべてこの訳本からのものである。
2. アリストテレスは，女性というものを，生得的かつ，その社会的役割により，男性とは異なったものであり，男性より劣っている存在であると主張しており，徳が両性において，同じであるという考えを拒否している。女性，男性そして，徳についての彼の議論は，次著を参照。Aristotle, *Politica,* trans. Benjamin Jowett, *The Works of Aristotle,* 12 vols., ed. W. D. Ross, 10 vols. (Oxford: Clarendon Press, 1921), 1. 13. 12596–1260a.
3. *The Translation of the Meanings of Sahih al-Bukhari* (in Arabic and English), 9 vols., trans. Muhammad M. Khan (Medina: Dar al-fikr, 1981), 4: 343, 1: 197, 7: 103. 詳細な議論については，次著（とくに第3章）を参照。 B. F. Mussalam, *Sex and Society in Islam* (Cambridge: Cambridge University Press, 1983). 妊娠や避妊についてのイスラームの態度については，次著を参照のこと。“Arab Culture and Writing Women's Bodies,” *Feminist Issues* 9, no. 1 (1989): 41–56.
4. Abu Hamid Muhammad ibn Muhammad al-Ghazali, *Ihya ‘ulum al-din,* 5 vols. (Cairo: Mu'assasat al-halabi wa shurakah lil-nashr wa'l-tawzi‘, 1967–68), 4: 514.
5. *The Foundations of the Community,* trans. W. Montgomery Watt and M. V. McDonald, vol. 7 of *The History of Tabari* (*Tarikh al-Rusul wa'l-muluk*), Bibliotheca Persica, ed. Ehsan Yarshater, SUNY Series in Near Eastern Studies, ed. Said Arjomand (Albany: State University of New York Press, 1987), 130.
6. Muhammad Ibn Sa‘d, *Biographien/Kitab al-tabaqat al-kabir,* 9 vols., ed. Eduard Sachau (Leiden: E. J. Brill, 1904–40), 8: 301–4; Nabia Abbott, “Women and the State in Early Islam,” *Journal of Near*

Eastern Studies (April 1942): 118; William Muir, *The Caliphate: Its Rise, Decline and Fall,* rev. ed., ed. T. H. Weir (Edinburgh: John Grant, 1924), 122; Muir, *Annals of the Early Caliphate* (London: Smith and Elder, 1883), 109; and Abbott, "Women and the State on the Eve of Islam," *American Journal of Semitic Languages* 58 (1941): 277.

7. E. A. Salem, *The Political Theory and Institutions of the Khawarij,* Johns Hopkins Studies in the Historical and Political Sciences, ser. 74, no. 2 (Baltimore: Johns Hopkins University Press, 1956), 86-87.
8. Ibid., 100.
9. Ibid., 87, 18.
10. Abbott, "Women in Early Islam," 111.
11. 質問したのは，匿名の「女性たち」であるとする説や，ムハンマドの妻ウンム・サラマであるとする説，また，ムハンマドの妻たち一般であるとする諸説がある。次著を参照。 Ibn Sa'd, *Kitab al-tabaqat,* 8: 144. Abbott, "Women in Early Islam," 110. それほど重要ではないが，同様に女性のオープンな言動を示しているものとして，ムハンマドに対するアーイシャの発言がある。「あなたの神さまは，あなたの欲望を満たすためなら，ずいぶんとお急ぎになるのですね」(第三章を参照のこと)。
12. Nabia Abbott, *Aishah, the Beloved of Muhammad* (Chicago: University of Chicago Press, 1942), 97, 204, 201; Ibn Sa'd, *Kitab al-tabaqat,* 8: 92; Ahmad ibn Muhammad ibn Hanbal, *Musnad,* 6 vols. (Beirut: Al-maktab al-islami lil-tiba'a wa'l-nashr, 1969), 6: 73, 95, 178; *Encyclopaedia of Islam,* new ed., (Leiden: E. J. Brill, 1960-), s.v."Aisha bint Abi Bakr." 次著も参照のこと。Arthur Jeffrey, *Materials for the History of the Text of the Qur'an* (Leiden, 1973), 231-33, 83-85. ウンム・サラマにも，彼女によるものとされる，さまざまな伝承がある。次著を参照。Jeffrey, *Materials,* 235, 85.
13. アル＝バグダーディは31人もの教養ある女性を挙げている。次著を参照。al-Hafiz Abi Bakr Ahmad ibn 'Ali al-Khateeb al-Baghdadi, *Tarikh Baghdad,* 14 vols. (Cairo: Matba'at al-sa'ada, 1931), 14: 430-47.
14. Abbott, "Women in Early Islam," 125; Abbott, *Aishah,* 85; *Encyclopaedia of Islam,* s.v."Hafsa."
15. Abbott, *Aishah,* 121, 122.
16. Ibid., 154.
17. Ibn S'ad, *Kitab al-tabaqat,* 8: 167-68.
18. Ibid., 8:193-95; 'Umar Ridda Kahhalah, *A'lam al-nisa: fi a'lami al-*

'arab wa'l-islam, 3 vols. (Damascus: Al-matba'a al-hashimiyya, 1940), 2: 944-49. カッハーラからの引用は，これ以降，本文中に記す。

19. Jean-Claude Vadet, "Une Personnalité féminine du Higāz au Ier/VIIe siècle: Sukayna, petite-fille de 'Ali," *Arabica* 4 (1957): 276.

20. Nabia Abbott, *Two Queens of Baghdad: Mother and Wife of Harun al-Rashid* (Chicago: University of Chicago Press, 1946; Midway Reprint, 1974), 16.

第五章

1. Nabia Abbott, *Two Queens of Baghdad: Mother and Wife of Harun al-Rashid* (Chicago: University of Chicago Press, 1946; Midway Reprint, 1974), 8-9.

2. Nabia Abbott, *Aishah, the Beloved of Muhammad* (Chicago: University of Chicago Press, 1942), 197; Henri Lammens, *Fatima et les filles de Mahomet* (Rome: Scripta Pontificii Instituti Biblici,1912), 53-54; Ahmad Amin, *Fajr al-islam* (Cairo: Maktabat al-nahda al-misriyya, n. d.), 88; *Shorter Encyclopaedia of Islam,* ed. H. A. R. Gibb and J. H. Kramers (Leiden: E. J. Brill, 1974), s.v. "Hasan ibn Ali ibn Abi Talib."

3. 次著（とくに2，3章）参照。Michael G. Morony, *Iraq after the Muslim Conquest* (Princeton: Princeton University Press, 1984). これ以降，本文中に記す。

4. Elizabeth Fox-Genovese, *Feminism without Illusions: A Critique of Individualism* (Chapel Hill: University of North Carolina Press, 1991), 193.

5. Abbott, *Two Queens of Baghdad,* 67.

6. Phillip K. Hitti, *History of the Arabs,* 2d ed., rev. (London: Macmillan, 1940), 342; Abbott, *Two Queens of Baghdad,* 138.

7. Bernard Lewis, *The Arabs in History* (London: Arrow Books, 1958), 109. このような考えやその例については，次著を参照のこと。Wajida 'Abdullah al-Atraqji, *Al-mar'a fi adab al-'asr al- 'abbasi* (Baghdad: Dar al-rasheed lil-nashr, 1981), 44, 136-37.

8. Abbott, *Two Queens of Baghdad,* 140, 73, 130-31 (quotations). 事実，夫に妾を贈ることは当時推奨されていた。当時の文学者ジャーヒズはこのように述べている。「もし彼女が奴隷を所有し，その奴隷を国王が所望しているとわかり，その奴隷が国王を幸福にできるのであれば，その奴隷を国王に進呈することは忠実な女性の義務であった。（中略）そうすれば，

当然のこととして，彼女は国王から他の女性より厚遇され，地位も上がり，名誉とされた」。*Kitab al-taj fi akhlaq al-muluk,* ed. Fawzi ‘Atawi (Beirut: Al-shirka al-libnania lil-kitab, n.d.), 150.

9. Al-Atraqji, *Al-mar’a fi adab al-‘asr al-‘abbasi,* 66.

10. Abbott, *Two Queens of Baghdad,* 10.

11. この時期の複雑な法規では，奴隷はある点では物であり，ある点では人間であった。次著を参照。*Encyclopaedia of Islam,* new ed. (Leiden: E. J. Brill, 1960-), s.v. “ ‘Abd.”

12. H. F. Amedroz and D. S. Margoliouth, eds. and trans., *The Eclipse of the Abbasid Caliphate: Original Chronicles of the Fourth Islamic Century,* 7 vols. (Oxford: Basil Blackwell, 1920-21), 3: 41 (Arabic text). この逸話はいくつかの異なった元首について語られていて，J. C. バーゲルは真実ではないと述べているが，実際には幾度となく起こったのである。J. C. Burgel , “Love, Lust, and Longing: Eroticism in Early Islam as Reflected in Literary Sources,” in *Society and the Sexes in Medieval Islam,* ed. Afaf Lutfi al-Sayyid Marsot (Malibu, Calif.: Undena Publications, 1979), 105.

13. Abu Bakr al-Khuwarizmi, *Rasa’il* (Bombay: 1885), 19.

14. Al-Atraqji, *Al-mar’a fi adab al-‘asr al-‘abbasi,* 89 (quotation), 95.

15. 男性も性的対象として売られたが，あまり一般的ではなく，恒常的なものでもなかった。イスラーム社会において，奴隷制が意味すること，また奴隷制がもたらしたことについて，オーランドー・パターソンが西洋社会での奴隷制について行ったような社会学的，心理学的研究はこれからである。Orlando Patterson, *Slavery and Social Death: A Comparative Study* (Cambridge: Harvard University Press, 1982). さらに，イスラーム社会が宦官をもちいたことの影響や，宦官の概念や定義が男性性，女性性に関わり，おそらく影響を与えたと思われるが，そのことについても，今後の課題である。

16. Margaret Smith, *Studies in Early Mysticism in the Near and Middle East* (London: Sheldon Press, 1931), 162-63.

17. 次著を参照のこと。Morony, *Iraq after the Muslim Conquest,* 447, 453; *Shorter Encyclopaedia of Islam,* s.v. “al-Kur’an” 女性嫌悪は，さまざまな形をとり，この時期にも，また別の時期にもいろいろな表現がなされている。これまでのところ，系統だった研究はいくつかの特定の事例の調査に限られている。そのような研究の一つとして次のものを挙げておく。Denise A. Spellberg, “Nizam al-Mulk’s Manipulation of Tradition:

'Aishah and the Role of Women in the Islamic Government," *Muslim World* 67, no. 2 (1988): 111-17.

18. 社会の周辺階級に関する興味深い研究として次のものがある。Clifford Edmund Bosworth, *The Mediaeval Islamic Underworld* (Leiden: E. J. Brill, 1976).

19. Noel J. Coulson, *A History of Islamic Law* (Edinburgh: Edinburgh University Press, 1964), 10-11, 17. 続く頁でイスラーム法の歴史をまとめてあるが，同書の第1章から第3章および次に挙げるものに基づくものである。Joseph Schacht, *An Introduction to Islamic Law* (Oxford: Clarendon Press, 1964), chaps. 4-10.

20. Coulson, *History of Islamic Law,* 18-19.

21. Ibid., 30-31.

22. Ibid., 34.

23. Ibid., 36-37.

24. Ibid., 39-49,77-78; Schacht, *Introduction to Islamic Law,* 28-30.

25. Coulson, *History of Islamic Law,* 85.

26. Ibid., 97; Noel J. Coulson, *Conflicts and Tensions in Islamic Jurisprudence* (Chicago: University of Chicago Press, 1969), 25-30.

27. Noel J. Coulson and Doreen Hinchcliffe, "Women and Law Reform in Contemparary Islam," in *Women in the Muslim World,* ed. Lois Beck and Nikki Keddie (Cambridge: Harvard University Press, 1978), 37-38.

28. 次著を参照。 Basim F. Musallam, *Sex and Society in Medieval Islam* (London: Cambridge University Press, 1983). また，拙著も参照のこと。"Arab Culture and Writing Women's Bodies," in *Feminist Issues* 9, no. 1 (1989).

29. 次著参照。 *Encyclopaedia of Islam,* new ed. (Leiden: E. J. Brill, 1960-), s.v. "al-Kur'an."

30. Theodor Noldeke, *Geschichte des Qorans,* 3 vols. in 1, ed. F. Schwally (Leipzig, 1909; Hildesheim: G. Olms, 1961), ii, 57-62.

31. *Encyclopaedia of Islam,* s.vv. "al-Kur'an" and "kira'a"; and David S. Powers, *Studies in Qur'an and Hadith: The Formation of the Islamic Law of Inheritance* (Berkeley: University of California Press, 1986).

32. Margaret Smith, *Rabi'a the Mystic and Her Fellow-Saints in Islam* (Cambridge: Cambridge University Press, 1928), 14 (first brackets in original).

33. Ibid., 36.

34. Ibid., 9, 16.

35. アンネマリー・シンメルによると，スーフィズムには女性に対してあい対立する感情が存在し，たとえばペルシャの神秘家サナーイーによる詩，『バナート・アル＝ナアシュ』（『棺架の娘』）という題は，「娘というものは生きているより棺架の上にあるほうがいいということを意味している」。スーフィーの男性の中には，「女性と徹底的に対立し興味を示さず，女性が調理した食物に触れようともしない者がいた」。さらに，「初期イスラーム禁欲主義やこういった禁欲的理想に基づいた神秘的著作は女性に敵意を抱くものであり，中世キリスト教であれ初期仏教であれ，宗教の世界におけるいかなる禁欲主義の動きも同じである。18，19 世紀のイスラームの禁欲主義者が，女性をナフスと，つまり「悪に屈する程度の低い自己」と，たやすく同等視する。ナフスという言葉はアラビア語では女性形であるからだ。さらに，女性には，いわばナフス原理が体現されていると彼らは考え，（キリスト教禁欲主義者同様），その世界を忌まわしくぞっとする老婆として表した。Annemarie Schimmel, *Mystical Dimensions of Islam* (Chapel Hill: University of North Carolina Press, 1975), 426, 428; "Women in Mystical Islam," in *Women and Islam,* ed. Azizah Al-Hibri (Oxford: Pergamon Press, 1982), 146. しかし，スーフィズムは他のイスラーム諸派に比べれば女性に好意的であると，シンメルは認めている。

36. Smith, *Rabi'a,* 9.

37. Jamal J. Elias, "Female and Feminine in Islamic Mysticism," *Muslim World* 77, nos. 3-4 (1988): 214.　極端な貧困や奴隷制という背景は，多くの女性神秘家に見られる典型的なものである。その議論については同書 210 頁を参照のこと。

38. A. J. Arberry, *Muslim Saints and Mystics* (London: Routledge and Kegan Paul, 1979), 51.

39. この話は中世ヨーロッパに伝わり，ある文献では，シマルが報告しているように，松明と水差しを持った東洋の女性の図入りで記述されている。Schimmel, "Women in Mystical Islam," 147.

40. Bernard Lewis, *The Arabs in History* (London: Arrow Books, 1958), 109. 次著も参照。Ibn al-Jawzi, "Kitab al-muntazim fi tarikh al-muluk wa'l-umam" in *Akhbar al-Qarammita fi al-Ahsa', al-Sham, al-lraq, al-Yaman,* 2d ed. (Damascus: Dar hasan, 1982), 255-72.

41. カルマト派の女性については次著を参照。*Encyclopaedia of Religion and Ethics* (New York: Scribner and Sons, 1961), s.v. "Carmatians";

and M. J. De Goeje, *Mémoire sur les Carmates du Bahrein et les Fatimides* (Leiden: E. J. Brill, 1886).

42. Ibn al-'Arabi, *Sufis of Andalusia: The Ruh al-Quds and al-Durrat al-Fakhirah of Ibn al-'Arabi,* trans. R. W. J. Austin (London: Allen and Unwin, 1971), 142-43.

43. Henry Corbin, *Creative Imagination in the Sufism of Ibn 'Arabi* (originally in French), trans. Ralph Manheim, Bollingen Series 91 (Princeton: Princeton University Press, 1969), 137-39.

44. Ibn al-'Arabi, *The Bezels of Wisdom,* trans. R. W. J. Austin (New York: Paulist Press, 1980), 35. 次著も参照。 Fazlur Rahman, *Islam,* 2d ed. (Chicago: University of Chicago Press, 1979), 146.

45. Ibn al-'Arabi, *Bezels of Wisdom,* 274; R. W. J. Austin, "The Feminine Dimensions in Ibn 'Arabi's Thought," *Journal of the Muhyiddin Ibn 'Arabi Society* 2 (1984): 8-9.

第六章

1. ゴイテインによれば，「中世後期，ヨーロッパに住むユダヤ人が書き残した手紙や記録を用い，彼らの属していた社会全体の姿を描こうとするのは危険である。（中略）〔しかし〕ここで取り上げる時代における地中海地方の社会に関しては，そう〔危険〕ではない。当時そこに住むものたちが高度に法的な，また市民としての自治権を享受していたにもかかわらず，また半外国人という身分にもかかわらず，（中略）この時期彼らは自由に近隣の者と交わり，それ故，それほどの差異がなくなっていた。というのは，アラブの諺にあるように，『先祖より同時代の者に人は似る』のである。12世紀ユダヤ人の医者で，カイロもしくはアレッポにある政府の病院で働いていた者が，多くの点で，当時の医術一般の代表であると考えることができたし，ユダヤ人のガラス職人や絹の職工，鋳造者は，キリスト教やイスラームの仲間の職人と同じ社会的地位を持っていたし，使う技術も同じであったのだ。ちょっとした貸し付けとして表されている相互扶助は，宗教は異なるが職を同じくする者たちのあいだで普通に行われていたことが，ゲニザ文書より分かる」。Goitein , *A Mediterranean Society: The Jewish Communities of the Arab World as Portrayed in the Documents of the Cairo Geniza,* 5 vols. (Berkeley: University of California Press, 1967-), 1: 70-71.

2. たとえば９歳の少女の死を記録するさい，ムハンマド・シャムス・アッディーン・アル＝サハーウィーはその少女が結婚していたことに触れてい

る。*Kitab al-nisa'* , vol. 12, of *Al-daw' al-lami' li ahl qarn al-tasi',* 12 vols. (Beirut: Maktabat al-haya, n.d.), 163. これ以降，同書からの引用については本文中に記す。アル＝サハーウィーはカイロに生まれた。彼は自分の生きた世紀の名士を12巻の伝記に編纂し，そのうち1巻を女性にあてた。その女性の巻について参考になる研究としては，次著を参照のこと。Huda Lutfi, "Al-Sakhawi's *Kitab al-Nisa'* as a Source for the Social and Economic History of Muslim Women during the Fifteenth Century A.D.," *Muslim World* 71, no. 2 (1981): 104-24.

3. 次著を参照。William Muir, *The Mamluke or Slave Dynasty of Egypt: 1260-1517 A.D.* (London: Smith, Elder, 1896), 217; and Ahmad Abd ar-Raziq, *La Femme au temps des Mamlouks en Egypte,* 2 vols. (Cairo: Institut Français d'Archéologie Orientale du Caire, 1973), 2:183.
4. 次著を参照。 Muir, *Mamluke or Slave Dynasty,* 225; and Abd ar-Raziq, *La Femme au temps des Mamlouks,* 2: 125-28.マムルークについては，次著を参照のこと。Carl F. Petry, *The Civilian Elite of Cairo in the Later Middle Ages* (Princeton: Princeton University Press, 1981).
5. Abd ar-Raziq, *La Femme au temps des Mamlouks,* 2:166-69.
6. Carl F. Petry, "A Paradox of Patronage during the Later Mamluk Period," *Muslim World* 73, nos. 3-4 (1983): 201.
7. Gabriel Baer, "Women and Waqf: An Analysis of the Istambul Tahrir of 1546," *Asian and African Studies* 17, nos. 1-3 (1983): 10, 27. マムルークの男たちの死亡率が高かったことについては，次著を参照。Muir, *Mamluke or Slave Dynasty,* 226.
8. マムルークの女性の財産については，次著を参照。Abd ar-Raziq, *La Femme au temps des Mamlouks,* 1: 16-19, 57-58, 65.
9. 女性による寄贈の例は豊富にある。次著を参照のこと。Abd ar-Raziq, *La Femme au temps des Mamlouks,* 1: 319-27. たとえば，ハートゥーン・トゥガイは，彼女の女奴隷のために年金つきの修道院を設立した。Abu'l-Abbas Ahmad ibn 'Ali ibn 'Abd al-Kadir al-Husaini, Taki al-Din al-Maqrizi, *Kitab al-mawai'z wa'l-i'tibar fi dhikr al-khitat wa'l-athar,* 2 vols. (Baghdad: Maktabat al-muthana, ［1970］), 2: 425.
10. Goitein, *Mediterranean Society,* 3: 260. アル＝サハーウィーは彼の著作の項目にあがっている人物に，3，4人もの夫の名を挙げていることもある（46，140-41，72，104，113，7-8)。19世紀エジプトのカイロ住人のあいだで再婚は一般的であったと，エドワード・ウィリアム・レインは述べ，また同じ時期エジプトの小作農のあいだでもそうだったと，ジュディス・

E・タッカーが述べている。Lane, *The Manners and Customs of the Modern Egyptians* (London: Everyman, 1966), 188; Tucker, *Women in Nineteenth-Century Egypt* (Cambridge: Cambridge University Press, 1985), 53.

11. アレクサンダー・ラッセルによれば,「家柄のいい女性は,家族の社会的重要性を意識して,傲慢でおこりっぽい傾向がある。そして,夫は別の女性を床に連れていかないことを,彼女の親族の者が結婚の条件の一つとして求めることがある」。その結果,「階級が上の人々のあいだでは,裕福な商人同様,自由民の女性より奴隷と結婚するのを好む者が多かった。上流の女性を手に入れるのに必要な条件に屈するより,財政基盤も縁組による利点をも顧みないことを選ぶのである」。Alexander Russell, *The Natural History of Aleppo, Containing a Description of the City, and the Principal Natural Productions in Its Neighborhood. Together with an Account of the Climate, Inhabitants, and Diseases, Particularly of the Plague,* 2 vols. (London: Printed for G. G. and J. Robinson, 1794), 1: 271.

12. Goitein, *Mediterranean Society,* 1: 73–74; Russell, *Natural History of Aleppo,* 1: 271, 277; Lane, *Manners and Customs of Egyptians,* 185, 188; Tucker, *Women in Nineteenth-Century Egypt,* 53; Haim Gerber, "Social and Economic Position of Women in an Ottoman City: Bursa, 1600–1700," *International Journal of Middle East Studies* 12, no. 3 (1980): 232.

13. たとえば次著を参照のこと。Russell, *Natural History of Aleppo,* 1: 277; and Lane, *Manners and Customs of Egyptians,* 185.

14. 私がここで要約した調査結果は,この事件の記録を扱っている次著による。Ehud R. Toledano, "Slave Dealers, Women, Pregnancy and Abortion" *Slavery and Abolition* 2, no. 1 (1981): 53–69.

15. Goitein, *Mediterranean Society,* 3: 324. コプト教徒の女性に関してこの主題に関わるいかなる証拠もお目にかかったことがない。今のところ彼女たちの経験に関する情報はほとんどない。

16. Al-Maqrizi, *Khitat,* 2: 454. 慈善施設を築いた女性たちの中には,バルカン出身で「孤児と寡婦のための」学校を設立したアルフ・ビント・サーリフや,バルカン出身の母を持ち,(リバートに似た)ザーウィアを創設したハディージャ・ビント・ユーセフがいる。ハディージャは「多くの寡婦」とそこに住み, 死後そこに埋葬された。Al-Sakhawi, *Kitab al-nisa',* 7–8, 113.

17. Al-Maqrizi, *Khitat,* 2: 427–28.

18. Gerber, "Social and Economic Position in Bursa," 233; Tucker,

Women in Nineteenth-Century Egypt, 99; Abraham Marcus, "Men, Women and Property: Dealers in Real Estate in Eighteenth-Century Aleppo," *Journal of the Economic and Social History of the Orient* 26, pt. 2 (1983): 145; Ronald C. Jennings, "Women in the Early Seventeenth-Century Ottoman Judicial Records—The Sharia Court of Anatolian Kayseri," *Journal of the Economic and Social History of the Orient* 18, pt. 1 (1975): 61-65.

19. Marcus, "Men, Women and Property," 144, 146; Jennings, "Women in Ottoman Judicial Records," 99. 同様の調査結果については次著を参照。Tucker, *Women in Nineteenth-Century Egypt,* 83; and Gerber, "Social and Economic Position in Bursa," 234.

20. カイセリでは，女性による売却は，購入の3倍であり，アレッポでは2倍以上であった。ブルサでも購入するより売却するほうが多かった。Jennings, "Women in Ottoman Judicial Records," 99; Marcus, "Men, Women and Property," 144; Gerber, "Social and Economic Position in Bursa," 240.

21. Goitein, *Mediterranean Society,* 1: 266; Marcus, "Men, Women and Property," 151, 146-47.

22. Marcus, "Men, Women and Property," 145; Jennings, "Women in Ottoman Judicial Records," 102; Gerber, "Social and Economic Position in Bursa," 234-35; Tucker, *Women in Nineteenth-Century Egypt,* 82-83.

23. Gerber, "Social and Economic Position in Bursa," 233; Tucker, *Women in Nineteenth-Century Egypt,* 99; Jennings, "Women in Ottoman Judicial Records," 61-65.

24. Goitein, *Mediterranean Society,* 3: 342, 1: 100-102. しかしゴイテインの記述には混乱も見られる。「糸紡ぎや機織りといった仕事は，理屈上はすべて女性の義務であったが，プロの職人のこと以外で，触れられることはほとんどない」と述べている。Ibid., 3: 341.

25. Tucker, *Women in Nineteenth-Century Egypt,* 85. ガーバーが調べた記録では，123の地所のうち20，つまり16パーセントが 織機などの財産を一覧に挙げていて，女性もある種の職人であったことが分かる。ただほとんどは糸紡ぎや機織りであった。1678年の絹糸紡ぎ機についての調査のことを彼が報告していて，ブルサにある300の機具のうち150が女性により所有，操作されていた。別の記録には，絹糸紡ぎ機にかかる税負担を減らす試みについて述べてあり，その職業についているのはほとんどが「貧しい

女性」だとある。Gerber, “Social and Economic Position in Bursa,” 237-38. 次著も参照。 Margaret Meriweather, “Women and Work in Nineteenth-Century Syria” (Paper presented at the Middle East Studies Association Conference, 1986).

26. Tucker, *Women in Nineteenth-Century Egypt,* 86.

27. レインは次のように書いている。「中流階級の名士の若い娘は，公立学校で少年と一緒に教育を受けることもあった。しかし普通ヴェールをし，少年との交際はなかった。立派な服装をした女の子が一人，少年の学校でコーランを読んでいるのを見たことがよくあった」。*Manners and Customs of Egyptians,* 64n1. タッカーも同様のことを記していて，少女がクッターブに通うことは，19世紀には「革新」であるとは考えられていなかった。*Women in Nineteenth-Century Egypt,* 110. ラッセルによれば，「7歳くらいの少女は裁縫と刺繡を習いに学校へやられた」そうである。9歳になると，もう学校へは行かず，「少女の教育がさらに続けられる場合，教師がハーレムにやってきた」。*Natural History of Aleppo,* 1: 264.

28. アル＝サハーウィーは，父親から教育を受けた多くの少女のことについて述べている(8，19，15，31，45，21)。伯母のズバイダに教わった者(21)，夫に教わった者もいた (44)。

29. アル＝サハーウィーは女性の教師に教わった (たとえば，78-79, 124)。アル＝スユーティーと女性教師については次のものを参照のこと。Elizabeth M. Sartain, *Jalal al-Din al-Suyuti* (Cambridge: Cambridge University Press, 1975), 127. アル＝サハーウィーはほんのたまに，ヴェールや間仕切りに隠れて「漏れ聞いた」女性のことを記しているのみである (たとえば 22)。ヒジャーブという言葉は，「ヴェール」と「間仕切り」のどちらをも意味しうるが，ここではおそらく「間仕切り」の意味であろう。ハジャルと「高齢の女性」がヴェールをしなかったとアル＝サハーウィーが記していることから，若い女性はヴェールをしていたと思われる。

30. 次著も参照。 Peter Gran, *Islamic Roots of Capitalism: Egypt, 1760-1840* (Austin: University of Texas Press, 1979), 129.

31. たとえば次著を参照。 George Makdisi, *The Rise of Colleges* (Edinburgh: Edinburgh University Press,1981); A. S. Tritton, *Materials on Muslim Education in the Middle Ages* (London: Luzac, 1957); and Ahmad Shalaby, *History of Muslim Education* (Beirut: Dar al-kashshaf, 1954).

32. James Augustus St. John, *Egypt and Mohammed Ali; or, Travels in the Valley of the Nile,* 2 vols. (London: Longman, Rees, Orme, Brown,

Green and Longman, 1834), 2: 335. See Petry, *Civilian Elite of Cairo,* 247.

33. 次著参照。Goitein, *Mediterranean Society,* 1: 127–30; Abd ar-Raziq, *La Femme au temps des Mamlouks,* 1: 43–87; Lutfi, "Al-Sakhawi's *Kitab al-nisa' ,*" 117; Tucker, *Women in Nineteenth-Century Egypt,* 82–83. マリスタンで雇われた女性に関しては次著を参照。Petry, *Civilian Elite of Cairo,* 140–41.

34. Russell, *Natural History of Aleppo,* 1: 263. See Abd ar-Raziq, *La Femme au temps des Mamlouks,* 1: 45. 18世紀，カイロでは，娼婦もまた政府役人から免許を受け，税金を払っていた。André Raymond, *Artisans et commerçants au Caire au XVIIIe siècle,* 2 vols. (Damascus: Institut Français de Damas, 1973–74), 2: 609. 次著も参照。Gabriel Baer, *Egyptian Guilds in Modern Times* (Jerusalem: Israel Oriental Society, 1964), 84–85. 19世紀エジプトの娼婦と国家については次著を参照。Tucker, *Women in Nineteenth-Century Egypt,* 150–55. 低い階層の職業に関しては次著を参照。Ira Marvin Lapidus, *Muslim Cities in the Later Middle Ages,* Harvard Middle East Studies (Cambridge: Harvard University Press, 1967), 82–83.

35. Sa'id Abdel Fattah 'Ashur, *Al-mujtama' al-misri fi'asr al-salateen al-mamaleek* (Cairo: Dar al-nahda al-'arabiyya, 1962), 167.

36. Abu 'Abdullah Muhammad ibn Muhammad al-'Abdari ibn al-Hajj, *Al-madkhal,* 4 vols. (Cairo: Al-matba'a al-misriyya, 1929), 2: 141.

37. Goitein, *Mediterranean Society,* 1: 118–20, 3: 359; Russell, *Natural History of Aleppo,* 238–39; Lane, *Manners and Customs of Egyptians,* 189.

38. S. D. Goitein, "The Sexual Mores of the Common People," in *Society and the Sexes in Medieval Islam,* ed. Afaf Lutfi al-Sayyid Marsot (Malibu, Calif.: Undena Publications, 1979), 46.

39. Goitein, *Mediterranean Society,* 3: 128.

40. Ibid., 4: 153–54; Abu'l-Abbas Ahmad ibn 'Ali ibn 'Abd al-Kadir al-Husaini, Taki al-Din Ahmad ibn 'Ali al-Maqrizi, *Kitab al-suluk li ma'rifat duwal al-muluk,* 4 vols. in 12, ed. Muhammad Mustapha Ziadeh (Cairo: Matba 'at lajnat al-ta'leef wa'l-tarjama wa'l-nashr, 1936–73), 3: 503; Ibn al-Hajj, *Al-madkhal,* 1: 242.

41. Goitein, *Mediterranean Society,* 1: 114, 115, 161, 3: 341, 343; 'Ashur, *Al-mujtama' al-misri,* 116–17; Russell, *Natural History of Aleppo,* 1:

242; Tucker, *Women in Nineteenth-Century Egypt,* 82–83.

42. Ibn al-Hajj, *Al-madkhal,* 2: 54–55; al-Maqrizi, *Kitab al-suluk,* 4, pt. 2: 1032–33.

43. Goitein, *Mediterranean Society,* 3: 343; Abd ar-Raziq, *La Femme au temps des Mamlouks,* 1: 35; Russell, *Natural History of Aleppo,* 1: 254; Lane, *Manners and Customs of Egyptians,* 343, 506.

44. Ibn al-Hajj, *Al-madkhal,* 3: 246.

45. ダーミナについては次著を参照。Abd ar-Raziq, *La Femme au temps des Mamlouks,* 1: 86.

46. Ibn al-Hajj, *Al-madkhal,* 1: 267–68.

47. Al-Maqrizi, *Kitab al-suluk,* 4, pt. 2: 619; 2, pt. 1: 51.

48. Ibn al-Hajj, *Al-madkhal,* 1: 272–75; al-Maqrizi, *Kitab al-suluk,* 4, pt. 2: 614.

49. Al-Maqrizi, *Kitab al-suluk,* 4, pt. 2: 1032–33.

50. De Lacy O'Leary, *A Short History of the Fatimid Caliphate* (London: K. Paul, Trench, Trubner; New York: E. P. Dutton, 1923), 173.

51. See Abd ar-Raziq, *La Femme au temps des Mamlouks,* 2: 217.

52. Ibn al-Hajj, *Al-madkhal,* 2:172–73.

53. *The Complete Letters of Lady Mary Wortley Montagu,* 2 vols., ed. Robert Halsband (Oxford: Clarendon Press, 1965), 1: 347–48; 同書からの引用については，これ以降本文中に記す。

54. Russel, *Natural History of Aleppo,* 1: 267.トレダーノがこの種の投資のことを，19世紀イスタンブル上流階級の女性に関し記している。"Slave Dealers, Women, Pregnancy and Abortion," 59–60.

55. Russell, *Natural History of Aleppo,* 1: 270; Baer, "Women and Waqf," 23–24.

56. Russell, *Natural History of Aleppo,* 1: 247–48.

57. *Aspects de la vie quotidienne en Egypte: A l'Epoque de Mehemet-Ali, première moitié du XIXe siècle, d'après les souvenirs d'une fille du peuple, en Egypte,1834–36, de Suzanne Voilquin,* ed. Rouchdi Fakkar (Paris: Maisonneuve et Larose, 1975), 72–73.

第七章

1. Fatima Mernissi, *Beyond the Veil* (Cambridge: Schenkman, 1975), 12.

2. ヨーロッパ人商人たちは積極的に現地市場と競争した。たとえば，フラ

ンスの商人は，エジプト人が好む生地のタイプや色を覚えるようになり，フランス本国に見本を送ってコピーさせたと伝えられている。イラクでは，英領インドから輸入した布が国内生産を大々的に侵害した。次著（とくに第1章）を参照のこと。Roger Owen, *The Middle East in the World Economy, 1800-1914* (London: Methuen, 1981) 次著も参照のこと。Charles Issawi, "Egypt since 1800: A Study in Lopsided Development," in *An Economic History of the Middle East, 1800-1914,* ed. Issawi (Chicago: University of Chicago Press, 1966) 359-74.

3. Afaf Lutfi al-Sayyid Marsot, *Egypt in the Reign of Muhammad Ali* (Cambridge: Cambridge University Press, 1984), 17.
4. Judith E. Tucker, *Women in Nineteenth-Century Egypt* (Cambidge: Cambridge University Press, 1985), 86-88, 101.
5. たとえば，ナポレオン戦争に巻き込まれたイギリスが軍のために穀物を必要としたとき，ムハンマド・アリーは，イギリスに穀物を売ることを承諾した。穀物の代金を支払うため，イギリス人商人たちは，エジプトに対する輸出を増進し，イギリス製の安価な織物が，エジプトに氾濫した。この流入の結果，現地の店の多くが閉店に追い込まれ，男性も女性も生活の糧や不可欠の副収入を奪われることとなった。Marsot, *Egypt in the Reign of Muhammad Ali,* 166.
6. ムハンマド・アリーの工業化の試み，とくに紡績産業がなぜ失敗したかについては，議論がある。アファーフ・アル＝サイイド・マルソットその他の者は，ヨーロッパ列強が，これらの失敗において主要な役割を果たしたと主張している。列強は，エジプトを原材料の供給者，ヨーロッパ製品の消費者という立場にとどめおき，完成品の生産における競争者にさせないことで利益を得た。次著，とくに175，259頁を参照のこと。Marsot, *Egypt in the Reign of Muhammad Ali.*
7. Mona Hammam, "Women and Industrial Work in Egypt; The Chubra el-Kheima Case," *Arab Studies Quarterly* 2, no. 1 (1980); 51-54. 次著も参照のこと。Moustapha Fahmy, *La Révolution de l'industrie en Egypte et ses conséquences sociales au XIXe siècle (1800-1850)* (Leiden; E. J. Brill, 1954), 64-65, 69.
8. Marsot, *Egypt in the Reign of Muhammad Ali,* 122; Tucker, *Women in Nineteenth-Century Egypt,* 27, 41; Judith E. Tucker, "Decline of the Family Economy in Mid-Nineteenth Century Egypt," *Arab Studies Quarterly* 1, no. 3 (1979); 260.
9. Judith E. Tucker, "Egyptian Women in the Work Force: An Histori-

cal Survey," *Middle East Research and Information Project,* no. 50 (1976); 7, 8.

10. 解放奴隷の運命に関する議論については，次著を参照のこと。Tucker, *Women in Nineteenth-Century Egypt,* 188-91.
11. J. Heyworthe-Dunne, *An Introduction to the History of Education in Modern Egypt* (London: Frank Cass, 1968), 105.
12. Muhammad Kamal Yehya, *Al-judur al-tarikhiyya li tahrir al-mar'a al-misriyya; fi al-'asr al-hadith* (Cairo: Al-hayy'a al-misrriya al-'ama lil-kutub, 1983), 69; Jamal Mohammed Ahmed, *The Intellectual Origins of Egyptian Nationalism* (London: Oxford University Press, 1960), 13; Yacoub Artin, *L'Instruction publique en Egypte* (Paris; Ernest Leroux, 1890), 120 (quotation).
13. 彼女は1834年から1836年まで校長を務めた。Heyworthe-Dunne, *Introduction to the History of Education,* 32.
14. 彼女たちの訓練に関する記述については，次著を参照。Laverne Kuhnke, "The 'Doctoress' on a Donkey; Women Health Officers in Nineteenth-Century Egypt," *Clio Medica* 9, no. 3 (1974): 194-96.
15. Ibid., 200; Artin, *L'Instruction publique,* 131; Yehya, *al-judur,* 85.
16. Artin, *L'Instruction publique,* 134.
17. Mai Ziadeh, *'Aisha Taymour* (Beirut Mu'assassat nufal, 1975), 60-61.
18. Artin, *L'Instruction publique,* 160-61.
19. Mary Louisa Whately, *Child-Life in Egypt* (Philadelphia: American Sunday-School Union, [1866]), 40-45; Heyworthe-Dunne, *Introduction to the History of Education,* 334.
20. Anouar Abdel Malek, *Egypt*： *Military Society; The Army Regime, the Left, and Social Change under Nasser,* trans. Charles Lam Markmann (New York: Random House, 1968), 154, 313; Yehya, *al-judur,* 77; Heyworthe-Dunne, *Introduction to the History of Education,* 335-36.
21. Fritz Steppat, "National Education Projects in Egypt before the British Occupation," in *Beginnings of Modernisation in the Middle East,* ed. William R. Polk and Richard L. Chambers (Chicago: University of Chicago Press, 1968), 287 (quotation), 288; Yehya, Al-judur, 71-72.
22. *Al-a'mal al-kamila li Rifa'ah Rafi' al-Tahtawi,* ed. Muhammad 'Amara (Beirut: Al-mu'assasa al-'arabiyya lil-dirasat wa'l-nashr, 1973), 2; 356, 360, 393. アル＝タフターウィーのフェミニズムについては次著も

参照。Ibid., 2; 562; Charles Vial, "Rifâ'a al-Tahtâwî (1801-1873), précurseur du féminisme en Egypte," *Maghreb Machrek* 87 (January-March 1980).

23. Yehya, *Al-judur,* 70. ヨーロッパ人男性として初めてフェミニズムの本 (*The Subjection of Women,* 1869) を著したジョン・スチュワート・ミルも，同様の文書を妻のために書き，法が不公正にも彼に与えている，彼女の財産と彼女の人格に対する権利を拒否している。

24. Steppat, "National Education Projects in Egypt," 293.

25. Robert L. Tignor, *Modernisation and British Colonial Rule in Egypt, 1882-1914* (Princeton ; Princeton University Press, 1966), 324.

26. Elizabeth Cooper, *The Women of Egypt* (Westport, Conn.: Hyperion Press, [1914] ; rpt. 1981), 165.

27. J. M. Ahmed, *Intellectual Origins of Egyptian Nationalism,* 30; Ijlal Khalifa, *Al-haraka al-nisa'iyya al-haditha; qissat al-mar'a al-'arabiyya 'ala ard misr* (Cairo; Al-matba'a al-'arabiyya al-haditha, 1973), 107; Tignor, *Modernisation and British Rule in Egypt,* 345-46; Cooper, *Women of Egypt,* 169.

28. トルコもエジプトとほぼ同時期，ヨーロッパに留学生を派遣し，軍事学校と医学校を開設した。助産婦のための学校が1842年に創設され，1860年代までには，トルコ政府は女子のための学校も設立し始めたが，それを正当化するために，女子教育の必要性を説明するレトリックを考案しなければならなかった。たとえば1860年代に師範学校を開設したときは，教育大臣は次のように宣言した。子どもたちは「就学年齢に達するまでは母の世話に委ねられており，そのため，女性たちも読み書きを学ばねばならない」。彼はこうも述べた。「コーランにはムスリム女性が学んだり，自分のために商売をしたり，技術者になるのを妨げるものは何もない」。1895年までには，師範学校には350名の学生がいた。A. Afetinan, *The Emancipation of the Turkish Woman* ([Paris]: UNESCO, [1962]), 38; Fanny Davis, *The Ottoman Lady; A Social History from 1718 to 1918* (New York: Greenwood Press, 1986), 51.

29. Davis, *Ottoman Lady,* 50, 93.

30. Charles C. Adams, *Islam and Modernism in Egypt* (New York: Russell and Russell, 1933), 13. 当時の思想史については次著を参照のこと。Albert Hourani, *Arabic Thought in the Liberal Age, 1798-1939* (Cambridge; Cambridge University Press, 1983); Peter Gran, *Islamic Roots of Capitalism: Egypt, 1760-1840* (Austin; University of Texas

Press, 1979).

31. 私がここで引用したのは，アダムスによる，アブドゥの見解の簡潔な梗概である。Adams, *Islam and Modernism in Egypt,* 152. 一夫多妻，離婚，ヴェールに関するアブドゥの見解については，次著を参照のこと。*Al-a'mal al-kamila lil-Imam Muhammad 'Abdu,* 6 vols., ed. Muhammad 'Amara (Beirut; Al-Mu'assasa al-'arabiyya lil-dirasat wa'l-nashr, 1972), 2; 68-90, 105-30, 227-31.
32. *Al-a'mal al-kamila lil-Imam Muhammad 'Abdu,* ed. 'Amara, 2; 365.
33. 次著から引用。Muhammad 'Abdu, "The Error of Intellectuals," in Adams, *Islam and Modernism in Egypt,* 49.
34. Khalifa, *Al-haraka al-nisa'iyya,* 24, 40, 50, 111-12.
35. Ibid., 23.
36. Byron D. Cannon, "Nineteenth-Century Arabic Writing on Women and Society: The Interim Role of the Masonic Press in Cairo — *Al-Lata'if,* 1885-1895," *International Journal of Middle East Studies* 17, no. 4 (1985); 475, 477 (quotation), 476, 483.
37. Leila Ahmed, *Edward William Lane and British Ideas of the Middle East in the Nineteenth Century* (London: Longman 1978), 45.
38. Yehya, *Al-judur,* 73.
39. Qassim Amin, *Tahrir al-mar'a,* in *Al-a'mal al-kamila li Qassim Amin,* 2 vols., ed. Muhammad 'Amara (Beirut; Al-mu'assasa al-'arabiyya lil-dirasat wa'l-nashr, 1976), 2: 18.
40. Mukhtar Tuhami, *Thalath Ma'ariq fikriyya; al-sahafa wa'l-fikr wa'l-thawra* (Cairo: 1976), 36.
41. A. B. De Guerville, *New Egypt* (London: William Heinemann, 1906), 146; Beth Baron, "Unveiling in Egypt; Fashion, Seclusion, and Change" (Unpublished Paper).
42. Khalifa, *Al-haraka al-nisa'iyya,* 112.

第八章

1. 次著参照。J. N. Anderson, "Law Reform in Egypt: 1850-1950," in *Political and Social Change in Modern Egypt,* ed. P. M. Holt (London: Oxford University Press, 1968), 209-30; Noel J. Coulson and Doreen Hinchcliffe, "Women and Law Reform in Contemporary Islam," in *Women in the Muslim World,* ed. Lois Beck and Nikki Keddie (Cambridge: Harvard University Press, 1978), 37-51.

2. Rovert L. Tignor, *Modernisation and British Colonial Rule in Egypt, 1882–1914* (Princeton: Princeton University Press, 1966), 324.
3. Ibid., 324–6.
4. たとえばダンテの『神曲』において，ムハンマドは，地獄の最低域に放逐されている。ムハンマドは，女性について彼が説教した領域において破戒を行った者として連想されている。次著を参照。*The Comedy of Dante Alighieri,* trans. Dorothy Sayers (Penguin Books, 1949), Canto 28, 346–47, 251. 西洋による初期のイスラーム表象に関する記述については，次著を参照。Norman Daniel, *Islam and the West* (Edinburgh: Edinburgh University Press, 1966); R.W. Southern, *Western Views of Islam in the Middle Ages* (Cambridge: Harvard University Press, 1962).〔邦訳，R. W. サザーン『ヨーロッパとイスラム世界』鈴木利章訳，岩波書店，1980年〕
5. *The Complete Letters of Lady Mary Wortley Montagu,* 2 vols., ed. Robert Halsband (Oxford: Clarendon Press, 1965), 1: 318.「彼ら〔ムスリム〕は女性が魂を持っているとは認めていない，という私たちの通俗的な考え」を彼女は訂正したが，次のように書き記すことで，その間違いを，若干修正した形であるが，永続化させた。「これは本当です。彼らは，それ（女性の魂）はさほど崇高なものではないので，男性のためとされている天国に入ることを期待してはいけないのだと言っています」。Ibid., 1: 363. 一夫多妻とヨーロッパ男性にも見られる「不実」に関する彼女の発言については，次を参照。Ibid., 1: 329. モンタギューはまた同じ文脈で，上流階級のムスリム女性が，自分自身の財産を所有しており，そのお蔭で，キリスト教徒の女性に比べて男性の言うなりにならずに済んでいることも指摘している。ヴェールに関する彼女の意見については次を参照。Ibid., 1: 328.
6. ティモシー・ミッチェルの『エジプトの植民地化』は，植民地主義とその言説的企図という問題について，興味深い価値ある考察を提供してくれる。Timothy Mitchell, *Colonising Egypt* (Cambridge: Cambridge University Press, 1988).
7. Edward Said, *Orientalism* (London: Routledge and Kegan Paul, 1978).〔邦訳，エドワード・サイード『オリエンタリズム』今沢紀子訳，平凡社，1986年〕
8. 人類学の植民地理論への応用と，女性に対する性差別的見解の補強に人類学が用いられたことに関する議論については次著を参照のこと。Mona Etienne and Eleanor Leacock, "Introduction," in *Women and Colonisa-*

tion: Anthropological Perspectives, ed. Etienne and Leacock (New York; Praeger Publishers, 1980), 1-24; Susan Carol Rogers, "Women's Place: A Critical Review of Anthropological Theory," *Comparative Studies in Society and History* 20, no. 1 (1978); 123-62; Elizabeth Fee, "The Sexual Politics of Victorian Social Anthropology," in *Clio's Consciousness Raised,* ed. M. Hartman and L. Banner (New York: Harper Torchbooks, 1974), 86-102.

9. Earl of Cromer, *Modern Egypt,* 2 vols. (New York: Macmillan , 1908), 2; 146; これ以降，同書からの引用については本文中に記す。

10. A. B. De Guerville, *New Egypt* (London; William Heinemann, 1906), 154.

11. Cromer Papers, cited in Judith E. Tucker, *Women in Nineteenth-Century Egypt* (Cambridge: Cambridge University Press, 1985), 122.

12. クローマーは〔女性の〕参政権運動に対する反対者として傑出しており，クローマーとケドゥルストン初代侯爵カーゾン卿にちなんで，カーゾン・クローマー連合と呼ばれることもあった。次著を参照のこと。Constance Rover, *Women's Suffrage and Party Politics in Britain, 1866-1914* (London: Routledge and Kegan Paul; Toronto: University of Toronto Press, 1967), 171-73. 次著も参照。Brian Harrison, *Separate Spheres; The Opposition to Women's suffrage in Britain* (New York: Holmes and Meier Publishers, 1978).

13. Rev. Robert Bruce, in *Report of the Centenary Conference on Protestant Missions of the World Held in Exeter Hall, London (June 9-19th)*, 2 vols., ed. James Johnston (New York: F. H. Revell, [1889]), 1:18-19; Annie van Sommer and Samuel M. Zwemer, eds., *Our Moslem Sisters ; A Cry of Need from Lands of Darkness Interpreted by Those Who Heard It* (New York: F. H. Revell, 1907), 27-28; van Sommer and Zwemer, eds., *Daylight in the Harem* (Edinburgh: Oliphant, Anderson and Ferrier, 1911), 149-50.

14. Qassim Amin, *Tahrir al-mar'a, in Al-a'mal al-kamila li Qassim Amin,* 2 vols., ed. Muhammad 'Amara (Beirut; Al-mu'assasa al-'arabiyya lil-dirasat wa'l-nashr, 1976), 2: 71-72. これ以降，同書からの引用については本文中に記す。同書からの引用はすべて，第2巻から。

15. アミーンの家庭生活に関する議論については，次著を参照。Mary Flounders Arnett, *Qassim Amin and the Beginnings of the Feminist Movemnet in Egypt* (Ph.D. diss., Dropsie College, 1965).

16. ‘Amara, “Hadith ‘an al-a‘mal al-kamila” (Discussion of the works of Amin), in *Al-a‘mal al-kamila li Qassim Amin,* ed. ‘Amara, 1: 133. アマーラが述べているところによれば，同書は，1897年，ムハンマド・アブドゥ，サアド・ザグルール，ルトゥフィー・アル＝サイイド，カーシム・アミーンが出席したジュネーブでの会合の成果である。事実，アマーラは特定の箇所を指して，それがムハンマド・アブドゥによって書かれたものであると信じている，と述べている。Ibid., 1: 139.

17. おそらく上述のようなくだりは，アブドゥあるいは，アミーンの協力者として同様に名前の挙がっているその他の者（サアド・ザグルールかルトゥフィー・アル＝サイイド）の助けによって書かれているのであろう。次著を参照のこと。Afaf Lutfi al-Sayyid Marsot, *Egypt and Cromer* (London: John Murray, 1968), 187.

18. Mukhtar Tuhami, *Al-sahafa wa’l-fikr wa’l-thawra, thalath ma‘ariq fikriyya* (Baghdad: Dar Ma’mun lil-tiba‘a, 1976), 28.

19. この問題についてより興味深い記述として次のようなものがある。Judith Gran, “Impact of the World Market on Egyptian Women,” *Middle East Research and Information Report,* no. 58 (1977): 3-7; Juan Ricardo Cole, “Feminism, Class, and Islam in Turn-of-the-Century Egypt,” *International Journal of Middle East Studies* 13, no. 4 (1981): 394-407.

20. Tuhami, *Thalath ma‘ariq fikriyya,* 42-45.

21. Tal‘at Harb, *Tarbiyet al-mar’a wa’l-hijab,* 2d ed. (Cairo: Matba‘at al-manar, 1905), e.g., 18, 19, 25, 29.

22. Frantz Fanon, *A Dying Colonialism,* trans. Haakon Chevalier (New York: Grove Press, 1967), 65. テーゼとアンチ・テーゼのあいだの相互連結と，アンチ・テーゼがいかにしてテーゼによって提起された意味の中に閉じこめられてしまうかについての有用な議論が，次著に見られる。Joan W. Scott, “Deconstructing Equality-versus-Difference: Or, the Uses of Poststructuralist Theory for Feminism,” *Feminist Studies* 14, no. 1 (1988): 33-49.

23. Ataturk, speech at Kastamonu, 1925, quoted in Bernard Lewis, *The Emergence of Modern Turkey* (London: Oxford University Press, 1961), 165. トルコにおけるこの問題の分節化に関する議論については，次著を参照。S. Mardin, *The Genesis of Young Ottoman Thought* (Princeton: Princeton University Press, 1962); and O. Ozankaya, “Reflections of Semsiddin Sami on Women in the Period before the Advent of Secular-

ism," in *Family in Turkish Society,* ed. T. Erder (Ankara: Turkish Social Science Association, 1985).

24. Guity Nashat, "Women in Pre-Revolutionary Iran: A Historical Overview," in *Women and Revolution in Iran,* ed. Nashat (Boulder, Colo.; Westview Press, 1982), 27.

25. イスラーム主義者の主張に対して，西洋に基盤を持つ，ムスリム（あるいはその他の）出自の女性たち一般が（決して彼女たちだけが，というわけではないが）反駁しているが，その問題点の一つは，西洋のナラティブやネイティブの上流階級の声に反復されたそれを，彼女たちが，その植民地主義的，階級差別的な仮説を考慮することなく再生産していることである。人種差別的で階級差別的な仮説が，秘かに，意図せざるものとして，再び書き込まれていることに対して，「マルクス主義」的な見解および西洋のリベラルな立場から批判されている。たとえば次著を参照のこと。Mai Ghoussoub, "Feminism—or the Eternal Masculine — in the Arab World," *New Left Review* 161 (January - February 1987): 3-18; and Azar Tabari, "the Women's Movemment in Iran: A Hopeful Prognosis," *Feminist Studies* 12, no. 2 (1986): 343-60. オリエンタリズムの問題とアラブ女性の研究については，ローズマリー・サイエグの次の作品において鋭く論じられている。Rosemary Sayigh, "Roles and Functions of Arab Women: A Reappraisal of Orientalism and Arab Women," *Arab Studies Quarterly* 3, no. 3 (1981): 258-74.

26. 次著を参照。Deniz Kandiyoti, "Women and the Turkish State: Political Actors or Symbolic Pawns ?" in *Women — Nation —State,* ed. Nira Yuval-Davis (London: Macmillan, 1989), 126.

第九章

1. Robert L. Tignor, *Modernisation and British Colonial Rule in Egypt, 1882-1914* (Princeton: Princeton University Press, 1966) 375-81; P. J. Vatiokis, *The History of Egypt: From Muhammad Ali to Sadat* (London: Weidenfeld and Nicolson, 1969), 231; Salama Musa, *The Education of Salama Musa,* trans. L. O. Schuman (Leiden: E. J. Brill, 1961), 29. ムーサーの引用については，これ以降，本文中に記す。

2. Jamal Mohammed Ahmed, *The Intellectual Origins of Egyptian Nationalism* (London: Oxford University Press, 1960), 66.

3. Tignor, *Modernisation and British Rule in Egypt,* 377.

4. この事件に関する記述についてはたとえば 同上書，280-82 頁を参照。

5. J. M. Ahmed, *Intellectual Origins,* 63.
6. 英国が女子に対し高校の門戸をようやく開放したのは 1917 年になってからであることが想起されよう。
7. 次著を参照。Beth Baron, "Unveiling in Egypt: Fashion, Seclusion and Change" (Unpublished paper).
8. Elizabeth Cooper, *The Women of Egypt* (Westport, Conn.: Hyperion Press, [1914] : rpt. 1981), 169.
9. Beth Baron, "Mothers, Morality and Nationalism in pre-1919 Egypt" (Unpublished paper). 次著第 3 章も参照のこと。Ijlal Khalifa, *Al-haraka al-nisa'iyya al-haditha: qissat al-mar'a al-'arabiyya 'ala ard misr* (Cairo: Al-matba'a al-'arabiyya al-haditha,1973). 女性前進協会の創立者の中には，民族主義系の新聞アル＝ドストール紙の社主であるムハンマド・ファリード・ワジュディの妻，ファーティマ・ラシードもいた。
10. Margot Badran, *Harem Years: The Memoirs of an Egyptian Feminist,* trans. Badran (New York: Feminist Press, 1987), 99, 93–95. 引用は 93 頁から。
11. Afaf Lutfi al-Sayyid Marsot, "The Revolutionary Gentlewomen in Egypt," in *Women in the Muslim World,* ed. Lois Beck and Nikki Keddie (Cambridge: Harvard University Press, 1978), 272–74.
12. Valentine Chirol, *The Egyptian Problem* (London: Macmillan, 1920), 168, 169 (quotation); Khalifa, *Al-haraka al-nisa'iyya,* 156–57.
13. Fina Gued Vidal, *Safia Zaghloul* (Cairo: R. Schindler, n.d.), 32.
14. Khalifa, *Al-haraka al-nisa'iyya,* 155.
15. Chirol, *Egyptian Problem,* 168.
16. Ibid.
17. Noel J. Coulson and Doreen Hinchcliffe, "Women and Law Reform in Contemporary Islam" in *Women in the Muslim World,* ed. Beck and Keddie, 40–44; J. N. D. Anderson, "Law Reform in Egypt, 1850–1950," in *Political and Social Change in Modern Egypt,* ed. P. M. Holt (London: Oxford University Press, 1968), 225.
18. Badran, *Harem Years,* 7, 80 (quotation).
19. Bahiga 'Arafa, *The Social Activities of the Egyptian Feminist Union* (Cairo: Elias Modern Press, 1964), 4–5, 51, 8: Badran, *Harem Years,* 134.
20. Afaf Lutfi al-Sayyid Marsot, *Egypt's Liberal Experiment, 1922–1936* (Berkeley: University of California Press, 1977), 199.
21. これらの女性たちに関しては次著を参照。 Khalifa, *Al-haraka al-nisa-*

'iyya.

22. Baheeja Sidky Resheed, Taheya Mohamad Asfahani, and Samia Sidky Mourad, *The Egyptian Feminist Union* (Cairo: Anglo-Egyptian Bookshop, 1973), 12, 24.
23. Bahithat al-Badiyya, *Al-nisa'iyyat, majmu'at maqalat fi al-jarida fi maudu' al-mar'a al-misriyya,* 2 vols. (Cairo: al-maktaba al-tijariyya al-kubra,1925), 1: 24-27. これ以降，同書からの引用については，本文中に記す。
24. Charles C. Adams, *Islam and Modernism in Egypt* (New York: Russell and Russell, 1933), 235-36.
25. これらの哀歌については，次著を参照のこと。al-Badiyya, *Al-nisa-'iyyat,* 2: 39-45.
26. Malak Hifni Nassef, *Athar Bahithat al-Badiyya, 1886-1918,* ed. Majd al-Din Hifni Nassef (Cairo: Wizarat al-thaqafa wa'l-irshad al-qawmi, al-Mu'assasa al-misriyya al-'ama lil-ta'leef wa'l-tarjama wa'l-tiba'a wa'l-nashr, [1962]), 54, 52-53.
27. これらの問題の予備的な検討に関しては，拙著を参照。 "Between Two Worlds: The Autobiography of a Turn-of-the-Century Egyptian Feminist," in *Life/Lines,* ed. Celeste Schenck and Bella Brodski (Ithaca: Cornell University Press, 1988)
28. 次著を参照。Mahmoud Bakheet el-Rabie, "Women Writers and Critics in Modern Egypt, 1888-1963" (Ph. D. diss., University of London, 1965)
29. Clara Boyle, *Boyle of Cairo* (Kendal: Titus Wilson, 1965), 42.
30. Ibid., 37-38.
31. Emine Foat Tugay, *Three Centuries: Family Chronicles of Turkey and Egypt* (London: Oxford University Press, 1963), 117. ナズリーの行きすぎについて謎めいた示唆を与えるものとして次著を参照。Nubar Pasha, *Mêmoires* (Beirut: Librairie du Liban, 1983), 21, 122-23.
32. Huda Sha'rawi, *Muthakirat Huda Sha'rawi,* ed. Abdle Hamid Fahmy Mursy (Cairo: al-hilal, 1981), 83.
33. Mary Flounders Arnett, "Marie Ziyada," *Middle Eastern Affairs* (August-September 1957): 291.
34. 「『私たちの国』（中略）は，その歴史の圧倒的大部分を通じて，私を奴隷として遇してきました。私が教育を受けるのを妨げ，国が所有するものに私があずかるのを拒否してきました。（中略）もしあたなたが，私，あ

るいは『私たちの』国を守るためにどうしても闘う，というのなら，冷静に，そして理性的になってよく覚えておいてほしい。あなたが闘っているのは，私にはあずかることのできない，ある性的本能を満たすためだということを，そして，私が享受することのなかった恩恵を獲得せんがためである，ということを。（中略）実際のところ，女である私には，国などないのです」。Virginia Woolf, *Three Guineas* (London: Penguin Books, 1978), 125.

35. Arnett, "Marie Ziyada," 293.

第十章

1. Amir Boktor, *School and Society in the Valley of the Nile* (Cairo: Elias Modern Press, 1936), 122, 153; 次著も参照のこと。Joel Beinin and Zackary Lockman, *Workers on the Nile: Nationalism, Communism, Islam and the Egyptian Working Class, 1882–1954* (Princeton: Princeton University Press, 1987), 167.
2. *Annuaire Statistique: 1932–33* (Cairo, 1934), table 5; Ruth F. Woodsmall, *The Study of the Role of Women: Their Activities and Organisations in Lebanon, Egypt, Iraq, Jordan and Syria, October 1954-August 1955,* directed by Woodsmall with the assistance of Charlotte Johnson (New York: International Federation of Business and Professional Women, 1956), 25 (quotation): Ijlal Khalifa, *Al-haraka al-nisa'iyya al-haditha: qissat al-mar'a al-'arabiyya 'ala ard misr* (Cairo: Al-matba-'a al-'arabiyya al-haditha, 1973), 25.
3. Charles Issawi, *Egypt at Mid-Century* (London: Oxford University Press, 1954), 55.
4. Ibid., 261n2. この論争をめぐる議論に関しては，次著を参照。Giora Eliraz, "Egyptian Intellectuals and Women's Emancipation, 1919–1939," *Asian and African Studies* 16 (1982): 95–120.
5. Soha Abdel Kader, *Egyptian Women in a Changing Society, 1899–1987* (Boulder, Colo.: Lynne Rienner, 1987), 102.
6. Issawi, *Egypt at Mid-Century,* 262, 71.
7. Mona Hammam, "Women and Industrial Work in Egypt: The Chubra el-Kheima Case," *Arab Studies Quarterly* 2, no. 1 (1980): 55; P. J. Vatiokis, *The History of Egypt from Muhammad Ali to Sadat* (London: Weidenfeld and Nicolson, 1969), 324; Issawi, *Egypt at Mid-Century,* 62.

8. Robert Mabro and Samir Radwan, *The Industrialisation of Egypt, 1939-1973: Policy and Performance* (Oxford: Clarendon Press, 1976), 28; Issawi, *Egypt at Mid-Century,* 60, 262.
9. Vatiokis, *History of Egypt,* 329.
10. Richard P. Mitchell, *The Society of the Muslim Brothers* (London: Oxford University Press, 1969), 73. これ以降，同書からの引用については，本文中に記す。
11. Afaf Lutfi al-Sayyid Marsot, *Egypt's Liberal Experiment, 1922-1936* (Berkeley: University of California Press, 1977), 236.
12. 次著第7章を参照。Mitchell, *Society of Muslim Brothers.*
13. Selma Botman, "Women's Participation in Radical Politics in Egypt, 1939-52," in *Khamsin: Women in the Middle East* (London: Zed Books, 1987), 22. 次著も参照のこと。Botman, *The Rise of Egyptian Communism, 1939-1970* (Syracuse, N.Y.: Syracuse University Press, 1988).
14. Ahmed Abdulla, *The Student Movement and National Politics in Egypt, 1923-73* (London: Al-Saqi Books, 1985), 241-42n40.
15. Botman, "Women's Participation in Radical Politics", 23 (quotation), 20.
16. Valerie J. Hoffman, "An Islamic Activist: Zeinab al-Ghazali," in *Women and the Family in the Middle East,* ed. Elizabeth Warnock Fernea (Austin: University of Texas Press, 1985), 234; 同書からの引用は，これ以降，本文中に記す。
17. Zeinab al-Ghazali, *Ayam min hayati* (Cairo: Dar al-shuruq, n.d.), 26. 同書の第2章はホフマンによって注意深く訳されており（彼女の訳は私自身の訳とかなり重なっている），Islamic Activist に，ガザーリーとのインタビューについてのホフマンの文章の後で掲載されている。
18. Al-Ghazali, *Ayam min hayati,* 37.
19. Ibid., 35-40.
20. Ibid., 39.
21. Cynthia Nelson, "The Voices of Doria Shafik: Feminist Consciousness in Egypt, 1940-1960," *Feminist Issues* 6, no. 2 (1986): 16. 同書からの引用は，これ以降，本文中に記す。
22. Derek Hopwood, *Egypt: Politics and Society, 1945-1981* (London: Allen and Unwin, 1985), 84-90.

第十一章

1. Ghulam Nabi Saqib, *Modernisation and Muslim Education in Egypt, Pakistan and Turkey: A Comparative Study* (Lahore: Islamic Book Service, 1977), 233, 237; The Charter (Cairo: U. A. R. Information Department, 1962), 57, 84.

2. 初等教育の義務化は，1920年代，1940年代にも公約されていた。だが，一般に教育問題に関してはほとんど何も行われてきていない。Amir Boktor, *The Development and Expansion of Education in the United Arab Republic* (Cairo: American University of Cairo Press, 1963), 27.

3. 1970年代には，60パーセント以上の小学校が，1回以上の交代制で運営されていた。教師1人当たりの生徒数は40人くらいだった。Khalid Ikram, *Egypt: Economic Management in a Period of Transition* (Baltimore: Johns Hopkins University Press, 1980), 118.

4. Mahmud A. Fakhsh, "The Consequences of the Introduction and Spread of Modern Education: Education and National Integration in Egypt," *Middle Eastern Studies* 16, no. 2 (1980): 45; Ikram, *Egypt,* 117, 130.

5. Fadwa El Guindi, "Veiled Activism: Egyptian Women in the Contemporary Islamic Movement," *Femmes de la Méditerranée Peuples Meditérranéens* 22-23 (January-June 1983): 84; Fahim I. Qubain, *Education and Science in the Arab World* (Baltimore: Johns Hopkins University Press, 1980), 71; Saqib, *Modernisation and Muslim Education,* 254; Ikram, *Egypt,* 130.

6. Ikram, *Egypt,* 119; Earl L. Sullivan, *Women in Egyptian Public Life* (Syracuse, N.Y.: Syracuse University Press, 1986), 34, 35, 195n48; Sullivan, "Women and Work in Egypt," in *Women and Work in the Arab World,* ed. Sullivan and Karima Koraysem, Cairo Working Papers in Social Science, vol. 4, monograph 4 (Cairo: American University of Cairo Press, 1981), 14, 29-33, 37; and Peter C. Dodd, "Youth and Women's Emancipation in the U. A. R.," *Middle East Journal* 22, no. 2 (1968): 161. 女性の就く職業としては，以前は農業従事者がもっとも多かった。1962年から1982年のあいだにその割合は減少している。都市部への移住者が増えているためであろう。ただ，統計は正確なものとは言えない。パートタイマーや自分の家の農場で働いている多くの女性が含まれていないからだ。一般に，農業や家事労働をはじめ，働く女性についての数字は信頼がおけない。女性労働者の数を少なく報告する傾

向がはっきりと認められるからだ。さまざまな産業で働く女性は労働者人口の3パーセント（1961年）から11パーセント（1971年）に増えている。そしてその大部分は事務職である。Sullivan, "Women and Work in Egypt," 17-18.

7. Mahmoud Abdel-Fadil, "Educational Expansion and Income Distribution in Egypt, 1952-57," in *The Political Economy of Income Distribution in Egypt,* ed. Robert L. Tignor and Gouda Abdel-Khalek (New York: Holmes and Meier Publishers, 1982), 355.

8. Ikram, *Egypt,* 110, 130.

9. John Waterbury, *Egypt: Burdens of the Past, Options for the Future* (Bloomington: Indiana University Press, 1978), 78; Ikram, *Egypt,* 105.

10. 次著を参照。Waterbury, *Egypt,* 61.

11. Ikram, *Egypt,* 110-11.

12. Waterbury, *Egypt,* 58, 56; Ahmad Taha Ahmad, *Al-mar'a kifahha wa 'amalha* (Cairo: Dar al-jamahir, 1964), 156-58.

13. とくに次著を参照のこと。Saad Eddin Ibrahim, "Social Mobility and Income Distribution in Egypt, 1952-77," in *Political Economy of Income Distribution,* ed. Tignor and Abdel-Khalek, 381.

14. Ikram, *Egypt,* 142, 113, 145.

15. Waterbury, *Egypt,* 127-28. 次著も参照。Iklam, *Egypt,* 148-49.

16. 次著を参照。Fakhsh, "Consequences of Modern Education," 49-51.

17. 1920年代後半から70年代後半までの20年間で，男性の識字率は19パーセントから57パーセントに改善された。女性のほうは，わずかに4パーセントだったのが，30パーセント近くになった。70年代後半には男性の半分以上，女性の3分の1近くが字を読むことができた。Amir Boktor, *School and Society in the Valley of the Nile* (Cairo: Elias Modern Press, 1936), 104; Sullivan, "Women and Work in Egypt," 24, 26; and also Sullivan, *Women in Egyptian Public Life,* 34.

18. アジーザ・フセインは，家族計画や女性に関するその他の問題に長年携わってきたひとりだ。彼女が言うには，家族計画協会が1970年代に始まった時には，身分法を改善しようというのが目的だったということだ。女性のための変化を促す文書を起草したのもそのためである。サダトがそのための道筋を用意したといえる。サダトの死後，修正条項が法曹界から提出され，当初とは違った形でもりこまれた。Husein, "Recent Amendments to Egypt's Personal Status Law," in *Women and the Family in the Middle East,* ed. Elizabeth Warnock Fernea (Austin: University of

Texas Press, 1985), 230.

19. ハワード大学のメルヴァット・ハーテムは，現在執筆中の本で，1950年代から70年代を扱っている。

20. Andrée Chedid, *From Sleep Unbound,* trans. Sharon Spencer (London: Serpent's Tail, 1987), 80. 20世紀の男性支配の構造に対する批判は，女性に限らず，アラブの男性からもなされている。たとえば，次著を参照のこと。Hisham Sharabi, *Neopatriarchy: A Theory of Distorted Change in Arab Society* (New York: Oxford University Press, 1988), 41n51.

21. Joel Beinin and Zackary Lockman, *Workers on the Nile: Nationalism, Communism, Islam and the Egyptian Working Class, 1882-1954* (Princeton: Princeton University Press, 1987), 271.

22. Nazih N. M. Ayubi, "The Political Revival of Islam: The Case of Egypt," *International Journal of Middle East Studies* 12, no. 4 (1980): 490.

23. Saad Eddin Ibrahim, "Anatomy of Egypt's Militant Islamic Groups: Methodologial Notes and Preliminary Findings," *International Journal of Middle East Studies* 12, no. 4 (1980): 426.

24. John Alden Williams, "A Return to the Veil in Egypt," *Middle East Review* 11, no. 3 (1979): 53.

25. Waterbury, *Egypt,* 151.

26. Saad Eddin Ibrahim, *The New Arab Social Order* (Boulder, Colo.: Westview Press; London: Croom Helm, 1982), 18.

27. Ibid., 92-93. Sullivan, "Women and Work in Egypt," 34.

28. これに関する議論については，次著第4章を参照のこと。Ibrahim, *New Arab Social Order.*

29. Ibid., 89; Fouad Ajami, "The Open Door Economy: Its Roots and Welfare Consequences," in *Political Economy of Income Distribution,* ed. Tignor and Abdel-Khalek, 505.

30. 詳細については，次著を参照。Ayubi, "Political Revival of Islam," 494. Fadwa El Guindi, "Veiling Infitah with Muslim Ethic: Egypt's Contemporary Islamic Movement," *Social Problems* 28, no. 4 (1981): 474.

31. Williams, "Return to the Veil in Egypt," 49-50.

32. Ibrahim, "Anatomy of Islamic Groups," 438.

33. Zeinab 'Abdel Mejid Radwan, *Thahirat al-hijab bayn al-jam'iyyat* ([Cairo]: Al-markaz al-qawmi lil-buhuth al-ijtima'iyya wa'l-jina'iyya,

1982), 40, 42, 37, 40, 81-82.

34. Ibrahim, "Anatomy of Islamic Groups," 21.

35. イスラーム服を着ている女性の 50 パーセントが，その主な効用としてあげているのが，精神の安定作用だ。イスラーム服を着ていれば，公共の場で男性のいやがらせを受けずにすむ（19.5 パーセント），世間が好意をもって迎えてくれる（20 パーセント）というようなものもあった。Radwan, *Thahirat al-hijab,* 92.

36. Ibrahim, "Anatomy of Islamic Groups," 448.

37. Safia K. Mohsen, "New Images, Old Reflections: Working Middle-Class Women in Egypt," in *Women and the Family in the Middle East,* ed. Fernea, 69; Radwan, *Thahirat al-hijab,* 92.

38. Mohsen, "New Images, Old Reflections," 69.

39. El Guindi, "Veiled Activism, "87-88.

40. Sharabi, *Neopatriarchy,* 137. 同書が，かなりの説得力をもって述べているところによると，今世紀，アラブの諸社会における支配的な政治運動のすべてが，イスラーム主義の出現に先立っている。同書第 9 章も参照のこと。

41. Radwan, *Thahirat al-hijab,* 94, 99, 104, 95, 101.

42. Ibid., 112, 107, 113.

43. Ayubi, "Political Revival of Islam," 493-94; Ibrahim, *New Arab Social Order,* 21.

44. Ibrahim, *New Arab Social Order,* 22. 次著も参照。 Ibrahim, "Anatomy of Islamic Groups." イスラーム原理主義が約束する曖昧でバラ色のユートピアを，簡潔だが豊かな表現力でまとめているものについては次著第 9 章のとくに139-47頁を参照。Sharabi, *Neopatriarchy.*

45. Sharabi, *Neopatriarchy,* 155.

46. これに関連するアフシャールのその後の研究には（以下の頁に引用しているものに加えて）次のようなものがある。"The Iranian Theocracy," in *Iran: A Revolution in Turmoil,* ed. Afshar (London: Macmillan, 1985), 220-44; and"Khomeini's Teachings and Their Implications for Iranian Women," in *The Shadow of Islam,* ed. A. Tabari and N. Yeganeh (London: Zed Press, 1982), 75-90. ここにはこの問題に関するその他の有益な論説があげられている。この他にも現代のイスラーム共和政体における女性について，次著が参考になる。Farah Azari, ed., *Women of Iran: The Conflict with Fundamentalist Islam* (London: Ithaca Press, 1983); Eliz Sanasarian, *The Women's Rights Movement in Iran: Mutiny,*

Appeasement, and Repression from 1900 to Khomeini (New York: Praeger Publishers, 1892); Guity Nashat,ed., *Women and Revolution in Iran* (Boulder, Colo.: Westview Press,1983); Val Moghedem, "Women, Work and Ideology in the Islamic Republic," *International Journal of Middle East Studies* 20, no. 2 (1988); Patricia J. Higgins, "Women in the Islamic Republic of Iran: Legal, Social, and Ideological Changes," *Signs* 10, no. 31 (1985): 477-95; and Minou Reeves, *Female Warriors of Allah* (New York: E. P. Dutton, 1988). イスラーム主義，イスラーム復興に関して，実に多くの研究がある。Ali E. Hillal Dessouki, *Islamic Resurgence in the Arab World* (New York: Praeger Publishers, 1982); R. Hrair Dekmejian, *Islam in Revolution* (Syracuse, N. Y. : Syracuse University Press, 1985); Fred Halliday and Hamza Alavi, eds., *State and Ideology in the Middle East and Pakistan* (New York: Monthly Review Press, 1988); Sheeren Hunter, ed., *The Politics of Islamic Revivalism* (Bloomington: Indiana University Press, 1988); Bruce B. Lawrence, Defenders of God (San Francisco: Harper and Row, 1989); James P. Piscatori, *Islam in the Political Process,* ed. Piscatori (Cambridge: Cambridge University Press, 1983); Emmanuel Sivan, *Radical Islam: Medieval Theology and Modern Politics* (New Haven: Yale University Press, 1985).

47. Haleh Afshar, "Women, State and Ideology in Iran," *Third World Quarterly* 7, no. 2 (1985): 256. これ以降の同書からの引用については，本文中に記す。

48. Khawar Mumtaz and Farida Shaheed, *Women of Pakistan: Two Steps Forward, One Step Back?* (London: Zed Books, 1987), 82.

49. Ibid., 83-84.

50. Ibid., 89.

結　論

1. Ashis Nandy, *Intimate Enemy: Loss and Recovery of Self under Colonialism* (Delhi: Oxford University Press, 1983), xi.

2. 支配的なイスラームは自らを唯一可能で合法的なものであると見なしているが，私はここで，オリエンタリズムがそうした支配的なイスラームの見解を再生産し，そうすることで，偶然にも，自らのイスラーム観において，支配的イスラームの見解を支持しているということについて述べている。オリエンタリズムは，西洋がイスラーム世界を他者性と劣等性の領域

として表象する（または誤って表象する）〔認識の〕モードとして知られている。それはまた，支配の場としても知られている。しかしながら，オリエンタリズムにしても，体制的イスラームにしても，両者の言説は男性中心の支配に関する言説であって，時に対立することがあっても，結果的にこの二者はたがいに相補的に支持し合っているという点に注目しなければならない。

3. 西洋の白人フェミニズムの政治学，および非西洋世界の女性と有色人女性の政治学についての批評は，次著参照のこと。Gayatri Chakrovorty Spivak, *In Other Worlds: Essays in Cultural Politics* (New York: Methuen, 1987)〔邦訳，ガヤトリ・チャクラヴォルティ・スピヴァック『文化としての他者』鈴木聡ほか訳，紀伊國屋書店，1990年〕; bell hooks, *Feminist Theory : From Margin to Center* (Boston: South End Press, 1984).
4. Elizabeth Fox-Genovese, *Feminism without Illusions: A Critique of Individualism* (Chapel Hill: University of North Carolina Press, 1991), 137-38, 14, 31.
5. T. N. Madan, “Anthropology as Cultural Reaffirmation” (The first of three papers delivered as the William Allan Neilson Lectures at Smith College, Northampton, Mass., October 1990), 5-6.

1日15分 健康ウォーキング

作業療法士・
「フラミンゴの介護予防チャンネル」主宰
荻野秀一郎

高橋書店

はじめに

正しいウォーキングこそ健康につながる！

　私はこれまで、作業療法士として病院や在宅でリハビリをする業務に携わっていました。その際、患者の方から「大ケガをして体が動かなくなる前に先生の指導を受けたかった」との言葉を多数いただき、現在では、元気な高齢者向けの運動教室を開くとともに、地元の地域包括支援センターと協力して、介護予防活動に取り組んでいます。

　このように、毎年５０００人あまりの高齢者に接していく中で気づいたことがあります。

それは、健康のためとウォーキングを行っている方は多いのですが、そのやり方が間違っていたり自分の体に合っていなかったりするケースが非常に多いということです。

手軽に行えるウォーキングも自分の体に合った、正しい方法で行わなければ逆効果になってしまいます。例えば、無理をして1日1万歩を歩いたゆえにひざを痛めてしまったり、足の基礎筋力が足りない状態で歩いてつまずき、骨折したりするといったことです。

よって、本書では高齢の方に寄り添ったウォーキングの方法を伝えています。もともとひざや腰に不安を抱えている方でも大丈夫なようにも配慮しました。ぜひ、私と一緒に末永く健康な体づくりに励みましょう。

荻野秀一郎

CONTENTS もくじ

はじめに……9

PART 1 ウォーキングは最強の健康法

1 座りすぎにはリスクしかない……10
2 基礎体力の向上に効く……12
3 生活習慣病を防ぐ・改善する……14
4 疲労回復・質の高い睡眠につながる……16
5 激しい運動・スポーツはリスクも高い……18
6 1日1万歩も必要ない……20
COLUMN 1 健康ウォーキングQ&A……22

STAFF
編集協力
株式会社ナイスク
執筆協力
石井宏美
本文デザイン・DTP
大橋麻耶
(maya design room)
イラスト
ながのまみ
撮影
魚住貴弘
校正
新山耕作
福祉用具提供
株式会社カラーズ

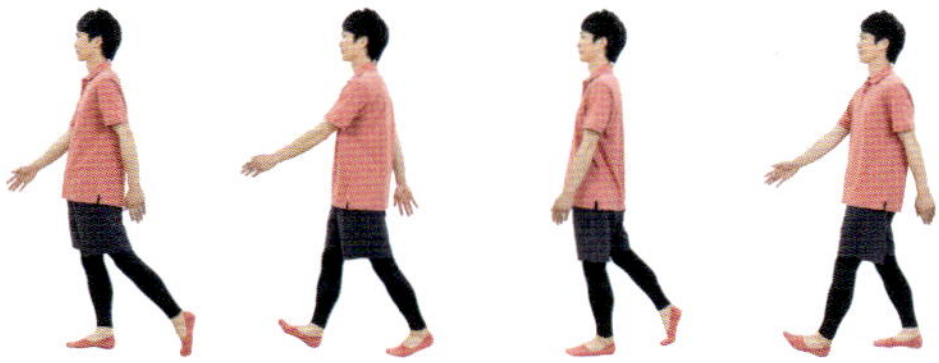

PART 2 ウォーキングの前に知っておこう

PART 2 ウォーキングの前に知っておこう …… 23

1 ウォーキングの目安（歩数・時間） …… 24

2 慣れているところを歩くのがベスト …… 26

3 服装は軽くて速乾性の高いもの …… 28

4 季節・時間帯で気をつけたい服装 …… 30

5 靴は履きづらく脱げづらいものを …… 32

6 スマホや保険証は必ず持っておく …… 34

7 歩く時間は朝が最適 …… 36

8 歩かないほうがいいとき …… 38

9 ウォーキング中に注意すること …… 40

10 続けることが大切（1 記録をつける） …… 42

11 続けることが大切（2 目的・目標を持つ） …… 44

COLUMN 2 健康ウォーキングQ&A …… 46

PART 3

いよいよウォーキングを実践

いよいよウォーキングを実践 …… 47
1 歩く姿勢を意識しよう …… 48
図解 良い姿勢・悪い姿勢 …… 50
2 間違った歩き方では逆効果 …… 52
図解 歩き方について …… 54
図解 ひざ関節症の人の姿勢と歩き方 …… 56
図解 脊柱管狭窄症の人の姿勢と歩き方 …… 58
3 前後のストレッチを必ず行う …… 60
室内ウォーミングアップ① お尻の筋肉をほぐす …… 62
室内ウォーミングアップ② 股関節の筋肉をほぐす …… 64
室内ウォーミングアップ③ ふくらはぎの筋肉をほぐす …… 66
室内ウォーミングアップ④ 足首の筋肉をほぐす …… 68
室外ウォーミングアップ① お尻の筋肉をほぐす …… 70

室外ウォーミングアップ②　股関節の筋肉をほぐす……72
室外ウォーミングアップ③　アキレス腱をほぐす……74
室外ウォーミングアップ④　足首・肩の筋肉をほぐす……76
室内クールダウン①　内ももの筋肉をほぐす……78
室内クールダウン②　前ももの筋肉をほぐす……80
室内クールダウン③　ふくらはぎの筋肉をほぐす……82
応急処置ストレッチ①　足がつったとき……84
応急処置ストレッチ②　股関節・腰が痛くなったとき……86
応急処置ストレッチ③　ひざが痛くなったとき……88
COLUMN 3　健康ウォーキングQ＆A……90

PART 4
おうちウォーキング＆ステップアップ……91
1　おうちウォーキングの効果と目安……92
室内おうちウォーキング①　ふつうに足踏み……94

PART 4

室内おうちウォーキング② ももを高くあげて足踏み …… 95

室内おうちウォーキング③ 前後に移動しながら足踏み …… 96

室内おうちウォーキング④ 左右に移動しながら足踏み …… 97

室内おうちウォーキング⑤ かかとを後ろにあげて足踏み …… 98

室内おうちウォーキング⑥ 腕をあげながら足踏み …… 99

室内おうちウォーキング⑦ 腕を横に開きながら足踏み …… 100

室内おうちウォーキング⑧ 腕を前後に回しながら足踏み …… 101

室内おうちウォーキング⑨ 体をひねりながら足踏み …… 102

室内おうちウォーキング⑩ 上半身を回しながら足踏み …… 103

ステップアップ① 足腰の筋肉を鍛える …… 104

ステップアップ② お尻の筋肉を鍛える …… 106

ステップアップ③ ふくらはぎの筋肉を鍛える …… 108

おわりに …… 110

PART 1

ウォーキングは最強の健康法

1

座りすぎにはリスクしかない

1日8時間以上座っている人が多数を占めている、「座りすぎ大国」の日本。じつは**1日8時間以上座っている人は、4時間未満の人と比べると死亡リスクが1・5倍になる**という研究結果が明らかになっています。

座っている間は全身の筋肉の60〜70％を占める下半身の筋肉を使わないため、活動代謝があまり行われません。

また、下半身の血液を心臓に送るふくらはぎがうまく機能せず、血流や血中の脂質代謝が低下します。ゆえに、血液中の中性脂肪の増加、善玉コレステロールの減少、血中インスリン感受性の低下などを引き起こし、最終的には**動脈硬化などにつながるとされています**。

さらに、脳の血流も悪くなることで認知症にかかるリスクも高まります。活動の低下は認知機能の低下やうつ病といったメンタルヘルスへの影響も大きいといわれています。

TOPIC

座りすぎによる体への影響

1日の座る時間と死亡率（4時間未満を1とする）

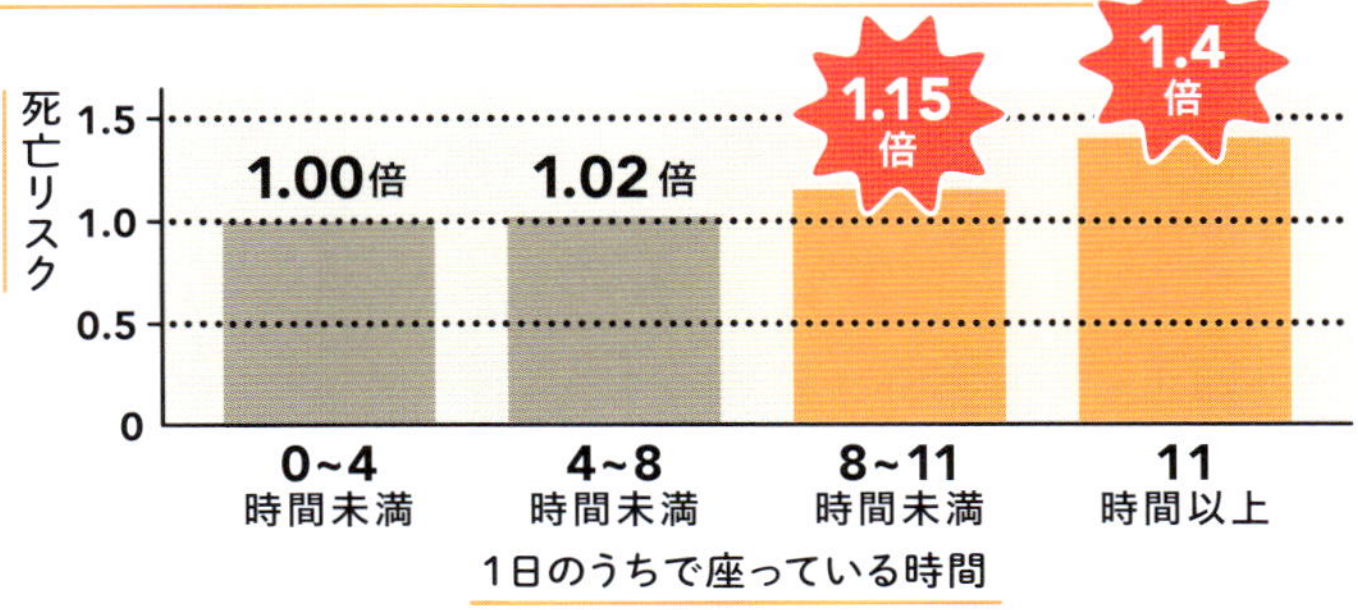

（出典：Arch Intern Med. 2012;172(6):494-500.）

2

基礎体力の向上に効く

シニアの方でも手軽にはじめられる運動としておすすめなのがウォーキングです。身体的に負担を感じずにできる有酸素運動で、運動習慣がない人でもはじめやすいでしょう。軽く息が弾む程度のウォーキングは、**心肺機能を高め、体力向上や健康維持に役立ちます**。また、日に当たることで、ビタミンDが体内で生成され、骨の形成をサポート。骨密度の低下を防ぎ、骨粗しょう症のリスクを回避できます。丈夫な骨を育てるにはカルシウムの摂取だけではなく、骨に適度な衝撃を与えることも必要。足裏からの振動は骨を強くするのに適しています。

ウォーキングによって太ももやお尻などの下半身の筋肉が鍛えられますが、それでも老化による筋力の減少を抑えきれません。筋力を上げたいという方はストレッチやウエイトトレーニングも行うとよいでしょう（104～109ページ参照）。筋力がつくと足の運びが軽くなり、ひざ痛の予防や速い動作をするときに使う速筋が鍛えられて、つまずくことも減ります。

TOPIC

こんなことに役立つウォーキング

3

生活習慣病を防ぐ・改善する

ウォーキングを行うと第2の心臓といわれるふくらはぎをはじめ、全身の筋肉の60～70％を占めている下半身の筋肉がフルに活動します。その結果、血液や栄養が体全体に行き渡るのです。ウォーキングが習慣になれば、**内臓脂肪が燃焼し、筋肉がより活発に動き、血液循環や血流が良好になります**。ゆえに心疾患、脳卒中など脳疾患の危険性が低下し、肥満や糖尿病、高血圧、動脈硬化といった生活習慣病の改善や予防につながります。よく痛みがあって受診しても検査では異常なしと診断される、**不定愁訴（漠然とした体の不調）を訴える方が多い**のですが、これも血行不良や血流の低下が大きく関係しています。

ところで、肥満というと脂っぽい食事のとりすぎというイメージが強いかもしれませんが、じつはその多くが糖質のとりすぎによるもの。ウォーキングでも肥満予防になりますが、炭水化物、糖分の摂取を減らすことが対策としては最も有効です。日常生活で糖質の過剰摂取を控えることも意識しましょう。

TOPIC

ウォーキングで病気を防ぐ

歩数とその効果

歩数（1日あたり）	予防（改善）できる可能性のある病気・病態
2,000歩	ねたきり
4,000歩	うつ病
5,000歩	要支援・要介護 認知症（血管性認知症、アルツハイマー病） 心疾患（狭心症、心筋梗塞） 脳卒中（脳梗塞、脳出血、くも膜下出血）
7,000歩	がん（結腸がん、直腸がん、肺がん、乳がん、子宮内膜がん） 動脈硬化　骨粗しょう症　骨折
7,500歩	サルコペニア（筋減少症） 体力の低下 （とくに75歳以上の下肢筋力や歩行速度）
8,000歩	高血圧　糖尿病　脂質異常症 メタボリックシンドローム（75歳以上の場合）
9,000歩	高血圧（正常高値血圧）　高血糖

公益財団法人長寿科学振興財団「健康長寿ネット」より作成

4

疲労回復・質の高い睡眠につながる

日中活動している間に壊れた細胞をメンテナンスするのが睡眠です。年を重ねると、なかなか寝付けなかったり、夜中に何度も目が覚めたり、朝早く目が覚めたりすることが多くなりますが、ウォーキングを行うことで適度な疲労がもたらされ、それによって、より質の高い睡眠を取ることができます。

さらに疲労回復にも効果的で、ウォーキングで筋肉を動かすと全身の血流がうながされ、たまっていた疲労物質や老廃物が排出されます。したがって、**栄養や酸素を取り込みやすくなり、筋肉の緊張を取ることや疲労回復につながります**。

また、外の風景が変化することによる視覚的な刺激で、脳も活性化します。

一人暮らしや家からほぼ出ない方など孤独な状態でのうつ病の発症リスクは通常の2・7倍、アルツハイマー型認知症の発症リスクは2・1倍、心疾患のリスクは1・3倍にあがるといわれています。ウォーキングでこれらのリスクも減らすこともできます。

TOPIC

ウォーキングは心身のリフレッシュにつながる

ウォーキングをすると…

睡眠の向上

睡眠は記憶を整理するためにも大切。歩く時間を増やすと、睡眠の質も向上し、死亡リスクも減少します。

疲労回復効果

循環器のめぐりが良くなり、老廃物が排出され、筋肉の緊張を取ることができます。また、新鮮な栄養が全身に行き渡り、疲労回復がうながされます。

5 激しい運動・スポーツはリスクも高い

しっかりと体ができあがっていない高校球児が頑張りすぎてケガをするのと同じように、基礎体力が低かったり、筋力が衰えていたりといったシニアの方が、昔できていたジョギングやスポーツをしてケガをしたり、登山でひざや腰を痛めたという話をよく聞きます。

例えば、**ウォーキングでの着地時に足にかかる負担は体重の1・5倍**といわれていますが、ランニングではそれが3～5倍と一気に跳ね上がります。それだけの負荷がかかってもそれを支えられる筋肉、関節があれば問題ありませんが、衝撃を受け止める筋力がなければひざや腰を痛めたり、思わぬ事故につながったりします。

若いころと比べて筋肉や骨などの身体機能が弱まり、認知機能やバランス感覚も低下しているため、健康のために行っているつもりの運動が逆にリスクになっている場合もあるのです。いきなり激しい運動をするのは危険です。まずは自分の体力に合った運動を選ぶことが大切です。

TOPIC

激しい運動がもたらすリスク

6

1日1万歩も必要ない

健康的な生活を送るために1日1万歩を歩くことを目安にしがちですが、それは厚生労働省の『健康日本21』が明記している基準で、成人のための目標です。毎日それだけの歩数を歩くのは大変と思いながらも、一日一万歩必要だと思い込み、一生懸命実践している人、無理にその目標に近づこうとしている人もいるのではないでしょうか。

実際に厚生労働省の基準では、**シニアの目標値は男性が6700歩、女性が5900歩とされています**。仮に1日1万歩を歩くことを目標にしたとしても、いきなり1万歩を歩くのではなく、徐々に増やしていくことが大切です。

足の裏や股関節周りが痛くなるなど、筋肉から「ちょっと休憩させてくれよ」というサインが出ているときや、次の日になっても疲労が回復しないのは明らかに歩きすぎの状態です。次の日でも痛みが残っている場合は、筋疲労していることも多いので、無理して歩かず休息しましょう。

TOPIC

日常生活における シニアの歩数の目標値

男性
6,700歩

女性
5,900歩

健康ウォーキング Q&A

Q　歳を取ったら筋肉はつきませんか。

A　何歳からでも筋肉はつきます。しかし若いころと比べてつくのには時間がかかり、逆に落ちるのは早いです。また、タンパク質が不足していて、運動しても結果につながらないという方も結構います。筋肉をつけるには運動とともにタンパク質も十分とることが必要です。

Q　週に１～２回のウォーキングでも効果はありますか。

A　ふだんから買い物などで歩くことが多い人は、毎日歩く必要はありません。大切なのは「足りない運動量を補うためにウォーキングをする」ということです。よって、ふだん家の中にばかりいる人は毎日歩くようにしましょう。また「自転車に乗ることも運動になるの？」という質問もよくいただきますが、自転車で買い物に行く程度だと、あまり運動にはなりません。電動機つき自転車ではなおさらです。

Q　歩くスピードはどれくらいがベストですか。

A　スピードを速めると、つまずきやすくなるので、無理して速く歩く必要はありません。ウォーキング中、後ろの人に追い抜かれて不安になる人も多いのですが、競争するのが目的ではありません。気にせず自分のペースで歩きましょう。

Q　うちの主人に運動するように言っても、家にばかりいて困っています。

A　もともと動くのが嫌いな人に、運動を無理強いするのは難しいかもしれません。「買い物につきあってほしい」「重たい荷物をもってほしい」「家の前の掃き掃除を手伝ってほしい」など、仕事や役割に置き換えると動いてくれることが多いです。

PART 2

ウォーキングの前に知っておこう

1 ウォーキングの目安

歩数・時間

まずは自分の基準を設定することが重要です。**10分で約1000歩とし**、通院している病院やスーパーまでの時間を測って、1日に何歩歩いているか調べておくと基準が作りやすいです。日常生活だけでも3000〜5000歩程度は歩いているので、**1日15分ウォーキングするだけでもプラス1500歩歩くことになります**。体力向上などを目標にする場合は少し疲れる程度の歩数に、まったく運動していなかった方は、いきなり長距離を歩かず自分の体力に合った目標を設定してください。15ページの表をもとに何を目的に歩くか明確にしてから歩いてみましょう。

ひざや腰が痛い方はまずは歩いてよい状態かを医者に確認することが必要です。**連続で歩くとひざや腰に負担がかかるため、時間や距離を基準にせず、こまめに休憩をはさみながら負担を分散させてください**。脊柱管狭窄症の方はあらかじめ、どのくらいの距離を歩いたらしびれ症状が出てくるかを把握し、こまめに休憩を取りながら無理のない距離を歩いてください。

TOPIC

自分の基準を設定しよう

健康な人

- 生活習慣病を改善したい人は **8,000~9,000** 歩。
- 病気や介護状態を予防したい人は **6,000~7,000** 歩。
- ねたきりを予防したい人は **2,000** 歩。

ひざ痛・腰痛の人

- 歩いてよい状態かまずは**医者に確認する**。
- 筋力が不足している状態で無理して歩くと、骨や軟骨のすり減りやひざの変形（O脚など）で痛みが生じる。**歩くために必要な筋力を身につける体づくりを行う**。
- ひざへの負担を減らすために**つえやシルバーカーを使用する**。
- 時間や距離を基準にせず、何歩歩いたら痛みや疲労が強くなるか、といった**自分に合った基準をつくる**。
- こまめな休憩をはさみながら、**ひざや腰の負担を分散**する。

脊柱管狭窄症《せきちゅうかんきょうさくしょう》の人

- どのくらいの距離を歩いたら**しびれが出るか確認**。
- 休憩をはさみながら**無理のない距離を歩く**。
- **一気に歩こうとせず**、午前と午後に分けるなど、1日トータルで目標としている歩数を歩くようにする。
- 負担を減らすために、**つえやシルバーカーの使用も検討**する。

2

慣れているところを歩くのがベスト

ウォーキング初心者の方はふだん通っている慣れた道から歩きはじめてください。知らない道や、歩道がなく車や自転車がひっきりなしに通るような道は危険です。石畳や段差の多い道もつまずきの危険があるので避けましょう。舗装された平らな道でも油断は禁物です。マンホールや点字ブロックは滑ったり、つまずいたりしますから注意しましょう。

5000歩ほど歩いてもまだ余裕があるという方や、体力を高めたい、足腰の筋肉を高めたい場合は、次の段階へステップアップ。坂道や神社の階段を上るなど負荷がかかる道を歩くと良いでしょう。

冬場はとくにトイレが近い方も多いので、**歩くコース沿いにトイレが設置されている公園などがあるかどうか、座って休憩できるような場所があるか把握しておくと、より安心して歩くことができます**。夏は脱水症状回避などの観点から自動販売機やコンビニエンスストアの場所を知っておくことも大切です。

TOPIC

こういう道には注意しよう

3

服装は軽くて速乾性の高いもの

基本的には軽くて動きやすい服装がおすすめです。ジーンズなど重くてごわごわした素材は疲れやすいので避けるようにしてください。季節を問わず、汗で濡れたまま長時間歩くと肌にシャツがまとわりついて不快に感じたり、体を冷やす原因にもなるので**シャツは吸汗速乾性の高いものを選びましょう**。

パンツはショート、ハーフ、ロングとさまざまな丈がありますが、季節に合った長さやご自身の好みで選んでください。肌の露出が気になる人はショートパンツの下にスパッツなどを重ね着してもよいです。ウォーキング中の動きを妨げることがないようなストレッチ性の素材のものを選ぶとより良いでしょう。

ウォーキングでは思った以上に汗をかきます。シャツはもちろんですが、**直接肌に触れるインナーも吸汗速乾性の高いものを選んでください**。ウォーキング中に靴の中で足が滑ると体に負担がかかるので、できるだけ靴下も通気性の高い素材かつ滑らないものを選んでください。

TOPIC

機能性や動きやすさに着目する

- ストレッチがきいている
- 汗を吸いやすく乾きやすい
- 軽い素材でできている

- 汗を吸いづらい
- 重たい、硬い素材

4

季節・時間帯で気をつけたい服装

夏はTシャツにハーフパンツなど風通しの良い服やインナー、速乾性があって汗をすぐに飛ばしてくれる素材を選んでください。薄手のパーカーを羽織ったりアームカバーを着用すると日焼け対策もバッチリです。日差しが強いときはサングラスや帽子をかぶると良いでしょう。**綿素材は吸水性が高く、普段着にもよく使われる素材ですが、汗が乾きにくく体温が奪われてしまうのでウォーキングには向いていません**。トップスにはポリエステルなどの化学素材の入ったものを選ぶと良いでしょう。

冬は重ね着をしすぎて重くならないように、**薄くても保温性のあるダウンや風を通さないウインドブレーカーなどがおすすめです**。手首や足首は意外と冷えやすく寒さを感じやすいので、手袋やタートルネックで防寒対策を。冷えを地面からダイレクトに受けるため、厚手のソックスをはくのも効果的といえます。

早朝や夜間などのウォーキングでは交通事故にあわないように、車や自転車からも目立つ明るい色の服や、反射する素材を身につけるなどの対策も必要です。

TOPIC

夏は熱がこもらないもの 冬はしっかり防寒対策

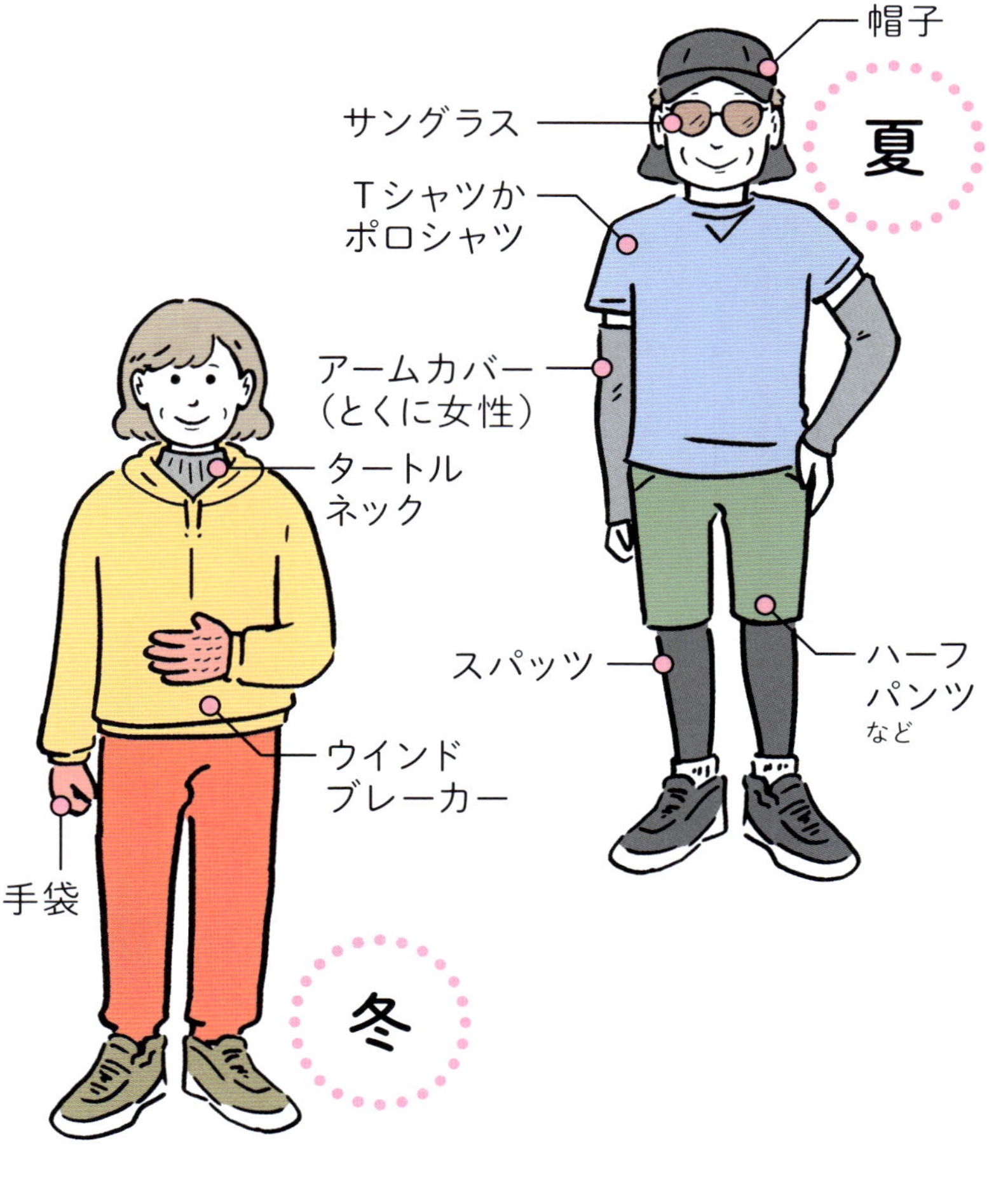

5

靴は履きづらく脱げづらいものを

ウォーキングには適さないシューズだと足を痛めてしまう危険性や転倒、蓄積疲労につながります。それらを回避するためにも、歩きやすさや安定性を考慮し、長時間歩いても疲れない靴として開発された**ウォーキングシューズ（運動靴）を選んでいただきたいです**。

硬い靴は靴の中で足が動いてしまうため、タコやウオノメ、巻き爪、外反母趾や、かかとが擦れて靴擦れを招く原因にもなります。さらに、足のアーチ構造を支える足底腱膜《そくていけんまく》に負担がかかって炎症を起こし、痛みなどの症状を引き起こすこともあります。

歩くときの足の運びに特化したつくりのウォーキングシューズであれば、足の負担を減らすことができ、これらのトラブルの頻度も低下させることができます。正しい足の長さと幅のサイズを測ってからシューズを選び、**履きづらく脱げづらい、ひもで固定できるものを選びましょう**。

TOPIC

ウォーキングシューズのポイント

ひもで調整できるものを選ぶ

ひもか、面ファスナーで固定するものを。ひものしめすぎには注意。

かかとがフィットしている

かかとをつけたときに足のカーブに合っているかどうか確認しましょう。

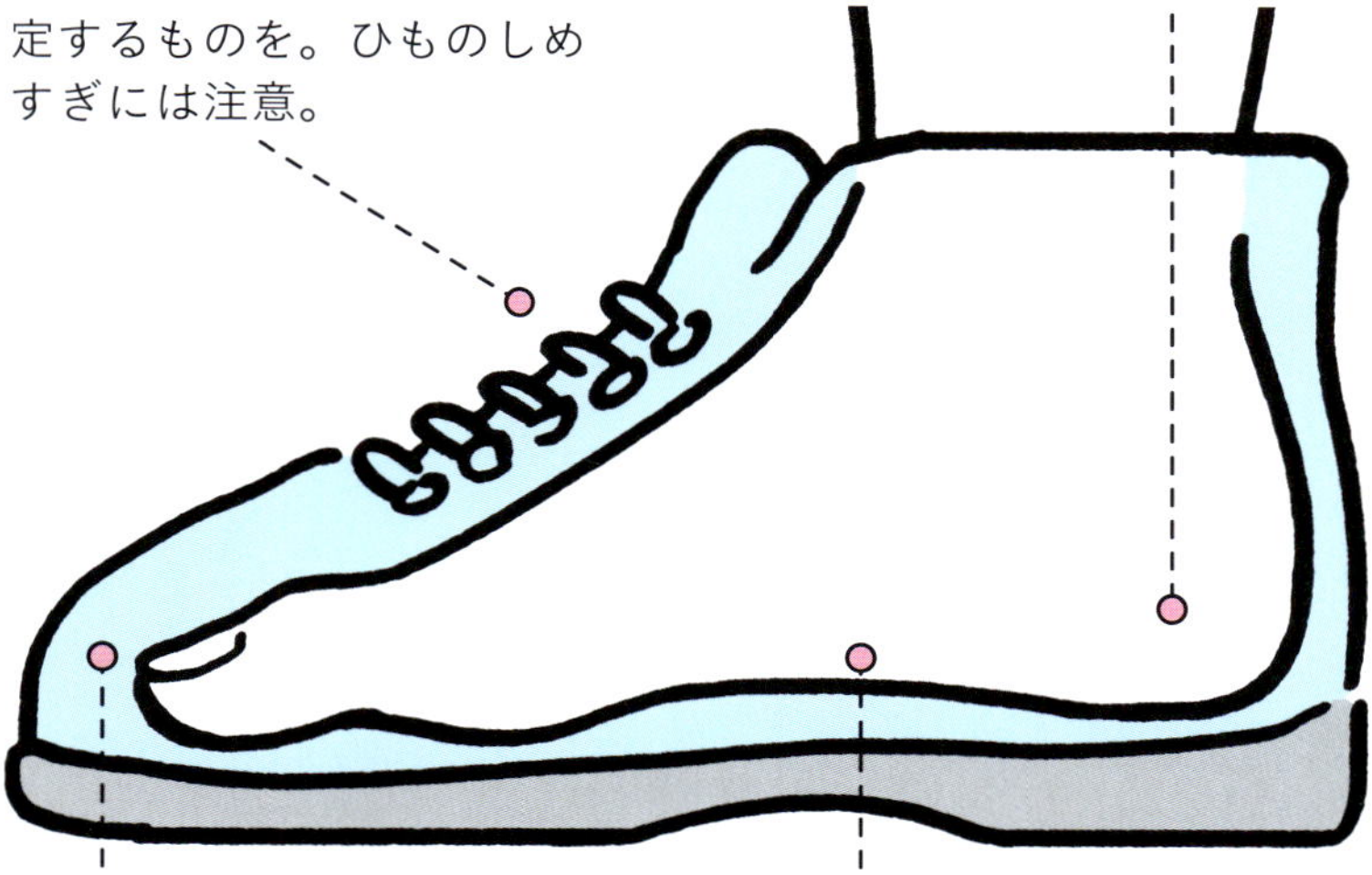

つま先があたっていない

つま先は10ミリほど余裕があって、足の指が動かせるものを選びましょう。

靴の中で足が前後左右に動かない

土踏まずの盛り上がりのカーブに合っているかどうか、衝撃を吸収するタイプかを確認しましょう。

6

スマホや保険証は必ず持っておく

快適なウォーキングを行うためには、靴選びや服装だけでなく、あらゆるケースに備えて持ち物を準備することも大切です。スマホ（携帯電話）は出先で転んでケガをしたときにすぐに家族に連絡できるよう備えておきたいものです。身分がわかるものや緊急連絡先のわかるもののほか、**健康保険証もあるとよいでしょう**。

ほかにも汗拭き用のタオル、ウォーキング中も適度な水分補給が必須なので、水や糖分控えめのスポーツドリンクといった飲みものも持参してください。15分ぐらいのウォーキングであれば帰宅後でもかまいませんが、それ以上であれば汗をかいて体内の水分量が不足するので、出先でもこまめに水分を摂取することが大切です。水筒を持っていくか、飲み物を買える程度の小銭を準備してください。

飲み物やスマホは手に持ったりせず、ポケットやリュックサック、ウエストポーチなどに入れ、**両手はつねに使える状態にしてください**。転びそうになった場合など近くのものにつかまることができるので、ケガのリスクが下がります。

TOPIC

持ちものリスト

小銭入れ

出先でドリンクを購入するために小銭を準備。

スマホ（携帯電話）

出先で何かあった場合に家族や知人に連絡するため。スマホには歩数計アプリなども備わっています。

保険証・身分証明書

ケガなど、緊急を要する場合にあると安心。

タオル

汗をかくので持参しておくと良いでしょう。

リュックサック
またはウエストポーチ

両手をフリーにすることでケガを回避。

水分

（水・スポーツドリンクなど）

※その他、ばんそうこうもあるとよい。

PART 2 ウォーキングの前に知っておこう

7

歩く時間は朝が最適

朝日を浴びながらのウォーキングは骨密度アップとともに睡眠にも良いとされています。朝日を浴びたあと、14~16時間後に睡眠ホルモンであるメラトニンが分泌され、睡眠の質が向上します。起きるのが遅く、朝11時ごろから日常生活を開始すると、メラトニンが分泌されるのは14時間後になるので、眠気を感じるのが深夜の時間帯になってしまいます。ですが、朝早くであれば20時ごろには睡魔が。体内時計がリセットされて睡眠の質が向上し、規則正しい生活が送れるようになるのです。もちろん天候や体調に合わせて歩く時間帯を選んでもかまいません。

食事の1時間後をめどにしたウォーキングを推奨しますが、食前のほうが良いという人は低血糖でふらついたり、脱力で転ばないようにバナナやおにぎりなどを口にしてから出発しましょう。

朝は肌寒く体がいちばん硬い時間帯でもあります。体を痛めたり、足をあげたつもりでもあがっていなくて転びやすいので**出発前のウォーミングアップも大切です**。

TOPIC

セロトニンとメラトニンの関係

日光を浴びるとセロトニンが増える

日光を浴びることと適度な運動を行うことで活性化される。メラトニンの原料。

夜になるとメラトニンがつくられる

メラトニンの分泌は日光によって調節される。日光を浴びて 14 ～ 16 時間で分泌される。

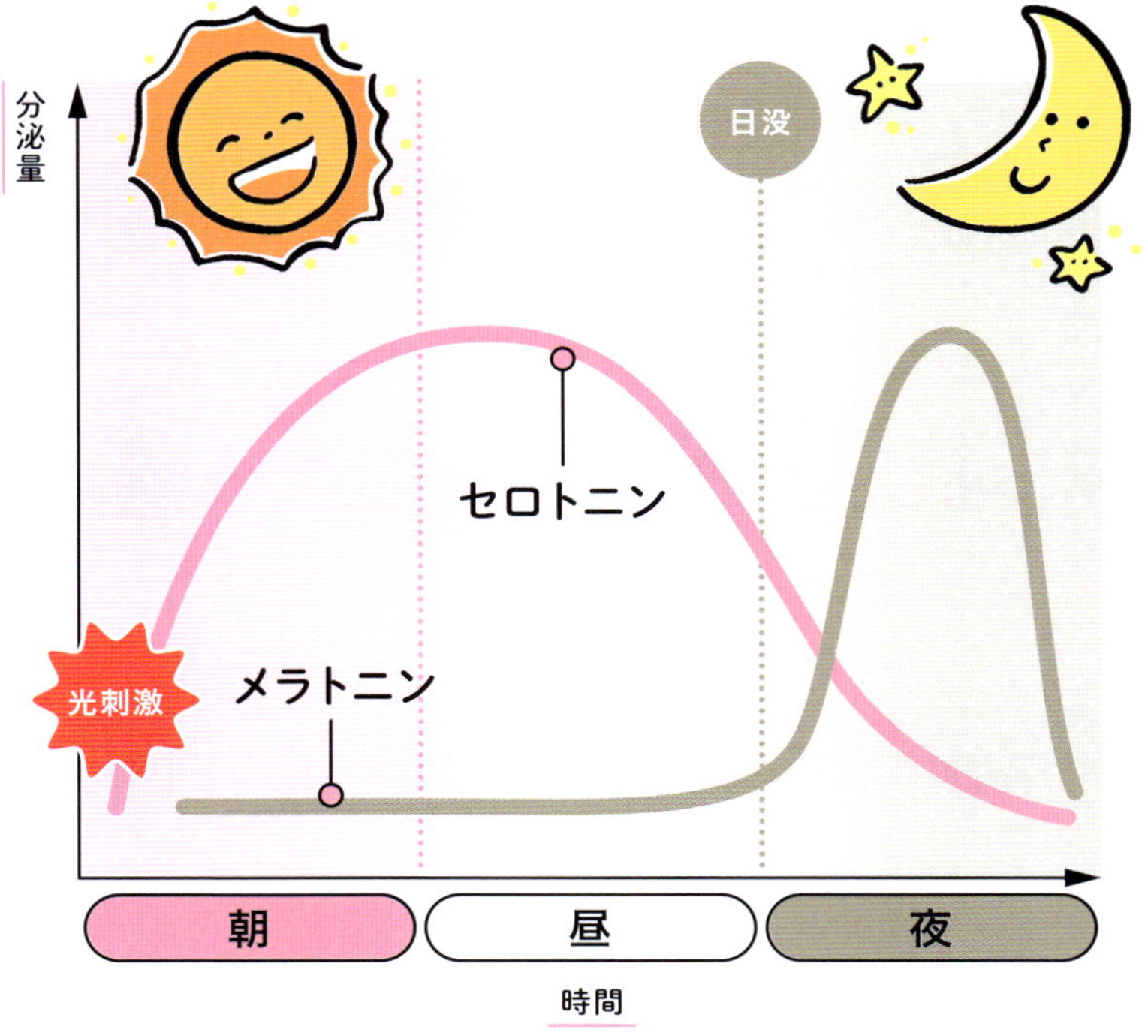

8

歩かないほうがいいとき

雨や風の強い日や雪が降っているときは、**地面が濡れていたり凍結していたりして転倒のリスクが高いので、無理にウォーキングをしないでください**。また、猛暑日は熱中症リスクが高いので、炎天下は回避し、朝早い時間や夕方など、時間をずらして歩くようにしてください。外を歩けそうにない場合は、自宅でできる「おうちウォーキング」（92～103ページ）をおすすめします。

風邪気味、頭痛、めまいがあるなど、体調がすぐれないときは、出先で思わぬケガにつながる恐れがあるので控えてください。**高血圧や糖尿病など持病がある人の場合は出発前後に体温や血圧など、バイタルサインを確認することが大事です**。また、歩いている最中に息切れや動悸がある場合は休憩をして様子を見てください。5～10分たっても症状が落ち着かない場合は、ウォーキングを中止してください。

ウォーキング中に足や腰に痛みが出た場合も、痛みの種類によっては歩かないほうが良い場合もあるので、症状が深刻な場合は中止してください。

TOPIC

出発前に体調をチェック！

体温チェック

熱がある場合は歩くのをやめましょう。

血圧測定

血圧が高い状態（180mmHg 以上）で運動をすると脳出血のリスク、低血圧ではめまいや起立性低血圧のリスクがあります。さらに、意識を喪失して倒れると、外傷性くも膜下出血や外傷性硬膜下血種を引き起こす危険もあります。

脈確認

頻脈で運動を行うと、けいれんや心室細動状態となり、動悸や息切れが強く出ることも。運動中に心拍があがりすぎていないか、息切れが起きていないか注意してください。

memo

足や腰の痛みも要注意！

ひざ関節症のように軟骨がすり減って足が地面についたときにズキズキしたり、ピリピリする場合は歩くのを控えてください。ひざがズキズキと痛み、足を引きずるような場合も同様です。
ただし、腰が重たい、少しおもだるいといった程度なら、歩いても問題ありません。

9

ウォーキング中に注意すること

住み慣れた自宅でもわずかな段差につまずいたり、足を滑らせたり、つまずくなど転倒のリスクが潜んでいます。屋外であればそのリスクはさらに高まります。**ウォーキング中はわずかなデコボコにつまずいて転倒する恐れもあるので**、なるべくよそ見をしないことが大切です。

また、音楽を聴きながら歩く場合も、車や人通りの多い場所では控えて、河川敷や公園内で聴くようにしてください。

「ながらスマホ」や「歩きスマホ」も周囲への注意力が散漫になり、事故につながる恐れがあります。

歩いている途中に「ちょっと息があがってきた」「鼓動が速い」「頭が痛い」など、体調不良を感じたときには一旦休憩し、**5〜10分たっても症状が改善されない場合は中止しましょう**。

ウォーキング中に天候が悪くなった場合も無理して続けないでください。

TOPIC

「ながら」スマホは要注意

✖ ながらスマホ　✖ 歩きスマホ

体調不良を感じたときは……

体調不良を感じたときは無理せず必ず休憩を。公園などのベンチに座って5～10分ほど休憩して症状が改善されないようなら、ウォーキングを中止してください。

10 続けることが大切

1 記録をつける

日々の歩数を積み重ねて記録することは、モチベーション維持の助けになります。シニアも含め、多くの方が持っているスマートフォンの中には、持ち主の移動に応じて歩数をカウントしてくれる歩数計アプリがあります。もちろん手書きでもかまわないので、**歩数のほかに体調管理の観点からウォーキング前後の脈や血圧、体温も記録して残しておくと良いです。**

血圧が高いのであれば、その記録で一過性のものなのか慢性的なものなのかがわかり、病院を受診する判断基準にもなります。もし5000歩ほど歩いて、ひざの痛みを感じたときにそのことをメモしておけば、受診した際には、そのメモがお医者さんの診断材料にもなります。

数値の高低に、どうしても敏感になりがちですが、たまたま1日だけ数値が高いということであれば、気にしすぎているだけかもしれません。「こういうときもあるよ」くらいの気持ちで、歩くのをやめる理由にはしないでほしいですね。

TOPIC

ウォーキング前後にチェック！

歩数と一緒に、体温や脈拍、血圧などを記録しておき、
体調を知るための判断材料にしましょう。

日付	歩数	血圧		脈拍		体温		所感
		前	後	前	後	前	後	

ウォーキング中

スマートフォンのアプリなどで歩数を記録。

11

続けることが大切

2 目的・目標を持つ

人のやる気は脳で分泌されるドーパミンという神経伝達物質によってもたらされています。ドーパミンはやる気だけにとどまらず、生命活動や感情、意欲、思考など心の機能にも関与しているため、人格形成においても重要とされています。**ドーパミンは達成感を得られたときに分泌され、「よし次はもっと頑張ろう」とさらなる意欲につながっていくため、目的や目標を持つことはとても大事なのです。**

目標は長期・短期と2種類に分けて設定するとよいでしょう。例えばバスで通院している方が、「病院まで歩いて行けるようになる」といったような、**ちょっと頑張れば達成可能な小さなゴール、短期目標を定めることはささやかなモチベーションになり、達成時の満足感を高めることが可能になります。**

長期目標だけではゴールが遠くて、今やっていることの意義を見失いがちです。ゴールが近い小さな短期目標があることで、目標から遠ざかることを防ぎ、あらかじめ定めた大きな目標を達成しやすくなります。

TOPIC

短期・長期目標を設定する

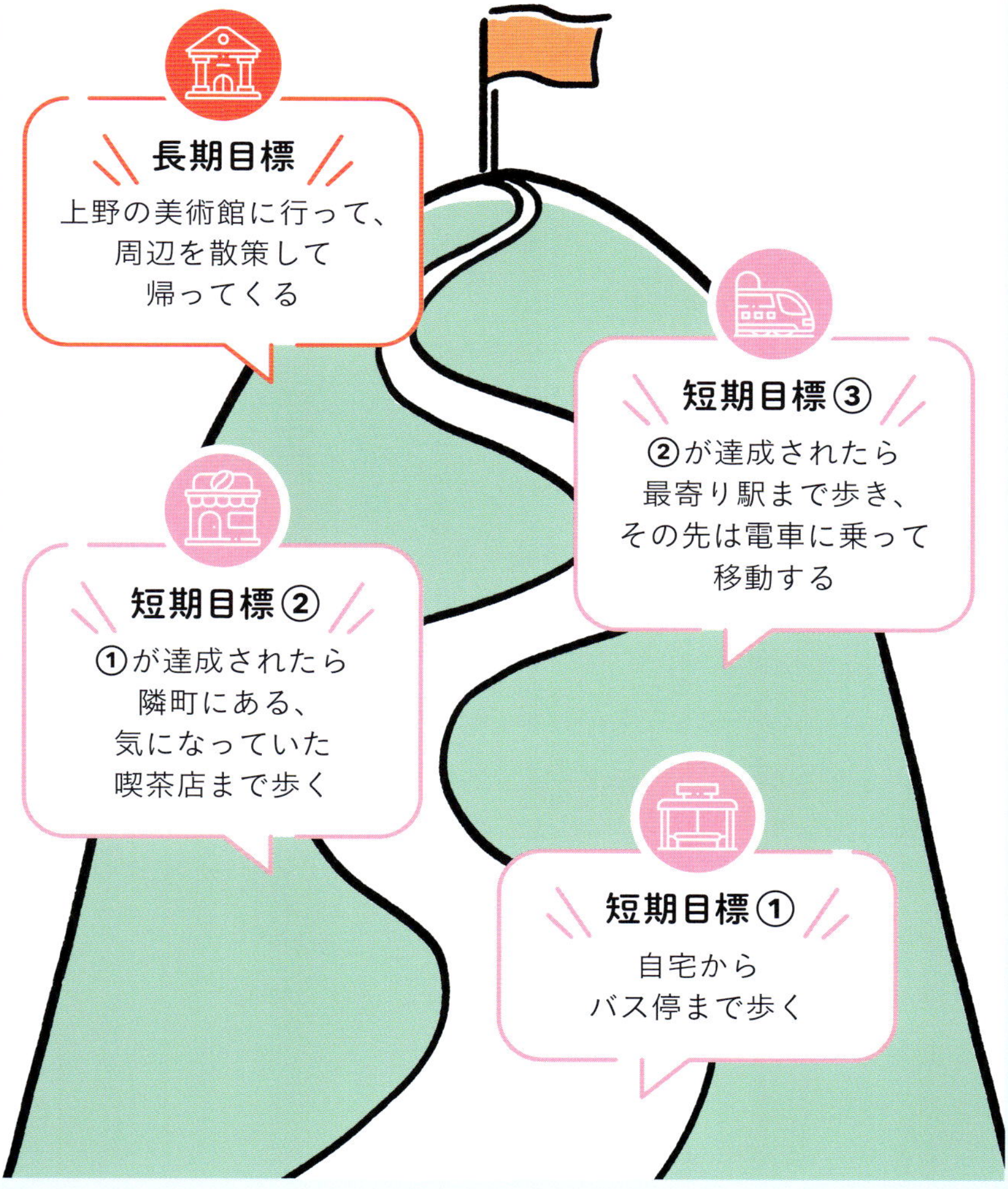

健康ウォーキング Q&A

Q　ウォーキングの前後で、食べたほうがいいものはありますか。

A　本編でも述べた通り、朝にウォーキングをする場合、その前に朝食をとっておくとよいです。

その際はまんべんなく栄養をとるようにしましょう。パンにジャムをつけただけというように、簡単にすませてしまう人も多いのですが、それでは栄養がかたよってしまいます。ふだんの和食をイメージして、ご飯にみそ汁、魚、納豆などが良いでしょう。

また、朝食をしっかり食べていれば、ウォーキング後に無理して何か食べる必要はありません。

Q　ウォーキング後の水分補給に好ましい飲みものはありますか。

A　水分補給として、ウォーキング後にはお水かお茶を飲むといいでしょう。

一方で、ジュース類やスポーツドリンクはあまりおすすめしません。これらには相当な量の砂糖が入っており、糖分過多になってしまうおそれがあります。

また、コーヒーやアルコールもおすすめできません。これらには利尿作用があり、たとえ飲んでも水分が尿になって出てしまうので、水分補給に適していないからです。

Q　水分は一日どのくらいとったほうが良いでしょうか？

A　文献によって多少の誤差はありますが、一般に体重×30ミリリットルが必要とされています。

例えば、体重が50キロの人なら50キロ×30ミリリットル＝1500ミリリットルを飲むようにすると良いでしょう。

PART 3

いよいよウォーキングを実践

1

歩く姿勢を意識しよう

歩く前にまずは正しい姿勢を意識することが大切です。**背筋をしっかりと伸ばし、あごを軽く引いて、目線はまっすぐ遠くを見るようにします**。頭が上に引っ張られているようなイメージで、耳や肩、ひざ、くるぶしが一直線になるようにします。腰は反らさず、肩の力を抜くようにしましょう。足は肩幅ぐらいまで広げ、つま先は進行方向を向くようにします。

歩行時も胸を張ったまま、目線はまっすぐ前を向き、頭が左右に揺れないように気をつけましょう。腕を振るときも肩の力は抜きましょう。

頭が下がっていたり、猫背、つま先が外に向いている、歩くときにがに股になるのは悪い姿勢です。骨盤が後ろにかたむいて腰が丸くなってしまった状態（骨盤の後傾）や、姿勢を意識しすぎて反り腰になるのもよくありません。

なお、歩幅の目安となるのは、60代の方で50センチメートル、70歳以上では45センチメートルです。

TOPIC

正しい姿勢を維持するために

目印を決める

目線が下がってくると頭や首も一緒に下がり、徐々に骨盤が後傾して猫背になりやすくなります。

そうなると体への負担も増え、転倒などのリスクが高まります。よって、目線がまっすぐ前を向くように、つねに何か目印となるものを決めて歩くとよいでしょう。

頭の中でリズムをとる

「1、2、1、2……」と声に出したり、頭の中で数えながら歩くことをおすすめします。規則的なリズムを刻むことで、一定の歩幅、ペースを保つことができます。

その際、自分が心地良いと感じるリズムであれば、より楽に快適に歩くことができます。

memo

坂道や階段で気をつけること

1. 階段の上り下りや坂道では、ふだんよりも高く、ももを上げることを意識する。
2. 階段を上るときはつま先をあげて着地する。
3. 上り坂ではかかとから地面に着くようにする。
4. 下りでは、階段・坂道ともつま先から地面に着くことを意識する。勢いがつかないように少しブレーキをかけながら歩く。
5. 階段では手すりなどをつかんで歩く。
6. 坂道にあるマンホールはとくに滑りやすいので、避けて歩くようにする。

図解

良い姿勢

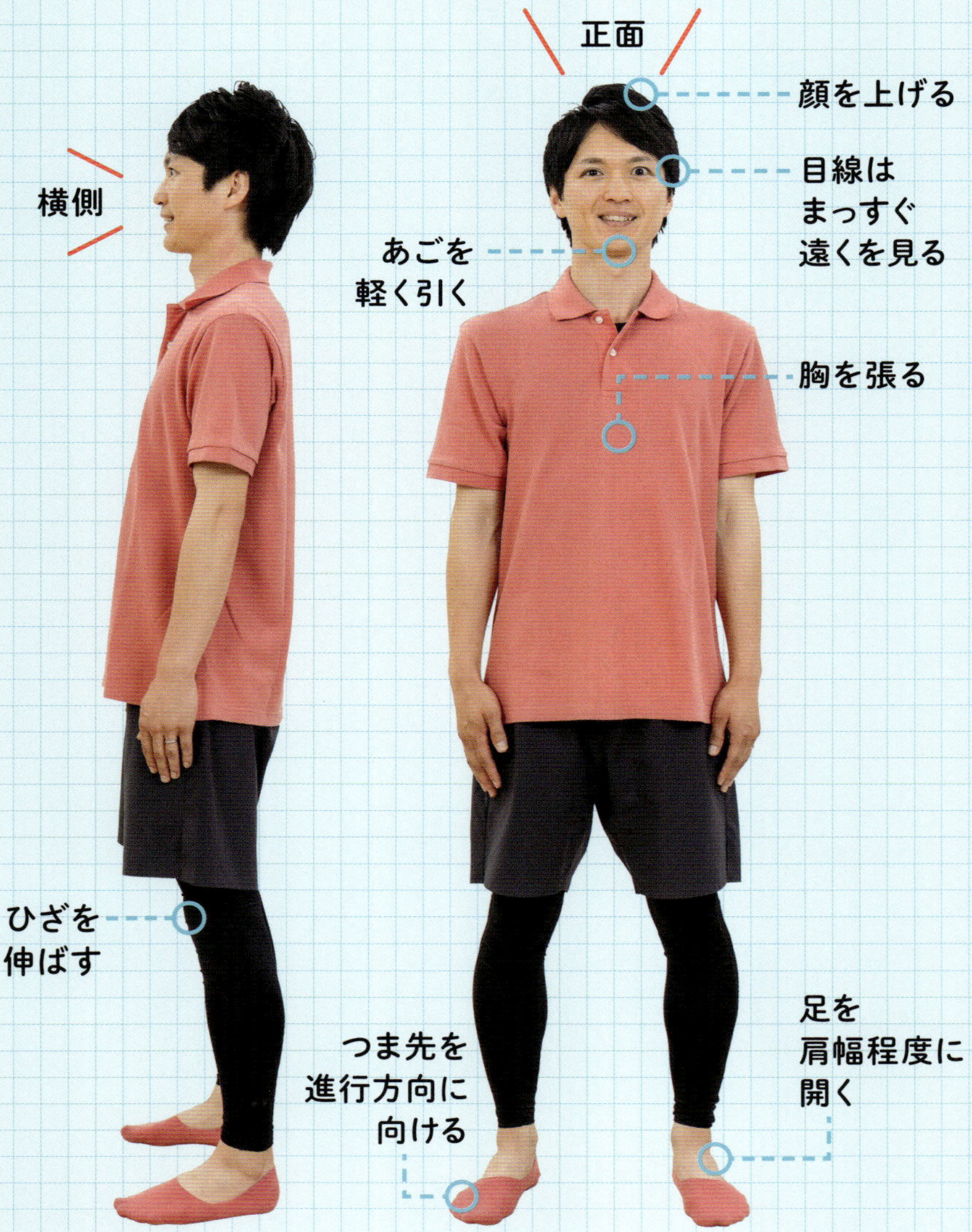
横側
正面
顔を上げる
目線は
まっすぐ
遠くを見る
あごを
軽く引く
胸を張る
ひざを
伸ばす
つま先を
進行方向に
向ける
足を
肩幅程度に
開く

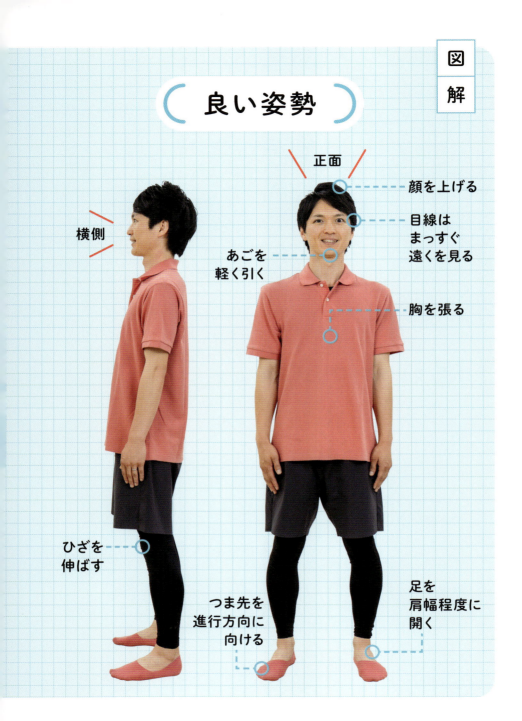

悪い姿勢

NG!

猫背になる

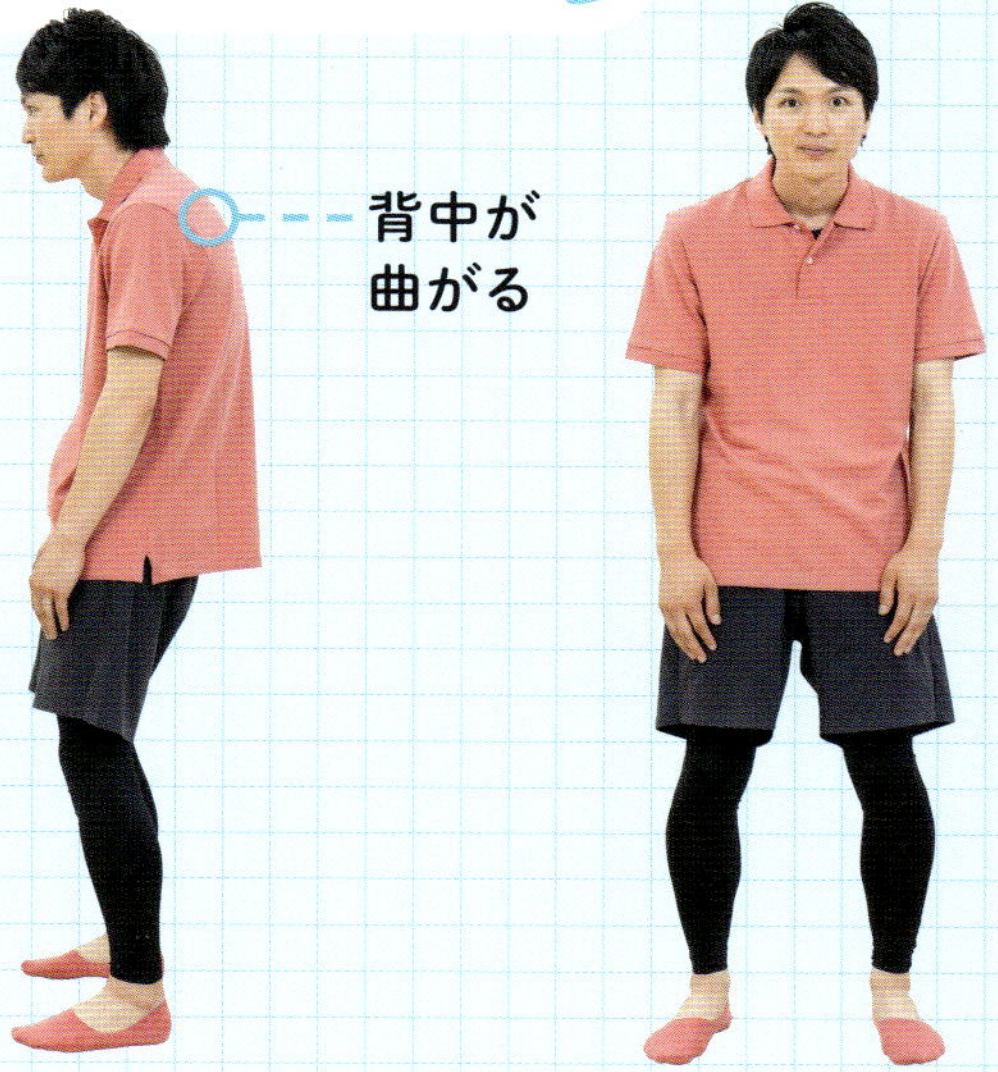

猫背の原因には、首の筋肉が弱くなって頭を支えられなくなっているパターンと腹筋が弱くなっているパターンがあります。
背筋を伸ばそうとしても伸びない方は、骨が固まってしまっているため、治すことが難しいのですが、できる範囲内で顔をあげたり、体を起こしてみてください。

NG!

後傾する

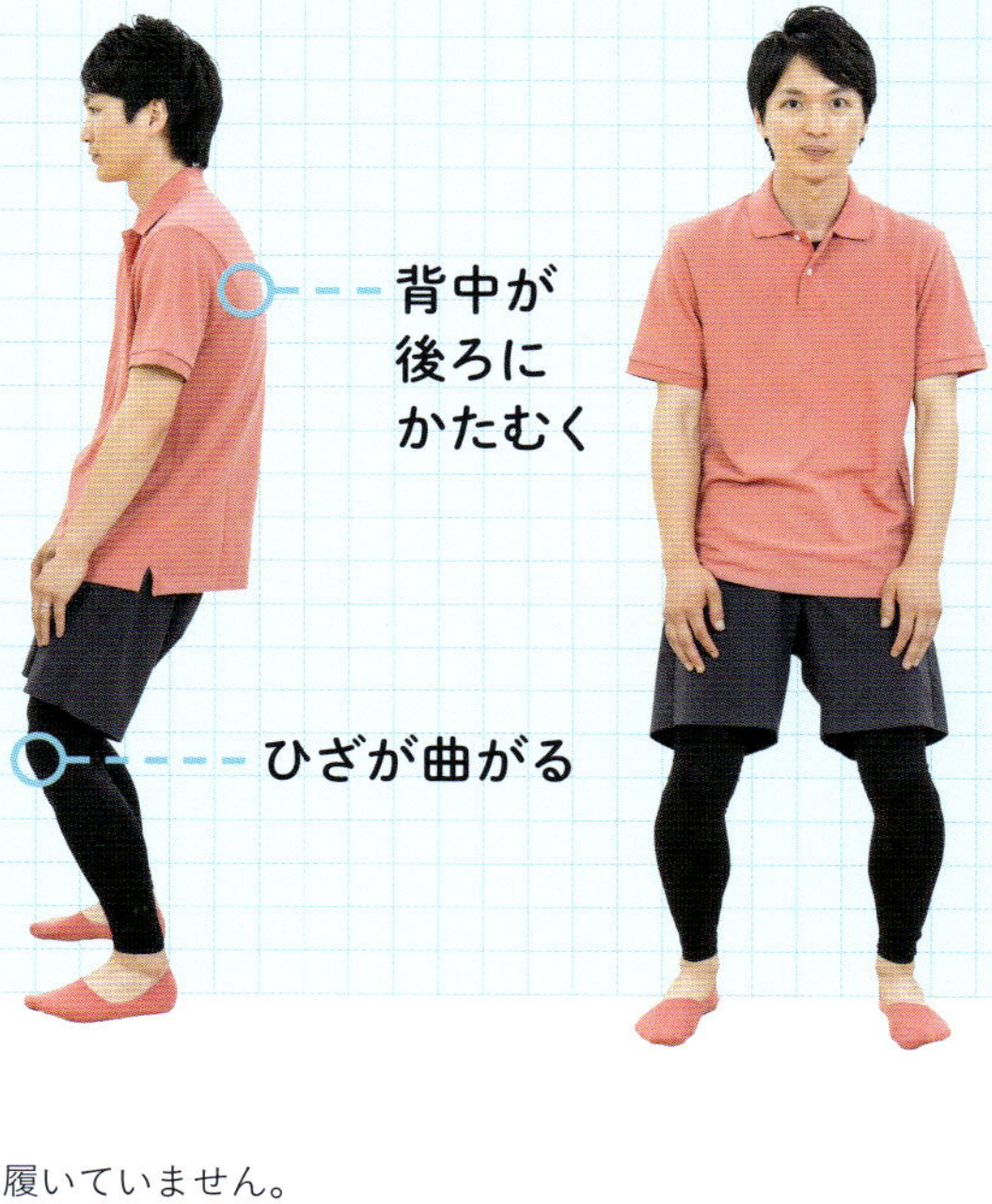

※ 足の形がわかりやすいよう靴は履いていません。

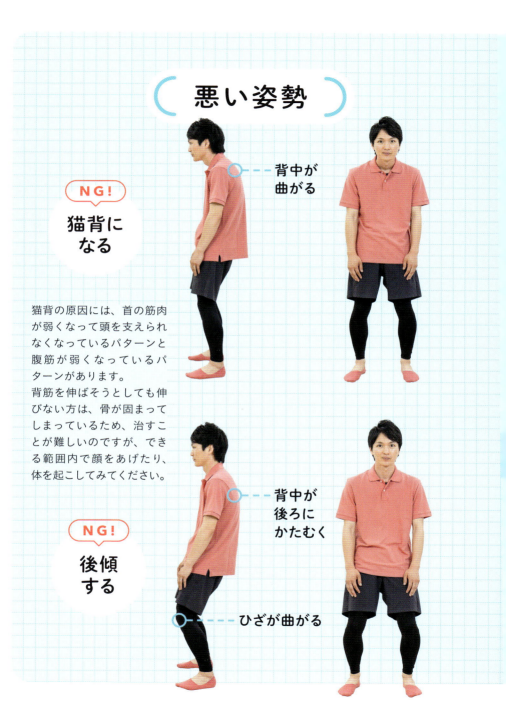

2 間違った歩き方では逆効果

まずは歩き出す前に背筋を伸ばし、**出した足はかかとから地面につき**、つま先は進行方向に向けてください。体重を前足にのせながら、後ろ足の指で地面を蹴ります。最後に親指で蹴ろうとする感覚がポイントです。腕は力を抜いて振ります。ひじを曲げて振っても、伸ばして振ってもかまいません。その際、目線はつねに10～20メートル先を見るようにしてください。

とくに意識してほしいのはつま先をあげすぎないことです。かかとから地面につくことを意識しすぎて、過度につま先があがると、足首やひざが痛くなることもあります。前足はかかと、足裏、つま先と、足の裏全体を使い、つま先が地面から離れる寸前まで上半身を前方に運び、最後に後ろ足のつま先でそっと地面を蹴りあげることが重要です。

また、すり足歩行は股関節への負担が大きく、つまずきや転倒につながりやすく危険です。ひざや腰に不安のある方は、**歩行を補助するつえやウォーキングポール**

を使うと、足腰の負担の軽減や転倒防止になります。

下ばかりを見て歩くと頭が下がり、猫背で歩くと腰痛や首こり、肩こりにもつながります。また、骨盤が後傾した状態で歩くと、足が大きく前に振り出せないため、歩幅が狭くなって疲れやすくなることも。

大股での歩行は片足で支える時間が長くなり、ふらつきや転倒のリスクが高まります。歩幅の目安については48ページに記しておきましたが、無理せず自分に合った歩幅で歩くのでもかまいません。

最後に、早足では転倒の危険が高まるので無理のないスピードで歩くようにしましょう。

図解

歩き方について

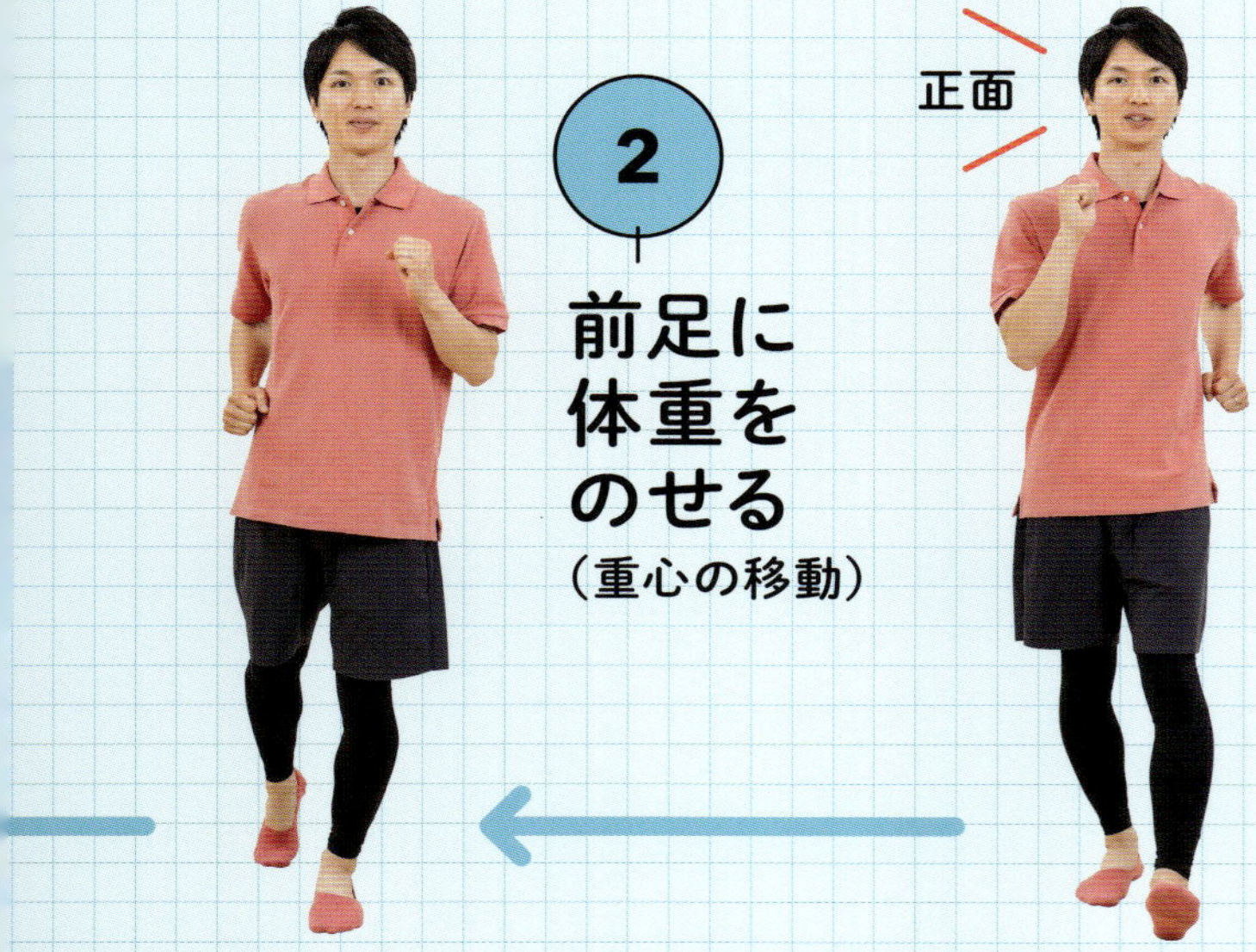

1
前足のかかとをつける

2
前足に体重をのせる
（重心の移動）

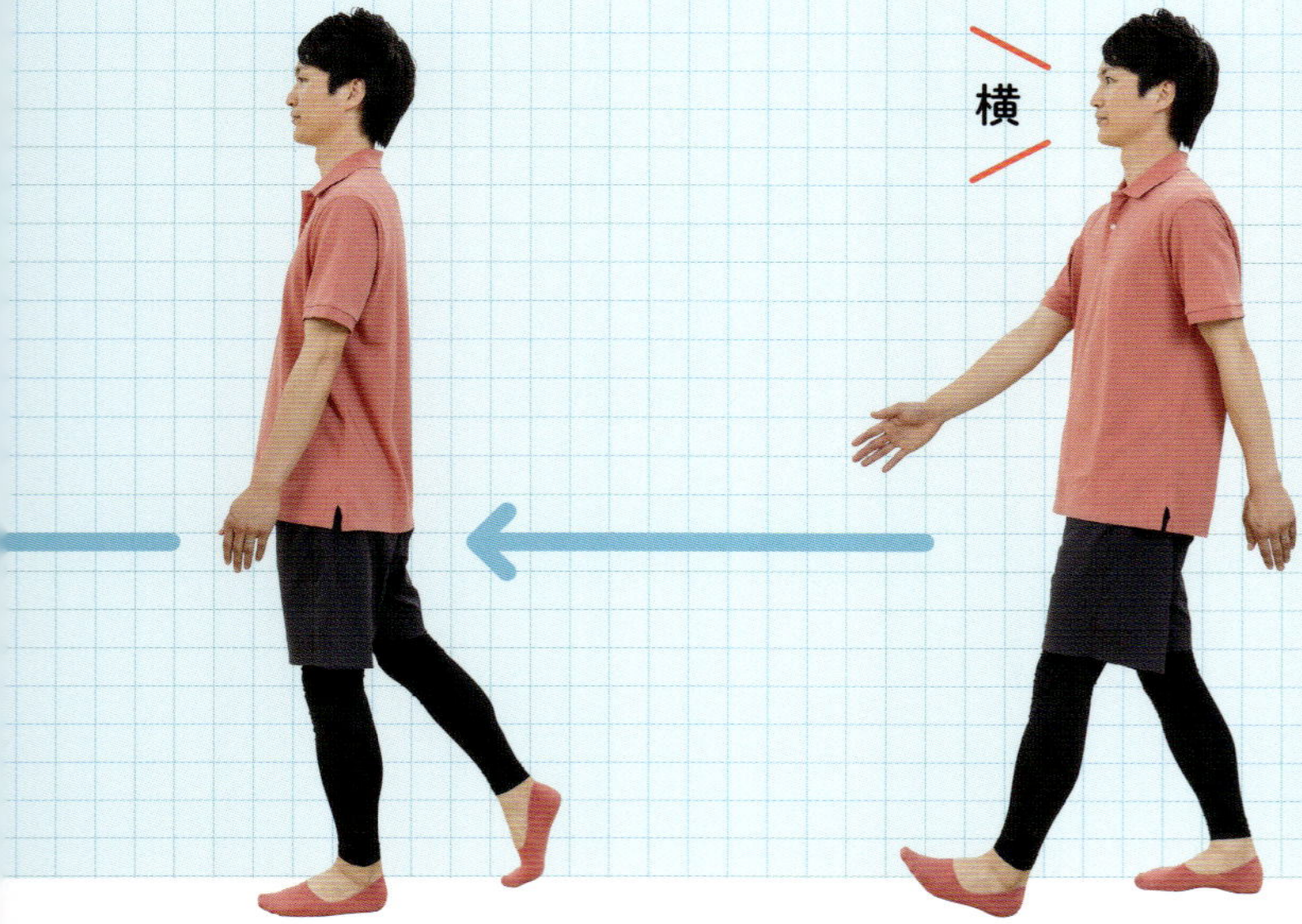

POINT

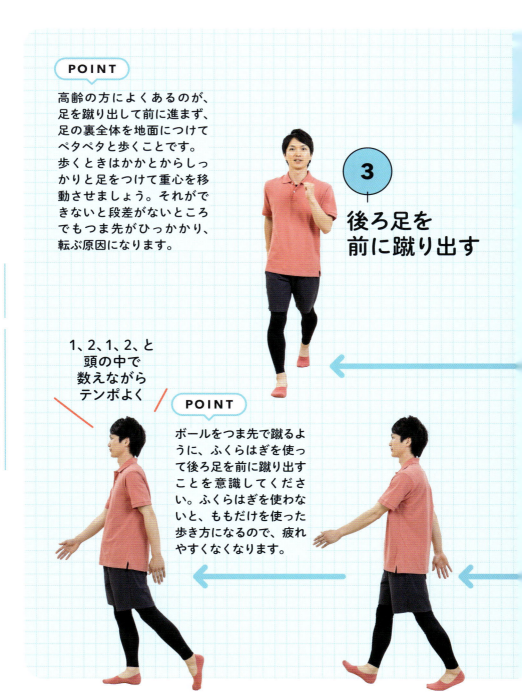

高齢の方によくあるのが、足を蹴り出して前に進まず、足の裏全体を地面につけてペタペタと歩くことです。歩くときはかかとからしっかりと足をつけて重心を移動させましょう。それができないと段差がないところでもつま先がひっかかり、転ぶ原因になります。

3 後ろ足を前に蹴り出す

1、2、1、2、と
頭の中で
数えながら
テンポよく

POINT

ボールをつま先で蹴るように、ふくらはぎを使って後ろ足を前に蹴り出すことを意識してください。ふくらはぎを使わないと、ももだけを使った歩き方になるので、疲れやすくなくなります。

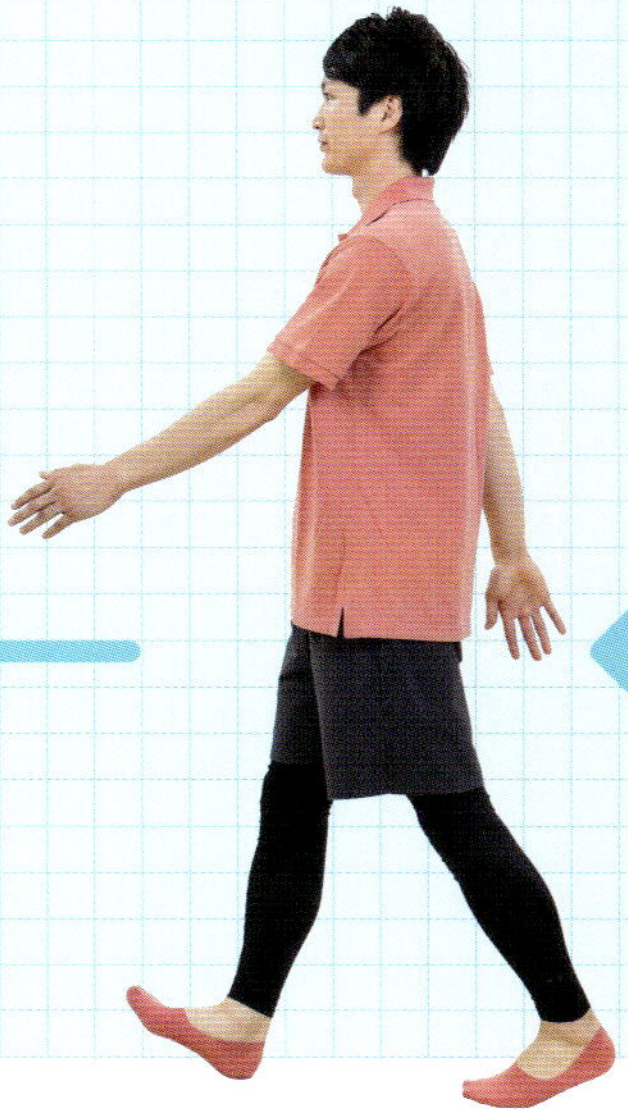

※ 足の形がわかりやすいよう靴は履いていません。

人の姿勢と歩き方

ふだんの姿勢

ひざ関節症やひざに痛みがある方はO脚ぎみでお尻も少し下がっています。

歩くときの姿勢

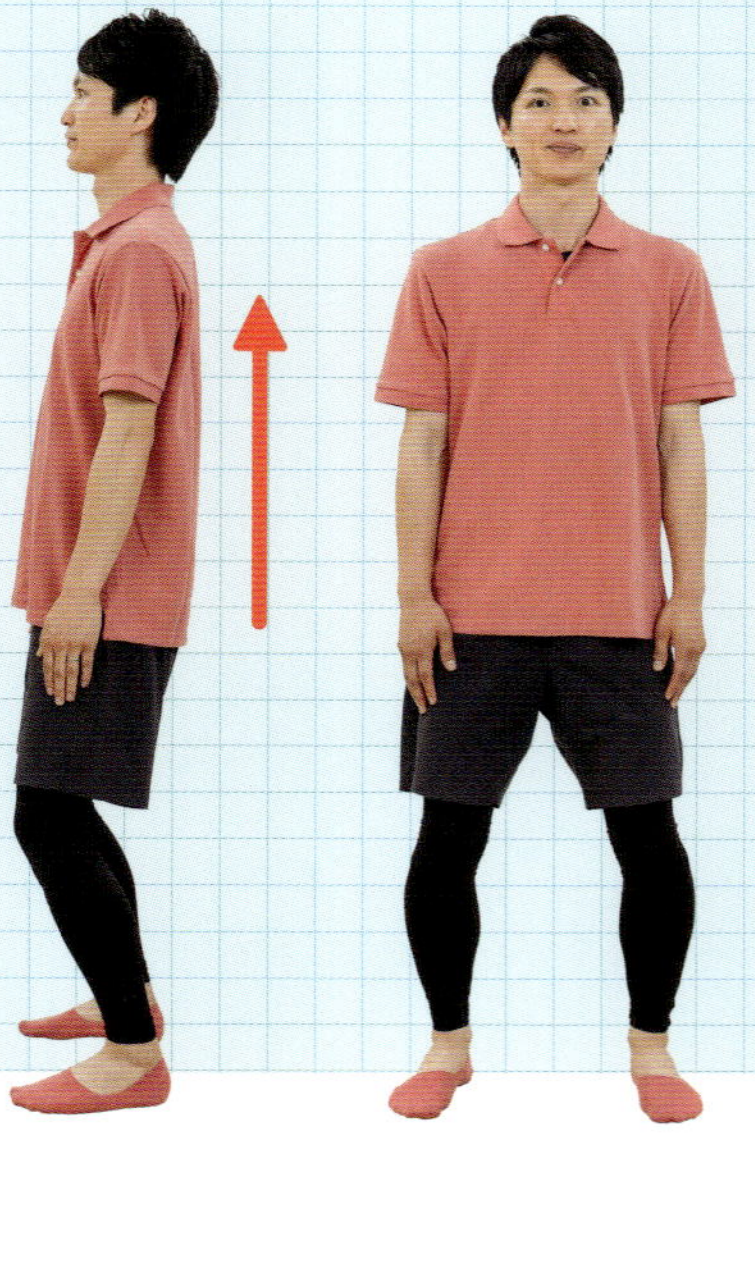

POINT

ひざ関節症のため、ひざが曲がってしまっている方は、足を伸ばしたくても伸びません。なるべく上半身を起こすようにすれば、多少ひざが曲がっていてもかまいません。

ひざ関節症の

歩行器を利用する

つえを使う

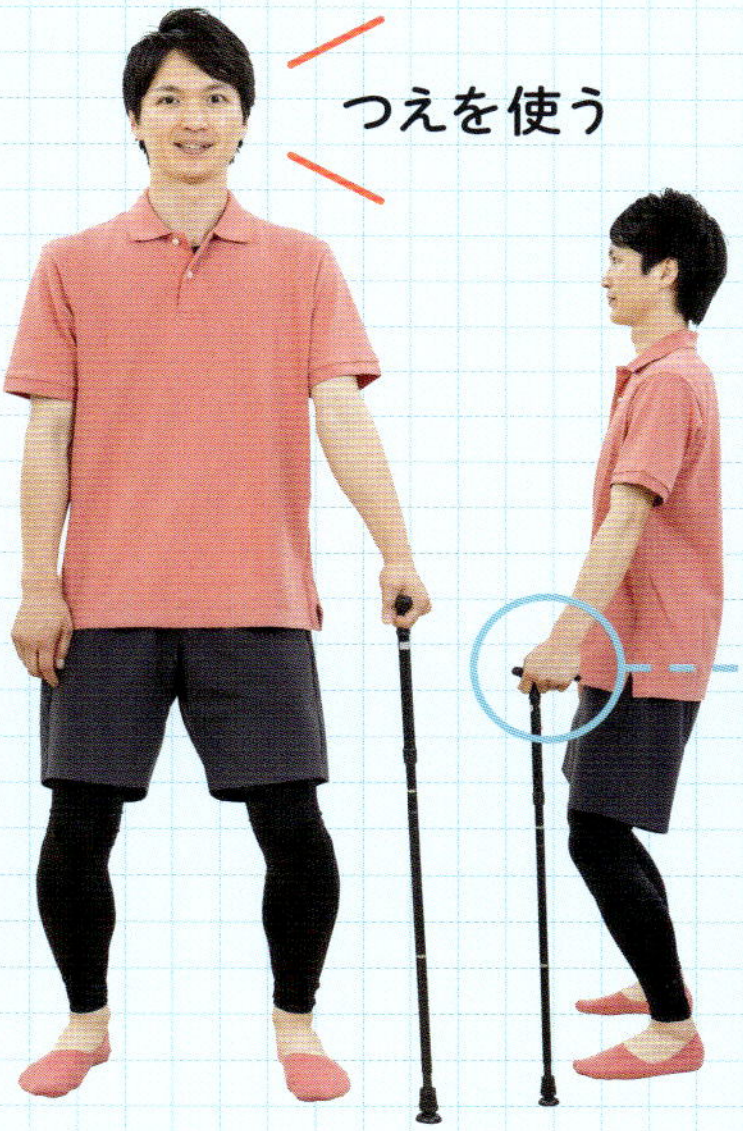

腰くらいの高さで

POINT

ひざが悪い方は、ウォーキングの際、大前提としてつえやシルバーカーを使ってください。**ひざ関節症の方はいい姿勢で歩くことよりも、ひざへの負担を減らすことを意識しましょう。**

つえ：Fuji Home

シルバーカーを使う

POINT

シルバーカーは低すぎると前傾姿勢になってしまいます。ひじが軽く曲がって無理なく手が届くようにグリップの高さを調整してください。

シルバーカー 製造：ウィズワン
販売：パラマウントベッド

※ 足の形がわかりやすいよう靴は履いていません。

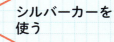

図解

人の姿勢と歩き方

ふだんの姿勢

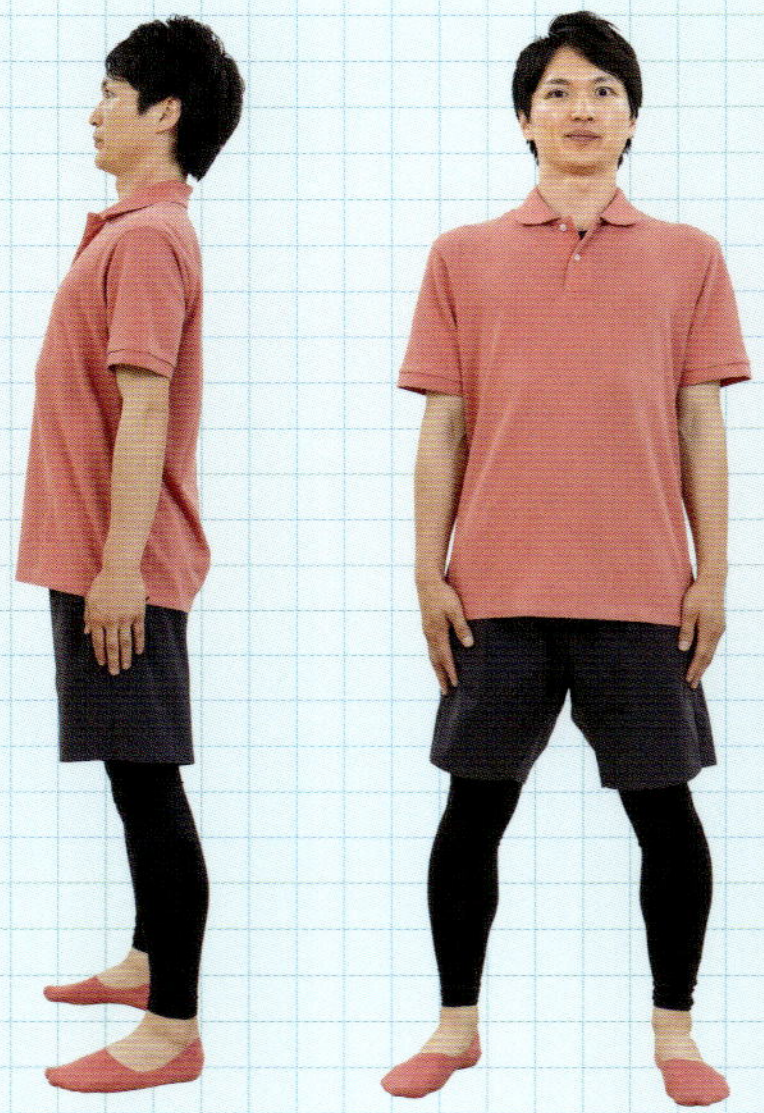

胸を張ると体が後ろに反ってしまい、しびれが出ます。最初はしびれながらでも歩けますが、徐々に症状が強くなり、少し歩いては立ち止まる方もいます。

歩くときの姿勢

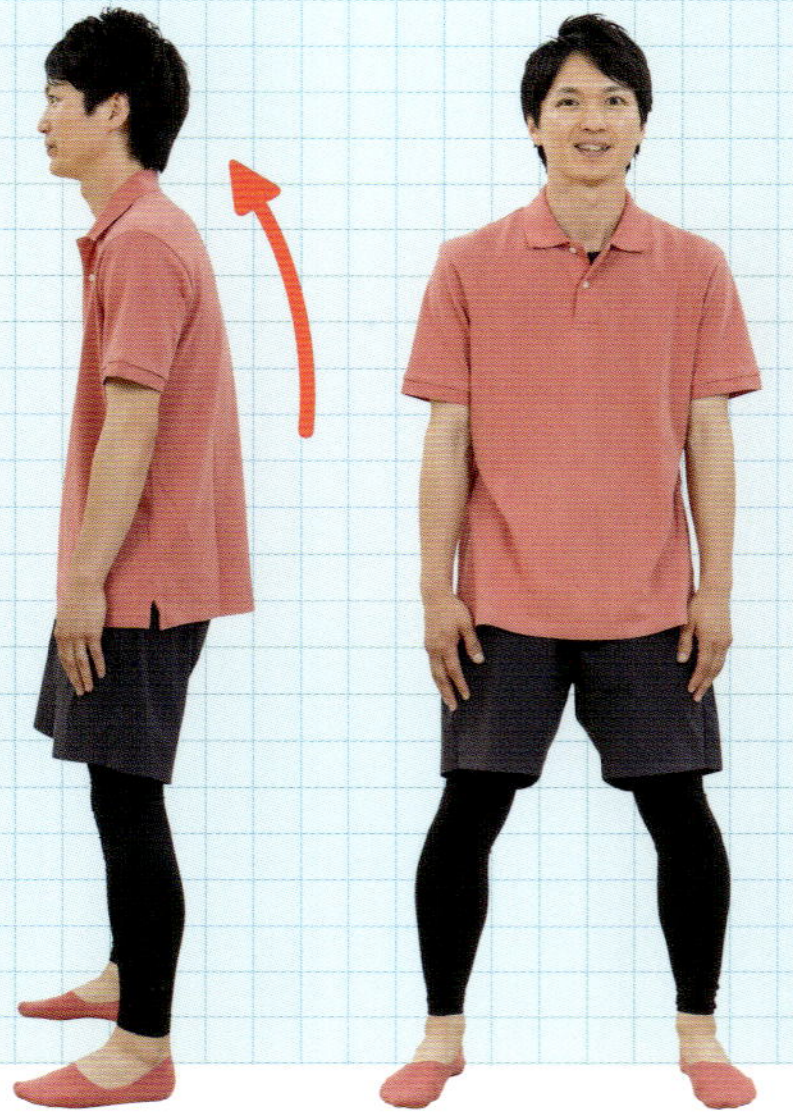

POINT

いい姿勢にしようとすればするほど神経が圧迫され、しびれが強く出てしまいます。上半身を少し丸めながら、腰を反らさずにひざを伸ばしてください。

脊柱管狭窄症《せきちゅうかんきょうさくしょう》の

歩行器を利用する

POINT

いい姿勢で歩こうとせず、腰への負担を軽減させることを第一に考えてください。ウォーキングポールを利用しても、歩いていてすぐに足が止まるようであれば、椅子の機能もついているシルバーカーを利用すると良いでしょう。

つえ：SINANO

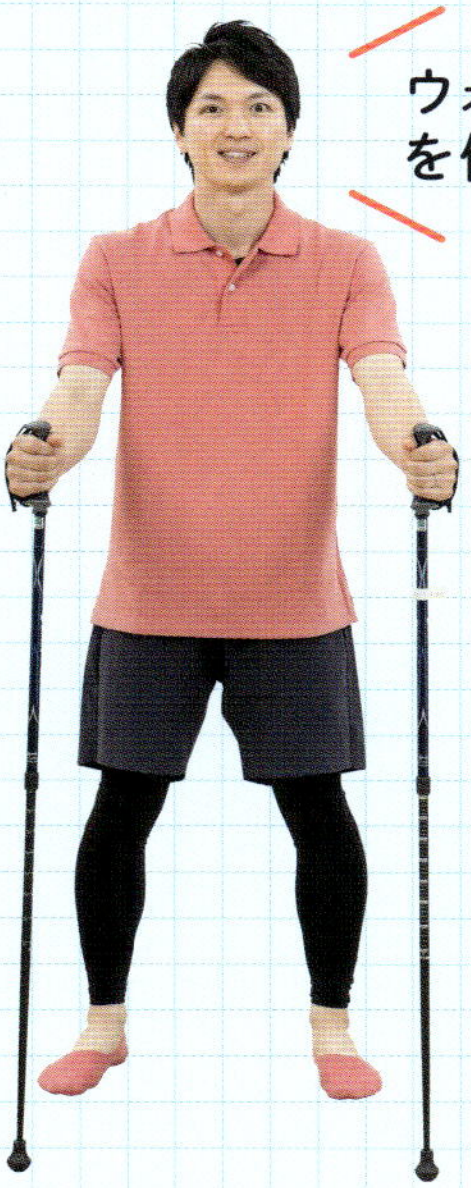

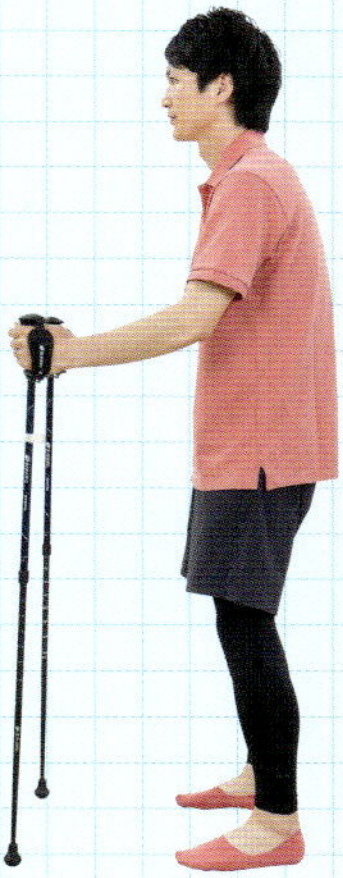

ウォーキングポールを使う

シルバーカーを使う

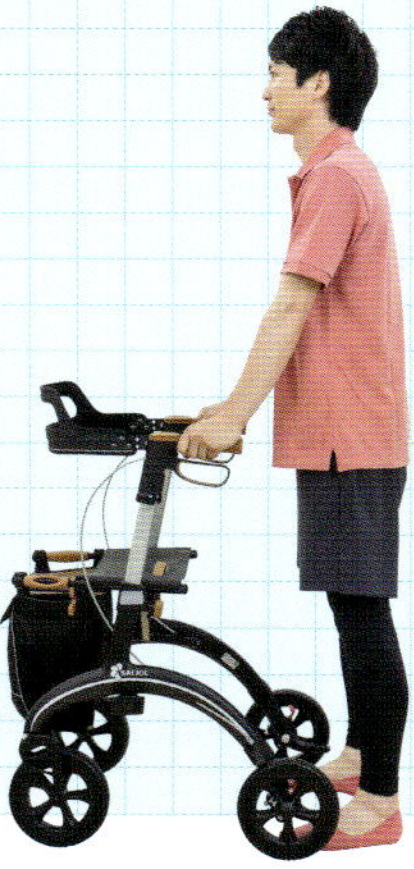

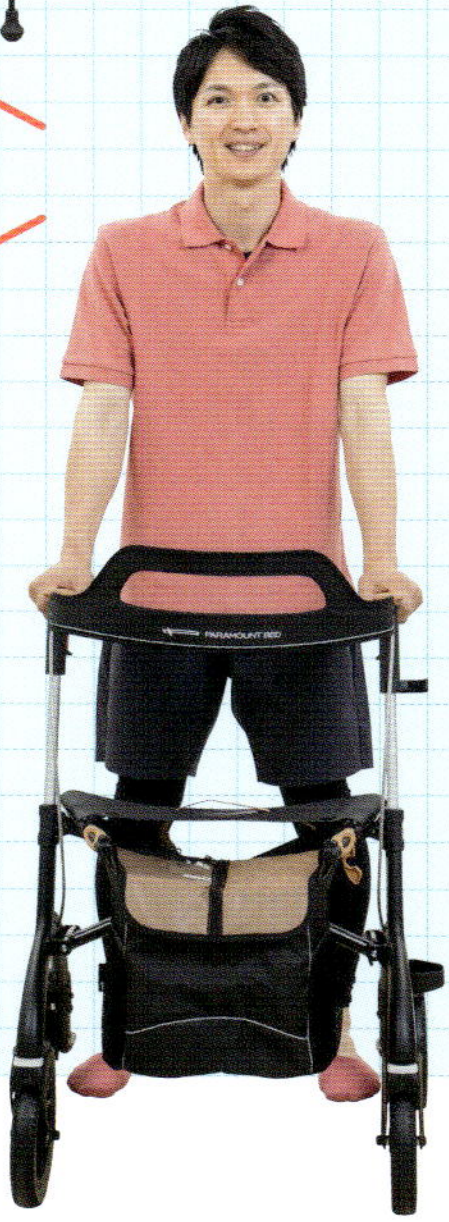

シルバーカー：ラック ヘルスケア

※ 足の形がわかりやすいよう靴は履いていません。

3 前後のストレッチを必ず行う

自分では足をあげたつもりなのに、実際はあがっていなかったという経験はありませんか？　ウォーキング前のストレッチは体を温め、運動効果を高め、関節の可動域を広げ、転倒などの防止につながります。

とくに朝は寝起きで体が硬い状態です。まだ活動モードになっていないので、**体をほぐして筋肉の血流を良くしてあげると、ウォーキング中の動きも軽くなります**。また、ストレッチをしてから歩くのと、しないで歩くのでは、ウォーキング後の疲労も大きく変わってきます。

立ってストレッチができる方は外でやっていただいてかまいませんが、座らないと自信がないという方は、自宅でストレッチをしてから出発してください。とくに**冬場は寒いので、室内で体を温めてから、出発するのが良いでしょう**。

さらに**ウォーミングアップよりも大切にしたいのがウォーキングを終えたあとのクールダウン**。疲労回復を手助けしてくれ、リラクゼーション効果も期待できます。

TOPIC

ウォーミングアップとクールダウン

ウォーミングアップ

（62 ～ 77 ページ参照）

足腰の関節の曲げ伸ばしなどで、徐々に体を温めることで筋肉が柔らかくなり、動きやすくなります。血液の循環をうながして関節の動きを良くすることで、ケガや足腰の痛みの予防効果が期待できます。

クールダウン

（78 ～ 83 ページ参照）

歩いたあとのストレッチで、心拍数をゆるやかにペースダウンできます。
疲労回復を早め、スポーツ障害予防にも有効です。
ウォーキングを終え、ひと息ついてから行っていただくのでかまいません。よって、本書では室内でのクールダウンを紹介しています。

STRETCH

室内 ウォーミングアップ 1

お尻の筋肉をほぐす

左右10回

1

足を組むように持ちあげる

POINT

歩いているときに
前かがみにならないように
支えているのはお尻。
お尻を動きやすくすると、
良い姿勢で
歩き続けられます。

2

両手でひざを持つ

3

胸とひざを近づける

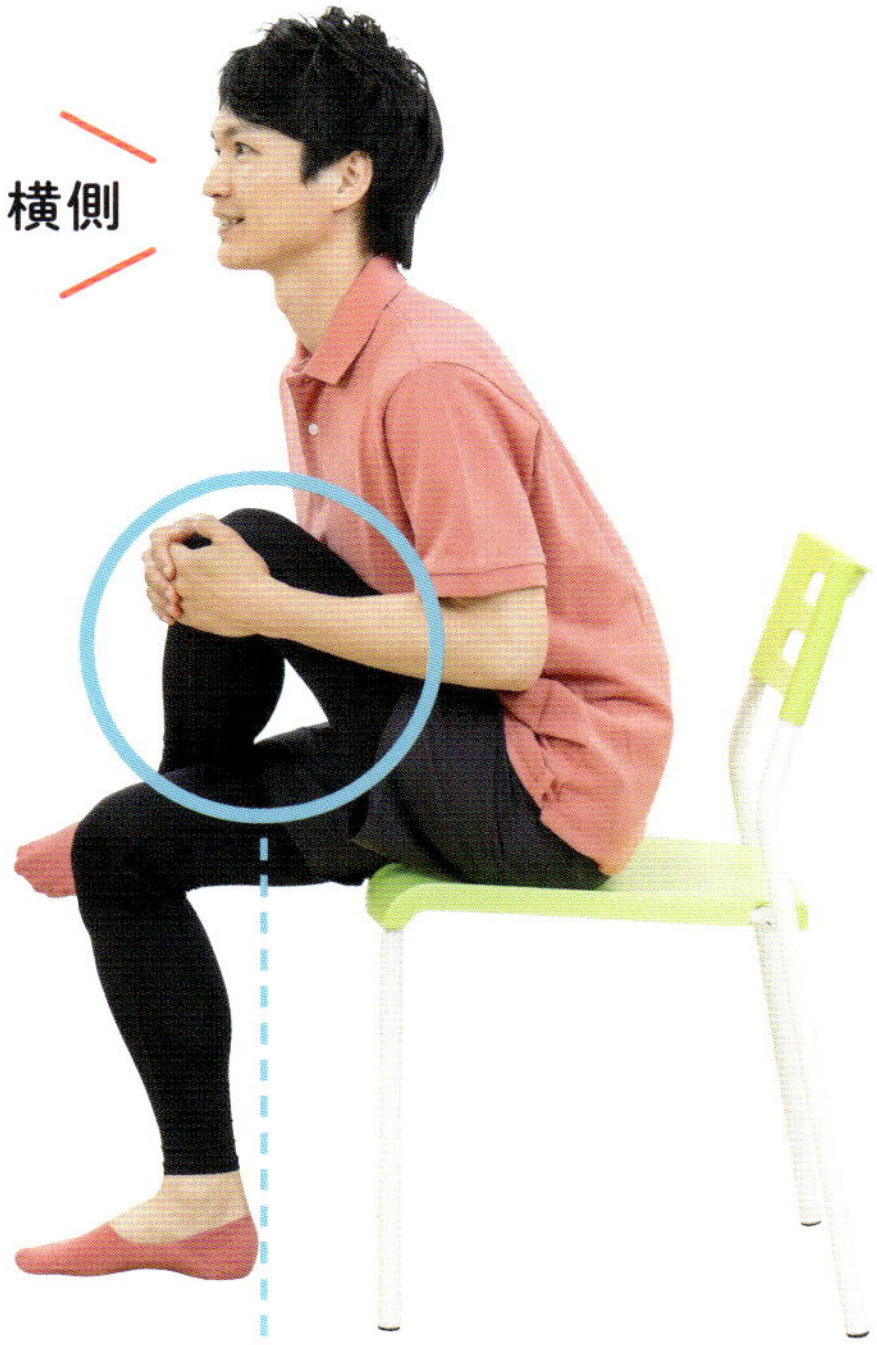

POINT

おじぎをするような
イメージで
胸とひざを近づけていきます。

NG!

頭が下がり、
背中が曲がって猫背になると
お尻が伸びないので
注意しましょう。

STRETCH

室内

ウォーミングアップ2

股関節の筋肉をほぐす

左右1セット×10回

1

片足のひざを両手で抱える

2

ひざを上にあげながら回す

POINT

ぐるぐるとひざを回すことで股関節の筋肉をほぐします。ウォーキングのときに足が運びやすくなります。

3

ひざを内側に入れるようなイメージで回す

4

ひざを外側に出すことをイメージしながら回す

NG!

ひざの回しが小さいと股関節が動きません。大きな円を描くようにひざを回してください。

STRETCH

室内

ウォーミングアップ3

ふくらはぎの筋肉をほぐす

左右1セット×10回

1 タオルを片足にかけてひざを曲げる

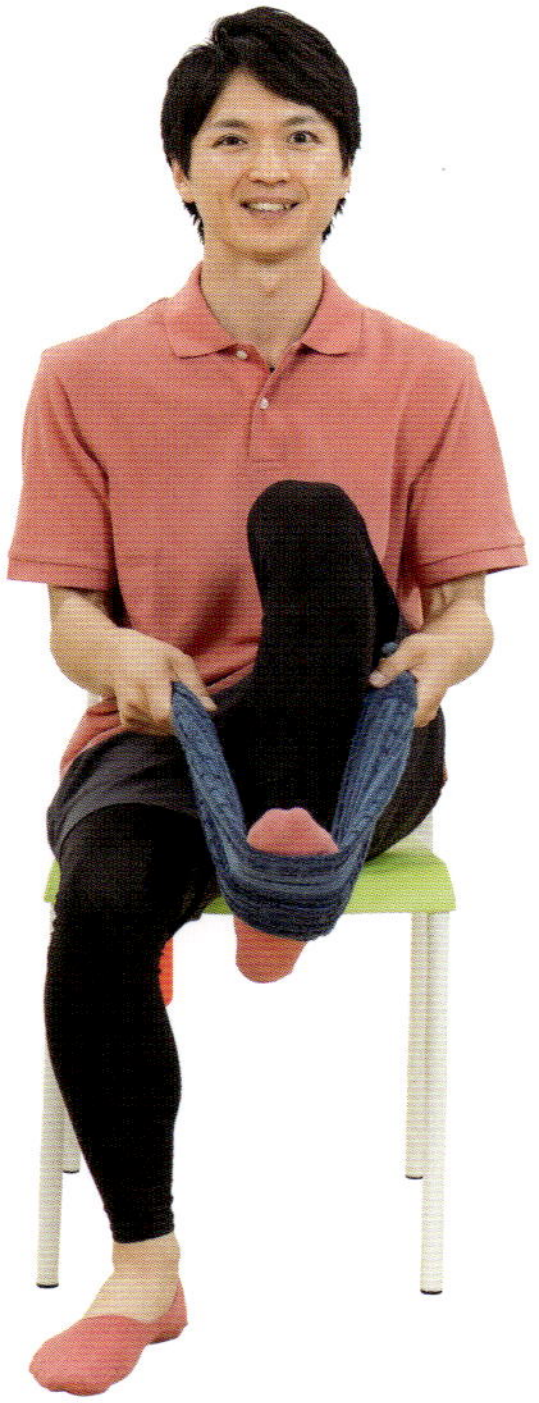

POINT

ウォーキング中は足を蹴る瞬間にいちばんふくらはぎを使います。

このウォーミングアップを行うことで、足が蹴りやすくなり疲労が軽減。小さな力で長く歩くことができます。

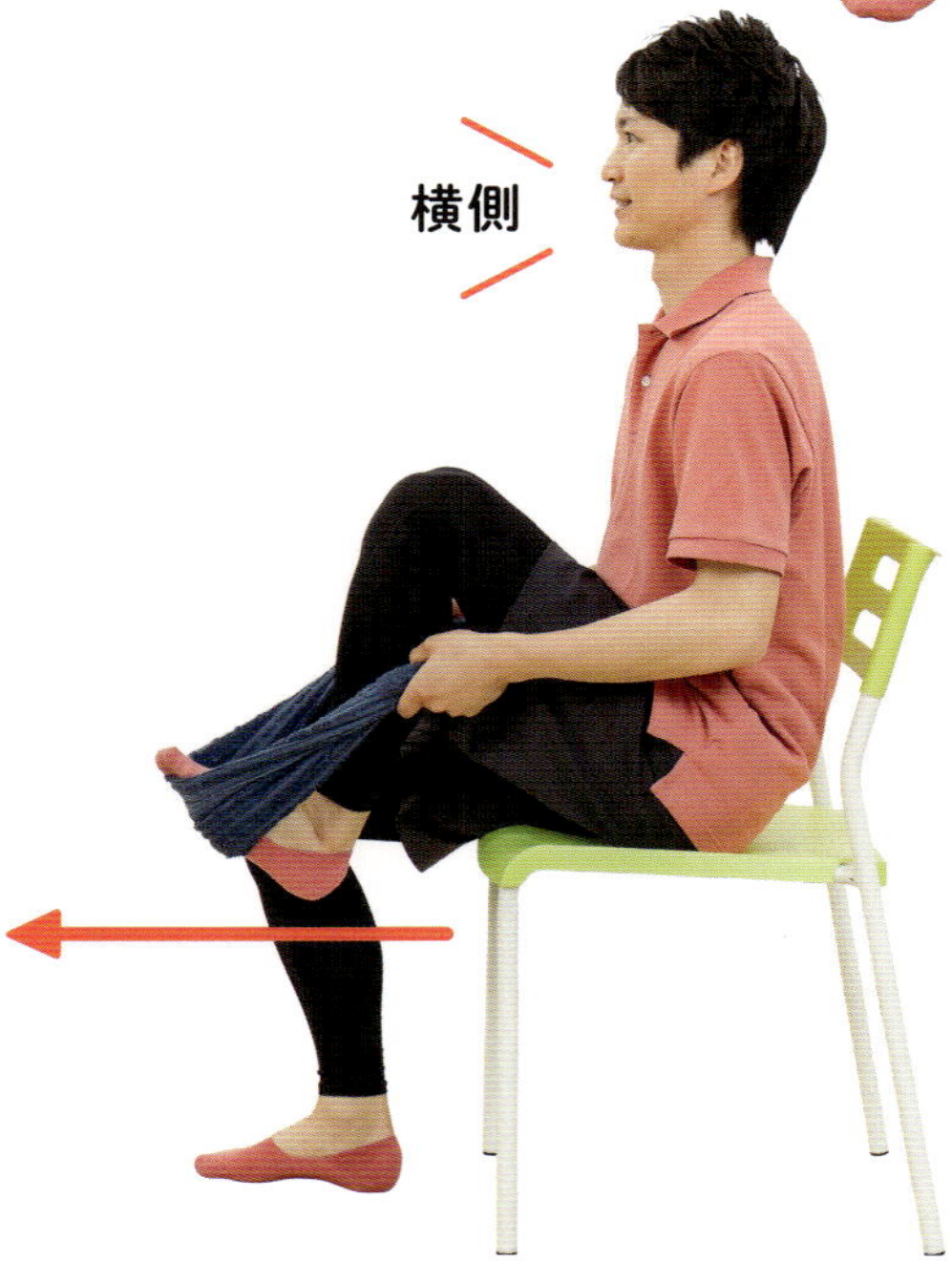

2

ひざを伸ばし、伸ばしたあとは曲げる

POINT

タオルをかけた足が
伸びているなという
感覚があるとよいです。
ひざを伸ばして曲げる
動作を繰り返しましょう。

番外編

タオルがなくてもできる人は…

タオルがなくてもつま先に手が届く方は、両手で足の指を持ってゆっくりとひざを伸ばしてください。

足を伸ばし切ると手が届かなくなることもあるので、ふくらはぎが伸びている感覚が得られる程度で、ひざを戻してください。

STRETCH

室内

ウォーミングアップ4

足首の筋肉をほぐす

左右1セット×10回

1 足を組む

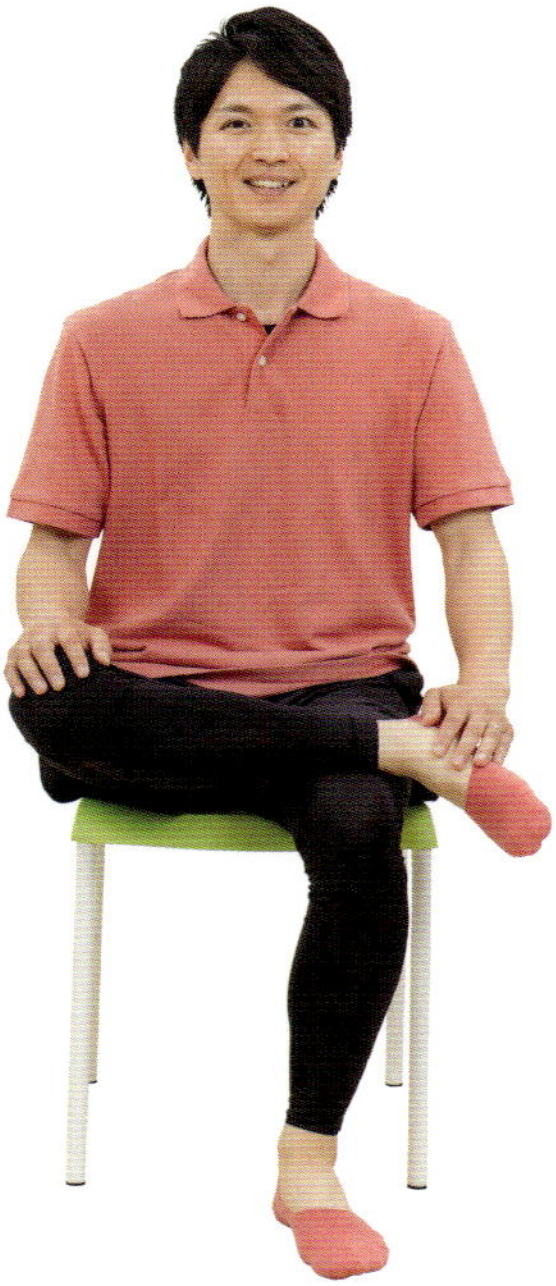

POINT

足首は歩くときに重心を前にスムーズに移動させる役割があります。足首が硬いと、その動きにブレーキがかかってしまい、無駄な力を使ってしまいます。

足首をしっかり動かすことを意識してください。

2 足首を手でつかむ

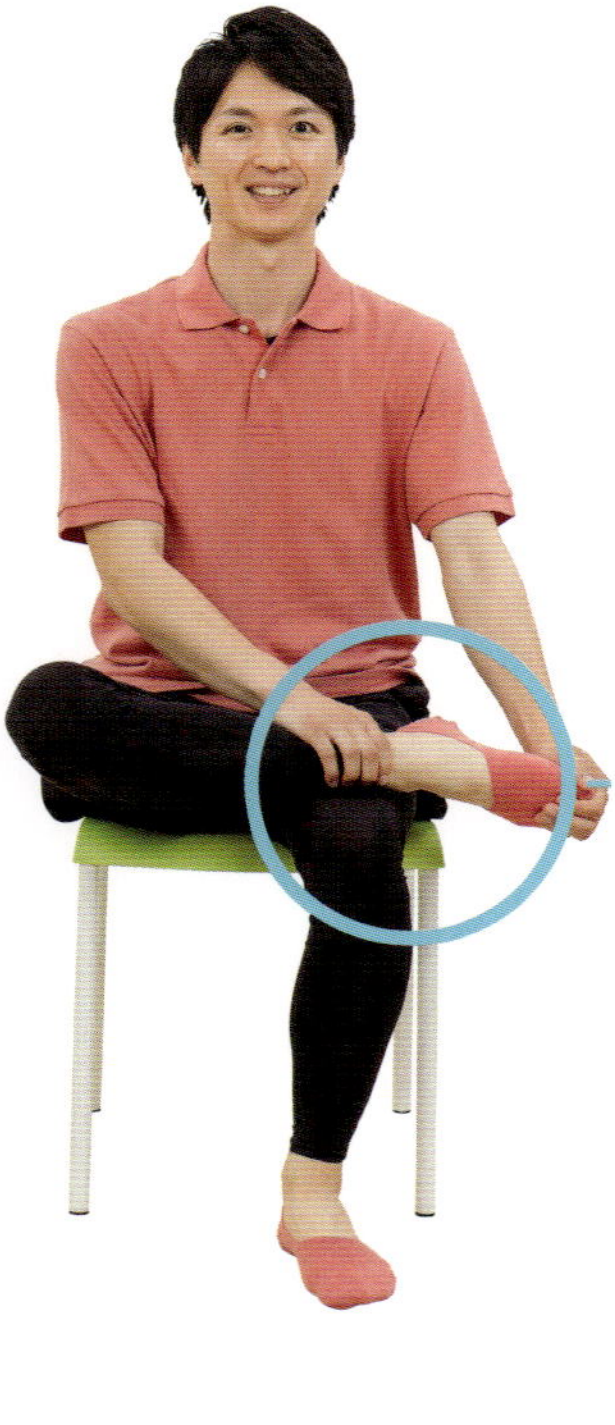

POINT

しっかりつかまないと足の指先だけが動いてしまい、足首が柔らかくならないので注意しましょう。

3 円を描くように足首を回す

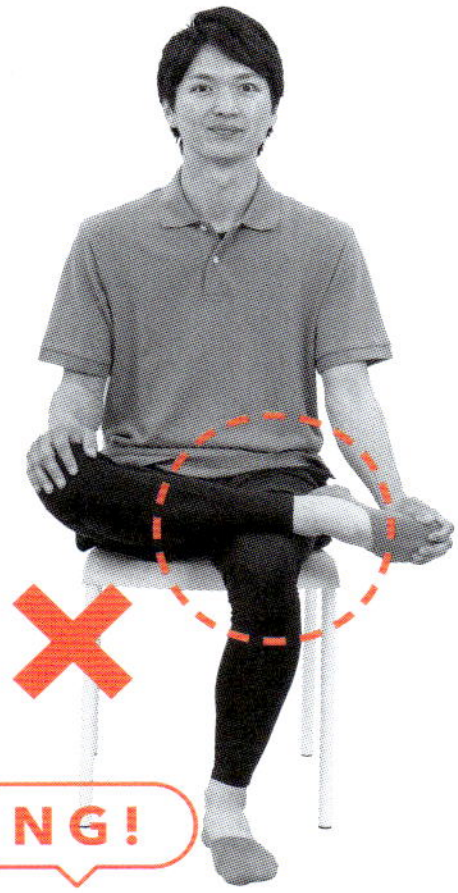

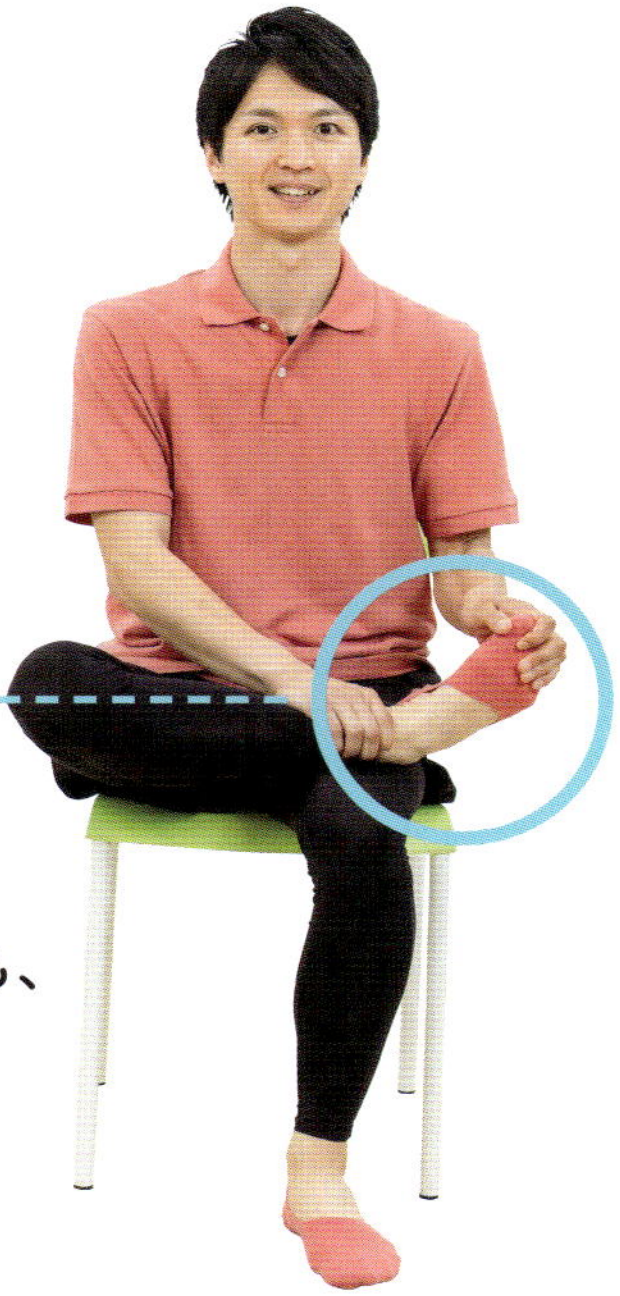

POINT

足首を大きく回す。
時計回り、
反時計回りどちらでも、
回しやすいほうで。

NG!

足首をつかまないと
指先だけが動いてしまう。

番外編

足をひざにかけられない人は…

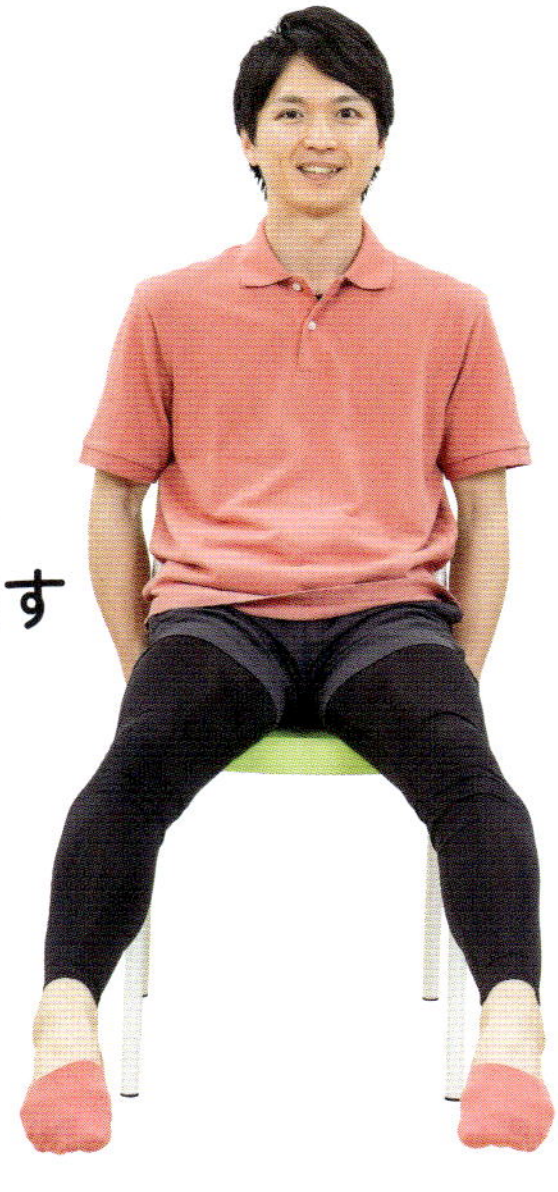

1 両足を前に出す

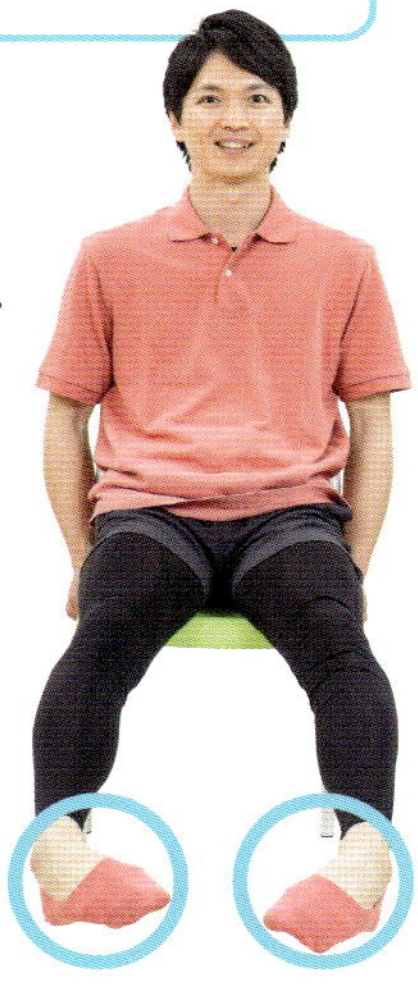

2 足首を回す

POINT

椅子に座って
両足を前に伸ばし、
内側から外へ
回してください。

STRETCH

室外

ウォーミングアップ 1

お尻の筋肉をほぐす

左右1セット×10回

1

両足を肩幅よりも広めに開く

2

片足に体重をかける

POINT

両手を体重をかけた足に添え、下に押していきます。

3 お尻を引いて股関節を曲げる

POINT

お尻を
突き出すように
後ろに引きます。

横側

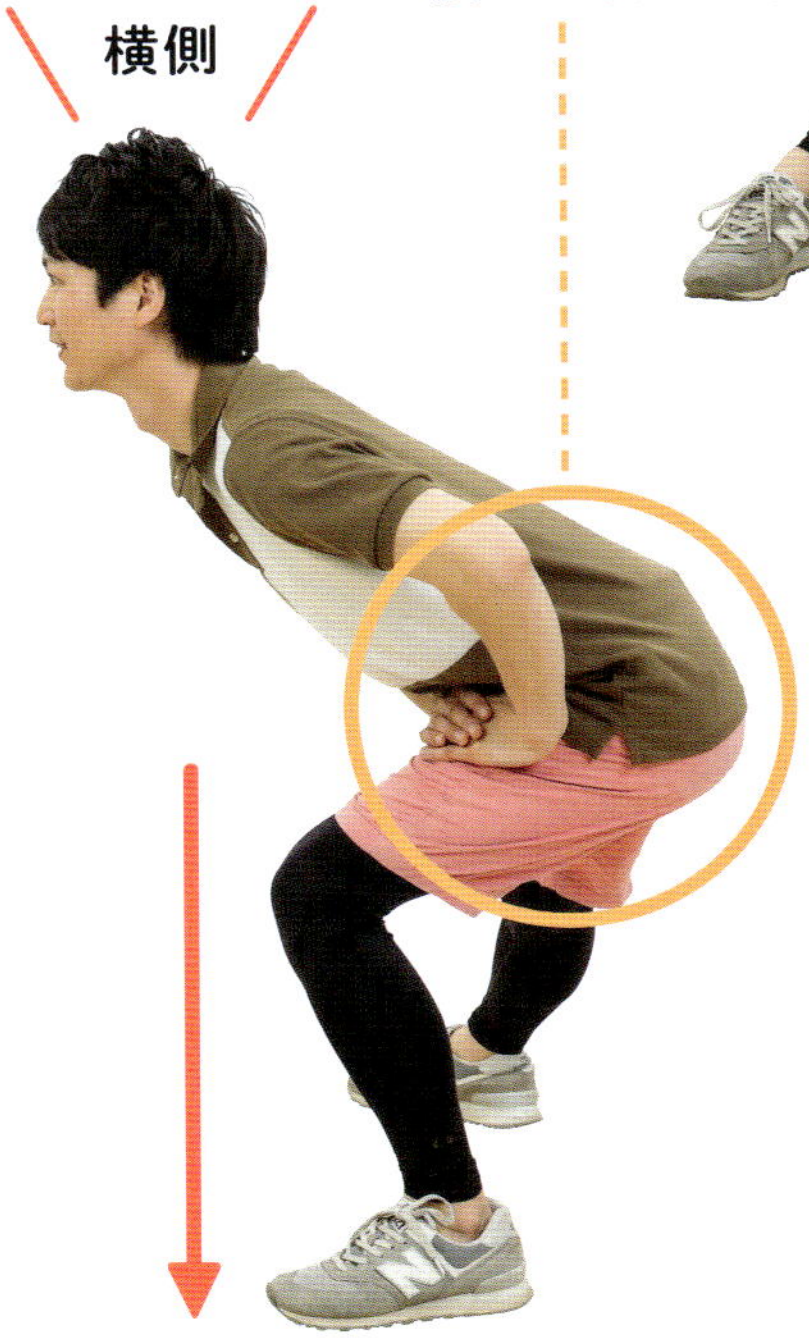

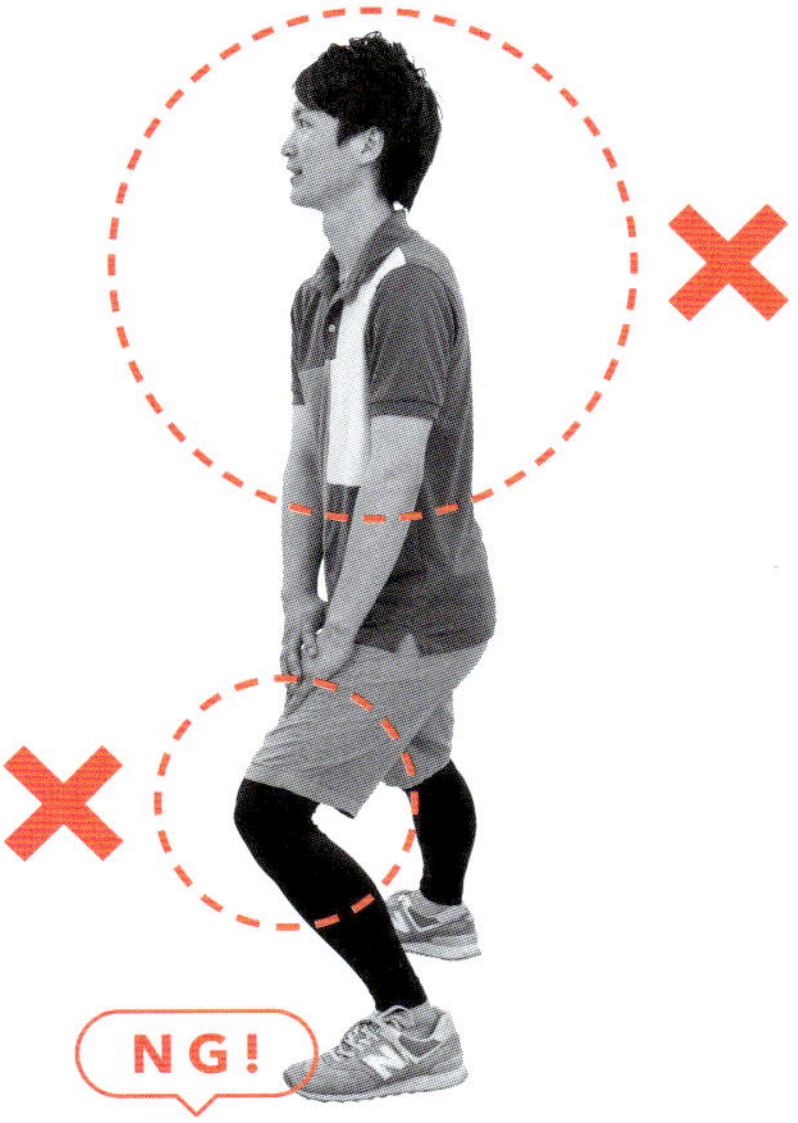

NG!

上半身が直立になり、
ひざだけ曲げると
ひざ運動のみになり、
お尻の筋肉は伸びません。

STRETCH

室外 ≫ ウォーミングアップ 2

股関節の筋肉をほぐす

左右 1セット × 10回

1

両足を大きく開いて、
ひざを外に押し出し、
体をやや前かがみにする

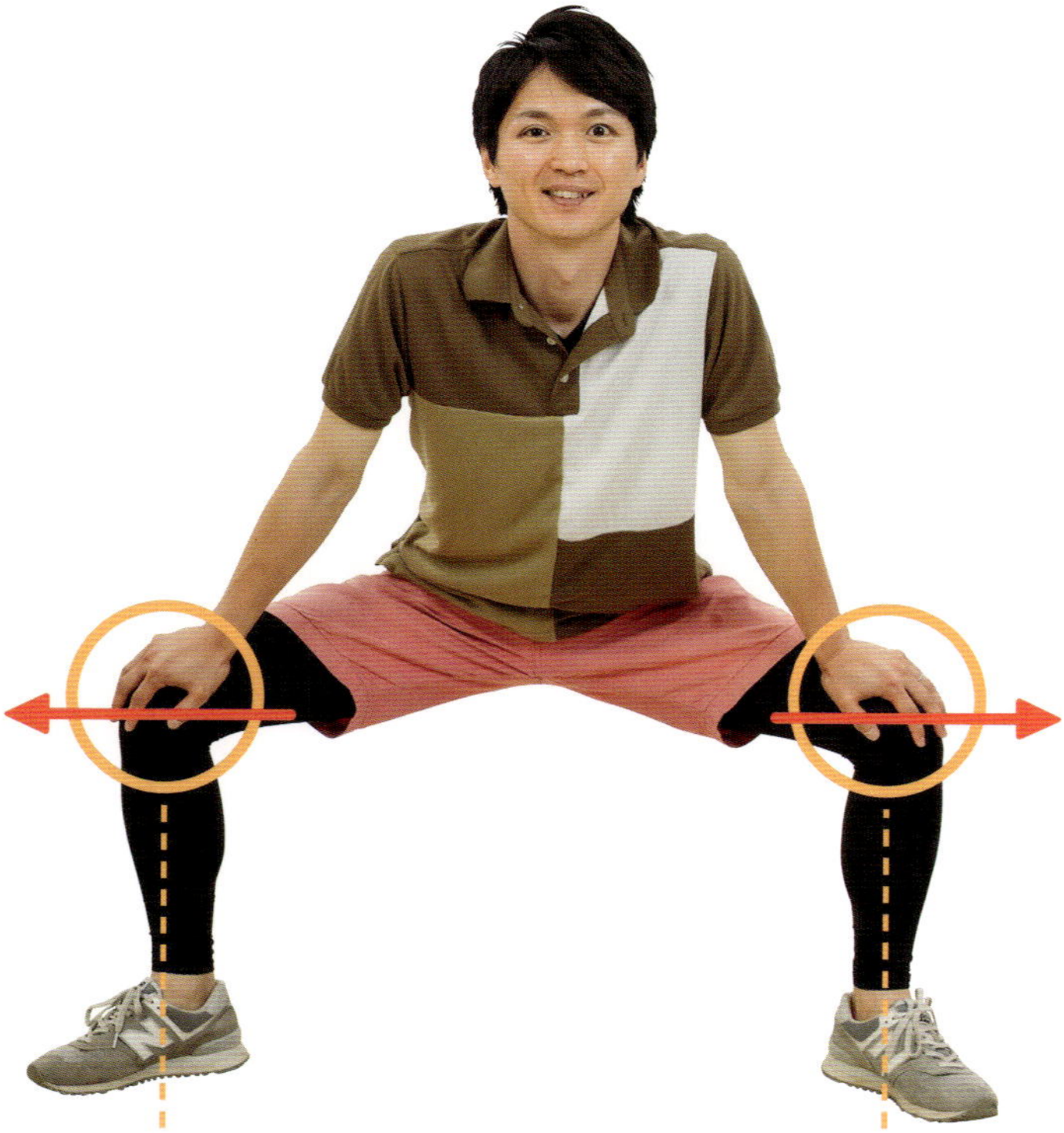

POINT

外に押し出すように
ひざを動かします。

2

肩を体の中央に交互にもってくる

右肩を
左に回し、
中央へ

左肩を
右に回し、
中央へ

POINT

肩の位置を中央に
もってくると、
ももや腰が
しっかりと伸びます。

NG!

肩を体の中央に動かすときに
足が一緒に動くと
股関節や腰が伸びないので
注意しましょう。

STRETCH

室外

ウォーミングアップ 3

アキレス腱《けん》をほぐす

左右1セット×10回

1 片足を後ろに引き、かかとを床に近づける

POINT

体重は必ず前足にかかっているように意識しましょう。後ろ足と体が一直線になっているのが理想です。前足と後ろ足に体重をかけることで、ふくらはぎとアキレス腱がしっかり伸びます。

2 体重を前足にのせて上下に動かす

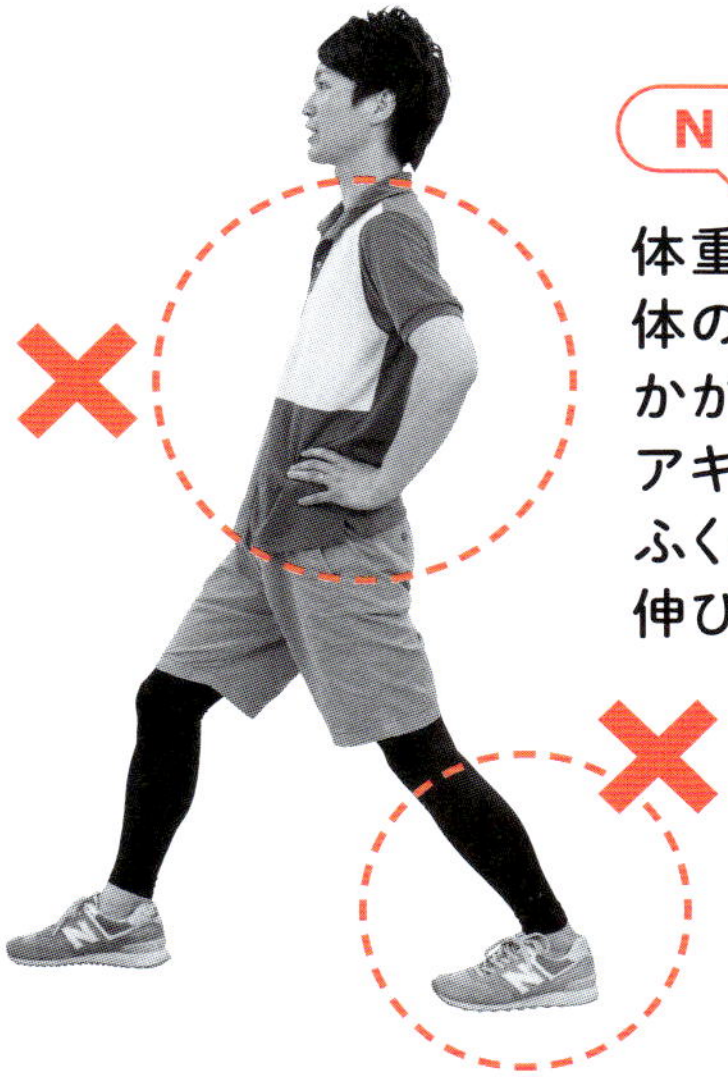

NG!

体重が後ろ足や体の後ろ側にかかると、アキレス腱やふくらはぎが伸びません。

MEMO

アキレス腱をしっかりと伸ばしておくと、ウォーキング中に足の蹴り出しが良くなります。また、歩いている最中の足のつりやケガの防止にもなります。

STRETCH

室外

ウォーミングアップ4

足首・肩の筋肉をほぐす

左右1セット×10回

POINT

肩を回して
肩甲骨をほぐすと
上半身の腕振りが
スムーズになって
軽くなります。

1

肩を回しながら、
足首も同時に回す

POINT

大胸筋が硬くなって前かがみになりがちなのでほぐす意識で。
腕の回しは内側から、
外側からどちらでもよいですが、
内側から回すほうが姿勢も伸び、
肩甲骨も後ろにより動いてくれます。

POINT

肩と同時に足首も回しましょう。
足首は内側から回すほうが
簡単かもしれませんが、
やりやすいほうでかまいません。

STRETCH

室内

クールダウン 1

内ももの筋肉をほぐす

左右1セット×10秒

1

椅子に浅く座り、両足を大きく開く

POINT

ウォーキングで疲労した足や腰のケアをします。

2

ひざを外に押し出して体をやや前かがみに

POINT

ひざを外に押しながら体を前にもってくるとももが伸びます。

3
肩を体の中央に交互にもってくる。

POINT

左右の肩を
体の中央にもってくると、
ももや腰がしっかりと伸びます。
この体勢でそれぞれ
10秒キープしましょう。

NG!

肩を体の中央にもってきたときに足も一緒についてくると、ももや腰の伸びがなくなってしまいます。下半身は動かさず、上半身だけをひねってください。

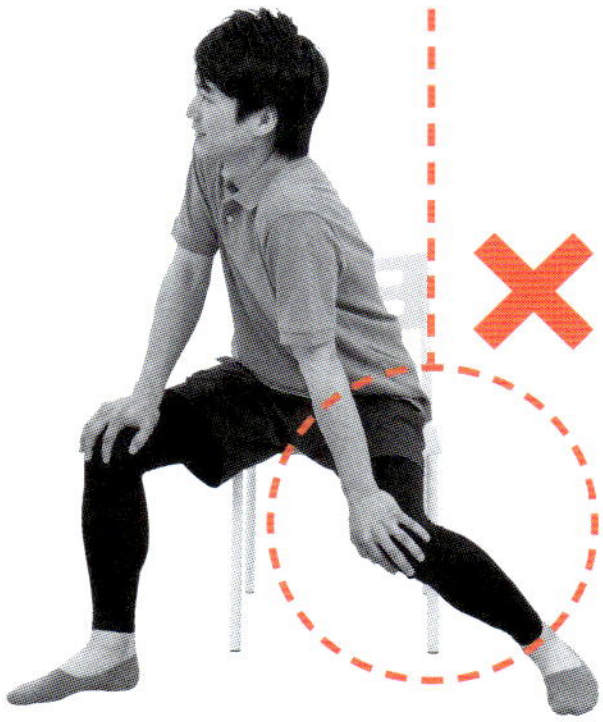

NG!

猫背だと内ももや腰が伸びないので、しっかりと背筋を伸ばしてください。

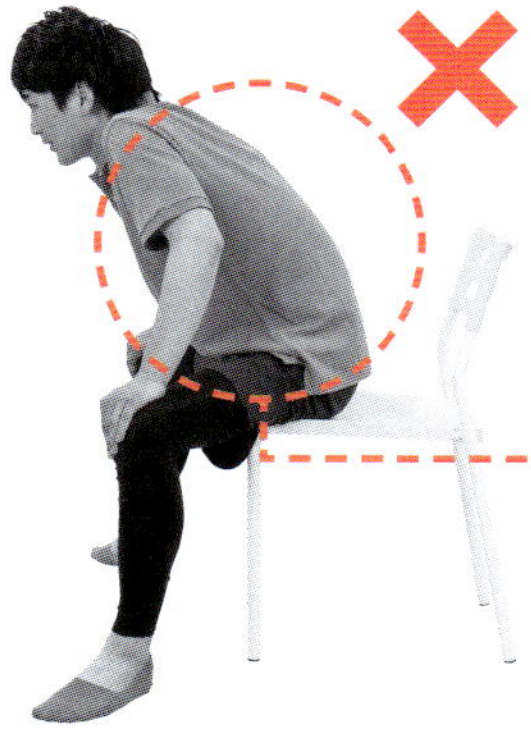

STRETCH

室内

クールダウン2

前ももの筋肉をほぐす

左右1セット×20秒

1

椅子に座り、
お尻を半分出す。
足をつかんで
ひざを下に向ける

POINT

太ももとお尻を
近づけます。

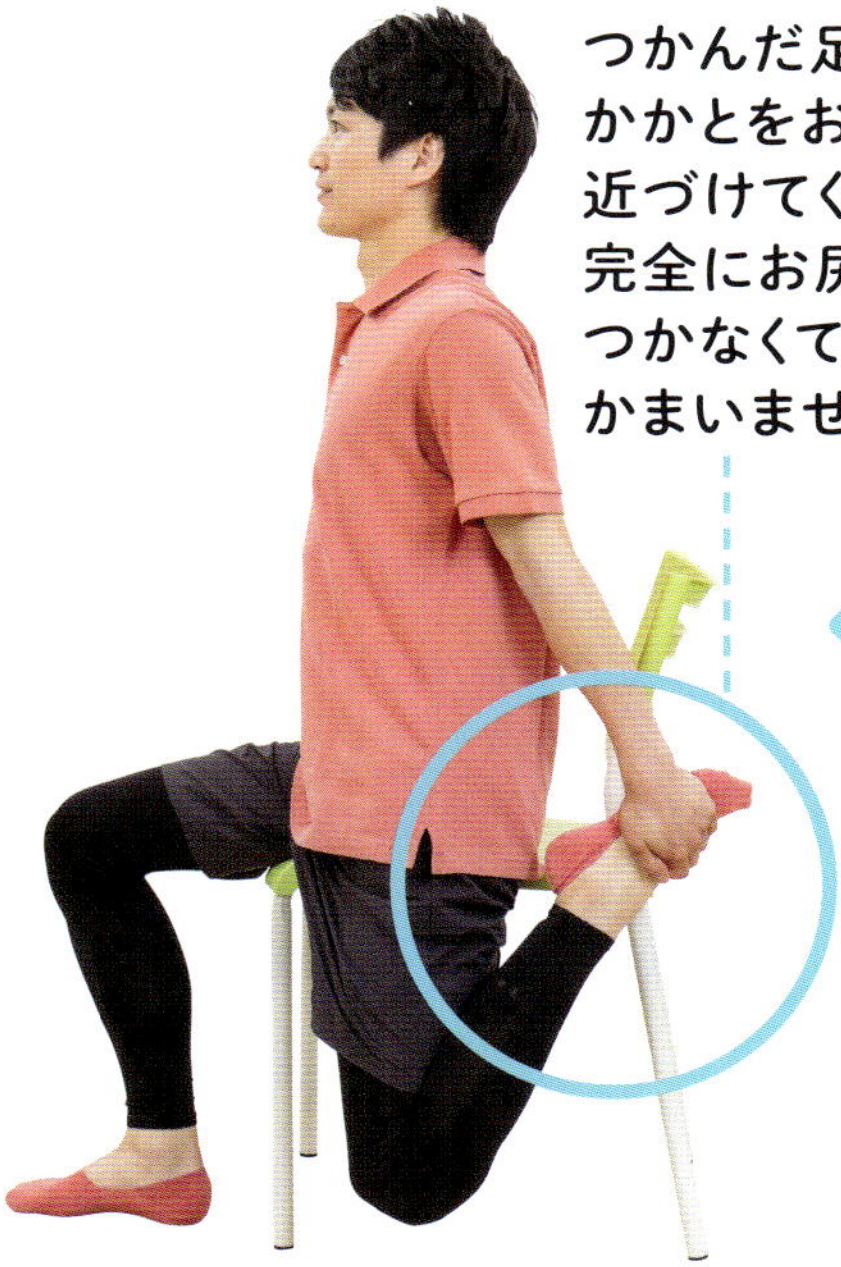

POINT

つかんだ足の
かかとをお尻に
近づけてください。
完全にお尻に
つかなくても
かまいません。

横側

NG!

かかとがお尻から離れるほど前ももの筋肉は伸びません。かかとがお尻につくのが理想ですが、つかなくてもかまいません。
ただし、ひざをまっすぐ引く（外側に出さない）意識は持ってください。

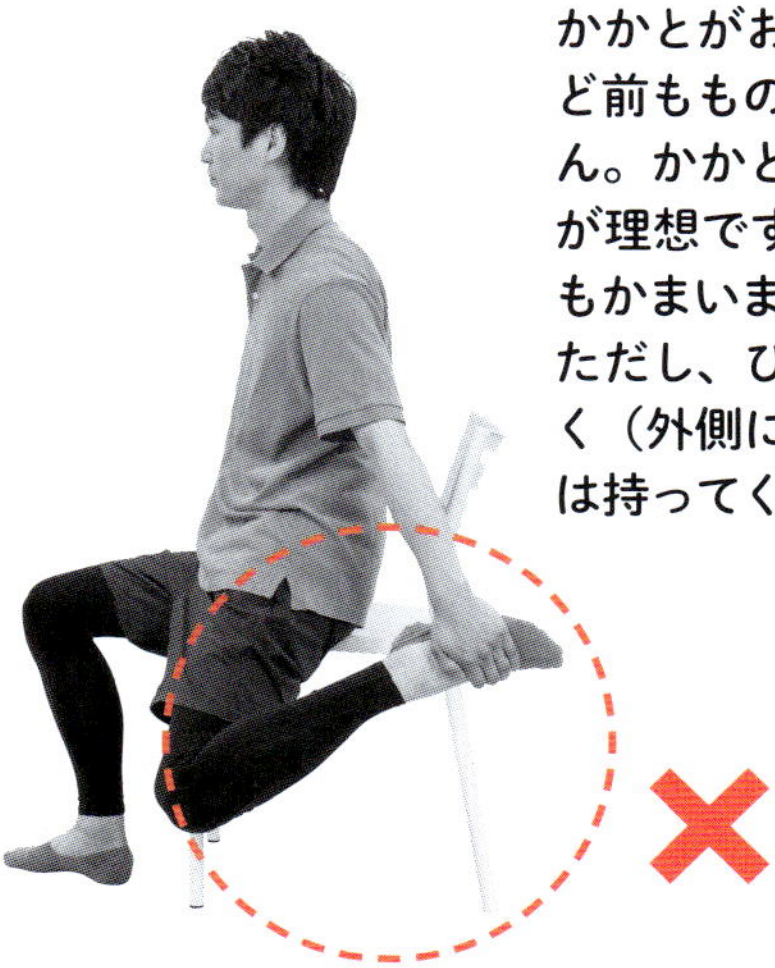

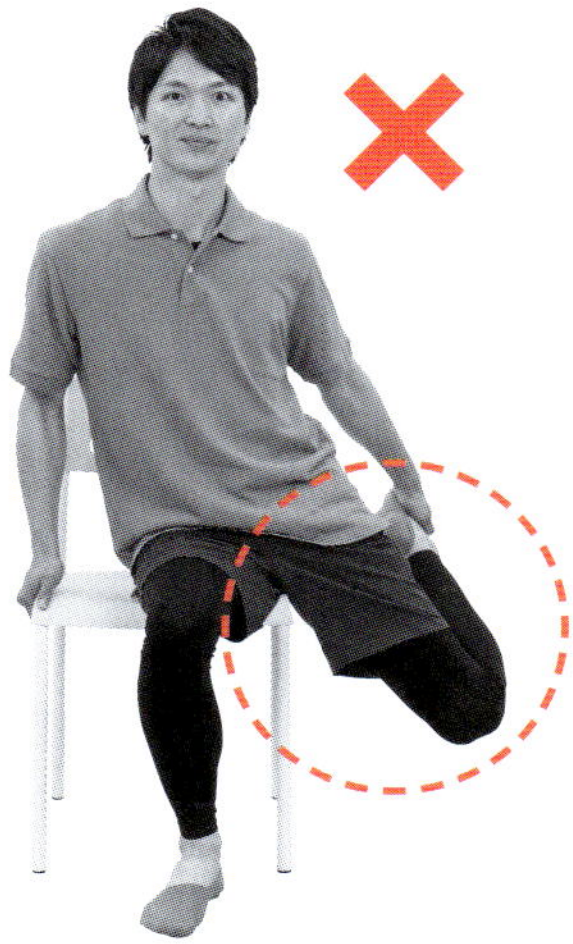

STRETCH

室内

クール
ダウン
3

ふくらはぎの筋肉をほぐす

左右
1
セット
×
20
秒

1

椅子に浅く座って片足を前に出す

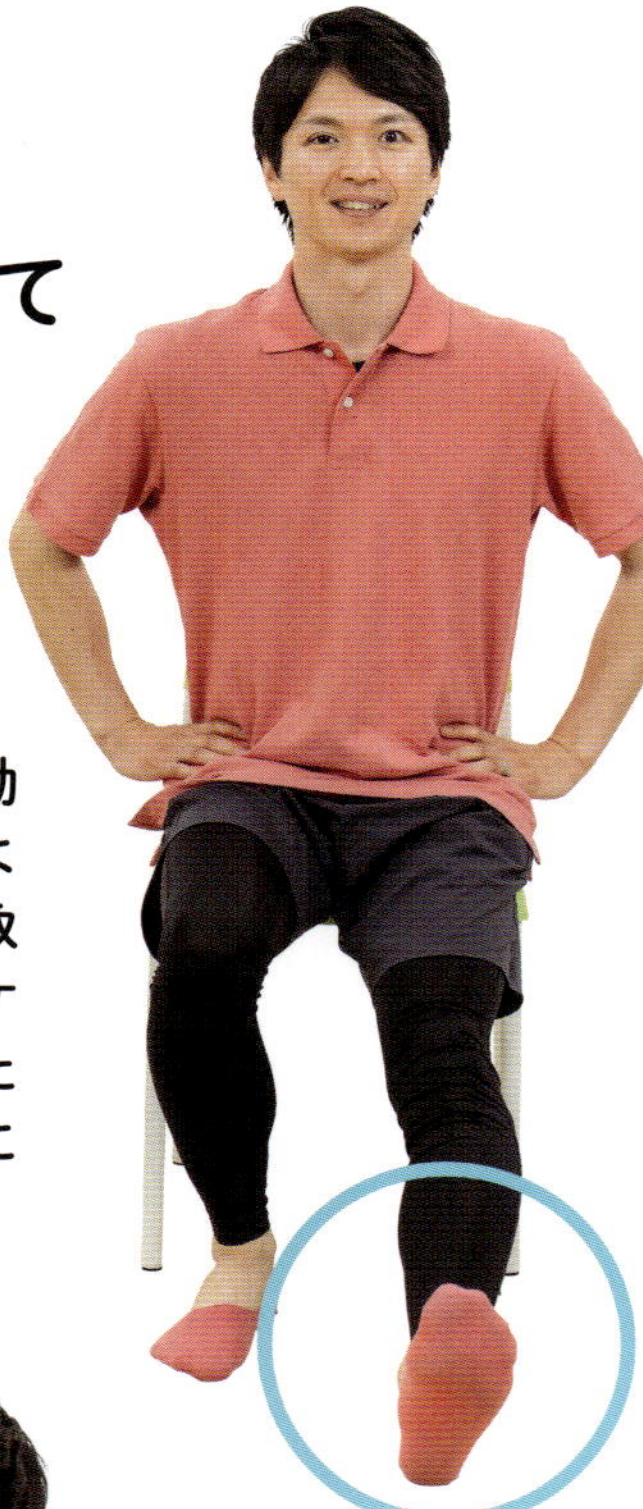

POINT

ウォーキングは足を蹴る動作の連続でふくらはぎをよく使っています。疲れを取るためにもふくらはぎのケアは大切です。疲れがたまったままだと、就寝中に足がつることも。

POINT

つま先は立てます。

横側

POINT

目線は
まっすぐ前に
向けます。

2

少し体重をかけながら ひざを押し、胸とつま先を近づけていく

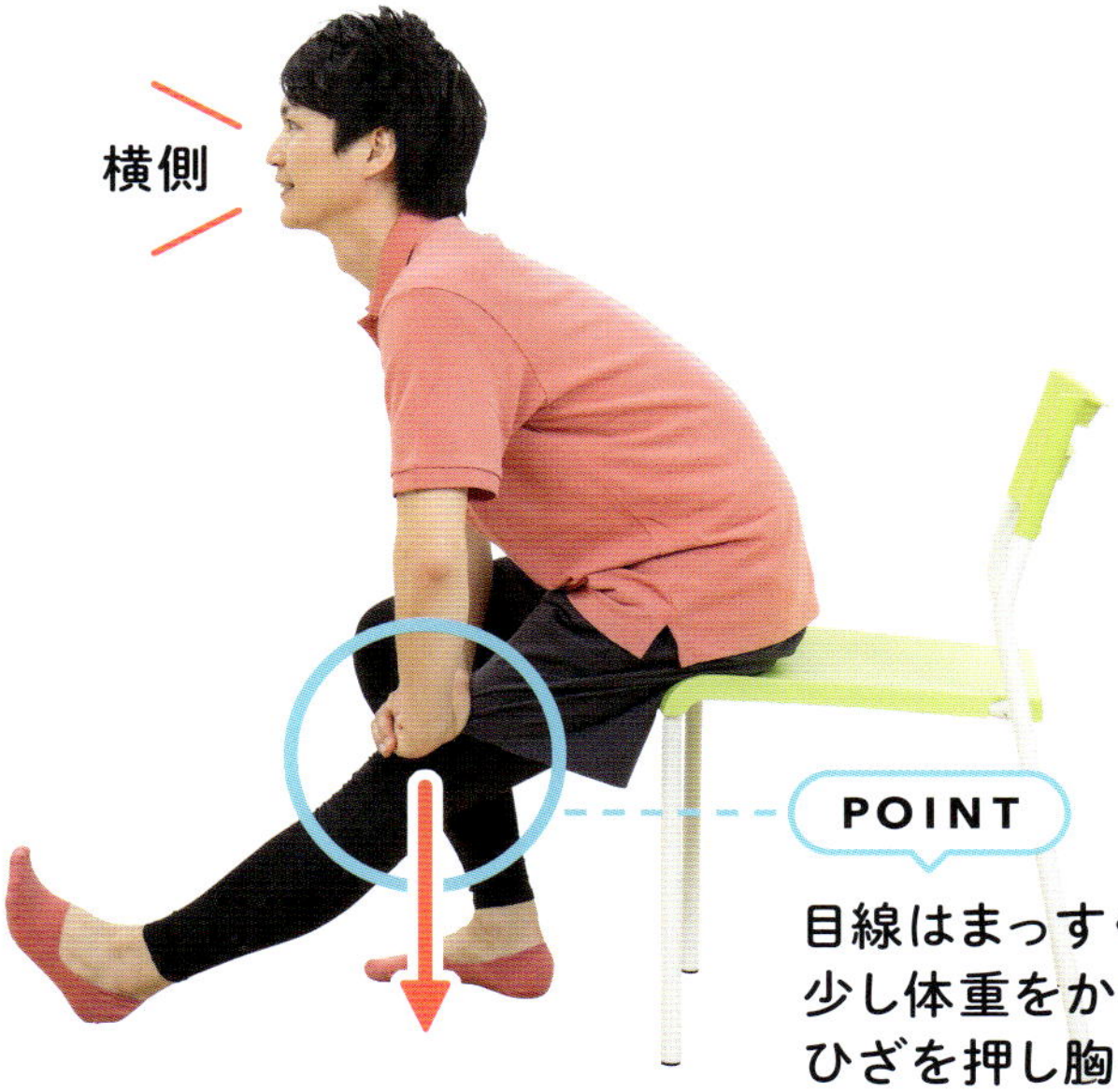

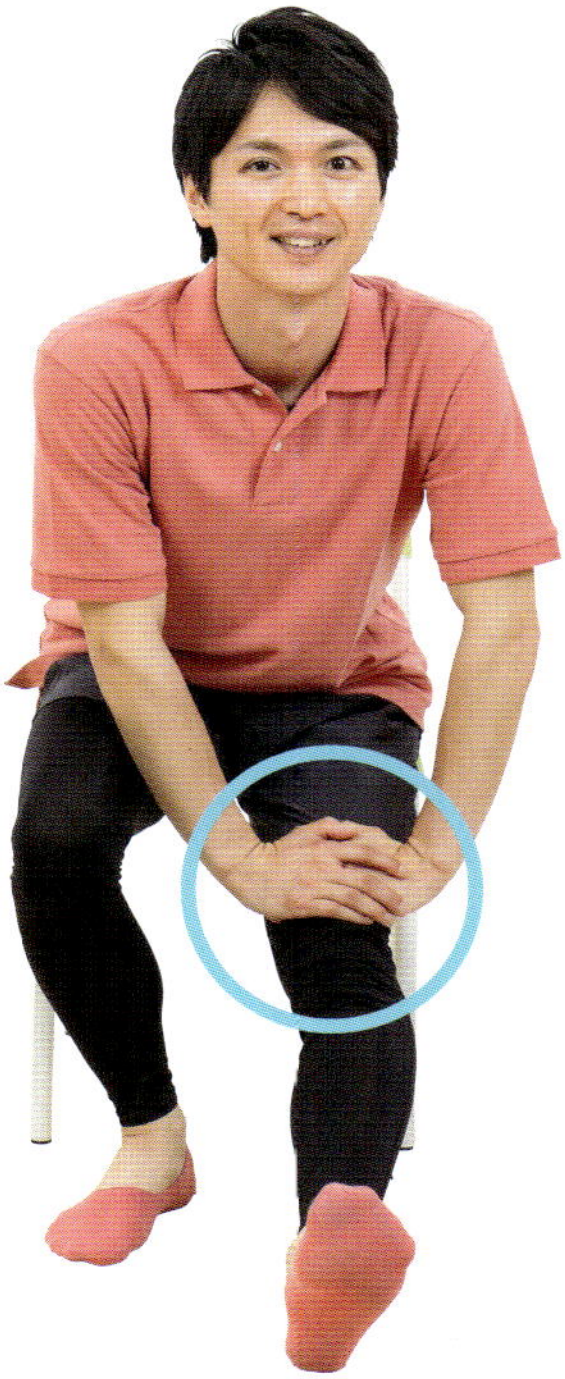

POINT

目線はまっすぐのまま、
少し体重をかけながら
ひざを押し胸を近づけていきます。

NG!

ひざを押すときに
頭が下がっていると、
ふくらはぎやももの裏は
ぜんぜん伸びません。
胸を張ることが大切です。

IN CASE

応急処置ストレッチ
1

足がつったとき

足がつるのは筋肉の繊維と繊維がギュっと中に入りこみすぎてけいれんを起こしている状態です。ストレッチをして引っ張ってあげれば筋肉は柔らかい状態に戻ります。

少し痛いですが我慢してつっているふくらはぎを伸ばしてあげれば20秒程度で治ります。

1

足がつったら足の状態を確認する

2 つま先に手をかけ、手前に引く

POINT

痛みが治まるまで手前にぐっとつま先を引っ張りましょう。体が硬く、つま先に手が届かない方はタオルを足の裏にひっかけて手前に引くと、ふくらはぎを伸ばすことができます。

3 つっている足を後ろに引きアキレス腱を伸ばす

POINT

つっている足のふくらはぎを意識しながらアキレス腱を伸ばしましょう。

IN CASE

応急処置ストレッチ 2

股関節・腰が痛くなったとき

股関節の不調は腰痛の原因になります。もしウォーキング中に股関節や腰に痛みが出たときは、腰を回して筋肉をまんべんなく伸ばします。すると関節の潤滑油的な役割を果たすヒアルロン酸が出て、関節の滑りをなめらかにするだけではなく、衝撃や痛みが緩和されます。

1

足を腰幅に開いて立ち、腰に手をあてる

POINT

股関節の痛みは、足が着地して体重がかかるときに生じます。

2 円を描くように腰を回す

POINT

ゆっくり、できるだけ大きく回しましょう。この動きでも痛みが引かないようであれば、ウォーキングは中止してください。

IN CASE

応急処置ストレッチ 3

ひざが痛くなったとき

歩く前からひざが痛い方は変形性ひざ関節症やO脚の疑いがありますので、まずはウォーキング前にお医者さんに相談してください。

長時間歩いて痛くなる方や違和感がある方は筋肉の疲労が考えられます。適度に休憩を入れ、ひざを回して筋肉をほぐすだけでも、痛みは軽減されます。

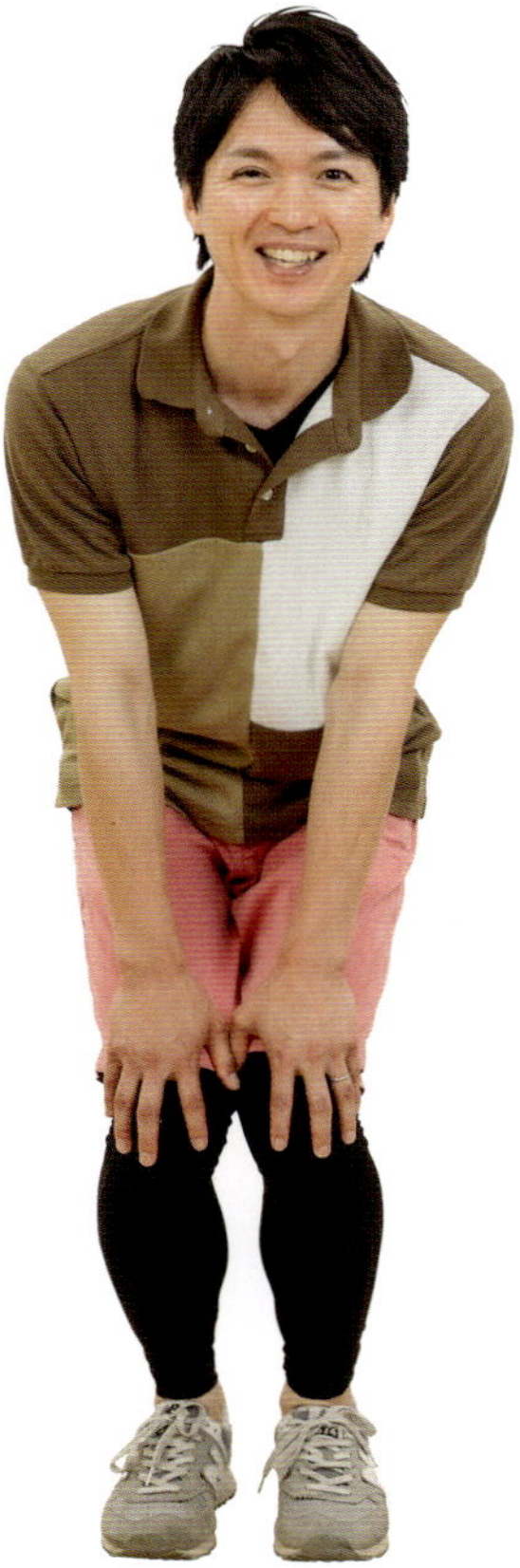

1

両足をそろえて立ち、軽くかがんで両手をひざにあてる

2

右から10回、左から10回、円を描くようにひざを回す

POINT

左右に各10回ずつ、
大きく、ゆっくりと回しましょう。

健康ウォーキング Q&A

Q　1日何キロぐらい歩いたほうがいいですか。

A　個人差があるので、一概に何キロ歩くと良いとはいえません。まずはふだん、どのくらい歩いているのかを把握しましょう。

10分で1000歩ぐらいを目安に、ふだんよく行く駅やスーパー、病院まで、どれくらい歩いているのかを把握します。それに加えてどのくらい歩くべきかを、自分の目的や体調に合わせて決めましょう。

Q　ひざや腰が痛いときは、痛み止めを飲んだり湿布を貼ったりして歩いてもいいですか。

A　炎症性の痛みがある場合は、歩いてはいけません。自己判断で運動している人が多いのですが、まずはお医者さんに歩いて良い状態かを確認することが大切です。

Q　ウォーキング中、足首の痛みを感じたらどうすればいいでしょうか。

A　足首の痛みを感じるようでしたらウォーキングを中止しましょう。無理して歩き続けると、腫れてしまうおそれがあります。

とくにねんざなど、突然の急な外傷によるものは、無理して歩かず、ほかの人に助けてもらいましょう。違和感を覚えたら、すぐ引き返すか、休憩して様子を見ることが大切です。

Q　歩いていたらすねが痛むのですが、どうしたらいいでしょうか。

A　ウォーキングに対する意識が高い人はすねが痛くなりがちです。足のかかとから地面につけようと意識しすぎて、足首を必要以上に反らしてしまうためです。考えすぎず、自然な歩行を意識することが大切です。

PART 4

おうち ウォーキング& ステップアップ

おうちウォーキングは
下の2次元バーコード
からも見てね

立って行う

座って行う

1

おうちウォーキングの効果と目安

多くの人は、ウォーキングは屋外で行うものだと思っているかもしれませんが、家の中を歩くだけでもさまざまな効果が見込めます。冬の寒い時期などなかなか外に出られないときも、**自宅の廊下やリビングで足踏みするだけで運動不足解消に**。足の筋肉を大きく動かすため、全身の血行促進や代謝の向上にもつながります。

自分の体調に合わせて94ページから紹介する10の動きを、**つねに足踏みをしながら連続して行ってください**。途中で疲れてしまう人は休憩をはさみながら行ってもかまいません。目安は約5分（1エクササイズ20秒程度）を2回。歩数にすると1000歩ぐらいになります。日常生活では家の中で少し動くだけでも1日あたり1000〜1500歩歩くといわれています。おうちウォーキングの1000歩を合計すれば2000歩となり、ねたきり予防になります。

なお、床が滑りやすかったり、マンションに住んでいて音を立てられなかったりする場合は、ヨガマットを敷いて行うなどしてください。

TOPIC

おうちウォーキングのメニュー

各20秒程度

1. ふつうに足踏み
2. ももを高くあげて足踏み
3. 前後に移動しながら足踏み
4. 左右に移動しながら足踏み
5. かかとを後ろにあげて足踏み
6. 腕をあげながら足踏み
7. 腕を横に開きながら足踏み
8. 腕を前後に回しながら足踏み
9. 体をひねりながら足踏み
10. 上半身を回しながら足踏み

※どうしてもというときは、何かにつかまりながら行ってもかまいません。
※立って行うのがつらいという方は、4章トビラ（91ページ）にある「座って行う」の2次元バーコードを読みとり、動画を見ながら行ってください。

STRETCH

室内

おうち
ウォーキング
1

ふつうに足踏み

20
秒

足踏みをする

POINT

20秒間、足踏みをします。
時間を計るのが難しいようであれば、
20歩でもかまいません。

STRETCH

室内

おうちウォーキング 2

ももを高くあげて 足踏み

20秒

足を高くあげながら足踏みする

POINT

20秒間、足踏みします。
足を高くあげることを意識してください。
時間を計るのが難しい場合は、
20歩でもかまいません。

STRETCH

室内 » おうちウォーキング 3

前後に 移動しながら足踏み

20秒

右足を一歩
踏み出す。
左足も同様に

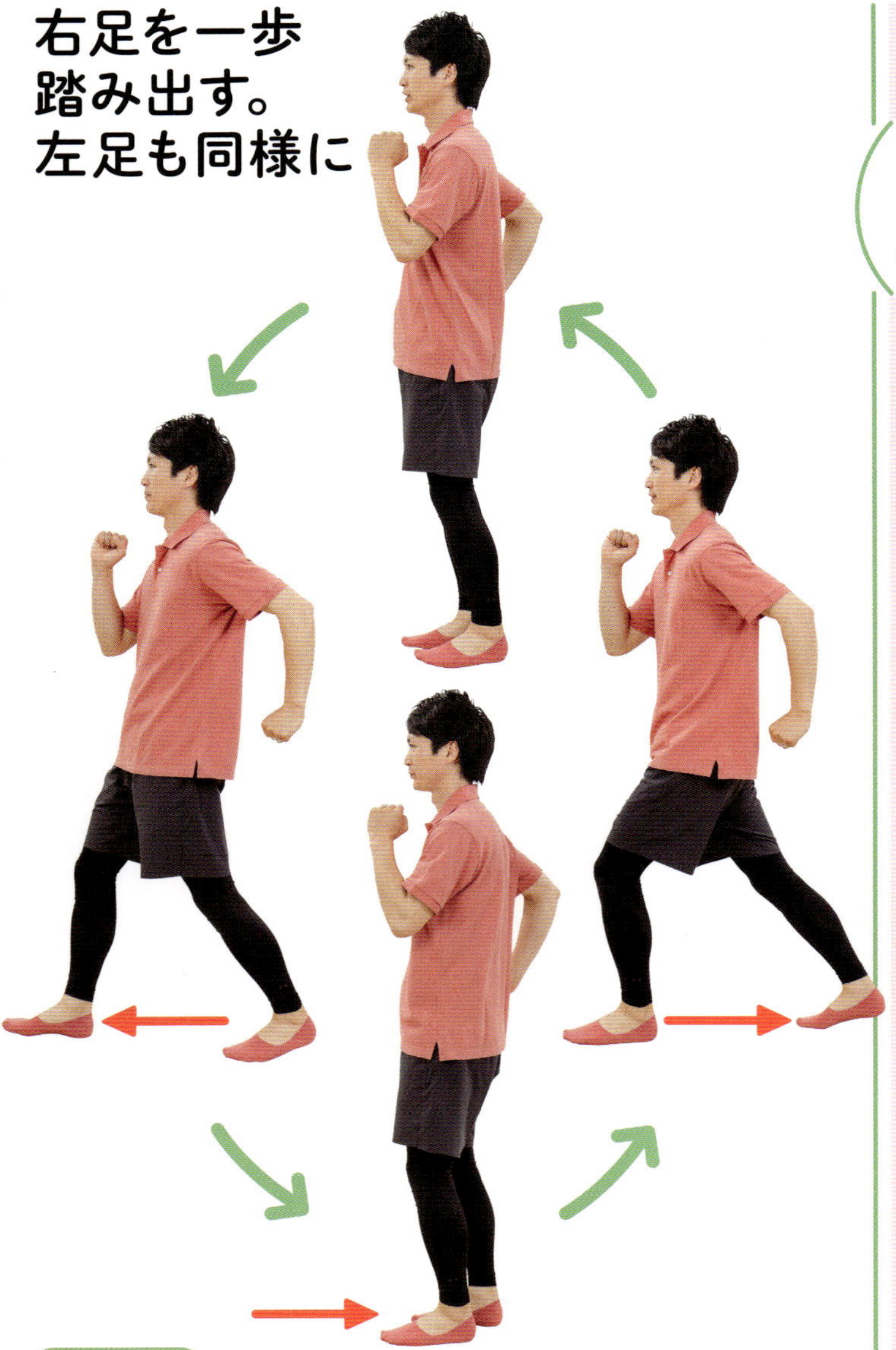

右足を後ろに
一歩引く。
左足も同様に

POINT

20秒間、または20回、この動作を繰り返してください。

STRETCH

室内

おうちウォーキング 4

左右に移動しながら足踏み

20秒

右足を一歩右へ。左右を右足にそろえる

左足を一歩左へ。右足を左足にそろえる

POINT

20秒間、または20回、この動作を繰り返してください。

STRETCH

室内

おうちウォーキング 5

かかとを後ろにあげて足踏み

20秒

足をもも裏近くまであげる。左右繰り返す

POINT

ハムストリングス（もも裏の筋肉）の運動になるので、しっかりともも裏近くまで足をあげるよう意識してください。できるだけでかまいません。意識することが大切です。

STRETCH

室内

おうち
ウォーキング
6

腕をあげながら足踏み

20秒

足踏みしながら、床についている足のほうの腕をあげる

POINT

肩の運動にもなりますが、足踏みに加え、
上半身の動きを入れた運動になるので、
より一層の代謝アップが期待できます。
腕はまっすぐ上にあげるよう意識してください。

STRETCH

室内

おうち
ウォーキング
7

腕を横に開きながら足踏み

20秒

足踏み
しながら、
腕の開閉を
繰り返す

POINT

肩甲骨と大胸筋の動きを取り入れているので、
より一層、動かす筋肉が増えます。腕を開くときは
肩甲骨を寄せて胸を張ることを意識してください。

STRETCH

室内

おうちウォーキング 8

腕を前後に回しながら足踏み

20秒

足踏みしながら、腕を前から後ろへぐるぐる回す

POINT

腕は前から後ろに回してください。
肩の筋肉も一緒に動かすように意識してください。

STRETCH

室内

おうち
ウォーキング
9

体をひねりながら

足踏み

20秒

足踏み
しながら
体を左右に
ひねる

POINT

体をグッとひねり、腹筋や体幹に効く動きになります。
通常のウォーキングではあまり動かさない筋肉も
動かすことになり、姿勢の維持に役立つことも。

STRETCH

室内

おうち
ウォーキング
10

上半身を回しながら 足踏み

20
秒

足踏み
しながら
上半身を
使って
両腕を回転
させる

POINT

あげた両腕の
動きを追うように
見あげる

POINT

腕があがってきたときに、
両腕を追うようにしっかりと上を見るイメージで。
目線が上にあると腹筋が働き、姿勢も良くなります。

STEP UP

ステップアップ1

足腰の筋肉を鍛える

10回

1

肩幅よりも
足を広く開き
両手を椅子の
背もたれに置く

2

股関節を曲げ、お尻をつき出すように腰を落とす

POINT

ひざを曲げるというよりも股関節を曲げ、お尻を突き出すイメージで。腰を落としたあとはひざを伸ばしてまっすぐ立ちます。

これを10回ほど繰り返す。

体力がある人は20回、30回と増やしてください。

NG!

ひざだけを
曲げるのは NG。
（前に出てしまう）

STEP UP

ステップアップ2

お尻の筋肉を鍛える

左右1セット×10回

1

つま先を外に開いて立ち、椅子の背もたれに両手をかける

後ろ側

POINT

お尻の筋肉は、歩行中の姿勢を保つ大事な筋肉です。足を真後ろに引く動作を行って鍛えます。

左右1セット10回からはじめて、体力に合わせて20回、30回と増やしてください。

2

片足を真後ろに引き、元の位置へ。逆の足も同様に。この動作を繰り返す

ななめ後ろに足をあげると
外ももに効いてしまいます。
この運動ではお尻の筋肉を鍛えたいので、
できるかぎり、真後ろに足を
あげるように意識してください。

上半身を使って足を引くと
お尻の筋肉に効きません。
上半身は起こしてください。

STEP UP

ステップアップ3

ふくらはぎの筋肉を鍛える

左右1セット×10回

1

椅子の背もたれに
両手を置き
片足を一歩引く

2

ウォーキング中の足の蹴り出しを意識しながら足首を前後に動かす

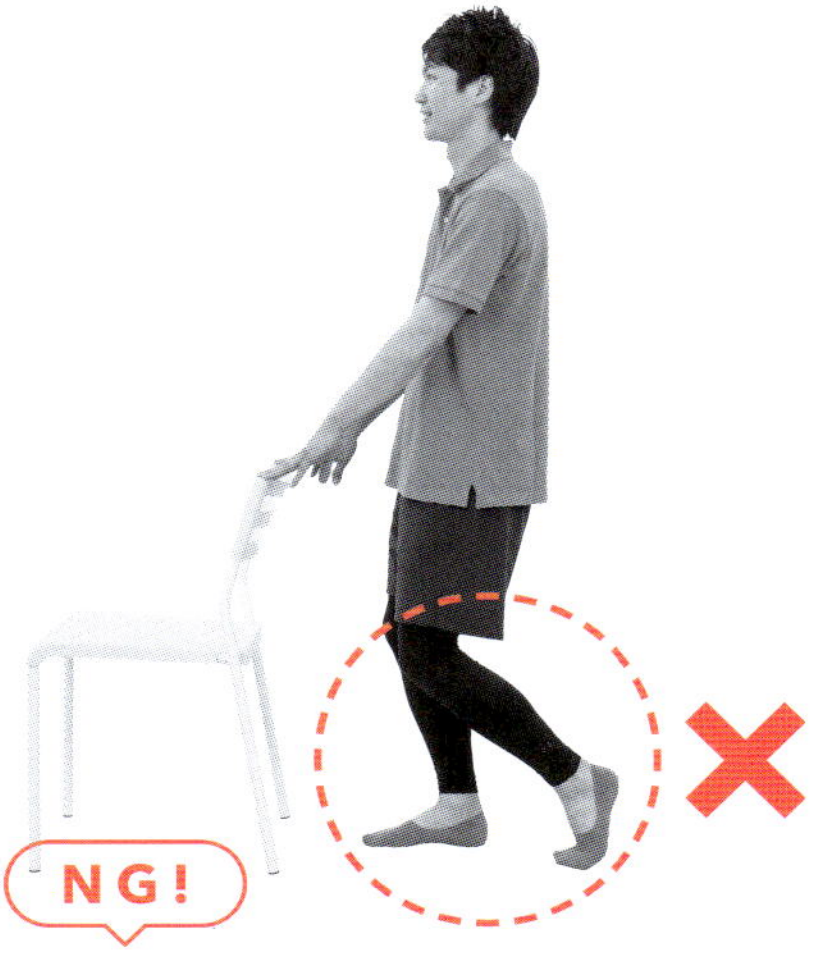

NG!

一見かかとがあがっているように見えますが、たんに後ろ足やひざが前に動いているだけでは効果ありません。

POINT

歩行中の足の運びを意識し、椅子の背もたれに体重をかけながら足を前後させます。
蹴る動作を意識することでふくらはぎを鍛えることができます。

いつまでも元気でいられる体づくりに励みましょう！

私は現在、ＹｏｕＴｕｂｅにて【フラミンゴの介護予防チャンネル】を開設し、自宅でもできる高齢者向けの介護予防体操を数多く発信しています。

これをはじめたきっかけは、コロナ禍で多くの高齢者が外出や運動の機会を失って自宅にこもる生活が続き、それにともなって筋力や体力、認知機能の低下が進む現状を目の当たりにしたことです。

そのとき、少しでも高齢者の健康維持に役立ちたいと思い、彼らが動画を見ながら１人でできる体操を発信しました。それが視聴者から好評を得て、今では、体の具合や目的に応じたメニューを幅広く、定期的に配信しています。

現在、ＹｏｕＴｕｂｅのチャンネル登録者数も18万人を超えるなど、たくさんの方にご利用いただいております。【フラミンゴの介護予防チャンネル】に載せている体操はどれも、自宅で無理なくできるものです。ぜひ、ご活用ください。

そして、天候が良いときは外に出てウォーキングも行って、心身ともに健康になることを目指しましょう。

介護予防に取り組む皆さまを心より応援しております。私と一緒に頑張りましょう。

荻野秀一郎

著者

荻野秀一郎　おぎの しゅういちろう

作業療法士、認知症ケア指導管理士、認知症介助士、福祉住環境コーディネーター 2級、「フラミンゴの介護予防チャンネル」主宰。1989年生まれ。埼玉県出身。2012年から在宅復帰に向けた回復期のリハビリ業務に従事。2015年からICUで急性期のリハビリ業務を、2017年からは訪問リハビリで在宅での自立に向けた支援を行う。

介護保険サービスを受けたくても非該当と判定される現状を目の当たりにして、自費でリハビリを受けることができるスタジオを作りたく、2020年、東京都大田区に「認知症と転倒予防教室フラミンゴ」を開業。同年、コロナ禍で自宅から出られずに筋力・体力・認知機能低下が進む高齢者の支援を目的として、YouTubeにて「フラミンゴの介護予防チャンネル」を開設。チャンネル登録者数は18万人を超え、介護予防ジャンルでは日本一となる。現在所属する雑色商店街の理事や雑色商店街青年部部長を務めながら地域密着の活動に尽力している。


〈著書〉

『動画つきで一目でわかる　家庭の介護　要介護にならない!　自宅でできるかんたんストレッチ』(アスク)

1日15分
健康ウォーキング

著　者　荻野秀一郎
発行者　清水美成
編集者　原田幸雄
発行所　**株式会社 高橋書店**
〒170-6014 東京都豊島区東池袋3-1-1 サンシャイン60 14階
電話　03-5957-7103

ISBN978-4-471-03268-5　

本書の内容についてのご質問は「書名、質問事項(ページ、内容)、お客様のご連絡先」を明記のうえ、郵送、FAX、ホームページお問い合わせフォームから小社へお送りください。

回答にはお時間をいただく場合がございます。また、電話によるお問い合わせ、本書の内容を超えたご質問にはお答えできませんので、ご了承ください。本書に関する正誤等の情報は、小社ホームページもご参照ください。

【内容についての問い合わせ先】
書　面　〒170-6014 東京都豊島区東池袋3-1-1 サンシャイン60 14階　高橋書店編集部
F A X　03-5957-7079
メール　小社ホームページお問い合わせフォームから　(https://www.takahashishoten.co.jp/)

【不良品についての問い合わせ先】

ページの順序間違い・抜けなど物理的欠陥がございましたら、電話03-5957-7076へお問い合わせください。

ただし、古書店等で購入・入手された商品の交換には一切応じられません。